JORIS ESCHER

Escher worden

W0283387

Uitgeverij Atlas Contact
Amsterdam/Antwerpen

Deze uitgave kwam tot stand door bemiddeling van Sebes & Bisseling Literary Agency te Amsterdam.

Eerste druk februari 2023
Tweede druk maart 2023

© 2023 Joris Escher
Omslagontwerp Janine Hendriks
Omslagbeeld Joost Maaskant
Foto auteur Fjodor Buis
Ontwerp typografie binnenwerk Wim ten Brinke
Lithografie afbeeldingen binnenwerk Bert van der Horst
Drukkerij Wilco

ISBN 978 90 450 4798 0
D/2023/0108/530
NUR 301/320/641

www.atlascontact.nl

FSC
www.fsc.org
MIX
Papier van verantwoorde herkomst
FSC® C004472

Voor Vanessa Hudig

Inhoud

Vereenvoudigde stamboom van de familie Escher

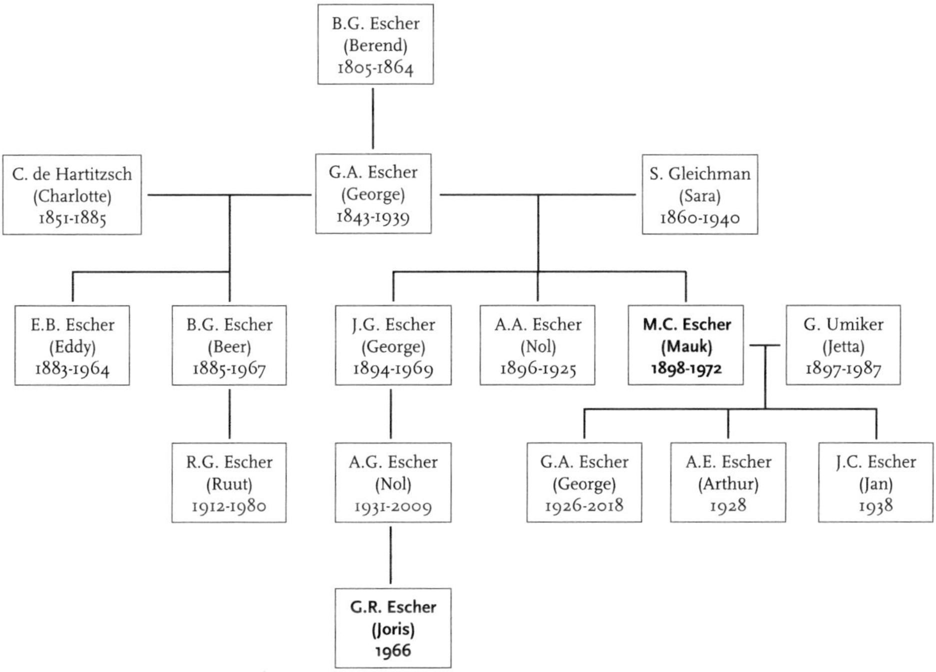

'It is only at those rare moments when one happens to glimpse a rhyme in the world that the mind can leap out of itself and serve as a bridge for things across time and space, across seeing and memory.'

Paul Auster, *The Invention of Solitude, The Book of Memory*, 1982

Proloog

De achtertuin van mijn beste vriend grensde aan het Rosa Spierhuis in Laren. Iedere keer dat ik de voetbal in de tuin van het bejaardenhuis had geschoten, moest ik me door de hoge beukenhaag wringen om hem te halen. Dan zag ik de oude kamer van oom Mauk.

Ons bezoek was een paar jaar ervoor, het moet begin 1972 zijn geweest. Ik was bijna zes. Mijn ouders hadden me zonder woorden duidelijk gemaakt dat er iets belangrijks te gebeuren stond. Het was de laatste keer dat ze hem zagen. Voor mij de eerste en de laatste keer.

Tot mijn frustratie kan ik me maar weinig herinneren van ons bezoek. Hij had twee kleine kamers: een zit-slaapkamer en een atelier. Oom Mauk zat in een luie stoel. Ik zat bij hem op schoot op de punt van zijn knieën, niet tegen hem aan. Hij babbelde even met mij met zijn heldere dictie. Een aardige stem, dat weet ik zeker. Ik ben er ook van overtuigd dat ik sterachtige figuren in de boekenkast zag staan, net als een vreemd vogelbeeldje met een glimlachend vrouwenhoofd. Al snel ben ik van zijn schoot afgegaan en zag ik het zitkamertje vanuit een andere hoek met ander licht. Mijn ouders op de bruine ribfluwelen bank hebben nog een tijd met hem gesproken over dingen die mij niet aangingen. Van opzij gezien maakte dat witte sikje zijn hoofd een beetje krom, als een bijna halve maan. Ik kan me de ruwe, lichtbruine vloerbedekking herinneren. Buiten, achter het grote raam, onder de donkergrijze hemel, was een kale bielzentuin met vijvers en planten. Daarachter de beukenhaag.

*

Boven aan de grote trap hing het portret van oom Mauk. Hij ligt half achterover in dezelfde stoel als waarin hij zat toen hij mij op zijn knieën tilde. Het hoofd rust op een zacht kussentje. De magere torso, de handen en het gezicht vallen binnen het kader. De neus en sik staan in de diagonaal, in lijn met zijn das. De woeste haren en zware wenkbrauwen zijn nog niet helemaal grijs, net als bij mijn vader. Hij is trouwens mijn vaders oom, niet de mijne.

Oom Mauk kijkt afwezig. Hij trekt een zuinige mond, het begin van een grimas. Hij had ook weinig meer om te lachen. Hij was doodziek, zijn vrouw Jetta had hem kort tevoren verlaten, zijn zonen woonden in Zwitserland en Canada. Hij was al een paar jaar wereldberoemd, maar de faam was te laat gekomen om er nog plezier aan te beleven. Hij voelde zich steeds vaker verplicht om nieuwe afdrukken van oud werk te maken. Sinds kort wilde iedereen geld aan hem verdienen, terwijl hij acht jaar eerder, nog gezond, VERKOPEN NIHIL moest schrijven onder een lijst van werken op een verkooptentoonstelling in Leeuwarden. Door zijn ziekte besefte hij dat zijn dagen om nieuw werk te maken geteld waren.

Toch was hij niet verdrietig toen ik bij hem op schoot zat. De conversatie was licht geweest, zei mijn moeder later. Hij was zijn hoffelijke, licht ironische zelf. Ze hadden niet gesproken over de dood, niet over zijn ziekte, niet over zijn plan voor de oprichting van de Vereniging der gelukkige zelfmoordenaars, niet over zijn werk. Gewoon familieditjes en -datjes, zoals dat gaat.

Het portret ging voor mij altijd over de handen, die benige sterke handen. De toppen van de licht gespreide vingers liggen zorgvuldig op elkaar. De rimpels in de smalle polsen getuigen van een leven lang gutsen, inkten en drukken. Hij draagt zijn horloge rechts. Hij tekende toen dus nog. Het schilderij uit 1971 is gemaakt door Ina Hooft in het Rosa Spierhuis, even voor zijn dood.

Als ik van mijn kamer naar beneden liep, zag ik oom Mauk peinzend langs mij heen staren. Op de trap kwam ik langs de Japanse houtsnedes met bruggen, bergen, zeilbootjes en zeeën. Ook langs de prenten met woeste samoerai en hysterische kabuki-acteurs. Mijn eigen vader deed altijd nogal bijzonder over die plaatjes omdat zijn grootvader ze had meegenomen uit Japan. Ik zag de plaatjes allang niet meer. De samoerai zijn wel getuige geweest van de val van mijn Sony-walkman, ik dacht toen de eerste in Nederland, die uit mijn handen gleed en tree voor tree, later per twee, drie treden tegelijk, van de trap stuiterde. Mijn vader had dat zilver glimmende summum van technisch vernuft voor mij meegenomen van zijn eerste reis op uitnodiging van de Japanse regering. Hij was gevraagd om het provinciaal museum van Mikuni te openen, samen met zijn neef George, oom Mauks oudste zoon. Dat achthoekige gebouw was vroeger een school geweest, in 1876 door mijn overgrootvader ontworpen. Dat was in de periode dat hij daar werkte als adviseur van de keizerlijke regering.

Onze zitkamer in Laren, onder aan de trap naar rechts, was een oud atelier. Voor het zes meter hoge raam op het noorden waren in de loop der laatste eeuw bomen gegroeid. In een open zijkamer van het atelier, waar het nog iets donkerder was, had mijn vader zijn werkkamer. In de donkerste hoek van die kamer hingen de prenten van oom Mauk, allemaal door elkaar. Rechtsboven hing, op gelig papier, de macaber dunne *Sint Franciscus* met zijn doorboorde handen en vrolijke vogels. Dan het vestingeiland in zee, gezien door de pijnbomen. Daarnaast hing tante Jetta met een narcis in haar dunne lange hand. Ik vond altijd dat ze somber was op die prent; ik keek niet graag naar haar. Zij heeft haar hoofd een beetje schuin geknakt en kijkt naar beneden, naar de narcis, die ook z'n kop laat hangen.

Dan had je die drie ballen boven elkaar; de 'golfballen' noemde mijn moeder dat ding. De onderste bal is een schijf, de middelste is aan de bovenkant afgevlakt en de bovenste is gewoon een bal. Ik begreep nooit wat daar nou mooi of bijzonder aan was. Mochten mijn ouders van oom Mauk een prent uitzoeken voor hun verloving, hadden ze de golfballen gekozen.

Daaronder, links in de hoek, hing *Dag en nacht*. Ik heb vaak en lang naar die vogels gekeken. Ik hoorde ze voorbijvliegen, elkaar kruisen in de onmetelijke ruimte, vlak bij mij. Daaronder in de verte vonden mijn ogen steeds weer een nieuw huisje, bootje of boompje. Dan schoot mijn blik naar het donkere gedeelte om te kijken of het daar ook was, in spiegelbeeld. En weer terug naar de dag. Als ik m'n blik op de vogels richtte, leken ze stijf en statisch, maar als ik langs de vogels, als vanuit een vliegtuig, de diepte in keek, gingen ze in m'n ooghoeken bewegen.

Rechts naast *Dag en nacht* hing mijn overgrootvader met zonneklep en vergrootglas, met z'n pluizige haar en lodderige ogen. Mijn vader noemde hem G.A., meestal gevolgd door 'die naar Japan ging, als een van de eerste Nederlandse watermannen'.

En dan, als laatste, de *Prentententoonstelling*. Ik keek in deze tentoonstelling van mijn vader naar een prent die *Prentententoonstelling* heet met een jongetje dat kijkt naar prenten, in het bijzonder naar één prent, de *Prentententoonstelling*. Hij is langs die drie ballen en een *Dag en nacht*-vogel gelopen, langs een trots ruitertje en een vrouw met een geschild hoofd. Ik – ik ben het jongetje geworden – kijk van de galerij naar boven, naar de stoomboot, naar het havenstadje, naar een vrouw die lijkt op mijn grootmoeder. Met haar grote borsten over de reling van het balkon kijkt ze naar mij; haar blik glijdt over het dak onder haar raam dat de galerij met prenten overkapt, naar de plek onder de overdekte gang waar ik sta en kijk naar de stoomboot, naar het havenstadje, naar een vrouw die lijkt op mijn grootmoeder. Met haar grote borsten over de reling van het balkon kijkt ze naar mij, haar blik glijdt over het dak onder haar raam dat de galerij met prenten overkapt, naar de plek onder de overdekte gang waar ik sta en kijk naar de stoomboot, naar het havenstadje, naar een vrouw die lijkt op...

Het wonderlijkst is die witte vlek precies in het midden. Daar heeft oom Mauk zijn handtekening gezet, recht in het midden. Verborgen in het volle zicht! Achter die grap, die dus niets is – het is alleen onbedrukt papier – achter dat niets schuilt het mysterie. Hij heeft de oneindigheid verborgen achter de leegte. Het is geen cirkel, het is een spiraal. Ergens tussen mij en de prent sluit mijn werkelijkheid aan op de werkelijkheid van de prent waar ik naar kijk. Achter de witte vlek spiraalt de prent door naar de volgende werkelijkheid en door en door, de kolkende glijbaan van zich herhalende realiteiten draait almaar door in een eindeloze tijdslurf, de prententententententententen...

*

Veertig jaar later opent de slurf zich opnieuw in een lange, raamloze gang van onze *self storage* in Rotterdam-Alexanderpolder. M'n adem stijgt op tegen de tl-balken, de kou van het beton dringt door mijn kleren. Samen met mijn zusjes ga ik voor de derde keer de dozen met spullen uit de bibliotheek van mijn overleden vader uitzoeken. Het kost elke keer een hele dag en we schieten maar weinig op. Elk boek, elk voorwerp heeft een geschiedenis. Steeds als we beslissen iets weg te gooien, verliezen we iets van hem.

Met een knarsend geluid gaat het ijzeren rolluik weer omhoog. Het is geen grote ruimte, maar de hoeveelheid verhuisdozen lijkt oneindig. Vrij abrupt moesten we het huis leeghalen, een paar jaar geleden al. We hadden alles in de dozen gedaan zonder veel onderscheid of uitzoekerij. Ik had op elke doos nog snel geschreven wat er ongeveer in zat, maar daar hebben we nu weinig aan. We zien opschriften als 'rommel van Pappies bureau' en 'grote middeleeuwse boeken', 'WO II' of 'Japanalia'. Op een paar verhuisdozen lees ik 'daklozen'. Ik kijk nog een keer; er staat 'lakdozen'.

Thuis bij een van mijn zusjes zetten we een stapel van twintig verhuisdozen midden in de zitkamer. Ik ben vooral op zoek naar mijn vaders 'vuistbijl'. Die hebben we samen gevonden toen we een wandeling maakten naar het Schapengat in de bergen van Spanje. Ik was tien. Toen hij de steen zag liggen, zaten we voor het gat zwijgend onze tomaat te eten, om ons heen niets dan gras, rotsen en kilometers ver uitzicht. Het langwerpige object leek niet eens op een bijl. Je kon er niet mee hakken of snijden, maar, toegegeven, het ding lag lekker in de hand. Omdat hij het wilde, was het een prehistorische vuistbijl, gebruikt door holenmensen die in het Schapengat hadden gewoond. De steen heeft altijd op zijn bureau gelegen. Elke keer als ik hem zag, moest ik hem even oppakken om de herinnering in mijn hand te voelen. Van alles komt uit de dozen tevoorschijn, vooral boeken, maar geen vuistbijl.

Er zijn wel acht lakdozen. Ze zijn zwart, sommige met dromerige lakschilderingen van tempels, vogels, pijnbomen en watervallen, andere ingelegd met parelmoer. Mijn overgrootvader heeft ze meegenomen uit Japan. Ik ken ze wel, ze stonden altijd op de overloop. Eén eenvoudige zwarte doos valt me op; ik heb haar nog nooit gezien. Of was dit de doos die altijd verscholen stond op de boekenkast van Pappies werkkamer? Het is een vierkant, onversierd zusje van de andere, zo groot als een flinke naaidoos.

Als ik haar open, geloof ik mijn ogen niet. Vanbinnen glanst het lakwerk als nieuw. In lichtblauwe zijde liggen in hun uitsparingen zeer fijn gesneden ivoren objecten: een paar ingewikkelde speeltjes, puzzels waarschijnlijk, en vier doosjes met precies schuivende deksels. Eén doosje heeft versiersels in diep reliëf. Als ik het voorzichtig open, zie ik tangrampuzzelstukjes met vrij liggende ivoren arabesken zo dun als potloodlijnen. Wat een vakmanschap. Het ivoren balletje van het balletje-vangspel is met een provisorisch keukentouwtje aan de rijk bewerkte pin vastgemaakt. Dan herken ik de kleine staafjes van de driedimensionale puzzel die samen een ster moeten vormen: twee vierkante stokjes horizontaal, twee verticaal en twee in de diepte, als een x-, y- en z-as. Volgens mij staat zo'n ding ergens op een prent van oom Mauk. Heeft hij gespeeld met al die prachtige ivoren speeltjes? Waarom heeft Pappie er nooit iets over gezegd? Onze vader was beslist geen puzzelman. Grootvader ook niet. Pure alfa's, beiden. De doos moet bij de dood van onze overgrootvader, in 1939, bij Grootvader terecht zijn gekomen.

Thuis in Amsterdam open ik de doos weer om hem beter te bekijken. Het valt me op hoe de randen van de blauwe zijde zijn afgesleten; grijs karton is zichtbaar. Eigenlijk is het een soort bonbondoos met twee lagen. Er moet een ruimte onder liggen. Natuurlijk, de laag met speeltjes is er talloze malen uitgetild en er weer in gezet. Opgewonden til ik de verdieping eruit. Op de glimmende bodem liggen twee boekjes en een paar vellen papier. De boekjes zijn negentiende-eeuwse tangramvoorbeelden. 'Rustig!' fluister ik tegen mezelf. Mijn handen trillen als ik een opgevouwen papier oppak. Het vel is half doorzichtig, licht vergeeld. Heel voorzichtig – de vezels knisperen tussen mijn vingers – vouw ik het blad open boven de keukentafel. Ik voel mijn hart in mijn keel. Het is een tekening, in potlood en inkt. In de zes vouwdelen zie ik de oplossing van de sterpuzzel getekend, duidelijk met geoefende hand. Zes stokjes, zes stappen om hem te maken, zes strakke, mooie afbeeldingen. Rechts, onder de laatste tekening staat 'MCE', het bekende monogram van oom Mauk, ondertekend op 21-8-'27.

Ik word teruggezogen in de tijd. Ik zie de jonge Mauk in een matrozenpakje spelen met het balletje-vangspel, tik-tik-tik, zo volhardend dat het touwtje breekt, ik zie hem tangram spelen, de verdieping uit de doos halen en weer terugzetten, ik zie hem als puber worstelen met de sterpuzzel, zijn tong uit zijn mond, ik zie hem geconcentreerd aan een tafel de tekening maken. 1927? Toen was hij negenentwintig jaar. Waarom toen? De tekening heeft bijna honderd jaar het licht niet gezien. Toen ik de verdieping eruit tilde, ademde ik misschien de lucht in die oom Mauk heeft uitgeademd. Ik vind nóg een puzzeltekening, duidelijk van de hand van oom Mauk. De schets lijkt op het latere werk *Kubische ruimteverdeling*. Op de bodem liggen ook drie tekeningen van mijn overgrootvader. Ik herken zijn mooie handschrift van de cahiers van zijn memoires. Ze hebben samen zitten tekenen. Ik voel een rilling. De doos, de tekeningen, ze lijken mij een opdracht te geven; ik moet dit uitzoeken, ik ben het verschuldigd aan de familie, aan iedereen die van Escher houdt, ik mag dit niet laten liggen. Wat heeft die doos betekend voor oom Mauk? Voor zijn kunstenaarschap?

Als ik uit mijn roes kom, stapelen de vragen zich op. Wat is de oorsprong van de fascinaties van oom Mauk? Hoe is zijn oeuvre ontstaan? Waarom is hij, juist hij, op een weg terechtgekomen waarop niemand hem is voorgegaan en waarop niemand hem heeft kunnen volgen? Andere vragen die altijd al in mijn achterhoofd rondhingen: waarom heeft de gevestigde orde van de beeldende kunst hem nooit willen omarmen? Was hij zo rationeel, zo gevoelloos en koud als hem altijd voor de voeten is geworpen? Mijn vader sprak niet vaak over hem, maar wel altijd met genegenheid, met voelbare warmte.

Ze laten me niet los, de vragen. Tussen de tijd dat ik stond te mijmeren voor de prenten in de werkkamer van mijn vader en het vinden van de doos is oom Mauk altijd bij me geweest. Dat is niet verwonderlijk met zijn roem en de achternaam die ik nu eenmaal draag. Ik vind het nooit vervelend als iemand vraagt of ik familie ben van. Eerlijk gezegd ben ik zelfs trots op mijn achternaam; vreemd, misschien ongepast, want het is niet mijn verdienste dat ik in deze familie ben geboren, maar ik kan me niet anders herinneren dan dat ik me verbonden heb gevoeld met oom Mauk. Zijn werk heeft mij altijd naar hem toe getrokken; meer nog dan een opdracht of een plicht voel ik een verlangen, sterk en groeiend, om uit te zoeken hoe het zit met die doos.

Al snel ben ik erachter dat veel van mijn vragen al jaren liggen te wachten op antwoorden. Sinds ik op mijn dertiende, veertig jaar geleden, mijn spreekbeurt over oom Mauk hield ('Ik houd mijn spreekbeurt over Escher'), is er, wellicht om commerciële redenen, weinig nieuws over hem geschreven. Het is alsof Escher de omgekeerde weg van Pinokkio heeft afgelegd: ooit was hij een mens van vlees en bloed, maar langzaam is hij veranderd in een houten pop met altijd dezelfde gelaatsuitdrukking. Of als Woody, de cowboypop uit *Toy Story*, die, als je aan zijn touwtje trekt, altijd hetzelfde zegt: '*I've got a snake in my boot.*' Trek aan het internettouwtje van M.C. Escher en hij zegt (met stip op één): 'Alleen zij die het absurde willen benaderen, zullen het onmogelijke bereiken.' Of (een goede tweede): '*We adore chaos, because we love to produce order*' (alleen in het Engels geciteerd). Citaten zonder context, fastfood zonder voedingswaarde.

Hoe sterk moeten zijn interesses, neigingen, verwonderingen, verlangens, driften, impulsen, verliefdheden niet zijn geweest? Zij hebben de wilskracht gevoed om vast te houden aan zijn decennialang matig gewaardeerde kunst. Zoals mijn liefde voor zijn werk geworteld is in mijn jeugd, zo moeten zijn voorliefdes ook in zijn jonge jaren ontstaan zijn. Wat je graag doet, waar je van houdt, wordt sterk bepaald door wat je hebt meegemaakt toen je klein was. Ik ben ervan overtuigd dat de hersenen herinneringen manipuleren, maar voorliefdes uit de jeugd zijn zo hard als ivoor, zo sterk dat ze ongeschonden de tijd doorstaan en elk moment – bij een geur die langskomt, bij een wolkenhemel die openbreekt, of bij het aanraken van magisch speelgoed van vroeger – in pure vorm gevoeld kunnen worden.

In de familie wordt onderscheid gemaakt tussen oom Mauk en MCE, tussen de man en de kunstenaar met zijn faam. Tijdens mijn eerste onderzoekingen dikt de soep van vragen weer in: kan ik van oom Mauk en MCE weer één maken? Wie was onze oom Mauk en hoe is hij Escher geworden? De rest van zijn verhaal is genoeg bekend.

Ik probeer zo dicht mogelijk bij hem te komen. Ik vind na de doos en haar inhoud nog veel andere objecten, die in verschillende stadia van zijn leven belangrijk moeten zijn geweest. Ik verslind alle familiefotoboeken en zijn reisfotoboeken. Ik lees de dagboeken, reisdagboeken en correspondentie aan en van zijn ouders, broers, vrienden, zoons, in het bijzonder alle brieven aan mijn grootvader. Ik herken de taal van de familie door de taal die ik ken van mijn vader en zijn broer.

Zo vind ik talloze, mij nog onbekende gebeurtenissen, verhalen, vreugdes, vriendschappen, verbanden uit oom Mauks leven; samen schetsen ze een nieuw beeld van hem, als mens en als kunstenaar. Het onderzoek stuwt zichzelf voort.

Maar de primaire bronnen, hoe levendig ook, bewaren een beleefde en koele afstand. Ik wil nog dichter bij hem komen; ik wil meemaken wat hij heeft meegemaakt, zien wat hij heeft gezien, voelen wat hij heeft gevoeld.

DEEL I

MAUK WORDEN

'Vielleicht dürfen wir sagen: jedes spielende Kind benimmt sich wie ein Dichter, indem es sich eine eigene Welt erschafft, oder, richtiger gesagt, die Dinge seiner Welt in eine neue, ihm gefällige Ordnung versetzt. Es wäre dann unrecht, zu meinen, es nähme diese Welt nicht ernst; im Gegenteile, es nimmt sein Spiel sehr ernst, es verwendet große Affektbeträge darauf. Der Gegensatz zu Spiel ist nicht Ernst, sondern Wirklichkeit.'

Freud, *Der Dichter und das Phantasieren*, 1907

Als hij zijn ogen dichtdoet, kan hij alles zien. Dit is het fijnste moment van de dag. De andere jongens op de slaapzaal laten hem met rust. Hij ziet Vader en Moeder. Nol is er ook. Moeder zit op de bedrand en leest een sprookje voor. Vader komt een nachtzoen geven met z'n kriebelsnor. Hij en Nol liggen ieder in hun eigen bed en luisteren naar de stem van Moeder. Alleen zijn nachtlampje is aan. De schaduw van Moeder maakt vreemde figuren op de gordijnen. Ze vertelt over de groene tovenaar die een heel kasteel in de lucht laat vliegen. Hijzelf is gevangen in het kasteel. De verloren prinses gaat proberen hem te redden.

Dan verspringt het beeld. Hij ligt nu onder een deken op de bank in de werkkamer van Vader, hij is weer ziek. In zijn handen ziet hij een van Vaders beeldjes, de oude Japanse man die met zijn voeten een watermolentje laat draaien. Het voelt lekker glad aan zijn vingers.

Moeder en hij zijn net aangekomen bij het grote huis aan de rand van de duinen. 'Zeelucht en koud zeewater,' had de oude dokter gezegd, 'de beste kuur voor jongetjes met zo'n zwak gestel.' Ze lopen hand in hand naar zee. Dan is het nog leuk. Van het kinderpension is het een stuk lopen naar het strand, over het spoor door de duinen. Moeder leert hem de geluiden van de leeuwerik en de duinpieper. Soms lukt het hem een vogeltje te zien. Ze zitten diep in het struikgewas hun nestjes te bouwen. Als hij op z'n knieën gaat zitten, ziet hij een harige rups. 'Kijk Mamá, een wandelende snor.' Moeder lacht. Ze is even vrolijk. Ze laat hem de roze bloemen van de duinroos zien en de pluimhoedjes van het hoefblad.

Over het laatste hoge duin voelt hij de koude zeewind. Op het strand staat een badjuffrouw van het kuuroord klaar. 'Dit is Mauk Escher, hij is bijna zeven,' zegt Moeder. Hij moet zijn kleren uittrekken tot aan de onderbroek. De juffrouw draagt een zwart badkostuum en een badmuts. Ze glimt als een zeehond. Ze neemt hem bij de hand, trekt aan zijn arm. Ze springen over de golven. Ver in zee laat ze zich log in het ondiepe water zakken. Ze blijft stevig zijn hand vasthouden. Haar greep is als een ijzeren tang. Dan trekt ze hem onder water. De zee is zo koud. Het doet pijn aan zijn botten.

Als hij het strand op komt lopen, klapperen zijn tanden. Moeder slaat een grote dikke handdoek om hem heen en wrijft hem droog en warm.

'Is dat nu echt nodig?' vraagt ze aan de badjuffrouw. 'Hij is pas zes.' De zeehond haalt haar schouders op en loopt weg. Met haar dikke benen. 'Je bent ook zo mager, Maukie. At je maar wat meer.' Ze trekt hem zijn rode pakje weer aan. Grote jongens komen om hen heen staan. 'Hansworst,' zegt er een. De anderen moeten lachen. Als ze maar niet van het pension zijn. Moeder heeft het pak speciaal uit Amsterdam laten komen. Thuis in Arnhem was hij nog trots geweest en had in zijn nieuwe kleren door de tuin gemarcheerd. 'Laat ze maar, ze weten niet beter,' zegt Moeder te hard.

Ze mag één nacht blijven logeren, in de gastenkamer. Hij slaapt met de grote jongens van het strand in de slaapzaal. Komt Moeder toch binnen om hem een nachtzoen te geven. 'Papjochie!' zegt er één, een paar bedden van hem vandaan. Als Moeder weg is, trekken ze de lakens van zijn bed. Hij krijgt ze niet terug. Als het licht wordt, duurt het nog lang voordat de bel gaat en hij zijn bed verlaten mag. Moeder gaat na het ontbijt naar huis. Ze zal schrijven en snel een keertje terugkomen met Nol.

De volgende nacht proberen ze het weer. Hij trekt net zo lang aan zijn lakens totdat ze loslaten en hij achterover valt, met de hele boel over zich heen. Weer gelach, maar daarna laten ze hem met rust. Meestal. Een paar jongens doen al wat aardiger, maar hij wil geen vrienden zijn.

Als hij niet hoeft te baden, ontsnapt hij uit het pension en gaat hij in de duinen lopen. Hij wou dat hij net zulke kleren had als de andere jongens: een broek, een jak en stevige schoenen.

'Waar is je strohoed gebleven, Maukie?' vraagt Moeder. Weken later is ze met Nol naar Zandvoort gekomen.

'In zee gewaaid,' zegt hij en ze gelooft hem. Ze zegt er niets meer over.

Nol en hij rijden met de andere kinderen op een boerenwagen naar Aerdenhout om hutten te bouwen en pannenkoeken te bakken in een oven van steen. Onderweg spelen ze het spel van de krokofant en de olidril, zoals ze thuis altijd deden voor het slapengaan. Omdat zijn oudere broer erbij is, durven de jongens hem niet te sarren.

Na de grote vakantie mag hij niet naar huis. Hij moet naar school in Zandvoort, samen met de jongens van het tehuis en de boerenkinderen uit de buurt. Hij wil terug naar zijn vrienden van de fröbelschool.

's Avonds in bed denkt hij soms aan Gijsje, zijn sijsje. Hij kreeg het beestje voor zijn verjaardag, maar hij mocht het niet meenemen naar Zandvoort. Hij kon zo vrolijk zingen met z'n zwarte koppie. Als de vogels in de tuin begonnen te fluiten, deed Gijsje altijd mee.

Voordat Moeder hem in Zandvoort achterliet, hadden ze eerst een bezoek gebracht aan Grootvader in Den Haag. Daarna waren ze naar het Mauritshuis gegaan. Het museum is naar hem vernoemd; vandaar, zei Moeder. Er was een piepklein schilderij van een vogeltje in een kooitje. Hij had hard gelachen toen hij het zag. Dat iemand dat kan met een kwast! Moeder was toen ook vrolijk. 'Misschien heb ik nu eindelijk een kind dat ik mee kan nemen naar een museum,' zei ze.

Ze zijn al veel minder gaan zingen. Het lijkt of de vogels allemaal weg zijn. Sinds kort hoeft hij niet meer in zee, maar hij moet wel in Zandvoort blijven, ook met kerst. Hij snapt het niet. 'Sara had nog zo graag een meisjeskind in de gezinskring willen verwelkomen,' heeft hij Vader wel tegen vrienden horen zeggen.

In april beginnen de zeebaden weer. Er zijn weer nieuwe juffrouwen, die er in badpak net zo uitzien als de vorige. Hij weet niet wat hij ellendiger vindt, de kou of de stemmen van de juffrouwen. Hij heeft 's ochtends altijd pijn in zijn buik, 's avonds in zijn hoofd.

In mei krijgt hij gelukkig vlekjes op zijn huid. Hij hoeft er niet meer in. 'Kouwe schurftkak,' treiteren de jongens hem voor het slapengaan, maar al snel, wanneer blijkt dat hij roodvonk heeft, mag hij naar de gastenkamer. Eindelijk een paar dagen alleen met zijn sprookjesboek. Dan mag hij naar huis, met pijn en vlekken. Maar Gijsje leeft en zingt nog en iedereen is best blij dat hij er weer is. Tenminste, Vader, Moeder en Nol zeggen hiep hiep hoera. Van zijn broer George weet hij het niet. Hij doet of het hem weinig kan schelen. Zijn oudste broers Eddy en Beer wonen nu ergens anders.

*

'Kom, we gaan naar de plek,' zegt Nol. Hij weet altijd precies waar de mooie paadjes zijn. Soms wandelen ze helemaal via park Sonsbeek of juist via de andere kant van de rivier. Ze gaan vaak naar het platje op de eerste pijler van de spoorbrug. Als hij met Nol is, kan er niks gebeuren.

Op de stenen pijler hebben ze een machtig uitzicht; ze zien de stad met de Grote Kerk en alle andere torens, aan de andere kant de weilanden met de dijken, de sloten en de koeien. In de verte kunnen ze de heuvels van Oosterbeek zien. In de zomer dansen zwermen spreeuwen boven hun hoofden, in de lente suizen de ganzen gakkend in v-formatie voorbij. Een keer in de herfst hoorden ze achter zich een hoog en dof gekrijs uit ontelbaar veel kelen. Toen ze omkeken, zagen ze duizenden kraanvogels die op de warme lucht van de stad naar boven spiraalden, als op Vaders donkerblauwe gouden kamerscherm waar ze wit geborduurd van de Fujiberg naar beneden suizen om boven het bruisende water te komen zweven.

Als de zon in de Rijn schijnt, schittert het water. Elke glinstering is de ziel van een gestorven indiaan, heeft Moeder voorgelezen uit een sprookjesboek. Op de pijler kijken ze naar het snelstromende water en verzinnen ze hun verhalen. Dat ze samen in een kano van hertenhuiden door de stromende bergbeken van Amerika varen. 's Avonds zitten ze aan het vuur naast het water en roosteren ze een zalm aan het spit. Dan gaan ze slapen in hun zelfgemaakte tent van bladeren, die daar trouwens veel groter zijn dan hier. 's Nachts horen ze in de verte de beer.

Of ze zijn op zoek naar een schat in de Amazone. Op hun vlot drijven ze de rivier af. Soms schieten verborgen vijanden giftige pijlen uit een blaaspijp, maar altijd weten ze net met hun zelfgemaakte schilden elkaar te beschermen. En anders, als een van de twee geraakt is, zuigt de ander het gif uit de wond en bewaart het in een beverblaas. Ze kunnen het nog nodig hebben als ze moeten vechten om de zwaarbewaakte schat.

Of ze varen in een langgerekt vrachtbootje samen met een paar samoerai door de stroomversnellingen in een van Vaders Japanse rivieren. Ze worden bekogeld met grote stenen, die ze door hun uitmuntende stuurmanskunsten maar net kunnen ontwijken. Zo snel mogelijk moeten ze een boodschap naar de keizer brengen, die op zijn keizerlijke schip vaart in de baai van duizend eilandjes. Af en toe springt een Japanse ambtenaar in westers uniform, een pennenlikker noemt Vader zo iemand, van een boogbrug op hun bootje om hen tegen te houden, maar de Japanse strijders gooien die slappelingen met gemak van de boot in het kolkende water.

In het najaar hadden ze op de brug een keer de zon onder zien gaan achter de laaghangende wolken boven de heuvels. Het was alsof de zon alle kleuren blauw, paars en rood de lucht in schoot. De hemel zag eruit als licht dat valt door Vaders dunne waaier van schildpadschild, maar dan oneindig keer zo groot.

Op de terugweg, als ze niet weer te laat zijn voor het eten, blijft Nol het liefst hangen bij de treinen vlak bij huis. Hij vindt ze ook mooi, maar lang niet zo mooi als Nol ze vindt. Vader houdt niet van de rook en het gefluit van de locomotieven. Hij heeft een houten huisje laten bouwen om het terras af te schermen van de straat.

*

Ze mogen niet meer zoveel lummelen, vindt Vader. Nol wil niet spelen met vriendjes van school omdat hij stottert. Mauk heeft nog geen vrienden sinds hij vorig jaar terug is gekomen uit Zandvoort. Omdat hij negen geworden is en Nol elf, is het tijd dat ze leren timmeren, zegt Vader. Hij heeft de schaafbanken uit het oude huis in Leeuwarden laten overkomen. Vroeger hadden Eddy en Beer daar ook timmerles gehad. Zijn zonen moeten zelf goed met de handen kunnen werken om later op de juiste wijze de handarbeiders te kunnen adresseren, zegt Vader. Alleen George mag niet timmeren, omdat hij voor straf naar het gymnasium in Amersfoort is gestuurd.

Elke woensdag hebben ze timmerles. Ze mogen geen timmerclub zeggen van meneer Van Eldik. Hun leraar kan alles. Hij heeft het timmerhuis zelf gebouwd. Vader heeft het getekend. De werkbanken heeft hij erin gezet en daarna de muur boven de werkbank volgehangen met gereedschap. Mauk verheugt zich elke week.

In het begin moeten ze leren zagen, schaven, schuren, beitelen en boren. Het hout ruikt lekker, het hele huisje ruikt lekker; de verschillende soorten hout voelen zacht of harder als hij er met zijn beitel of schaaf doorheen snijdt. De hele tuin hangt al snel vol met vogelhuisjes, zelfs een voor de uil.

'Nol is de rekenaar, Mauk de tekenaar,' zegt meneer Van Eldik. Nol wil altijd alles precies van tevoren uitrekenen, terwijl Mauk gewoon tekent op het hout en dan gaat zagen. Hij ziet de vormen van de delen van zijn werkstuk, zonder dat hij op papier hoeft te tekenen. Zo kan hij het ook heel precies doen. De meester, zo noemen ze meneer Van Eldik als hij erbij is, vindt dat hij sterke handen heeft. En een goede kop erop. Dat zegt hij van Nol ook, maar dan andersom.

Hij is bezig een lijst te maken voor een Japanse prent die in Vaders werkkamer van de muur is gevallen. Hij zaagt de latten verstek en wil ze echt glad hebben voordat hij ze gaat lakken. Dan legt meneer Van Eldik hem uit hoe een schraapstaal werkt, het eenvoudigste en mooiste gereedschap. Hij heeft er een bij zich. Het is een stalen plaatje zo groot en bijna zo dun als een speelkaart. Niets meer dan dat. De meester zet het blinkende stukje staal dwars in de bankschroef en strijkt met een lange stang hard langs de bovenkant. Precies in de goede hoek zet hij zo een onzichtbaar opkrullend staalrandje aan de plaat. Je kunt met je vingertoppen voelen hoe scherp het is. Daarmee schraapt Mauk het oppervlak van het hout af. Het voelt zo glad als Moeders wangen.

Ze zijn toe aan iets moeilijkers. Een stoel kan je zo ingewikkeld maken als je zelf wilt, zegt meneer Van Eldik. Er zijn meubelmakers die wel een jaar aan een stoel kunnen werken. Als Mauk de rugleuning van de stoel wil versieren, vindt de meester dat ze moeten leren om het snijgereedschap scherp te houden. De volgende les neemt hij zijn eigen wetstenen mee. Voorzichtig, alsof het goudstaven zijn, haalt hij ze uit de vilten doeken en legt ze eerst in een bak water en dan op een gummi matje. 'Je moet je messen, je beitels en je gutsen scherp houden. Als je kan, als je even niets te doen hebt, moet je ze wetten. Gewoon, zo lang als je kan, deze beweging maken.' De grote hand van meneer Van Eldik danst met de guts in een sierlijke slingerbeweging over de wetsteen zodat de hele ronding van de onderkant van de guts wordt geslepen, steeds in dezelfde hoek van het staal op de steen, keer op keer, eindeloos. Dan glijdt de guts weer door het hout als een mes door de boter.

*

Vader is met pensioen gegaan. Hij was hoofdingenieur-directeur van de Waterstaat en moest nog één keer met z'n uniform met sabel naar een receptie. Sindsdien is hij bijna altijd thuis.

Moeder is met Nol naar Duitsland, naar een zenuwarts in Berlijn om hem beter te leren praten. Ze zijn nu vaak samen, Vader en hij. Niemand op school heeft een vader die altijd thuis is. Vader heeft eindelijk tijd om aangename dingen te doen, zo noemt hij dat, en hij mag vaak mee. Ze zien vliegmachines, wervelend door de lucht met verticale lussen en draaiingen om de eigen as. De piloot zwaait naar hen en scheert met z'n dubbele vleugelpunten vlak over het tarmac van de startbaan. Ze bezoeken een scheepsbouwtentoonstelling met een 180 meter lang luchtschip met vier verbrandingsmotoren. Vader leest de bordjes en wil de hele tijd alles aan hem uitleggen. Hij vertelt dat hij vroeger met Eddy en Beer naar het Schiffhebewerk in het Dortmund-Ems-kanaal is geweest en dat ze daarom allebei ingenieur wilden worden. Maar Beer studeert nu Geologie. In Zwitserland.

'S Avonds mag hij soms laat opblijven. Dan gaat hij met Vader het dak op naar de sterrenkijker. Samen kijken ze naar de kraters op de maan of de ringen van Saturnus of Vader mikt de kijker op een nevel.

'Het licht verliet de sterren toen jij nog niet geboren was en nu, precies op dit moment, op deze aangename avond in jouw grote vakantie, komt de straal aan en valt in jouw oog.' Dat soort dingen vindt Vader leuk om te zeggen.

Ze bekijken samen niet alleen het grote, maar ook het kleine. Misschien nog wel mooier. Op zijn tiende verjaardag, die ze met zijn tweetjes vieren, krijgt hij van Vader een microscoop. Van Moeder en Nol uit Berlijn komt een doos met een pijl-en-boog erin. En een hoepel. Hij vindt de microscoop zo mooi dat hij hem meteen natekent. In Vaders werkkamer bekijken ze samen van alles. De huid van een mot, de vleugels van libellen, de facetogen van vliegen. Je kan het zo gek niet bedenken of ze leggen het tussen de glaasjes.

Hij heeft mooie tekenspullen gekregen. Sinds Nol weg is, tekent hij vaker. Vogels, insecten, bomen, planten, bloemen, alles uit de tuin. Vader noemt potlood en papier het gereedschap van de vakman. Hij mag met links tekenen. Schrijven moet hij rechts van Vader, omdat hij dat al zo had moeten leren op school. Vader is naar Amsterdam gegaan om een voordracht van een professor te bezoeken die de hersenen van linkshandige mensen in plakjes heeft gesneden. Die man zei dat links werken net zo goed is als rechts. Als je veel met je linkerhand doet, zoals tekenen, werpen en gereedschappen gebruiken, is de rechterhersenhelft groter, en andersom. De professor zei dat linksen, behalve voor schrijven als men dat al kan, niet rechts moeten gaan werken. Als je dat te veel probeert, word je 'ambidexter' en dus wankelmoedig zegt Vader, en dat moet hij niet worden, dan kan je nooit iets besluiten.

Vader is rechts en toch kan hij heel mooi tekenen, maar hij doet het nooit meer. Het prachtigst vindt hij Vaders werktekeningen die hij in Japan heeft gemaakt. Ze zijn al meer dan dertig jaar oud. Vader was heel vroeger 'ingenieur voor waterstaatzaken, adviseur van de keizerlijke regering'. Hij heeft er vijf jaar gewoond. De tekeningen liggen in een grote platte kist in zijn werkkamer en soms, na lang zeuren, gaan ze samen de bladen van gelig overtrekpapier bekijken. Sommige zijn zo groot als zes of acht schaakborden. Vader pakt ze heel voorzichtig een voor een uit de kist en legt ze op de grote werktafel. 'Havenwerken Mikuni, behoort bij het schrijven van den zoveelste juni in 1877 van den Ingenieur G.A. Escher'; zulke zinnen staan in mooie krullen geschreven onder elke tekening. Er zijn bruggen, dijken, havens, takels, hijskranen, zelf drijvende kranen, bokken. Vader gebruikte inkt en waterverf, lichtbruin voor de houten balken, lichtblauw voor water, donkerbruin voor eilandjes van samengebonden takken, licht- en donkerder grijs voor de grote en kleine stenen van dijken en pieren. De kleine stenen waren in het echt vaak samengebonden met een soort touw. Vader zegt dat zijn Japanse opdrachtgevers de tekeningen ook mooi vonden, dat hij misschien daarom zoveel belangrijk werk heeft mogen doen in het land van de rijzende zon. En al die ontwerpen op de tekeningen zijn ook echt uitgevoerd, zegt Vader. Ze hebben daar nu beter bevaarbare rivieren en havens en kanalen en bruggen en tunnels.

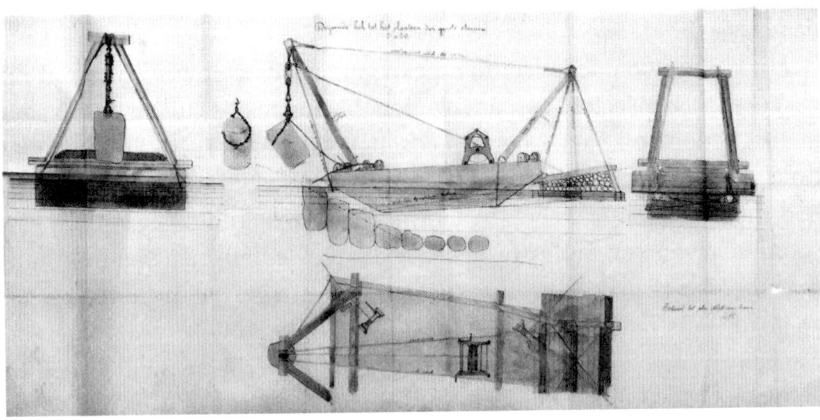

*

Moeder en Nol zijn blij dat ze terug zijn. Nol is nog steeds boos op de psychiaters in Duitsland. *Lattengitter Gatter Beutelratte Attentäter*? De dokter schreeuwde tegen hem als hij fouten maakte. En Notker der Stotterer, een heiligverklaarde negende-eeuwse monnik die niet kon praten, maar wel kon zingen, kan hem ook geen sikkepit schelen.

'Sikkepitsikkepitsikkepit,' zegt Nol hard wanneer hij het verhaal vertelt, als om de artsen in Duitsland te laten horen dat hij kan zeggen wat hij wil.

Nol is na de vakantie naar de hogere school gegaan en heeft daar nieuwe vrienden gemaakt. Hij schaamt zich niet meer, al kan hij nog steeds niet zo goed praten.

*

Wanneer Vader begint te vertellen, ligt Mauk ziek op de bank in de werkkamer. Door de pijn in zijn buik kan hij alweer moeilijk eten. De kamer staat vol met Japanalia, zoals Vader ze noemt. Iedereen in huis weet dat Vader het liefst in zijn kamer is. Hij zegt dat hij werkt aan zijn levensschets.

Tussen de glazen toonkast met ivoren beeldjes en het kamerscherm hangen – in een rijtje – de uitzichten op de Fujiberg. Op de muur daartegenover hangt een langwerpig rolschilderij van een uil in een dennenboom. Overal staan en hangen dingen uit Japan.

Zijn lieveling is de toverdoos. Ze is zwart en glanst in het licht uit de tuin. Als hij haar opendoet, ziet hij de ivoren speeltjes en puzzels in de blauwe zijde liggen. Elk voorwerp past precies in zijn eigen holletje.

Hij mag niet meer balletje-vang spelen; Vader wordt narrig van het getik als hij aan het schrijven is. Het handvat met de spies is fijn besneden als de zuil van Trajanus, zegt Beer. Laatst is het rode koordje naar het balletje gebroken. Beer heeft het gerepareerd met een gewoon touwtje.

Hij speelt nu vaker met de kubuspuzzel. In het doosje zitten ongelijke veelhoekjes die samen een kubus kunnen vormen die precies in het bakje past. De punten van de stukjes zijn messcherp. Soms lukt het hem.

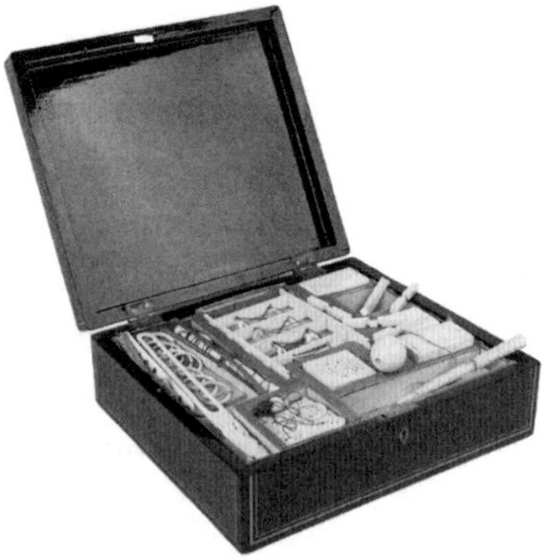

Nu is hij weer eens bezig met de kruispuzzel. Het is in de familie nog nooit iemand gelukt dat ding in elkaar te zetten. De zes stokjes moeten samen een kruis vormen, twee omhoog, twee dwars en twee erdoorheen. Hij heeft het al zo vaak geprobeerd.

'De stormen op de Chinese zee. Het lichten van het kielwater was daar zo sterk dat je erbij had kunnen lezen.' Sinds zijn pensioen zegt Vader dat soort plotselinge dingen; schijnbaar uit het niets begint hij te praten.

Vader legt zijn pen neer.

'Ja, een verhaal?' vraagt Mauk.

Vader lacht even naar zijn zoon, hij vindt het gezellig als hij ziek is.

'Ik zie nog voor me hoe we voeren over de Japanse Binnenzee.' Hij praat langzaam. 'Bergen aan weerszijden met dalen en kapen, uit het water oprijzende rotsen, alles op het weligst begroeid met hout of graan. Hier en daar een dorpje in een inham en scheepjes vanwaar blauwe rook opsteeg, net als uit de daken van de huizen. Af en toe een tempel met een poort aan de oever, vuurtorens waar die nodig waren. Een menigte visserssloepen en bij dat alles heerlijk weer. De blauwe Binnenzee is met eilandjes bedekt. Een mooiere vaart bestaat er misschien op de wereld niet.' Dan houdt hij weer op met praten.

Mauk pakt snel een voorwerp. 'En deze?'

'Die heb ik gekregen van de gouverneur, de voormalige daimyo, in Tottori,' zegt Vader over de witte wandelstok. 'Hij is gemaakt van een in zee groeiend gras *shiro sango* of wit koraal genoemd.' Er staat in de kamer ook een lessenaar van dat spul. 'Aangezien de gouverneur zijn eigen huis te eenvoudig vond, werden wij genodigd in het huis van de rijkste koopman ter plaatse. Dat huis, waar alle notabelen van de stad ook geïnviteerd waren, allen in traditionele kostuums, was werkelijk zeer mooi. We dronken daar voor het diner poederthee die de gouverneur zelf bereidde en inschonk in ruwe aardewerken koppen. Hoe kunstiger de geschenken, hoe groter het vakmanschap, hoe meer respect de gever verdient, hoe sterker de positie is in de onderhandelingen. De kwaliteit van het vakmanschap bepaalt van oudsher in aanzienlijke mate het aanzien van de daimyo, dat is...'

'Ik heb hem, ik heb hem!' roept Mauk opgewonden. Hij springt van de bank en laat Vader de kruispuzzel zien. Voor het eerst – sinds hoelang? – zit de ivoren ster goed in elkaar. Hij legt hem op het bureau, recht voor Vaders neus. Het duurt even voordat Vader iets kan zeggen. Hij kijkt naar de puzzel, dan een paar tellen naar hem. Hij schudt zijn hoofd.

'Wonderbaarlijk. Bravo, Maukie. Een opmerkelijk doorzettingsvermogen,' en hij geeft hem een klopje op zijn schouder. Doorzettingsvermogen? Hij had gehoopt dat Vader hem heel knap zou vinden.

*

Emmy ruikt altijd lekker fris. En ze lacht veel. Ze draagt mooie gekleurde rokken. Gisteren had ze zelfs een broek aan! Ze is anders dan alle andere mensen die hij kent. Emmy komt uit Zwitserland. Uit de bergen.

'*Sie sind ganz winzig im Vergleich zu den Alpen,*' zegt ze vrolijk met zwaaiende handgebaren. Ze zitten boven op het hoogste duin. Emmy is gewoon met haar rok op het duin gaan zitten om samen met hem te tekenen. Het kan haar niks schelen of er zand op haar kleren komt of oude konijnenkeutels. '*Es kümmert doch nichts!*' Ze praten met handen en voeten en leren elkaars taal. Hij begrijpt niet alles wat ze zegt. '*Winzig?*' Klein, gebaart Emmy met haar vingers, piepklein. '*Du musst in die Berge fahren, Mauk! Die Dünen sind schön und lieb, aber dort, in den Alpen, findest du das wahre Abenteuer!*' Aan haar wilde gebaren naar de hemel begrijpt hij dat de Alpen zo hoog zijn als de wolken en nog hoger. Daar moeten ze naartoe om te tekenen.

Hij is door Vader en Moeder weer naar een kuurhuis gestuurd, nu in Bergen aan Zee. Niks avontuur, elke dag onder toezicht baden in zee. Hij is al dertien. De volgende keer verdomt hij het. Gelukkig is Emmy gekomen. Ze is de eerste vrouw in zijn leven met wie hij het goed kan vinden. En gelukkig wil ze niet zwemmen. Hij wil niet dat ze zijn dunne witte lichaam ziet. Emmy is Beers verloofde, ze is naar Nederland gekomen om zich voor te stellen aan de familie. Beer is nu naar Amsterdam voor gesprekken over een betrekking. Als hij die krijgt, mogen ze misschien trouwen. Tijdens hun lange wandelingen wijzen hij en Emmy elkaar van alles aan: spelende valkjes, een deken van paarse bloempjes die zweeft boven het duingras, de sporen van een vosje. Met haar is het leuker in de duinen. Het maakt haar niet uit hoelang ze blijven zitten.

*

Als hij voor het eerst de middelbare school binnenkomt, schreeuwen honderden kinderen op de trappen. Ze krioelen als mieren door elkaar heen. Als hij 's middags thuiskomt, heeft hij weer hoofdpijn. Gelukkig zit hij in de klas bij Jan, de zoon van Vaders vriend Van der Does de Willebois, rechter in Arnhem. Jan is een opgeruimd en vrolijk jongetje, twee jaar jonger, zoals bijna alle kinderen. Jan neemt hem mee naar de tennisbaan en ze lezen de fabels van La Fontaine. Ze maken zelf verhalen over die fabeldieren. Soms schrijven ze sprookjes voor elkaar. Sprookjes voor volwassenen. Hij wist niet dat zulke vrienden bestonden.

Hij is graag bij de familie Willebois. De sfeer is er heel anders dan bij hem thuis, levendig en vrolijk. Er kan altijd wat gebeuren. Door het grote huis klinkt vaak een meisjesachtige schaterlach. Jan heeft twee oudere zussen. Ze plagen Jantje vaak en hem nu ook. Hij voelt zich er juist welkom door. Lex is vier jaar ouder dan Jan, Fiet acht jaar ouder. Ze is al het huis uit.

'Fiet zit op de kunstacademie in Amsterdam. Ze doet keramiek,' zegt Mauk thuis aan tafel.

Koosje heeft net de soep opgediend en heeft de eetkamer weer verlaten. Vader legt zijn lepel neer en kijkt naar Mauk.

'Ze doet een cursus pottenbakken, bedoel je,' zegt Nol.

'Geen slecht woord over de vervaardigers van aardewerk,' lacht Vader en hij tikt met zijn lepel tegen de Chinese soepkom op zijn bord. 'Een achtenswaardig ambacht.'

'Fiet zit op de kunstacademie, Vader, niet op een ambachtsschool.'

Vader neemt een paar tellen voordat hij reageert op Mauks felheid.

'Ze leert er potten bakken; wat is dan de kunst, Mauk?'

Nol grijnst.

'Wat is de kunst?' herhaalt Mauk. 'Moeder, zegt u dan toch wat.'

Moeder lacht zenuwachtig.

'Het is prachtig dat Fiet naar de kunstacademie is gegaan; echt iets voor haar.'

'Wat bedoelt u daar nou mee?' vraagt Mauk.

'Mevrouw Willebois vertelde dat ze een bijzonder kind is, of een bijzondere jonge vrouw, moet ik zeggen. Het past goed bij haar.'

'Bijzonder?'

'Nou ja, apart, met vooruitstrevende ideeën. En ik heb ook begrepen dat Lex kunstgeschiedenis wil gaan doen,' zegt Moeder, 'dat had ik ook graag gewild, als ik nu jong was geweest.'

'Zie je wel, kunst is voor vrouwen,' zegt Nol.

Vader kijkt Mauks oudere broer tevreden aan.

'Wat een onzin,' zegt Mauk. 'Vader, u heeft weer soep aan uw snor.'

'O, wel, in elk geval, men kan met kunst moeilijk een gezin onderhouden,' zegt Vader.

Mauk kijkt ontstemd van zijn vader naar zijn moeder. Ze gaan altijd naar het concert en het theater. Moeder wil altijd naar musea. Hij moet piano spelen, Vader houdt van tekenen, net zoals hij.

'Een gezin onderhouden?'

'Zonder gezin ben je maar alleen, Maukie,' zegt Moeder en ze kijkt glimlachend van Vader naar Nol naar hem, 'dat wil je toch niet?'

*

Hij gaat over naar de tweede klas, ondanks zijn frequente absentie. Zijn broers George en Nol gaan met een paar vrienden de bloemetjes buiten zetten in Zwitserland. Hij mag niet mee. De familie Willebois nodigt hem uit om mee te gaan naar Drenthe; mag ook niet. Hij moet weer naar zee. Beer en Emmy hebben hem ingefluisterd om Vader en Moeder te vragen om dan ten minste met hem naar het buitenland te gaan. De oudjes kiezen voor de stranden van Bretagne. Ze willen naar het mondaine Dinard. Hij gaat alleen mee als ze eerst naar Antwerpen gaan, en naar de Eiffeltoren.

Op maar vier uur reizen van Arnhem, in het museum in Antwerpen, ziet hij *De man met de munt* van Hans Memling. Hij loopt het schilderijtje eerst voorbij, maar iets in zijn ooghoek doet hem stoppen en omdraaien. Het is de achtergrond. Of beter: het is het contrast van die precies geschilderde man met de munt en die steeds vager wordende heuvels en bossen en dat meer, met dat paardje en die piepkleine, maar perfect geschilderde zwanen. En dat kasteel in de verre verte. Je kan heel dichtbij kijken en kilometers ver weg, allemaal in dat kleine schilderij. 'Ach, dat uitzicht doet me denken aan Italië,' zegt Moeder, die naast hem komt staan. Ze heeft toen ze jong was een tijdje in Florence gewoond. Dat weet hij nu wel. De suppoost vertelt dat de meeste Memlings in Brugge hangen. Gelukkig wil Vader, al is het morrend, het reisschema veranderen.

De volgende dag na het dejeuner loopt hij met Moeder door Brugge naar het Sint-Janshospitaal. Hij heeft in Antwerpen nieuwe reiskleren gekregen: een wit driedelig pak met plusfour, donkere zijden kousen, witte schoenen en een witte pet. Als ze naar Dinard gaan, moet hij passend gekleed gaan. Hij heeft de kleren aangedaan, maar hoopt dat ze geen bekenden zullen tegenkomen. Ze wandelen van het hotel door de veertiende-eeuwse stegen, Moeder onder haar witte parasol. Ze houdt stil op een van de vele bruggen. 'De oude huizen staan met groen bemoste rokken in het water,' zegt ze dromerig. Waarschijnlijk citeert ze een of andere oude schrijver. Hier moet Hans Memling ook gestaan hebben.

Ze wil halt houden bij de lunet boven de ingang, maar hij trekt haar naar binnen, door de donkere zalen, in één keer naar het Johannesretabel in de kapel, volgens de Baedeker-reisgids het hoogtepunt van het verblijf in Brugge. Moeder kan alleen maar o en ah zeggen als ze voor het drieluik staan. Ze wijst fluisterend op de doop in de rivier, dan de dans van Salomé voor Herodes, het bloed spuitende onthoofde lijf van Johannes in nog biddende houding. Moeder prevelt in woorden alles wat ze ziet op de panelen.

'U hoeft niet te fluisteren, Moeder,' zegt hij hard. 'U kunt ook gewoon kijken.'

Ze snapt er weinig van. Ze begint linksboven en zal waarschijnlijk rechtsonder eindigen. Het gaat om het middenpaneel, dat ziet toch iedereen? Hij wordt naar binnen gezogen alsof hij van een glijbaan af roetsjt en buitelend terechtkomt op de tegels tussen de martelwerktuigen. In één lange vlucht glijdt zijn blik langs het Perzisch tapijt, de rokken van Maria en de twee martelaressen, naar het kindeke, de twee engelachtige knaapjes, de twee Johannessen en het mooie gezicht van de Maagd. Al die wijzende, spelende, tastende, lezende handen vormen een krans om de kleine Jezus – of God, wie is het? Hij begrijpt best dat de Bruggenaren op zondag naar de kapel wilden komen als dit drieluik werd geopend.

'Hij moet een goddelijke inspiratie gehad hebben,' zegt Moeder.

'Dat gelooft u toch niet echt?'

'Een mens kan van zichzelf toch niet zo mooi schilderen?'

Ze zwijgen allebei. Moeder ziet er boos uit. Hij wil haar niet grieven, maar wat een kul; Memling kon gewoon heel goed schilderen.

Als ze de kapel uit lopen, naar de voormalige ziekenzaal, valt zijn oog op een klein tweeluik. Op het linkerpaneel is de Maagd weer afgebeeld. Met haar langvingerige hand geeft ze een appel aan het kindeke op haar schoot. Dezelfde mooie vrouw als van het Johannesdrieluik. Op het rechterluik zit een jongeman, ene Martinus de Newenhoven. Hij zit in dezelfde kamer; zijn gebedenboek rust op het eindje van de rode sluier die de Maagd heeft omgeslagen. Hij smeekt haar bescherming af. Mauks oog dwaalt weer terug naar Maria's handen en dan ziet hij achter de Madonna een spiegel, een bolle spiegel. Hij drukt zijn neus bijna op het doek, zo klein heeft Memling het geschilderd. Hij ziet de hele ruimte waar Memling schilderde in de spiegel, zelfs de balken van de kamer waar de modellen en de schilder samen zijn. De herkenbare silhouetten van Maria én van Martin, die dus niet alleen op het rechterpaneel staat, maar ook op het linker. Maria heeft in de spiegel nog een boek naast zich dat op de ongespiegelde afbeelding buiten beeld valt. Achter de twee vage spiegelbeelden zijn twee ramen getekend. Maar dat zijn de achterkanten van de panelen waar Moeder en hij nu naar kijken! En Memling heeft zich erachter verstopt. Hij heeft zichzelf niet geschilderd in de afbeelding van de Maagd, maar hij is er wel. Verscholen achter de gespiegelde panelen. Tegelijkertijd is hij er wel en niet.

Dan pakt Moeder zijn hand en wil hem meenemen naar buiten. Hij trekt zich los en loopt verstrooid achter haar aan. Zijn gedachten zweven nog tussen de bolspiegel en de ezel van Memling.

In Parijs wil hij meteen naar het Louvre. Moeder gaat mee. Het valt hem nogal tegen. Bijna overal ziet hij grote schilderijen met dikke, opgedirkte vrouwen, vaak zelfs bloot. Het leukst van het museum vindt hij alle mensen bij de plek die open is gehouden voor de Mona Lisa. Ze is twee jaar geleden geroofd. Geschaakt zal je bedoelen. De bezoekers van het museum hebben de meeste aandacht voor een schilderij dat er niet is.

Met Vader beklimt hij de Eiffeltoren. Tot de derde verdieping nemen ze de lift, daarna lopen ze tot de top.

'Vorig jaar stond ik zo op het Empire State Building, maar er gaat niets boven het uitzicht vanaf de Eiffeltoren.'

Mauk kijkt uit over de eindeloze stad met de rivier die zich als een luie slang heeft genesteld tussen de avenues, de paleizen en de parken.

'Volgend jaar, in 1914, is het precies vijfentwintig jaar geleden dat de Eiffeltoren werd ingehuldigd. Toen was ik hier voor het eerst,' zegt Vader. 'Een meesterwerk van ingenieur Eiffel. Stel je voor, Mauk, zo'n ijzeren constructie had nog nooit iemand gemaakt; hij heeft alles moeten uitvinden. Alleen het ontwerpen van de steigers was al een duivels ingewikkelde aangelegenheid.'

Vader doet net alsof hij de toren zelf heeft gebouwd. Hij weet allerlei onbelangrijks over het ding te vertellen: zoveel ton ijzer, zo hoog, zoveel ingenieurs, klinknagels, bouten, stukken smeedijzer, maar daar gaat het toch niet om. De mensen beneden zijn net bacteriën onder de microscoop. Automobielen schuiven als slakken langzaam over de dunne lijnen. In de verte kan hij de ronding van de aarde zien. Zo moet het zijn als je in een vliegmachine zit of in een luchtballon. Wat een heerlijkheid om zo hoog in de lucht te zijn.

Op de weg terug naar het hotel lopen ze langs een winkel met ivoren artefacten uit Japan. Tot zijn verbazing wil Vader niet naar binnen. 'Japonaiseries,' zegt hij misprijzend. 'Werk van generaties vakmensen die in hun sobere leven niets anders gedaan hebben dan lakdozen maken, schilderen, ivoor snijden of zijde weven; het Japanse vakmanschap wordt hier liefdeloos verkwanseld, voor een habbekrats verpatst. Die winkeliers hebben geen respect; de klanten begrijpen niet wat ze kopen.'

Gelukkig is zijn oudste broer hen een paar dagen komen vergezellen in Dinard. Eddy en hij maken een lange wandeling over de rand van de falaises.

'Jaaa, dat is de heilzame werking van zeewater!' roept Mauk als een paar nog bruisende druppels hem in het gezicht spatten.

‘Zie je dat die kliffen steeds weer anders zijn? Wat stijgt het water snel!’ zegt hij op de terugweg. ‘Die landtong moet een fantastisch uitzicht hebben, kom!’ Als ze op de rotsen staan met de zee aan weerszijden, roept hij uit: ‘Hier wil ik tekenen!’

Eddy lacht om zijn uitgelaten jonge broertje. Eerder had hij al stoere verhalen over Parijs en Brugge verteld, nu is hij de koning te rijk. Hij lijkt het landschap in zich op te willen zuigen.

‘Je kan beter fotograferen,’ zegt Eddy. ‘Zo hoeven we niet in de wind te kleumen. En hoef ik niet steeds op je te wachten. Ik zorg er wel voor dat Vader een kiekdoos voor je koopt. Dan kan je alles wat je wilt onthouden op de gevoelige plaat zetten.’

‘Nee, joh, tekenen, dat is het echte werk.’

De volgende dag krijgt Mauk een Kodak Brownie Box. Na een paar dagen kan hij al goed de rolfilm in de doos zetten. Door het kijkertje mikt hij precies wat er op de prent komt en wat niet. Hij wil zo veel mogelijk uitzicht op de foto. De stellages van de oesterparken verdwijnen langzaam in zee; hun lijnen lopen weg naar de horizon. De beste fotografieën zal hij thuis natekenen.

Elke dag gaat Eddy mee baden. Na het ontbijt pakken ze hun badpakken. Vader en Moeder gaan zitten in de salon van het Grand Casino of op het strand ervoor, Vader met de krant, Moeder met een boek. Bij eb is het een geweldig eind naar zee. Het is mooi fijn zand dat glinstert als sneeuw in de zon, mooier van kleur dan in Nederland en met bijzondere krulschelpen. Halverwege staan de verkleedkoetsen. Er zijn nog wel dames die zich naar zee laten rijden, maar niet veel meer. De meesten willen zich juist laten zien in badkledij, zegt Eddy, die af en toe onrustig naar de koetsen loert. Hij moet een halfuur in zee blijven van de dokter. Ze gooien over met een tennisbal en zwemmen samen een stuk naar de rotsen. *Après un bain, un Dubonnet* staat op het koetsje en voor het dejeuner probeert Eddy het drankje; tamelijk smakelijk, zegt hij.

‘Heb je niet al genoeg oesters gegeten, jongen?’ vraagt Moeder.

Hij heeft er al zeker dertig op, net als Eddy. Van de cider mag hij ook zoveel als hij wil.

‘Nee, Moeder, ze zijn heerlijk, in Dinard moet je oesters eten. En kreeft met mayonaise.’ De vorige avond heeft hij voor het eerst *homard* gegeten.

‘Moet je niet aan je maag denken?’

‘Mijn maag is prima, Moeder. Geen centje pijn.’

'Wel,' zegt Vader, 'gelukkig helpt het zeewater tegen je kwalen.'
Eddy kijkt van zijn Vader naar zijn broertje.
'Vader, het is het dieet van ruimte en avontuur dat Maukie geneest.'
Vader lacht om zijn oudste zoon.
'Je kan het dichterlijk zeggen, Edmond. Maar misschien zit er wat in, wie weet.'
'Dan zijn we gelukkig niet voor niets in dit oord,' zegt Moeder.
Ze vindt dat er nogal wat demi-monde rondloopt in het hotel. In de eetzaal zijn de dames wel erg gedecolleteerd en geblanket. Het ruikt er naar een mengsel van goedkope parfums. Mauk denkt dat Moeder het allemaal niet zo leuk meer vindt. Ze heeft een aanval van jicht gehad en ligt vooral in bed.
Zo slecht vindt hij het niet in Dinard. Ze sporen naar de Mont St-Michel en varen het laatste stuk in een wiebelbootje. Een paar dagen eerder hadden ze het puntige zandkasteel vanuit de verte gezien, vanaf Cancale. 'Hoe zouden ze dat hebben gebouwd?' vraagt Vader vrolijk op de boot. 'Stel je voor hoe ze al die stenen met laag water op karren ernaartoe hebben gesleept.' Ziet hij niet hoe mooi het is? De hele berg met torenspits weerspiegelt in het ondiepe water, samen met de wolken. Het lijkt wel of het hele eiland loskomt van de zee, alsof het vliegt, als het sprookje van de prinses. Hij hoopt maar dat de fotografieën zijn gelukt.

*

'Hoe was het op school, Mauk?' vraagt Vader aan tafel, een paar weken nadat ze terug zijn uit Frankrijk. Kan hij niet wat anders verzinnen? Het interesseert Vader niets. Hij wil alleen horen dat het goed gaat.
'School is saai, Vader. Alle leraren zijn saai, Becker van Duits is het saaist. En hij spreekt belachelijk Nederlands.'
'Nou nou,' zegt Vader. 'Respect, Mauk. Zo praat je niet over je leraren.'
'Alleen Van der Haagen van tekenen en Oudemans van biologie vinden hun eigen vak leuk. Moet ik respect hebben voor mensen die niet eens houden van hun eigen vak?'
'Meneer Van der Haagen en meneer Oudemans voor jou, Mauk. En meneer Becker. Je moet voor iedereen respect hebben.'
Hij tekent veel liever dan dat hij schoolwerk doet. Hij heeft de Mont St-Michel uitgewerkt, maar hij werkt liever zonder fotografie: vergezichten, treinen, bruggen, stillevens, portretten, zelfportretten. Hij wil prenten

maken van zijn tekeningen, als de Japanse houtdrukken in Vaders werkkamer. Van meneer Van der Haagen mag hij na school in het tekenlokaal linoleumsnedes maken. Eerst probeert hij nog thuis te drukken met de mangel en stempelkusseninkt, maar al snel blijft hij steeds langer op school om prenten te maken met de echte pers.

Zijn ouders bemoeien zich niet met zijn schoolwerk. Vader neemt hem mee naar concerten. Nol heeft meestal geen zin om mee te gaan. Mauk houdt ervan hoe de tonen van alle snaarinstrumenten door zijn lichaam trillen. Als hij zelf cello speelt, kan hij er niet van genieten.

Als hij op een donkere wintermiddag in de werkkamer de puzzeldoos erbij pakt, blijkt dat Vader een artikel heeft ontvangen over de sterpuzzel. Vader wil altijd praten over wat hij nu weer heeft gelezen in dit of dat wetenschappelijke tijdschrift. Nu had een wiskundige vriend van de sociëteit, professor De Boer, na een gesprek over de kruispuzzel hem een Engels artikel gegeven over een Chinees puzzelhandboek, de *Compilation of Magic*. Zelf had De Boer uitgerekend dat er dertig miljard manieren zijn om een sterpuzzel te maken.

'Hij heet eigenlijk de Lu Ban Suo. Suo is in het Engels *lock*; sluiting is misschien een goede vertaling; niet slot.' Vader zit rechtop in zijn bureaustoel. Zijn voeten wiebelen op het voetenbankje. Zijn oude handen omvatten het houtsnijwerk van de uiteinden. Hij verheugt zich duidelijk om het verhaal te vertellen.

'Kom maar op!' moedigt Mauk aan.

'Lu Ban leefde ongeveer in de vijfde eeuw voor Christus. Hij kwam uit een timmermansfamilie en werkte van jongs af aan in de bouw. Ban was een briljante leerling en wilde steeds beter en sneller werk afleveren. Op een middag liep hij door een tuin en sneed zich aan een blad van een Chinese roos, onze rode hibiscus. Hij vroeg zich af hoe een bloemblad zo makkelijk door de huid kon snijden. Hij zag dat de bladrand scherp gekarteld was en begon te vermoeden dat een kartel het snijden makkelijker zou kunnen maken. De volgende dagen maakte Lu Ban de eerste zaag in de geschiedenis. Zo werd hij uitvinder van timmergereedschap. Hij bedacht eveneens de boor, de schaaf, de rasp.

'En de guts,' zegt Mauk terwijl hij de ivoren staafjes van de puzzel weer in elkaar probeert te passen.

'Misschien, misschien, dat zegt de tekst niet. Ik vermoed dat jouw guts al bestond. Hoe dan ook, door Lu Bans uitvindingen werden de beroemde

Chinese houtverbindingen mogelijk. Wij kennen de zwaluwstaart; die is voor beginners. Daar, vooral in Zuidoost-China en Japan, kan het langdurig regenen. Ook de droogte kan lang aanhouden. Spijkerloze verbindingstechnieken zijn noodzakelijk door de aanzienlijke verschillen in vochtigheid van de lucht. Het hout kan flink krimpen en uitzetten. Met het gereedschap werden de meest geavanceerde verbindingen mogelijk. Alles dankzij Lu Ban, nu de beschermheer van timmerlieden en aannemers. Dus ook van jou en van Nol en meneer Van Eldik. De kunst en de eer van de timmerman in China en later ook in Japan ligt erin de houtverbinding zo mooi mogelijk te onttrekken aan het oog. Zo is die aparte en bijna vergeten kunstvorm kumiki ontstaan, die de houtmeesters ook voor mijn kranen gebruikten. Jouw kruispuzzel is een oefening voor timmerlieden vanaf de tweede eeuw voor Christus.'

'Ik moet het meneer Van Eldik vertellen,' zegt Mauk. 'Misschien kunnen we zelf een puzzel maken.'

'Wellicht. De Lu Ban Suo was het resultaat van een wedstrijd tussen de allerbeste Chinese houtmeesters om vernuftige verborgen houtverbindingen te verzinnen. Toen dit soort vakmanschap afnam, de kennis en vaardigheid uiteindelijk verdwenen door standaardisatie onder de Handynastie, werden deze proeven van vakmanschap vanzelf geheimzinnig: puzzels; raadselachtige structuren die niemand meer kon bedenken of oplossen. Weinigen hebben daarna nog de ruimtelijke denkkracht gehad om ook maar in de buurt te komen van die oude ontwerpen. En jij hebt hem opgelost, Maukie!'

Vader is een tijdje stil.

'Misschien lijk je wel op mij. Ik was ook geen vlotte leerling. Ik heb altijd een slecht geheugen gehad en een traag werkende geest. Maar schoolslimheid is niet de enige bruikbare intelligentie. Laat dat een geruststelling zijn. Toch, diploma's heeft men nou eenmaal nodig, Mauk.'

Hij blijft zitten dat jaar, maar Vader lijkt er niet om te malen. Hij zegt dat hij eerst maar moet genieten van de grote vakantie.

*

In het Oostenrijkse dorpje Mayrhofen wil hij graag een huttentocht maken. Emmy heeft hem over die tochten verteld. *'Auf dem Dach der Welt!'* Vader heeft voor Nol en hem een gids gehuurd. Ze maken een tweedaagse tocht naar de Ahornspitze, 2970 meter boven zee. Franz is een uitmuntende gids. Hij weet alles over de bergen en heeft een grote baard. Het is prachtig weer en ze zien tijdens het wandelen de top van de berg al.

De eerste dag lopen ze naar de Edelhütte aan de voet van de Ahorn. Hij vindt het ongelooflijk dat een mens zich zo snel kan verplaatsen. Het ene moment staat hij in het dal en het volgende moment lijkt de rivier in het dal een dunne kronkellijn op een landkaart. Ze kunnen vanaf de Edelhütte Mayrhofen zien liggen, meer dan zestienhonderd meter onder zich. In de hut is niets, tenminste, er liggen matrassen, een paar dekens en wat hout om de fornuiskachel aan te steken. Er is een beekje achter de hut om in te baden. Gelukkig heeft Franz eten meegenomen in zijn *Rücksack*.

De volgende ochtend om vier uur, in de diepe duisternis, beginnen ze aan het laatste stuk van de beklimming: nog zevenhonderd meter omhoog. Het eerste halfuur loopt het pad over een bergkam, aan beide kanten gaat het tientallen meters omlaag. Ze moeten met touwen aan elkaar. Als Mauk aan de ene kant naar beneden valt, moet Nol in de andere afgrond springen, legt Franz uit. Voordat ze aan het laatste en steilste stuk beginnen, doorkruisen ze een glooiende vlakte, waar honderden gemzen op hen staan te wachten.

'Zie je hoe die kleine over die rotsen springt? Hoe is het mogelijk?' vraagt Mauk.

'Dat ie niet naar beneden dondert!' zegt Nol, uithijgend van de klim.

'Met z'n ogen aan de zijkanten van zijn hoofd,' zegt Mauk.

'Wat heeft dat er nou mee te maken?'

'Ziet het beestje alles dubbel? Hoe kijkt hij? Hoe krijgt hij die beelden op elkaar in dat koppie? Hoe kan hij precies zijn kleine gladde hoef op zo'n smal randje zetten, en hop, hop, hop, steeds weer springen, als hij misstapt, valt hij dood.'

'Tja...' zegt Nol. 'Dat weet ik niet hoor, vraag het maar aan Franz.'

Op de top kan hij vier- of vijfhonderd meter recht naar beneden kijken. Hoogte is raar. Als hij op een ladder staat, is hij soms bang; nu kan hij gewoon met zijn benen bungelend over de rand uitkijken over de machtige bergen. Voor Nol is het anders; hij is vorig jaar al in de Alpen geweest. Het lijkt of Nol niet ziet hoe fantastisch de bergen zijn.

Op de terugweg zegt Mauk niets.

Ze zitten nog als enigen in de ontbijtzaal. Vader wilde de vakantie niet laten verstoren door politieke zaken. De waard komt nu met rood hoofd en zwaaiende armen binnen. Servië heeft niet voldaan aan het ultimatum van

Oostenrijk-Hongarije. Over een uur gaat de laatste trein, daarna kunnen ze hier niet meer wegkomen.

Op het station is de situatie chaotisch. De lange trein zit vol met joelende soldaten, veel met een borrel op. Ze zijn allemaal vrolijk en lijken zo snel mogelijk naar het front te willen doorrijden. De soldaten fluiten zelfs naar Moeder. Ze houdt zich fier, ook in de overvolle derdeklaswagon op een houten bank. Op de stations onderweg horen ze steeds 'Deutschland, Deutschland über Alles' op de wijs van 'Gott erhalte Franz den Kaiser'. De volgende dag, na vijf keer overstappen, chaos op de stations, hun reiskisten kwijt in München, zonder eten en met alleen een fles water, komen ze terug in Arnhem. De oorlog is begonnen, maar Nederland lijkt de dans te ontspringen.

*

Hij moet van Vader en Moeder meedoen aan de 'activiteiten van menslievendheid' die worden georganiseerd door de Remonstrantse Broederschap. Moeder zit in het bestuur. Hij bezoekt met Vader een vluchtelingenkamp voor Belgische families in Eindhoven. De mensen schreeuwen tegen elkaar omdat er bijna geen ruimte is. Overal modder en stank. Allemaal door de Duitsers.

Hij brengt zelf kastanjes naar een opvanghuis en voert samen met kinderen de pony's. Als hij bijna in zijn hand wordt gebeten, moeten ze een beetje lachen, maar dan vervallen ze weer in een somber zwijgen. Met Vader gaat hij ook naar een boer in Overijssel die bereid is om een familie in huis te nemen. De familie van de boer is nog in Overijssels kostuum. Hoe moeten de kinderen in dat huisje op de hei de winter doorkomen?

Hij heeft met Nol een tafel naar de spoorbrug gesjouwd. Hij gaat met Moeder broodjes uitdelen aan de vluchtelingen. In een lange stroom komen ze voorbij. Ze slepen al hun spullen mee op karren, in kinderwagens, op hun rug. De lichamen zijn gebogen, de gezichten dof. Hij ziet een klein meisje dat hangt aan de hand van een vrouw met een baby in de andere arm. Mauk stopt drie broodjes in de open jaszak van de vrouw. Hoe ver hebben ze al gelopen vandaag? Ze antwoordt niet.

Aan de andere kant van de brug ziet Mauk een breedgeschouderde man die zijn ezel aan het opzetten is. Het eerste kwartier doet de kerel niets dan kijken naar de stoet. Dan pakt hij zijn houtskool en begint te schetsen.

Als Mauk het laatste broodje heeft uitgedeeld, steekt hij over. Hij staat een poos achter de man. 'Als jij dertig kilometer verderop was geboren, lag jij nu in een loopgraaf en waren deze mensen op de vlucht voor jou!' zegt de tekenaar. Mauk ziet aan zijn gezicht dat hij het niet zo kwaad bedoelt. Hij vraagt hem waarom hij de mensen tekent. 'Je bedoelt: waarom sta ik ook niet remonstrantse broodjes uit te delen?' Dat bedoelt hij niet. 'Ik ga prenten maken van deze optochten,' zegt de tekenaar. 'Iedereen moet weten wat hier gebeurt.' Mauk vraagt of hij misschien dominee Heering kent, die zei vorige week op catechisatie net zoiets. 'De dominee? Ja, ik sprak hem op de sociëteitsavond over antimilitarisme.' Mauk zegt dat hij van dominee Heering les krijgt. De man blijft een tijdje zwijgend doorschetsen.

'Ik geloof niet in God, maar wel in hem.'

'Ik ook,' zegt Mauk.

De man kijkt op van zijn tekening.

'Ik teken ook. En ik maak prenten. Uit linoleum.'

'Ah, dan zit je zeker bij Van der Haagen op de Burgerschool? Heel goed. Linoleum, hè? Als je een keer een ets in koper wilt maken moet je bij mij komen. Ik werk boven de Sabelspoort. Neem een tekening mee met sterke lijnen!'

Hij heeft niet eens zijn naam gezegd. Het was de schilder Gert Stegeman, zegt Moeder. Ze hebben thuis een schilderijtje van hem: de villa in park Sonsbeek, in helder licht met brede streken geschilderd. Ze hebben het een keer getrokken uit de loterij van de sociëteit.

*

Op de wekelijkse catechisatielessen van de remonstrantse kerk door dominee Heering maakt Mauk een nieuwe vriend. Bas Kist is een jaar jonger, zit op het gymnasium en kan goed tekenen, sneller en makkelijker dan hij. Samen trekken ze eropuit om in de omgeving van Arnhem te schetsen en te zwetsen, zoals ze het noemen. Ze hebben ook met twee meisjes een strijkkwartet gevormd.

Op een lenteavond zitten Jan Willebois, Bas en Mauk in hun clubhuis, zo noemen ze de zevenhoekige kamer van Villa Rosande, het nieuwe huis van de familie Escher in Oosterbeek. Mauk heeft er de fotografieën van zijn meest geliefde kunstwerken opgehangen.

Het is een veel te groot huis, temeer omdat Nol dit jaar in Delft is gaan studeren. Vader kreeg het aangeboden en kon de buitenkans niet voorbij laten gaan – weg van de treinen. De Oude Es, zoals de jongens vader Escher noemen, heeft in de kamer een biljart laten installeren.

'Een gezonde sport voor jonge mannen die beter thuis dan in het café beoefend kan worden,' zegt Vader, die zelf ook graag speelt.

Ze hebben de fauteuils van de haard naar de grote open ramen geschoven. Met een fles bier in de hand en hun voeten op de vensterbank kijken ze uit op de grote beuk op het grindplein voor de villa. De beukenblaadjes beginnen zich al aardig te ontrollen.

'Hij gaat ons heus niet bekeren,' zegt Bas. 'Hoe komt het trouwens dat alle remonstrantse mensen rijk zijn? Hebben jullie je dat afgevraagd? Moet je geld hebben om je de remonstrantse liefde, vrijheid en verdraagzaamheid te kunnen veroorloven?' Bas lijkt met elk biertje zekerder van zichzelf te worden.

'Het modernisme op z'n smalst, jongens en meisjes,' imiteert Mauk de dominee, 'is een gevaar voor de maatschappij. De steeds grotere uitbuiting van de arbeider verbreekt het natuurlijke evenwicht en de band van wederzijdse zorg tussen de bevolkingsgroepen in ons land. De werkelijke waarden van Christus worden almaar minder geëerd.'

Ze lachen de dominee niet uit. Bas en Mauk vinden hem een goeie vent. Hij is radicaal pacifist en stimuleert hen om te tekenen. Als dominee Heering hoort dat ze samen met Jan Willebois graag de Russen lezen, geeft hij hun Tolstojs *Was ist Kunst?* te leen. Belangrijke kost voor beginnende kunstenaars. De dominee vertelt dat wanneer Tolstoj het opstel schrijft, hij al de profeet is die een christelijk alternatief biedt voor het opkomende kapitalisme. De oude graaf heeft net zijn hele landgoed en vermogen weggeschonken aan de boeren. Hij is een soort Messias, behalve voor zijn vrouw dan, zegt de dominee. Hij predikte voor iedereen geheelonthouding, maar verwekte wel elk jaar bij haar een kind. 'Het was veel gezelliger hier zonder Jezus,' scheen zij zich regelmatig te hebben laten ontvallen.

'Toch vreemd dat een dominee zoiets vertelt,' zegt Jan, die katholiek is. 'Gelooft hij niet in Jezus?'

'Volgens mij gelooft hij meer in God,' zegt Mauk.

'En jij?' vraagt Jan. Een van zijn favoriete onderwerpen.

'Ik? Pffff. In Jezus? Weet ik niet, hoor. Ik zou wel willen, ja, maar nee, het lukt me niet, geloof ik, haha, ja, nou, ik geloof in de natuur, de elementen.'

'Aha, een materialist in onze gelederen,' zegt Bas.

'Aarde ben je en tot aarde keer je terug. Meer is er niet, maar ook niets minder, de elementen zijn genoeg,' zegt Mauk.

'En je morele kompas?' vraagt Bas.

'Aha, de ethische vraag.' Jan gaat er eens goed voor zitten.

'Tja, wat is goed, wat is goed? Liefde, verdraagzaamheid? Het zegt me niets. Ik weet het niet. Nu je het vraagt: ik geloof wel dat een kunstenaar goed moet dóén.'

Bas trekt een wenkbrauw op. 'En die kunstenaar ben jij?'

'Weet ik niet. Wat Tolstoj zegt.' Hij pakt het boekje erbij. '"De enige rechtvaardiging van kunst is dat je een gevoel, dat je zelf hebt ondervonden, weet vorm te geven en eerlijk over kan brengen aan een publiek. Alleen dat is goed. Al het andere is ijdelheid, voortzetting van geslachtelijke wellust, effectbejag om de afgestompte zinnen der decadente bourgeoisie tijdelijk uit hun verdoving te halen." Zit wel wat in, vind ik.'

'Sublimatie, mijne heren,' zegt Jan, 'sublimatie; kunst en geld zijn slechts transformatieve verschijningsvormen van onze driften.'

'Jan gelooft in het sturende onderbewuste, dat viel te verwachten, voorbij alle goed en kwaad. Ik hoor een kleine Tolstoj en een Freudje,' zegt Bas. 'Maar wie bepaalt nou echt wat goed en slecht is?'

'Jaja, de wetgever en de rechter,' zeggen Mauk en Jan tegelijk.

'Juist, de wetgever en de rechter, ik geloof in de wet. Dat is het beste wat de mens heeft kunnen overkomen. Beter dan God of Freud.'

De jongens zwetsen nog lang door. Aan het einde van de avond brengt Mauk zijn vrienden naar hun fietsen, die geparkeerd staan tegen de beuk voor het huis. De jongens geven elkaar een hand en een schouderklop en Bas en Jan fietsen de nacht in, terug naar Arnhem.

Mauk slentert terug naar binnen, het is kouder geworden. Hij ruimt alle flessen op, leegt de asbakken en dooft de elektrische verlichting in de zevenhoekige kamer. In het donkere, grote huis denkt hij aan Roosje. Ze zit in het kwartet, speelt de piano. Hinderlijk vaak droomt hij van haar lange vingers die gevoelig de toetsen beroeren. Die nacht stapt hij uit bed en gaat aan zijn bureau zitten. Hij schrijft haar dat hij 's nachts in zijn stille kamer het best aan haar kan denken, dat hij haar voor zich ziet met haar fijne nerveuze handen, die hij zo graag zou willen strelen. Hij zou zo graag eens een lang, vertrouwelijk gesprek met haar voeren om haar fijnbesnaarde ziel beter te leren kennen; om dát beter te leren kennen wat hij nu nog maar bij intuïtie voelt. Hij verstuurt de brief niet. Roosje is verliefd op Jan en Jan op Roosje.

*

Als de dominee uit Arnhem vertrekt om hoogleraar te worden in Leiden, organiseert Moeder met de afscheidscommissie een tekenwedstrijd. Mauk en Bas maken allebei een portret als geschenk aan de dominee.

'Beide voortreffelijke portretten,' zegt een commissielid. Ze staan met z'n vijven in de eetkamer van de Eschers om de tekeningen heen. Bas en Mauk zijn ook gekomen. Mauk merkt het al. Ze kijken en wijzen veel meer naar Bas' werk. Een stilte valt. Ze doen alsof ze geconcentreerd aan het kiezen zijn.

'Het werk van jongmens Kist is kunstzinniger, ik kan niet anders zeggen,' zegt uiteindelijk de voorzitter van de afscheidscommissie, een lange, magere man in een te grote blazer. Dan zijn ze er snel uit. Bas' werk wordt gekozen. Mauk vindt dat zijn eigen werk treffend en precies de trekken van de dominee laat zien. 'Het portret van uw zoon is ook uitstekend... maar misschien iets te schools,' zegt een vrouwelijk lid zwaarwichtig tegen Moeder bij het weggaan. Wat een farce. Het werk van Bas is slordig, met een modernerige zwier, zoals Bas altijd tekent: snel en ongeduldig. Dat is kennelijk wat de mensen willen, dat is kunst, denken ze. Maar hij moet toegeven, Bas heeft de dominee er ook goed op staan. Hij feliciteert zijn vriend.

'Ik wist zeker dat ze jouw portret gingen kiezen,' zegt Bas.

'Jouw werk was kennelijk beter,' zegt Mauk met de gemaakte lach van de verliezer.

'Nee, joh, laat je niets wijsmaken. Vergeef hen, ze weten niet wat ze doen,' haalt Bas quasi gewichtig de dominee aan.

Op advies van meneer Van der Haagen gaat hij eindelijk naar het atelier van Gert Stegeman om te leren etsen. Bij binnenkomst ruikt hij meteen de geur van drukinkt. Voor het ene raam van het vertrek boven de Sabelspoort staat een schildersezel. Langs het andere raam, met uitzicht op de stad, staat de pers. Het atelier is schoon en opgeruimd, tot zijn verbazing. Mauk heeft een tekening meegenomen van de spoorbrug over de Rijn, van onderaf gezien. Misschien kan hij er een prent van maken voor Nol. Scherpe lijnen, mooi perspectief. Hij heeft op advies van meneer Van der Haagen de horizon laag gehouden zodat het onvoorspelbare spel van zuur en koper een mooie hemel kan gaan vormen. Stegeman gromt als hij de tekening ziet. 'Geschikt,' zegt hij, 'maar veel te groot. Je krijgt een klein plaatje van me. Als je groter wilt werken, moet je eigen materiaal meebrengen. Je kunt je tekening overzetten of opnieuw tekenen.' De kunstenaar wijst hem een stoel aan de werktafel en Mauk begint de tekening te kopiëren op klein formaat.

'Waarom de brug?' vraagt de kunstenaar nadat ze een paar minuten hebben gezwegen.

Mauk kijkt op van zijn papier. Waarom? Daarom. Hoewel.

'Vorige week zat ik op de pijler van de spoorbrug, waar ik vroeger met m'n broer vaak zat. Ik keek uit over de bevroren rivier en de besneeuwde landerijen. Naast me kwam een waterspreeuw op het plateautje van de pijler zitten. Toen ik tegen haar begon te fluiten, floot ze terug, eerst met een twijfelende stem, daarna vrolijker. Ik weet het niet. Het was mooi.'

Het voelt raar met de naald in de was. Het gaat heel makkelijk. Bij de derde poging beslissen ze al om de koperplaat in het zuur te leggen. Meneer Stegeman weet precies wanneer het plaatje eruit moet. Hij doet voor hoe je de inkt op de plaat brengt en er weer af veegt. Hij laat zien hoe je het papier bevochtigt, op de plaat legt en, onder het vilt, door de pers draait.

Mauk gaat zelf aan de slag. Het resultaat valt niet tegen.

'Slordig gearceerd, maar niet beroerd,' zegt meneer Stegeman.

'De lijnen worden rafelig,' merkt Mauk op als hij ongeveer tien afdrukken heeft gemaakt.

'Elke keer als je het koper door de pers haalt, wordt het beeld iets vager,' zegt Meneer Stegeman.

Dat valt hem behoorlijk tegen. Zijn linoleumsnedes kan hij zo vaak drukken als hij wil.

'Ik vind het effect wel kunstzinnig, maar te sluierig. Ik wil meer helderheid, een duidelijkere lijn.'

Stegeman schudt teleurgesteld zijn oude hoofd.

'Je bent van jezelf geen schilder.'

Dan kijkt hij nog een tijdje naar de afdrukjes.

'Jij zou eens moeten gaan praten met mijn vriend Roland Holst in Laren. Die kan je misschien verder helpen. Hij is een goede graficus en een uitstekende leraar. Zeg maar dat ik je heb gestuurd.'

Richard Roland Holst is een beroemde kunstenaar en professor aan de Rijksacademie in Amsterdam. Mauk gaat opgetogen naar huis. Meneer Stegeman moet iets in hem hebben gezien.

*

'Als je architect wilt worden, zul je toch beter je best moeten doen,' zegt Vader vanachter zijn schrijftafel. 'Met jouw tekenvaardigheid moet dat toch kunnen.'

'Wie zegt dat ik architect wil worden, Vader?'

'Dat is toch een prachtig beroep, jongen. Ik had het zelf graag gewild.'

'Waarom heeft u dat niet gedaan?' Mauk gaat op het randje van de bank zitten en buigt zich naar zijn vader.

'Tja, wat moet ik zeggen. Het waren andere tijden. Ik heb het vak van ingenieur gekozen vanwege mijn slechte geheugen en beperkte uitdrukkingsvaardigheid. En door mijn afdoende geschiktheid om natuurkundige begrippen te vatten. Daarvoor hoefde ik niet veel met mensen te werken, niets te bepleiten, te onderwijzen of uit het hoofd te leren. En het beroep van ingenieur kan je overal uitoefenen, want de wetten van de natuur zijn hier hetzelfde als op de Zuidpool.'

'En?' vraagt Mauk.

'En?' vraagt Vader.

'U heeft geen antwoord gegeven op mijn vraag. Waarom geen architect?'

'Ah ja, waarom geen architect. Ik heb er nooit spijt van gehad. Ik had mij geen mooiere loopbaan kunnen wensen. Ik dacht vroeger dat ik de artistieke kwaliteiten miste om een goede bouwmeester te kunnen worden. Nu denk ik daar niet anders over. Maar jij, Maukie, bezit een zeker ruimtelijk talent en bovendien enige artistieke aanleg.'

'Ik weet het niet, Vader. Ik wil naar de kunstacademie,' zegt Mauk met geknepen stem. Zo. Hij heeft het gezegd. Vader schudt gedecideerd zijn hoofd.

'Geen sprake van, ik ga het niet voor je betalen. Je weet wat ik ervan vind.'

Hij loopt boos de kamer uit. Zie je wel.

School interesseert hem steeds minder. Vorig jaar in de vierde stond hij op blijven zitten. Dan had hij in militaire dienst gemoeten, net als George. Prima! Had hem wat kunnen schelen. Maar Vader was, tegen zijn wil, met de rector gaan praten. Hij ging toch over naar de vijfde, de eindexamenklas, met extra taken.

Nu, een jaar later, gaat hij zijn eindexamen niet halen, dat is voor iedereen wel duidelijk. Vader is weer met de rector gaan praten. Om van hem af te zijn hebben ze samen iets bedacht. Hij kan voorwaardelijk met zijn eerste jaar Bouwkunde in Delft beginnen als hij daar ook de eindexamenvakken haalt waarvoor hij dit jaar zakt. Vader was zeer tevreden met de uitkomst. Met de rector magnificus van de Technische Hogeschool in Delft heeft hij daarna afgesproken om voor Mauk een uitzondering te maken en hem toe te laten tot de propedeutische colleges. Dat gaat nooit lukken, wat denken ze nou?

*

Nol heeft al een kamer voor hem geregeld bij Jaap, een knecht van Sociëteit Phoenix in Delft. De ontgroening valt mee dankzij de protectie van Nols clubgenoten, maar halverwege de groentijd wordt hij ziek. Daarna komt de Spaanse griep en wordt hij, net als alle andere eerstejaars, naar huis gestuurd. Uiteindelijk wordt hij eind september, twee weken te laat, geïnaugureerd als lid van de sociëteit en dan moet de jaarclubvorming nog beginnen.

Hoe moet hij dat allemaal doen? Studeren voor zijn aanvullingseindexamenvakken hbs? Zijn tutors vinden hem niet al te snugger en zijn niet zo beleefd om dat te verbergen. Colleges Bouwkunde? De studenten praten te hard door elkaar heen. De professoren behandelen de stof veel te snel. Hij kan het niet bijhouden; elke keer als hij de zaal uit loopt, heeft hij het gevoel dat hij er voor spek en bonen bij is geweest. Die studie is niet voor hem bedoeld, dat wist hij toch al? Hij gaat het van zijn leven niet begrijpen. Waarvoor zou hij dan nog zijn eindexamenvakken gaan halen? Waarvoor nog bijlessen nemen?

'Je moet je meer laten zien op de sociëteit,' zegt Nol hem op een avond in november.

'Ik ben er toch twee keer per week. Soms drie keer, is dat niet genoeg?'

'Dat bedoel ik niet, je moet je meer manifesteren, laten zien dat je er bent. Je moet eens iemand bij zijn revers pakken en flink door de zaal zooien. Je moet hem eens goed raken; je staat daar maar te kijken.'

'Ach man, je moet je moet je moet, dat is toch niet nodig? Ik ben ik, dat is toch genoeg?' zegt Mauk boos.

'Nee, je bent zo serieus de hele tijd. Zo knorrig ken ik je niet. Dat probeer ik ook m'n clubgenoten uit te leggen. Zo ben jij niet. Probeer eens wat vrolijker uit de hoek te komen. Dan word je vanzelf gevraagd voor een huis en voor een club.'

Hij krijgt het benauwd van alles; het is bijna een opluchting als hij weer ziek wordt. Hij krijgt steeds meer puisten in zijn gezicht en heeft al weken last van een zwerende vinger. De ontstekingen worden zo erg dat hij teruggaat naar Oosterbeek. Eindelijk rust. De dokter trekt de nagel uit zijn vinger. Daarna smeert hij zijn hoofd in met een trekzalf en wordt het omzwachteld. Hij is blind, stom, doof en aan bed gekluisterd, maar hij hoeft niet naar Delft.

Niemand komt langs. Ze hebben het te druk met hun nieuwe levens. Jan studeert medicijnen in Utrecht. Hij wil psychiater worden. Bas studeert Rechten, in Leiden natuurlijk, om officier van justitie te worden. Of advocaat. Hoe kan je nou zo zeker weten wat je moet gaan doen? Kiezen ze niet gewoon de veiligste weg? De verkeerde kant op? En maar druk met de sociëteit en alle nieuwe vrienden in hun jaarclubs. Zijn eigen jaargenoten in Delft zijn nu ook bezig de clubs te vormen. Ze laten niets van zich horen. Hij is niet gewiekst genoeg, kan niet op het goede moment een kwinkslag maken, zegt Nol. Hij is een blok aan Nols been.

Tientallen, honderden keren probeert hij zich de fietstochten met Jan en Bas te herinneren, terug te gaan naar de falaises, naar Oostenrijk, naar de brug over de Rijn, maar hij kan het malen niet stoppen.

Ooit, vooral wanneer hij met Jan en Bas aan het drinken was, speelde hij met de gedachte dat hij een tekenschool kon doen, dat hij kunstenaar kon worden, vrij als een vogel. Hij moet zichzelf niet meer voor de gek houden. Bas tekent veel beter dan hij en er waren er nog wel meer uit de klas van Van der Haagen die minstens zo goed waren. Hij heeft het echt geloofd, wel drie jaar. Soms denkt hij dat hij gespleten is. Al die tijd leefde hij in parallelle werelden: in één wereld van hoop, waar hij tekenaar of zelfs grafisch kunstenaar ging worden, en tegelijkertijd in de andere wereld, waar de werkelijkheid al zijn dromen platwalste. Maar verdomme, Stegeman en Van der Haagen zagen toch wat in hem? Hij heeft toch ook goede dingen gemaakt? Vorig jaar had hij Roland Holst echt een brief gestuurd en hij had echt een brief teruggekregen. Hij mocht langskomen wanneer hij maar wilde. Dat staat op papier. Hij moet gaan.

Als Mauk eind januari 1919, na zeven weken in bed, genezen wordt verklaard, heeft hij Vader en Moeder wel duidelijk genoeg gezegd, zelfs geijld in zijn koortsdromen, dat hij zijn school niet gaat afmaken en dat hij nooit meer terug wil naar Delft. Hij moet toch terug van Vader. Moeder gaat, tegen beter weten in – hoe koppig kan je zijn? – nog langs bij de minister van Onderwijs om voor hem uitstel te bedingen, maar hij gaat helemaal geen examens meer doen. Vader reageert kalm, zoals altijd. Hij stelt voor dat ze hem aanmelden in Zürich; daar zijn de toelatingseisen voor Bouwkunde minder streng. Of dat hij als tekenaar in de leer gaat bij een architect. Daar heeft hij wel oren naar, als tekenaar bij een architect.

*

In februari, als hij weer enigszins toonbaar is, besluit hij om bij Richard Roland Holst langs te gaan. Hij neemt de trein uit Arnhem en dan de tram naar Laren. De kunstenaar woont daar met zijn beroemde vrouw Henriëtte in het prachtige huis Heidreef, ontworpen door de architect Berlage voor zijn socialistische vrienden Rik en Jet. Het huis ziet eruit als een grote dubbele boerderij met een laag middenstuk dat de twee delen verbindt. Hij blijft even staan voordat hij zich vermant en aanbelt.

Mauk en Rik Roland Holst lopen van de donkere voorkant van het huis het licht in. Een antichambre geeft toegang tot de zitkamer, een grote ruimte met hoge ramen aan wat de zuidzijde van het huis moet zijn. Achter het huis ligt een weidse Franse tuin: gras, heggen, borders, een zee van golvende rododendrons met daarachter laantjes naar de bloembedden. De zitkamer is een rommelboel van boeken en kranten. In een zeshoekige uitbouw staat een vleugel. Op de werktafel liggen nog meer opengeslagen boeken.

'Daar schrijft Jet vandaag; over haar vriendin Rosa Luxemburg; ze wil nu niet alleen in haar eigen kamer werken.' Dan lijkt hij even in gedachten te verzinken.

‘Ik heb je briefje wel ontvangen, maar vertel nog eens, waarom ben je ook maar weer gekomen? Hoe gaat het met je sinds vorig jaar? Ga zitten.’

Hij wijst op een diepe stoel. Mauk is niet voorbereid op de vraag hoe het met hem gaat. Kort vertelt hij de gebeurtenissen van de laatste maanden. Roland Holst neemt hem een paar tellen op.

‘Men kan niet al te lang doen waarvoor men niet bestemd is. Nu weet ik het weer, je had me die hangende zonnebloem gestuurd. Die deed mij denken aan een prent die ik ooit maakte. Je schreef me toch ook over Tolstojs *Was ist Kunst*? Je had hem met je vrienden gelezen? Ja, dat was het. Ben je tolstojaan? Of je ouders misschien?’

Mauk schiet in de lach. Hij voelt zich goed bij deze man.

‘Geen volgeling van de oude profeet? Jammer, ik heb ze graag, die christen-anarchisten. Ze doen geen vlieg kwaad. In wezen heeft Tolstoj ons de weg naar de revolutie gewezen. Dat geweld had hij natuurlijk nooit gewild. Het eeuwige dilemma. Dat is meer Jets winkel. Wat trok jou in dat werk? In Tolstojs opstel?’

Nu moet hij op z’n hoede zijn.

‘Ik wil proberen een ervaring, een gevoel waarachtig over te brengen.’

Hij vindt het zelf niet geweldig klinken. Roland Holst lijkt er ook niet van onder de indruk.

‘Dat zeggen ze allemaal. Ik zal je zeggen wat het voor mij is geweest. Tolstoj heeft mij laten zien dat je met je werk de gemeenschap moet dienen. Je moet inderdaad, zoals je zegt, goede gevoelens overdragen in een vorm die hoop geeft en tot opofferingsgezindheid oproept; het middeleeuwse idee om als ambachtsman heil te vinden in de dienstbaarheid aan de groep. Ik hoop dat jij daar geschikt voor bent.’

‘Ja, dat hoop ik ook.’

‘Ik probeer jonge kunststudenten met hun neus de goede kant op te draaien. Toevallig heeft mijn vriend Huizinga net een boek gereed over de gedachtevormen in de Middeleeuwen. Ik heb al delen gelezen. Ik raad het je van harte aan. Houd je van middeleeuwse kunst?’ Mauks gezicht opent zich.

‘Memling is mijn lievelingskunstenaar. En Bouts. En Mostaert in het Rijksmuseum vind ik prachtig.’

De professor kijkt hem een paar tellen onderzoekend aan.

‘Je bent een bijzonder exemplaar, Escher. Een paar honderd jaar geleden had je misschien een pij gedragen, ongelijk je leeftijdgenoten op de Rijksacademie. Zij willen alleen met verf smijten. Ben je al begonnen met houtsnedes?’

Wat heeft dat ermee te maken, vraagt hij zich af.
'Daar schreef je vorig jaar over.'
'Nee, nee, nog niet. Ik heb wel wat getekend in Delft, vooral technisch.'
'Waarom niet? Waarom ben je niet in hout gaan snijden?'
Hij hakkelt wat over zijn ziektes, de omstandigheden.
'Nonsens, verwende jongenspraat. Als je het wilt, ga je het doen. Als je het niet doet, wil je het niet. Je mislukking in Delft geeft je nieuwe mogelijkheden. Je excuses zijn op.'
'Mijn vader ziet graag dat ik architect word. Misschien kan ik op een kantoor beginnen. Hij heeft meerdere gesprekken gehad om mij ergens onder te brengen.'
'Mijn vader, mijn vader? Kom toch aan, kerel. Hoe oud ben je? Twintig, eenentwintig?
'Twintig.'
'Je bent twintig en je moet ergens worden ondergebracht?'
Hij voelt z'n oren warm worden.
'Tja,' zegt Roland Holst rustiger na een ogenblik. 'Pardon. Geen paniek. Ik ben ook ooit zo begonnen. De angst van de bourgeois; de bankschroef van de burgerlijkheid, zullen we maar zeggen. Het is nu het moment om de klem te doorzien. Zijn we op tijd of is het al te laat?'
Roland Holst is weer even stil. Dan komt mevrouw Roland Holst de kamer binnen. Mauk herkent haar meteen. Vorig jaar had hij met Vader in Arnhem een voordracht van haar gehoord over de Russische revolutie. Toen leek ze veel bozer. Ze is kleiner dan ze leek op het podium, haar stem klinkt nu rustig en verwelkomend, haar ogen zijn zachter en staan verdrietig. Ze stelt hem belangstellend enige vragen over zijn tekeningen. Hij voelt dat ze, weliswaar vriendelijk, toch een beetje de draak met hem steekt.
'Kom, ik laat je de tuin zien. Jet wil haar Bachjes spelen.'
De twee lopen over het grasveld langs de volle breedte van het huis. Ze horen het gemoffelde staccato van een fughetta. Door de ramen ziet Mauk mevrouw Roland Holst rechtop achter de vleugel zitten.
'Als Jet vastzit met haar werk, gaat ze spelen.'
'Prachtig.'
'Het werkt op m'n zenuwen,' mompelt Roland Holst. 'Kijk, die sneeuwklokjes stonden er gisteren nog niet.'
Ze lopen door een laantje naar de achterkant van de tuin. Langs een spar en een tamme kastanje, langs een dikke kale beuk en de rododendrons.

'Oscar Wilde heeft een verhaal geschreven,' hij trekt de stoute schoenen aan, 'waarin een man bedenkt wat hij met een enorme erfenis moet doen. Hij concludeert dat een park het volmaakte kunstwerk is. De schoonheid van de natuur, maar dan gecorrigeerd naar onze esthetische idealen.' Ze lopen over het stille pad naar de achterkant van de tuin.

'En wat is die schoonheid voor jou, Mauk Escher?'

Mauk weet niet wat hij moet antwoorden. 'Ik stel deze vraag aan al mijn studenten,' zegt Roland Holst.

Hij vermoedt een adder onder het gras. Hij kijkt zoekend om zich heen en raapt iets op.

'Deze dennenappel. De perfecte overgang van rond naar puntig, het mechaniek van opengaan en sluiten, hoe de schubben in grootte afnemen naar de punt.'

Gered door een dennenappel. Roland Holst kijkt verbaasd naar de kegel en de hand die hem vasthoudt. 'Hetzelfde gevoel van bevreemding kan me overkomen met een gewoon torretje. Dan zie ik dat prachtig gevormde schild, met alle kleuren erin en die schitterende symmetrie. Het vernuft waarmee de pootjes in elkaar zijn gestoken. Ik krijg dat gevoel als ik langer in de natuur dwaal en ook nu, in uw tuin.'

'Geloof je in God?' vraagt Roland Holst. Hij kijkt bezorgd.

Waarom vraagt Roland Holst of hij in God gelooft als hij de natuur bewondert? 'Die socialisten zijn allemaal tegen de christelijke waarden, pas maar op,' had Moeder gezegd. Misschien is het in kunstenaarskringen niet bon ton om gelovig te zijn? Hij schudt zijn hoofd.

'Nee, nee, God heeft er niets mee te maken.'

Achter de rododendrons komen ze bij een houten tuinhuis met een groot raam.

'Hier kweek ik mijn bloemen.' Roland Holst wijst op de nog lege borders. 'Bloemen zijn mijn Bach. Bij gebrek aan ideeën, of na een mislukking, steek ik mijn handen in de grond, kijk ik naar de bloemen, verras ik Jet met een bos Chinese pioenen of bosanemonen. Ik begrijp jouw Wilde wel, al staan wij in onze overtuigingen tegenover elkaar. Kom, ik laat je m'n oude werkplaats zien.' Hij wijst naar het tuinhuis. De deur sluit niet goed meer. Binnen staan harken en schoffels, er hangen scharen en er staat een *lawn mower*. Mauk ziet ook een werkbank, erboven een plank met gaten waar de gutsen in moeten hebben gezeten. Er hangen verbleekte affiches voor toneelstukken aan de muur: *Electra, Lucifer, Faust, Gijsbrecht van Amstel*, allemaal door R. Roland Holst. Op de vloer liggen, tussen de houtsnippers, nog delen van oude blokken met bloemmotieven.

'Architectuur is een waardig beroep maar het verschaft niet de geheime genoegens van de grafische kunst,' zegt Roland Holst als hij Mauk vol ontzag ziet kijken. 'Jouw ongekunstelde verbazing kan je niet in woorden overbrengen. Misschien gaat het je ooit lukken dat gevoel te verbeelden. Ik help het je hopen. Dat streven is voor mij de essentie van het kunstenaarschap. Je hebt er gereedschap en vakmanschap voor nodig. Ga bijvoorbeeld naar de nijverheidsschool in Haarlem. De Bazel en Vorkink geven Bouwkunde en Sierkunsten. De zwager van Mendes da Costa onderwijst er de grafische kunst. Als je eens wist hoeveel wij houden van het handwerk. Die liefde kan je leren, Escher. Ik heb je aangeraden in hout te gaan snijden. Aan het werk! Praten heeft geen zin meer. Aan den arbeid!' zegt hij nog eens, nu harder, terwijl hij een vuist balt en lachend in de lucht steekt, als een demonstrerende arbeider. Met vlinderdas.

Mauk kijkt door het grote atelierraam naar buiten. Door de opening in de rododendron ziet hij dat mevrouw Roland Holst niet meer achter de vleugel zit. Hoog boven het dubbele huis drijft een deken van donkere schapenwolken met daarboven langgerekte witte windveren. Hij wil die geheime genoegens leren kennen. De vakschool in Haarlem, daar wil hij naartoe. Wat Vader er ook van vindt.

RIMPELING I

Al een tijdje wilde ik een echte Escher kopen om me de gevoelens van een verzamelaar te kunnen voorstellen. Ik heb twee keer geboden op de oude olijfboom op Corsica. Een halfjaar later heb ik geprobeerd de San Gimignano-prent uit 1923 te kopen. En een keer *Boven en onder*, maar steeds was de hamerprijs hoger dan mijn – al te ver opgerekte – budget. Nu, op de laatste veiling van een veilinghuis in Haarlem, zijn er twee versies van *Rimpeling* te koop. Een mooie, die hoger is getaxeerd, en een bruinige lelijke met een lagere richtprijs. Ik denk wel kans te maken op die goedkopere. Die prijs zal waarschijnlijk niet te hoog worden omdat goede verzamelaars liever het gavere blad zullen willen bezitten.

Een paar maanden eerder had ik mijn Escherprenten, die ik door erfenissen in mijn bezit heb, laten restaureren door Kees Bitter, de gepensioneerde papierrestaurator van het Haags Gemeentemuseum (nu Kunstmuseum Den Haag). Kees heeft alle Escherprenten wel eens onder handen gehad. Hij weet precies wanneer oom Mauk welk papier heeft gebruikt, waar het vandaan komt, wat de eigenschappen zijn. Een grotere vakman kom je zelden tegen.

Kees is de man van wie je hoopte dat hij je grootvader was. Hij is zachtaardig, geïnteresseerd, attent en fijngevoelig. Zijn stem en dictie lijken in de verte op die van oom Mauk van de filmpjes op internet. Hij houdt van het werk van M.C. Escher; de ware liefhebber kan je herkennen aan de liefde voor het werk van zijn leermeester. Kees heeft de prachtige *Aronskelken* van Samuel Jessurun de Mesquita hangen.

Ik had al eerder foto's naar Kees gestuurd van prenten die ik op het oog had en nu dus ook van de 'lelijke' *Rimpeling*. Kees geeft groen licht: 'Probeer de prent te verwerven!' En dat lukt. Ik haal het werk meteen op en breng het naar Kees. In zijn atelier snijdt hij met zijn scalpel het werk los uit het passe-partout.

Dan gebeurt er iets wat mij lang bezig zal houden. Letterlijk. Het beeld van al die takken blijkt in negatief gedrukt op het niet-houtvrije karton waarop het werk al die jaren geplakt was. Door de lichtere gedeelten van de prent heen, waar geen zwarte takken zijn afgebeeld, heeft het licht zich een weg gebaand tot in het karton. Daarop hebben de zuren het karton 'ontwikkeld' als fotopapier en is het ter plekke geler geworden. Achter de takken is het karton wit gebleven. In de vermoedelijk bijna zeventig jaar dat de prent in de lijst zat, heeft het licht de negatieve afbeelding getekend. Thuis doe ik het karton in een oude lijst en hang het op.

Na een paar dagen blijkt dat de afbeelding me blijft aantrekken. Ik plak er een stuk doorzichtig bakpapier overheen en kopieer de contouren van de prent. De tekening zet ik met carbonpapier in spiegelbeeld over op linoleum. Dan ga ik gutsen. De wirwar van takken op de prent is eindeloos. Het oog maakt er één beeld van door de twee concentrische rimpelingen. Als je goed naar de prent kijkt, zie je de maan die via het water door de bomen schijnt, maar wat je niet beseft, is de ongelooflijke hoeveelheid takken. En dan heeft oom Mauk nog slim de bovenkant van de bomen, met de meeste vertakkingen, buiten beeld gehouden. *Rimpeling* is de enige linoleumsnede die hij zelf tot zijn oeuvre rekende. Hij heeft het werk in maart 1950 gedrukt, wellicht heeft hij het met Sinterklaas in 1949 getekend, vandaar die maan door de bomen.

Het snijden in linoleum is een tijdrovend en minutieus werk, maar niet vervelend. Ik moet zo ontzettend geconcentreerd zijn dat de tijd voorbijvliegt. Ik zet nog een extra leesbril (+1) op m'n gewone leesbril (+3), ik kan me geen momenten permitteren waarop mijn ogen hun focus verliezen en mijn guts uitschiet; je zou het meteen zien op de afdruk. Ik snijd de ruimte tussen de takken uit. Eerst het randje langs de takken met de fijne 0,5 millimeterguts. Ik maak een veelvormige ronde tussen de takken, als het circuit van een racebaan. Als ik weer terug ben waar ik begon, pak ik de 1 millimeterguts en maak het lijntje iets breder. Daarna guts ik met de 3 millimeterguts het overgebleven linoleum tussen de takken uit. Dat herhaal ik honderden keren.

Door het snijden van al die takken en rimpelingen krijg ik eelt op de punt van mijn rechterwijsvinger waarmee ik de guts voorzichtig door het linoleum drijf. Ook vormt zich eelt op het tweede kootje van mijn linkerwijsvinger, waarmee ik de guts in bedwang houd. De guts geeft zelf de natuurlijke hoek aan waarmee ik hem in het linoleum moet steken. Als ik te diep ga, zinkt de guts weg in het materiaal en scheurt het. Ik kan me geen rafelige randen veroorloven. Ik doe er ongeveer twee weken over om de linoleumplaat af te maken; ik kan er alleen 's avonds aan werken. Af en toe probeer ik Bach erbij op te zetten, omdat Mauk het liefst werkte met zijn muziek, maar het bevalt me niet. Ik guts lekkerder op Cat Stevens of Nick Drake.

Rimpeling is een prent van twee linoleumplaten, een voor de zwarte takken en een voor de achtergrond. In de achtergrondplaat is de maan uitgesneden, die zo, na het drukken, de kleur van het papier aanneemt, of beter: het papier wordt de maan.

Klaar met de takken teken ik de maan op het overtrekpapiertje. Ik heb een soort kurkachtig grof linoleum gekocht voor de achtergrondkleur. Op Mauks prent is de achtergrond een beetje korrelig. Ik ben benieuwd hoe hij dat effect heeft gekregen. Snel kom ik erachter dat het niet via de ondergrond van de plaat kan zijn geweest. Uit dit grove linoleum kan ik geen scherpe lijn snijden. Dan zou ik een rafelige maan krijgen. Dat had ik van tevoren ook kunnen verzinnen. Ik stapel fout op fout.

Ook merk ik dat ik zwijgzamer word. Als ik guts, raakt mijn hoofd leeg. Ik denk aan niets en maak uren achter elkaar niets mee, behalve dat ik misschien een keer uitschiet. Overdag tijdens mijn werk krijg ik zin om 's avonds te gaan gutsen.

Ik heb de maan gesneden uit gewoon linoleum. De achtergrond heb ik gedrukt met inkt op waterbasis. Die droogt mooi mat op. Bovendien is de inkt makkelijk af te wassen, van de roller, van de ondergrond waarop je de inkt uitrolt, van de spatel waarmee je de kleur mengt. Met mijn eerdere houtdrukken van hagedissen, leguanen en San Gimignano gebruikte ik ook inkt op waterbasis. Met waterinkt lukt het niet om met een benen lepeltje de inkt op het papier drukken, zoals oom Mauk deed. Het water dringt in het papier waardoor het slap wordt en scheurt als je met een lepeltje gaat wrijven. Ik gebruik voor het drukken een deegroller met een rubber oppervlak.

We vieren de kerstvakantie in een oude Franse abdij, waarvan de eerste stenen in de dertiende eeuw gelegd zijn. Het landgoed is sinds een halve eeuw in eigendom en onder de hoede van de familie van mijn vriendin Vanessa. De binnenplaats van de hoeve is langwerpig, maar door een slimme perspectivische vervorming lijkt hij veel langer dan hij is. Rond het huis liggen tuinen die op hun plaats worden gehouden door eeuwenoude muren. Na de muur aan de zuidkant begint twee meter lager een weiland dat een glooiend aflopend bed vormt voor het beekje dat door het terrein stroomt. We dalen door het bos af richting rivier, en komen eerst langs hunebedachtige keien, die overal op het landgoed opdoemen uit de heuvels. Het stroompje verandert in een uitwaaierende delta, een minicascade van poeltjes en kreekjes in zompige klei en gras. De zon glinstert door de bomen in de druppels. De hemel is blauwer dan sneeuw wit en pik zwart is, zoals oom Mauk vaak zei over de hemel in Italië. Tien meter lager en vijftig meter verder wordt het water opgevangen in een meertje, omzoomd door kale bomen die perfect weerspiegelen in het water.

Vanessa pakt twee tamme kastanjes en gooit ze in het water. We lachen van pure blijdschap. Het is zo mooi hier. Met grote snelheid zie ik de kringen door het water bewegen. De breedte en hoogte van de cirkelgolven hangen af van het volume en de massa van de objecten die we in het water gooien. De tamme kastanjes maken aardige golfjes. Binnen enkele seconden is het water in het midden weer roerloos terwijl de golven vlot glijdend uitdijen naar de oevers van het meertje. Als ik preciezer kijk naar de vormen van de takken in het water, lijken ze op zigzaggende bergpaadjes, waarbij de ene hoek scherp is, bij de top van het golfje, en de andere hoek gebogen, bij het dalletje. Ik maak een paar foto's en zie het nog beter op het scherm van m'n telefoon. Nu ga ik de werkelijke beeldendans in het water ook weer beter bekijken. De directe waarneming is het best. Ik begrijp exacter wat ik zo vlijtig gegutst heb de laatste weken. Als we een uur later weer boven zijn in ons vakantie-atelier, maak ik de nodige correcties in het linoleum van de plaat met de takken. Meteen leeft het beeld meer.

De bladen met de ondergrond met de maan, een stuk of twaalf, hangen als een slinger door het atelier. Ze zijn droog en ik kan de takken eroverheen gaan drukken. Het blijkt ontzettend moeilijk om de takken precies passend op de ondergrond te krijgen. Bij elke foute druk verpest ik een kostbaar vel Japans papier. Ik heb een doosje spelden meegenomen omdat ik een filmpje heb gezien waarin Mauk spelden uit het papier trekt nadat hij het blok van het papier heeft gehaald. Ik weet niet precies hoe hij de spelden gebruikte. Als ik een tijd later de Escherverzameling van het Rijksmuseum bekijk in de leeszaal, zie ik ook speldengaatjes in *Modderplas*, eveneens een prent van meerdere blokken, rond dezelfde tijd gemaakt. Ik prik de spelden aan de randen van de achtergrondafbeelding, zodat ik iets stevigs heb om de takkenlinoleumplaat tegen te laten steunen voordat ik hem, ingeïnkt, op het papier laat zakken. Als bodem onder het papier gebruik ik een maagdelijke grotere linoleumplaat om de spelden in te prikken. Met een vouwbeen kan ik later de gaatjes van de spelden wel weer dichtstrijken, tenminste, als de vezelstructuur van het papier dat toelaat.

Maar als ik de plaat met de takken goed heb ingerold met zwarte inkt, blijkt het een duivelstoer om de afbeeldingen zo op elkaar te krijgen als ik bedoeld heb. Het linoleum is slap, dus ik moet het strak houden om te voorkomen dat delen van de ingerolde natte plaat het papier al raken en bevlekken. Ik wil eerst de hoek van de plaat goed op papier hebben. Daar heb ik de spelden als steunen neergezet. Vanuit de hoek wil ik de linoleumplaat laten zakken op het vel. Maar het lukt niet. Ik krijg het niet passend. Ik ben te gespannen en de spelden geven mee naar buiten zodat ik er telkens weer enkele millimeters naast blijk te zitten. Als ik echt eerlijk ben, is er nóg een behoorlijke afwijking die ik niet kan verklaren. Ik begin chagrijnig te worden. Ik snap niet wat er misgaat. Wat ontgaat me?

Als ik, weer terug in Holland, mijn afdrukproblemen bespreek met Kees, weet hij het meteen. Door de waterinkt vervormt het papier, dus de afdrukken leken wel droog, maar het papier was uitgezet door het water en daarom had het een andere maat dan de tweede plaat. Logisch. Ik vroeg me al af hoe het kwam dat ik met de deegroller de vouwen uit het papier kon rollen. Dat was mogelijk omdat ik de inkt in het papier drukte, waardoor het uitzette en de vouwen verdwenen. Als iets toevallig goed lijkt te gaan, ben je minder geneigd je af te vragen hoe dat komt.

Er zijn nog een paar dingen die, tot hoofdbrekens toe, echt niet gaan zoals ik wil. Ik zoek een grijsbruingroen voor de achtergrond, dus voor de kleur van de bewolkte, in het water weerspiegelde winterhemel in de late namiddag. Als er over de prent *Rimpeling* wordt geschreven, heeft men het meestal over een grijsbruine achtergrond. Maar ik zie in de echte prent ook groen in het water. Ik vind het moeilijk om de precieze kleur te mengen. Wat 's avonds groenbruin lijkt, blijkt de volgende ochtend een soort geelbruin. Ik had moeten weten dat er kleurenzwemen in het kunstlicht zitten die de perceptie vervormen. Ik heb verschillende schakeringen gedrukt, maar ze zijn me allemaal te gelig. Tenminste, als je ze vanuit een bepaalde hoek bekijkt. Als ik schuin kijk, of van achteren, dan is de kleur precies zoals ik had bedoeld. Hoe de kleur zich toont, hangt weer af van het papier. Ik heb een paar soorten papier bij me, bijna allemaal Japans of Simili Japon. Ik schrijf van elk soort op hoe het zich gedraagt.

Dan is de inkt niet goed dekkend. Het zwart van de takken op het wit van de maan heeft een lichtere tint dan het zwart op de grijsgroenbruine achtergrond. Daardoor blijft het een klunzige druk in plaats van een mooie weerspiegeling in het water. Het lukt de verbeelding niet om het kritische oog te overbluffen. Het is gewoon niet goed genoeg. Hoezo denk ik dat ik zomaar kan leren drukken?

De mooiste prenten lijk ik te krijgen op het dunste papier. Daar druk ik de zwarte inkt dwars door de kleurlaag en door het papier heen. Wat oom Mauk wrijfdrukte met z'n lepeltje, doe ik met die deegroller, maar ik merk niet dat de inkt ook op het rubber van de roller komt. Voordat ik het weet, besmeur ik het hele vel van achteren met zwarte inkt. Weer mislukt.

Uiteindelijk blijven er een of twee – van de twaalf – drukken over waar ik, naar omstandigheden, redelijk tevreden over kan zijn, maar ik zou ze nog niet aan Kees durven laten zien.

Thuis maak ik een stijve constructie om ervoor te zorgen dat ik de twee platen echt goed op elkaar kan krijgen. Ik werk nu met olie-inkt, dus ik kan, waar nodig, de inkt wrijvend met een benen lepeltje precies genoeg door het papier drukken. De kleur meng ik bij daglicht en de zwarte olie-inkt dekt goed, dus de problemen zijn opgelost.

Denk ik.

Ik wil sommige lijnen toch scherper krijgen omdat takken nou eenmaal niet rafelig zijn, maar scherp gemarkeerd moeten zijn. Mijn gutsen zijn zo langzamerhand te bot. Ik heb alle kunstenaarsbenodigdhedenwinkels in Amsterdam gevraagd wie mij kan leren de gutsen te slijpen, en niemand weet het. Ook mijn houtsnijlerares niet. Uiteindelijk leer ik van een houtbewerkingsspecialist in Arnhem hoe ik mijn gutsen moet wetten. Maar zelfs met scherpe gutsen zijn de drukken nog niet zoals ik wil. Het korrelige effect voor de achtergrond leek eindelijk te gaan lukken door een papier te gebruiken met een grove vezel, maar daar had ik mezelf weer te snel rijk gerekend. De zwarte takken gaan op dat papier ook korrelen, waardoor het niet dekkend en dus niet zwart genoeg is. Uiteindelijk denk ik wel begrepen te hebben wat oom Mauk heeft gedaan. Hij heeft de inkt iets verdund met medium, de achtergrondplaat vrij vet ingerold en vervolgens met weinig pressie op het papier gebracht, zodat de inkt op het papier komt als de oppervlakte van een soep met vetoogjes, maar dan veel fijner. Logisch dat het met waterinkt niet lukte.

Ik heb Kees ook een afdruk gegeven, die hij beleefd in ontvangst nam. Hij heeft de *Rimpeling* van Mauk, die ik bij hem had achtergelaten, teruggebracht in perfecte staat, alsof hij gisteren is gedrukt. Nu zie ik pas goed hoe meesterlijk de echte *Rimpeling* gesneden en gedrukt is. Wat een vakmanschap. Van Mauk en van Kees.

DEEL 2

GRAFICUS WORDEN

'God, God, ik wou dat ik eens een beetje leerde tekenen! Wat kost het toch een inspanning en volharding om het goed te trachten te doen. Zo nu en dan ben ik het delirium tremens nabij van louter zenuwen. Ik geloof dat het maken van prenten, zoals ik dat doe, bijna alleen een kwestie is van: het zo verschrikkelijk graag goed willen doen. Talent en zo, is eigenlijk voor het grootste deel maar lariekoek. De eerste de beste schooljongen met een beetje aanleg, kan misschien wel beter tekenen dan ik; maar wat hem meestal mankeert, is het taaie verlangen naar verwerkelijking, het knarsetandend koppig zijn en zeggen: ook al weet ik dat ik het niet kan, ik wil het toch doen.'

M.C. Escher, brief aan zijn zoon Arthur, 12 februari 1955

Mevrouw Verhulst brengt hem 's ochtends zijn ontbijt. Zittend in bed eet hij zijn toast en drinkt hij zijn thee. Niet veel later staat een lampetkan met warm water voor de deur van zijn slaapkamer. Scheren en wassen doet hij in de wastafel op pootjes. Om acht uur loopt hij de deur uit naar de Grote Markt. De zon schijnt al op de luifels van de kramen. Over groente en fruit weerklinkt vrolijk geschreeuw tegen de muren van de Sint-Bavokerk. In de Houtstraat dwingen de stoomtram en de paardenwagens hem op het smalle trottoir samen met ander vroeg voetvolk. Uit een nieuwerwets oosters café ontsnapt de geur van hete koffie. Als hij de gracht van de Raamvest oversteekt, loopt hij de stad uit langs de bosschages van de Houttuinen naar Paviljoen Welgelegen. De wandeling duurt zo'n twintig minuten, zelfs als hij op zijn gemak loopt.

Hij loopt een bijgebouw van de grote villa binnen: zijn eerste stappen in de Vakschool voor Bouwkunde, Versierende Kunsten en Kunstambachten in Haarlem. Het is er koel en rustig. De werklokalen hebben grote ramen die uitkijken op het weidse grasveld van de achtertuin; hoe anders dan de krappe klassen in Arnhem of de galmende collegezalen in Delft. Hij is ingeschreven voor Bouwkunde. Voor de meeste vakken zijn de klassen niet groter dan tien leerlingen in de leeftijd van veertien tot vijfenveertig jaar. Er zitten ook altijd wel een of twee meisjes bij. Iedereen mag zich aanmelden op de vakschool.

Op de derde dag van het schooljaar heeft hij zijn map met prenten meegenomen. Hij heeft de eerste les van de grafisch kunstenaar Samuel Jessurun de Mesquita. De oudere leerlingen noemen hem gewoon Mesquita. Mauk heeft het werk van de meester gezien in het museum van de school. Hij bewondert de eenvoudige houtsnedes van dieren, al vindt hij ze nogal plat, die kaketoes, uilen en reigers. Hij snapt niet goed waarom zo'n bekwame kunstenaar als Mesquita niet meer diepte schept in zijn werk. En waarom alleen maar die dieren?

Mauk heeft opzichtig zijn map op tafel gelegd. Na de les vraagt de leraar wat hij zo graag wil laten zien. Hij probeert zijn handen rustig te houden als hij de map opent voor de meester. Mesquita bekijkt de prenten snel maar aandachtig. Dan zegt hij hem te wachten. Vijf minuten later komt hij terug met directeur Verkruysen, die zich zonder plichtplegingen over het werk buigt. Na een paar ogenblikken geeft de directeur een nauwelijks merkbaar knikje aan zijn collega en verdwijnt weer.

*

'Ik wil mijn wens om Grafische Technieken te studeren niet langer uitstellen,' schrijft hij diezelfde dag naar huis. Mesquita en Verkruysen hebben hem geadviseerd om over te stappen van Bouwkunde naar Grafiek. Nu moet Vader wel toestemming geven. Hoe zal hij reageren? 'Een smaak, een liefde moet je ontwikkelen,' zal hij vermoedelijk geagiteerd zeggen, 'je moet hem voeden. Prenten maken is Mauks eerste vlam, zijn jeugdliefde. Nu kan hij nog een nieuwe hartstocht ontwikkelen; een betrouwbare. Als hij toegeeft aan zijn liefhebberij, trouwt hij een bruid die alleen onzekerheid en grilligheid inbrengt.' Woorden van gelijke strekking had Vader gebruikt toen Beer Geologie wilde gaan studeren in plaats van Civiele Techniek. Moeder heeft hem toen doen zwichten. 'Mijn goede raadsvrouw' noemt hij haar op zulke momenten. Sportief is Vader wel. Mauk hoopt het beste. Vader weet hoe graag hij het wil en hoelang al. Moeder klaagt vaak dat Eddy en George maar ronddolen door het leven, zonder doel of richting. Ze zal vast voor hem pleiten.

Op de avond van de derde dag hoort hij de telefoon rinkelen. Even later roept mevrouw Verhulst van beneden: zijn vader aan de lijn.

'Vader!' zegt hij buiten adem in de hoorn.

'Hallo, jongen.'

'Hebben jullie mijn brief gekregen?'

'Ja.'

Mauk hoort even niets anders dan de ademhaling van zijn vader.

'Moeder en ik verzetten ons niet langer tegen je wens. Je kent mijn zorgen, maar wij zijn allebei verheugd over jouw goede wil. Geef het vak al je aandacht, zoon. Je hebt een kans die vele anderen niet krijgen. Alleen door daden kan je laten zien dat je serieus bent in je verlangen...' Vader zegt nog wat verstandige woorden, maar hij hoort ze al niet meer.

*

Als hij na de volgende les vertelt dat hij kiest voor Grafische Technieken, ziet hij een zuinig lachje op het gezicht van Mesquita. Vanaf dat moment is het alsof de meester heeft besloten dat zijn leerling Escher lucht voor hem is. Hij begrijpt het niet. Ze hadden toch iets gezien in zijn werkstukjes? Hij had hun blik van verstandhouding opgemerkt. Mesquita en Verkruysen hadden hem toch niet voor niets aangeraden over te stappen naar de afdeling Grafische Technieken? Hij had gedacht dat het vanaf nu leuk zou gaan worden.

'Kies een schelp uit. Volgende week een afdruk.' Veel meer zegt de meester niet. Wat heeft hij aan die man? Hij mag altijd alles vragen, maar elke keer als hij iets wil weten – welk hout moet hij gebruiken? Hoe diep moet hij snijden? Hoe vaak moet hij zijn gutsen wetten? Wat voor inkt moet hij gebruiken? – bromt Mesquita vanachter zijn snor dat hij er zelf achter moet komen. De leraar valt hem tegen. Wel begint hij steeds meer te houden van het geelbruine kersenhout en het oranjebruine perenhout, van de tekening van de nerven, van het snijden, van de weerstand die het materiaal geeft, de krullen die hij snijdt, de geur die vrijkomt, de glans die verschijnt op het harde hout als hij er met een pas gewette guts doorheen glijdt.

Hij tekent meestal thuis of, als het even kan, helaas te weinig, buiten. In het klaslokaal kopieert hij de tekening in lijn en vlakken, dus zonder grijstinten, als voorbereiding op de houtsnede. 'Arceren is een kunst waar ik nog honderd jaar op kan oefenen,' schrijft hij zijn vader. Elke tekening maakt hij ten minste twee keer voordat de guts hout snijdt. 'Voor een sierlijke lijn moet men een ferme hand en een ontspannen lichaam hebben,' zoveel zegt Mesquita wel.

Eerst maakt hij de plank glanzend glad met een Japanse trekschaaf. Daarna veegt hij met een doek de Oost-Indische inkt over het oppervlak. Hij werkt van zwart naar wit. De witte delen van de zwart-wittekening zet hij over op de plank. De witte lijnen en vlakken snijdt hij uit, alleen het zwart blijft over. Hij zou ook de plank kunnen witten en de tekening met zwarte inkt overzetten, maar juist door het tekenen van de witte vormen, de contravormen, begrijpt hij elk beeld volkomen; hij keert het grafisch binnenstebuiten. Als hij naar een boom kijkt, ziet hij nu niet alleen de blaadjes, maar ook de vormen van de ruimtes tussen de blaadjes.

Uitschieten met de guts betekent al het eerder genoemde werk versjteren. Voordat men als graficus een onderwerp uitkiest om uit te beelden, moet men verdraaid zeker zijn dat het de moeite waard is. 'De tegenwoordig zo vaak geprezen spontaniteit in de kunst is moeilijk te rijmen met het vak waarin ik mij oefen,' schrijft hij naar huis.

*

Op een avond in oktober komt mevrouw Verhulst zoals gewoonlijk de thee brengen.

'U zit hier maar alleen, als een oude man. Zou u niet eens op stap gaan met uw vrienden?'

Mauk schudt verlegen het hoofd. Hij zou niet weten met wie.

Een andere dag probeert zijn hospita het weer.

'Ik zou u nou al een paar keer berispt moeten hebben, dat u niet zoveel lawaai mag maken met uw vrienden of geen vrouwsbezoek mag ontvangen. Maar ik hoor nooit wat. Er komt hier nooit iemand. Dat is toch niet gezond voor een jongmens?'

Wat moet hij zeggen? Ja, nee, niet gezond? Dat weet hij heus wel, hoewel; dat valt toch wel mee? Wat moet hij dan?

Een paar dagen later komt zij 's avonds zijn kamer binnen met een witte poes onder de arm.

'Om u gezelschap te houden. Ze heet Juffrouw De Wit en ik zal haar voeden.'

Mevrouw Verhulst overdrijft schromelijk, hij moet gewoon wennen aan het leven in Haarlem, maar, het moet gezegd, hij raakt snel gesteld op het prachtige witte beestje. Het bevalt hem hoe de poes in zijn ooghoeken door de kamer sluipt als hij aan het werk is. Vaak zit Juffrouw De Wit in de vensterbank en kijkt zij snorrend uit over de Zijlstraat, ontspannen en onverstoorbaar. Hij zal een voorbeeld aan haar nemen. Als hij de poes op een avond goed bekijkt tegen het zwarte raam, ziet hij de prent al voor zich. Ze heeft de ideale eigenschappen voor een eenvoudige houtsnede, van voren of en profil, à la Mesquita. Hij gaat haar eren met een portret; dat zal zijn leermeester mooi vinden.

De dagen worden korter; in zijn kamer is het steeds vroeger donker. In de klas lijkt het alsof hij de enige is die de lessen werkelijk belangrijk vindt. De meeste leerlingen zijn ouder en er is niemand die zo hard werkt als hij. Ze lachen soms om zijn ijver. Hij zou graag met een klasgenoot praten over het werk, maar hij weet niet met wie; in de klas is er niemand van wie hij kan leren, behalve van Mesquita zelf, de hermetische distel.

*

Zijn leven is klein, de school is klein, Haarlem is klein. De enige plek waar de ruimte uitdijt en niet om zijn huid krimpt, is de Bavokerk. Als hij terugkomt uit school, duikt hij als hij kan van de Markt de kerk in. Meestal gaat hij zitten op een bidstoeltje in het midden van het kathedraalhoge middenschip. Eerst sluit hij zijn ogen en laat de vermoeidheid door zijn voeten wegstromen in het zwarte graniet van de grafstenen. Dan kijkt hij naar boven, zijn hoofd in zijn nek. Zijn ogen blijven hangen in de driehoeken en ruiten van de houten gewelven, in het netwerk van holle geometrie. Als hij lang kijkt, tussen zijn wimpers door, kan hij de vormen laten doen wat hij wil; hij kan ze hol of bol laten zijn, hij kan ze zich plat voorstellen op papier. Zou het de bedoeling van de gotische bouwmeesters zijn geweest om de zintuigen van de kerkgangers te verwarren? Bij de ingang hangt een fotografie van een schilderij door Saenredam.

Vanaf een laag standpunt manipuleert hij de proporties van het middenschip en de zijbeuken. Het is alsof de schilder een middeleeuwse werkelijkheid zichtbaar maakt die de mensen van vandaag niet meer kunnen zien. Dit gevoel van zintuigelijk verdwalen overrompelt hem het sterkst als het orgel door het schip klinkt. Met wat geluk hoort hij een van de fuga's van Bach of Buxtehude met hun hypnotiserende herhalingen en variaties. Hoe de organist de enorme kerk kan vullen, hoe de tonen door zijn lichaam trillen! Hij kan bijna zien hoe de golven van noten tegen de kerkmuren galmen, als op een dijkwand slaan, terugkaatsen en patronen weven door die heerlijke ruimte.

Als op een namiddag de duisternis valt in de kerk, komt de koster de kaarsen van de grote kroonluchters aansteken. Ze bestaan uit talloze kromme armen die van onderen worden vastgehouden door een grote glimmende koperen bal. Mauk ziet weerspiegeld in de bol de vlammetjes flikkeren. Midden in de krans van dansende lichtjes ziet hij een klein mannetje op een stoeltje in een eindeloos gekromde ruimte. Hoe kan je beter de magie van een ruimte laten voelen dan afgebeeld in een weerspiegelende bol? Uit het vervormde kerkinterieur komen ontelbare sierlijk gebogen buizen, als uit Medusa's hoofd, kronkelend naar het hemelhoge stergewelfde plafond, omringd door het ritmische clair-obscur van de taps toelopende bogen tussen de pilaren. Voorwaar geen eenvoudig werkje. Hij neemt zich voor om in het weekeinde terug te komen met zijn veldezel om de Bavo te tekenen op zijn eigen wijze, met zichzelf als onvermijdelijk minuscuul middelpunt.

*

's Avonds zit hij achter zijn bureau. Hij kan niet de hele dag tekenen, gutsen en drukken. Alle brieven zijn geschreven. Jan en Bas hebben het te druk met hun nieuwe vrienden in Utrecht en Leiden. Aan Beer, die in Indië zit, heeft hij een lange brief geschreven over de St-Bavo. Meer mensen zijn er niet. Ja, George en Nol, maar die interesseren zich toch niet voor de dingen die hem nu bezighouden. Zij hebben het ook te druk met de sociëteit. Hij heeft niets wat hij nog kan schrijven aan Vader en Moeder. Ze willen zo graag dat het goed met hem gaat. Wat zou hij hun moeten vertellen? Hij blijft last houden van maag en ingewanden. 's Avonds komen meer dan zelden de hoofdpijnen weer opzetten. Het is al november en hij heeft nog niemand leren kennen met wie hij echt over zijn werk kan praten. Het lukt hem niet om de meisjes van school aan te spreken. Hij wou dat hij zich gewoon ongedwongen kon gedragen tegenover vrouwen, net als Jan. Hij voelt zich stijf en horkerig als hij probeert met hen te praten. Vinden ze hem eng? Soms heeft hij het gevoel dat de mensen dwars door hem heen kunnen kijken en dat het hun niet bevalt wat ze zien: een eenzame jongeman. De meesten houden niet van eenzame mensen, het liefst lopen ze met een grote boog om hem heen, alsof ze zijn isolement kunnen ruiken. Hij is van het veilige pad afgeweken, hij studeert niet, is geen lid van het corps; hij is een knor, een drop-out bovendien. Hij is maar gaan tekenen omdat hij niets anders kon. De medestudenten en professoren in Haarlem komen uit andere kringen, spreken een andere taal. Zullen ze hem ooit verstaan of is het al te laat? Zullen zijn woorden ooit dezelfde betekenis dragen die zij eraan geven? Of probeert hij zich niet voldoende verstaanbaar te maken? Hij is meestal te laf om iemand aan te schieten. Zal hij ooit echt samen kunnen zijn met een vrouw of met een vriend? De afstand tussen hem en de mensen wordt steeds groter. De mensen, wie zijn dat? Alle mensen? Hoe meer zijn leven zal verstrijken, hoe wijder de kloof met de buitenwereld zal worden. Hij moet werken. Anders weet hij het niet. Net als de vorige nachten gaat hij naar bed met een knagende pijn diep onder zijn middenrif.

'De jonge mannen die de drang van hun lichaam niet kunnen weerstaan, veroordeel ik niet. Ik minacht ze evenmin. Eerder ben ik jaloers op het armelijk genot dat ik mij ontzeg.'

Die avond begint hij een verhaal te schrijven bij kaarslicht. Misschien waren het de blote borsten van de Sint Agnes in het koor van de St-Bavo die hem ertoe hebben aangezet.

'Hij heeft slechts aandacht voor zijn monocle, waardoor hij haar beloert. Na afloop staat hij bij de uitgang. "Wat denk je van een autoritje in het zilveren maanlicht?" Zij lacht onschuldig en niet veel later rijden ze door de nacht. Zij wordt bleek en zijn hart klopt heviger. De weg verdwijnt langzaam en niet veel later houden zij stil op een kale vlakte. Hij stapt uit. Hij loopt naar een plek, veegt de aarde weg en opent een ijzeren luik. Een lamp schijnt hen in de ogen. Hij neemt haar weke hand en zij dalen af. "Wij zijn waar ik je wilde hebben," zegt hij. "Trek toch je jas uit." Haar glanzende bontmantel valt geruisloos op de vloer en zijn poten voelen haar bovenlichaam beven onder het dunne zijden bloesje. "Doe ook je blouse uit." Zijn intense blik op haar huiverende lijf. Het bibbert en fonkelt. Dan dooft ze uit. Hij ontsteekt een nieuwe kaars. De kaarsvlam trilt weer, zij rilt. Zijn klauwen omvatten haar schouders. "Je voelt nog te warm, kleed je verder uit." Terwijl hij haar bekijkt, gehoorzaamt zij. Haar rok valt zachtjes op de vloer. Zij beweegt zich automatisch. Zij heeft nog een hemdje aan. Haar stem is vertwijfeld. "Wil je, wil je dat ik ook mijn allerlaatste hemdje uittrek?"

Dan verandert de blik in haar ogen. Hij schrikt. Zij komt op hem af, kijkt hem recht in de ogen. "Wat wil je nog meer?" vraagt zij. "Ik, ik weet het niet," zegt hij. Zij lacht smalend. "Kleed je uit." "Waarom?" vraagt hij haar gehoorzamend. Dan staan ze naakt tegenover elkaar. "En nu?" zegt hij. "Ik heb nog..." Hij kan de warmte van haar onderlichaam voelen. "Je bent onbezonnen," zegt hij. Haar gezicht kleurt. "Ik wil alles weten!" Zij duwt haar borsten tegen zijn behaarde borst. Hij deinst terug, strompelend op zijn bokkenpoten. Zij begint boos te worden. Hij geniet. Haar mond begint te beven. Een langzame traan van woede valt uit haar linkerooghoek op de kandelaar. Zij trilt en flikkert nog even. Dan smoort de vlam. "Impotent!" prevelt de jongeman aan zijn schrijftafel. "Dat was de laatste kaars."'

Hij stuurt het verhaal naar een tijdschrift, maar krijgt het onverwijld terug. 'Ongeschikt,' schrijft de redacteur slechts. Hij stuurt het toch maar naar Jan, die bijna al zijn sprookjes en verhalen kent. Die Bavo was trouwens een heilige van de oude stempel, schrijft Mauk in de brief. Dat is te zeggen: eerst was hij een rijke graaf, 'volhardend in de zonde en brandend van wellust'. 'Hij werd bekeerd, verdeelde zijn bezit, als onze Tolstoj, onder de armen en ging in zijn eentje in een kluizenaarscel zitten lezen en schrijven. Ik doe nu niet anders, maar naar mij is geen kerk vernoemd. Ik schreef in mijn cel bijgesloten verhaal. Ik was misschien brandend van wellust, als de heilige Bavo in zijn nog-zondige-leven, maar hoe zondig is de fantast? Ik hoop dat je je vermaakt.'

Als hij de brief naar Jan heeft gepost, krijgt hij onmiddellijk spijt. Jan en Roosje zijn zo goed als verloofd. Wat zal hij denken? Jan weet dat hij al jaren verliefd is op Roos. Hij heeft het hem nooit verteld, maar hij weet dat Jan het weet, geen twijfel over. Jan heeft gelijk als hij hem een verdorven figuur vindt. Ontrouw in de vriendschap bovendien. Toen hij aan het schrijven was, zag hij soms Roos in haar hemdje, zonder haar hemdje. Soms zag hij Jeanne, het meisje uit zijn klas dat altijd met Mesquita zit te flirten. En soms zag hij de mooie donkere vrouw van beeldhouwen. Maar de meeste tijd zag hij toch Roos, ja, Jan zou gelijk hebben. Uilskuiken die hij is. Waarom moest hij het verhaal nou zo nodig naar hem sturen?

*

Een paar weken later krijgt hij telefoon van Fiet Willebois, Jans oudere zuster. Of Mauk haar kersverse echtgenoot Aad van Stolk een keer wil ontmoeten. Aad beheert in Haarlem het Museum van Stolk voor middeleeuwse kunst. Waarschijnlijk was Jan zich zorgen gaan maken.

Ze zien elkaar in café Brinkmann op de Grote Markt. Hij had al zoiets gehoord van Jan; de man ziet er ook werkelijk uit als een theosoof. Mauk en Aad, die vreemde snuiters kunnen het vast goed met elkaar vinden, zal Jan hebben gedacht. Aad is een mengeling van een dandy en een schaapherder. In hun trouwboekje hadden hij en Fiet allebei 'zonder beroep' ingevuld. Hij heeft lang zwart haar met een scheiding in het midden en een wilde baard. Hij draagt een donker pak zonder das en stevige schoenen. Naast hem, op de leren bank, ligt een witte hoed. Hij herinnert zich, uit zijn *Was ist Kunst?*, opeens het portret van Tolstoj op zijn blote voeten, door Repin. Zou Aad tolstojaan zijn? 'Ik heb ze graag, die christen-anarchisten, ze doen geen vlieg kwaad,' hoort hij Roland Holst zeggen. Tussen Aads snor en baard steekt een pijp.

'Een plezier u te ontmoeten,' zegt Mauk na Fiet omhelsd te hebben.

'Tutoyeer me alsjeblieft. Mag ik Mauk zeggen?' Nu haalt de man toch de pijp uit zijn mond. Hij begrijpt niet goed hoe Fiet bij deze kerel is uitgekomen. Dan ziet hij haar buik.

'Ja, je vriend Jan wordt oom. Jij eigenlijk ook een beetje.'

Hij kan het niet geloven. 'Wat een prachtig nieuws! Gefeliciteerd! Jij ook, Aad!' Hij probeert zo blij mogelijk te klinken.

'Kom je net van school? Wat ben je aan het maken, Maukie?'

'Ja, net van school. – In verwachting! Fiet! – Ja, ik leer tekenen als een houtsnijder. Vandaag heb ik alles weggegooid. Om moedeloos van te worden.'

'Jan vertelde dat je eindelijk doet wat je wilt,' zegt ze.

'Ja, dat zal wel.' Wat moet hij erover zeggen? 'Dat dacht ik toen ik begon. Nu krijg ik steeds vaker het gevoel dat ik iets nuttigs moet gaan doen, zoiets als Jan en Bas, dat ik...'

'Aha!' zegt Aad. 'Dat is moeilijk. Ik begrijp je heel goed.'

Hij vraagt zich af wat Aad zo goed begrijpt.

'Ik zal je wat vertellen. Nee, nu moet je niet zo sarcastisch kijken. Wat jij doet, ís nuttig! Jouw tekeningen kunnen anderen bezielen!'

Hij kijkt naar Fiet.

'Het is je plicht om dat te denken,' gaat Aad door. 'Als je vreest dat niemand op je werk zit te wachten, kun je jezelf nooit toestaan om kunstenaar te worden.'

Wordt hij nou voor de gek gehouden? Aad heeft nog nooit een tekening van hem gezien.

'Over het museum dan maar?' vraagt Fiet.

'Ik zou er wat graag naartoe gaan,' zegt hij. 'Ik loop er af en toe langs, maar het is altijd dicht.'

'Uitmuntend. We gaan zo,' zegt Aad. 'Ik zal je de geest van de Middeleeuwen doen voelen. Je kan praten over religieuze kunst, maar het gaat erom dat je het gewaarwordt met alle vijf de zintuigen, of alle zes, zo je wilt. Je zal ondervinden dat kunst meer is dan alleen de versiering van onze wanden en het vullen van onze ruimtes.'

Mauk vreest het ergste; als Aad maar niet in geesten gelooft.

Het is maar een paar minuten wandelen. De Jansstraat ligt dwars op de Grote Markt. Aad opent de voordeur van het grote herenhuis en loopt door naar het achterhuis om de lichten aan te draaien. Mauk blijft in het halletje wachten. Door de vitrages voor de ramen ziet hij het gele licht van de elektrische straatlantaarns. Binnen ontwaart hij een leger van donkere schimmen in een grote, hoge ruimte. Het ruikt naar oud hout en stof. In de verte hoort hij Aad rommelen en binnensmonds vloeken. Dan springen ineens alle lichten aan. Als zijn ogen gewend zijn, ziet hij een kerkachtige ruimte. Een groot middenschip met houten beelden op sokkels van verschillende hoogten. Tientallen sculpturen op de benedenverdieping: heiligen, monniken, gemijterde priesters, bekroonde koningen, ridders, evangelisten staren hem aan. Maria's met kind, pietà's, beeldengroepen van aanbiddingen, bewenigen en wederopstandingen hebben lukraak een plaats ingenomen. Aan de balusters op de eerste verdieping hangen ontheemd Jezus en de apostelen. Om de middenruimte heen zijn kamers als grote nissen. Alle muren zijn donkergrijs gekalkt. Is in het midden nog enige museologische intentie te bespeuren, de kamers zijn schijnbaar zonder criterium tjokvol gestouwd. Hij staat aan de voet van een tot stilstand gekomen lawine van middeleeuwse kunst.

Mauk zet voorzichtig een paar stappen om zijn gezichtspunt te veranderen. Hij weet niet waar hij moet beginnen met kijken. De kamers puilen uit van de kasten, kisten, tapijten, beelden, schilderijen. In een kleine zaal ziet hij, leunend tegen de muur, een ovalen stenen plaquette van een leeuw die uit de steen springt om een hond dood te bijten. Daarboven in een nis een sculptuur van een zachtaardige Madonna met kind. Hij loopt een kamer verder en zonder die te betreden kan hij een paar drukbevolkte fijngesneden houten bas-reliëfs van de kruisafname zien. Ze staan op een Perzisch tapijtje, dat weer ligt op een cassone met Patinir-achtige afbeeldingen van de vlucht naar Egypte. Als hij naar binnen loopt en achter de panelen kijkt, ontwaart hij drie kleine schilderijen met kluizenaars. Hij kan ze niet goed bekijken, want Sint Antonius staat ervoor. Aan de korte zijde van de binnenruimte gekomen stuit hij op een vijftiende-eeuws Florentijns drieluik waarop twee engelen de punten van het kleed van Maria omhooghouden, als om haar te beschermen tegen het gevaar dat van achteren komt. Op een zijluik staat de heilige Agnes – weer zij. Mauk denkt eerst dat het Johannes de Doper is met een ruigharig kleed, maar dichterbij gekomen leest hij *le chevelure l'enveloppe chastement*. Hij heeft nog nooit van zo dichtbij zoveel meesterschap aan den lijve ondervonden. De hele plek heeft iets weg van een werkplaats. Aan veel beelden ontbreekt een arm of een hand; het vermolmde hout is zichtbaar bij de breuk. Misschien voelt hij zich daarom zo dicht bij de makers van al deze schatten, alsof hij naast hen staat mee te kijken in hun atelier.

Aad is nu ook de grote ruimte binnen komen lopen. Mauk voelt dat hij door zijn gastheer wordt bekeken.

'En?' vraagt Aad eindelijk.

Het duurt even voordat hij iets kan zeggen.

'Hoe kan je in godsnaam betekenis geven aan dit alles?'

Aad lacht. Lacht hij hem uit?

'Wat voor betekenis wil je geven?'

'Wat bedoel je?'

'Wat bedoel jij, Mauk?'

Waarom doet Aad zo moeilijk?

'Ik wil het gewoon snappen, denk ik.'

'Je wilt een uitleg?' vraagt Aad.

Ja, natuurlijk.

'Als je me dat vraagt, ontgaat je de essentie. Ik kan je van alles uitleggen. Maar de betekenis geef jij. Als aan een aria die je niet kan verstaan, maar wel kan begrijpen.'

Wat zit hij nou vaag te doen?

'Waar zal ik beginnen? Kom, we gaan hier zitten.' Aad zet een paar beeldjes weg om plaats te maken op een twaalfde-eeuwse reiskist. 'Ik ben zo terug.' Hij gaat onwillig zitten. Na een paar tellen verschijnt Aad weer met vier bruine flesjes pils. Hij opent er twee en komt naast hem zitten.

'Je hebt net een moment van totale verwarring beleefd; je stond, zoals dat heet, in kinderlijke verwondering. Maar daar loert een misverstand; de verwondering is verre van kinderlijk.' Aad trekt aan zijn pijp en tuurt naar een Jezus aan de balustrade. 'De mens die verwonderd stilstaat, verzamelt zichzelf, keert in zichzelf en stelt zich opnieuw op tegenover de wereld.' Hij spreekt de woorden duidelijk niet voor het eerst. 'In de verwondering capituleert het intellect voor de gecompliceerdheid der dingen. Zij, de verwondering, is het begin en het einde, de grondtoon van alle filosofie, religie en kunst. Plato heeft er van alles over gezegd.'

Wat een klein leeuwtje bij die Hiëronymus, het lijkt wel een hond.

'Nee, nee, niet weer dat cynische gezicht, dat staat je slecht, Mauk Escher, let nou even op. Verwondering is juist openheid, kwetsbaarheid. Het cynisme, de geslotenheid, de zelfingenomenheid van de wetenschapper, van de zekerweter, sluit de verwondering uit. Die hardheid komt voort uit de angst voor het verlies van wat hij beschouwt als de werkelijkheid, maar wat in waarheid maar een schijnwerkelijkheid is, een product van eigen hersenspinsels.'

Misschien heeft hij Aad verkeerd beoordeeld.

'Nog een keer?' vraagt hij.

'De wetenschapper, die greep probeert te krijgen op de werkelijkheid, sluit de verwondering uit. Hij ziet alleen wat hij van tevoren bedacht heeft wat hij wil zien. De zekerheidszoeker verdrijft als het ware de geest uit de dingen; hij maakt ze banaal, eenzijdig, voorspelbaar, dood. De uitleg zuigt de vitaliteit uit elk fenomeen.'

Mauk veegt een laag stof weg van de rand van de reiskist. Er zit iets eerlijks in Aad, iets waarachtigs in zijn toon.

'De verwondering is iets wat je overkomt, Mauk, het is een avontuur; je kunt de afloop niet voorzien; een oefening in de vrije val.'

Hij meent het echt.

'Ja lach maar, of beter, lach maar niet; wat overkomt de mens wanneer hij zich verwondert?'

'Nou?'

'Een wereld openbaart zich, Mauk, een wereld die eerder gesloten was. Verwonderen is gevaarlijk, het is staren in een wereld die tot voor kort een andere wereld was en nu de eigen blijkt te zijn.'

'Dat weet ik allemaal niet, hoor,' zegt hij nu. 'Gevaarlijk? Ik voel geen gevaar van dit legertje heiligen.'

'Dat zal niet, maar de vraag is: denk je vanuit de verwondering, als de middeleeuwer? Of denk je uit gewoonte tégen de verwondering in, als de renaissancemens? Beleef je de werkelijkheid religieus of cerebraal? Het raadselachtige is de kern van elke religie, onmiskenbaar, én het is de kern van de verwondering. Het wonder is een religieus bedenksel, maar de verwondering de oorsprong van elke religie.'

'Allemachtig, Aad, je lijkt een jongleur.'

Aad let niet op zijn woorden.

'Schoonheid verwondert, schoonheid brengt de religieuze mens dichter bij het mysterie, dichter bij God, daarom zijn al deze dingen gemaakt. Wat is het mysterie voor jou, Mauk? Welk wereldraadsel wil jij doorgronden?'

'Ik kan je niet meer volgen, Aad. Ik weet het niet. Ik vind zoveel dingen mooi. Ik moet het allemaal op me in laten werken.'

'Nou, als je toch meer wilt begrijpen over de Middeleeuwen, zou je kunnen beginnen met de *Legenda Aurea*, de verhalen van Jacobus de Voragine. Heb je wel eens van dat boek gehoord?'

'Ik wist niet dat het een boek was.'

'Het populairste boek van zijn tijd. Als je iets van dit alles wilt snappen,' Aad zwaait weer met zijn handen om zich heen, 'moet je het lezen; een vereiste. Ik heb nog wel een exemplaar liggen, ik leen het je. De middeleeuwer zocht symbolen, Mauk, hij zocht duiding van...'

'Nou is het echt genoeg, Aad. Ik kan niet meer. Ik moet een andere keer terugkomen. Ik kan hier nog dagen zitten kijken.' Dan valt zijn oog op een merkwaardig schilderij.

'Kijk, dat werk met al die blote wilden en die rotsen!'

'Mostaert, *De verovering van Amerika,*' zegt Aad.

'Het is niet waar! Ongelooflijk! Een Mostaert, wat een wonderlijk ding! Wat doet dat nou hier? Dat werk heeft toch niets met religie te maken? Hoe heeft je vader al die werken kunnen kopen?'

'Dat is een ander verhaal. Als ik daaraan denk, ben ik bang dat de verzameling ooit net zo snel weer uit elkaar dondert. Ik ga er niet mijn hele leven op passen.'

'Wat zal er dan gebeuren met de hele santenkraam?'

'Hoho, Escher, geen grappen hè, je wil toch nog terugkomen? Kom, drink je bier op, we gaan buiten een echte borrel drinken.'

Thuis in zijn bed ligt hij te tollen in het duister. Hij vraagt de Nacht om iets van haar stille grootsheid, iets van haar kracht, opdat hij beter kan beseffen hoe heerlijk het leven is. Hij vraagt de Nacht hem op te nemen in haar reinheid opdat hij zijn hartstochten kan beteugelen. Hij keert terug naar het museum. De heiligen komen van ver over groene heuvels in drommen op hem afgelopen. Ze zwaaien wild met hun kookpotten, roosters, pijlen, gebroken raderen. Ze tonen opdringerig hun nog bloedende stigmata, ze veranderen in Maria's die hun armen naar hem uitstrekken.

Honderden Byzantijnse handen met lange vingers strelen zijn gezicht en zijn lichaam. Een Madonna drukt het kindeke in zijn handen. Hij kijkt naar het kleine lichaam; zijn eigen handen zijn geschilderd, getekend, dan gedrukt. Hij gutst langvingerige handen, ze komen tevoorschijn uit het donker, die lijnen van de bloemen moeten echt dunner, maar waarmee slijpt hij zijn guts? Hij kan zijn hand niet optillen, zijn potlood niet meer oppakken, het rolt weg van de berg af, hij ziet het gaan, waar is het nu? Hij kijkt op en daar staat zij, haar lange haren vallen tot de grond over haar naakte lichaam, ze loopt voor hem uit en kiest een kuil, scarabeeën kruipen langs zijn benen omhoog, naast hem ligt zij, ook dood, nu kan hij haar goed zien, de welving van haar borsten, de ronde heupen, onzedelijk, wat zijn haar handen mooi, zo fijn dun, zo koud, blauw doorzichtig als alabaster, ze reageert niet, opent haar ogen, haar wimpers trillen, als Moeder nu binnenkomt, haar handen vlak onder het deksel van hun sarcofaag, haar ogen donker, hij kent haar, waarom streelt zij hem, hij heeft geen ervaring, de deksel van de kist gaat open, dat licht, 'goedemorgen jongeheer Escher'.

Mevrouw Verhulst staat voor zijn bed met het ontbijt. 'Ik hoorde u wat zeggen en het leek me beter u wakker te maken,' zegt ze zonder blikken of blozen. Beschaamd trekt Mauk de deken nog verder over zich heen. Op zijn nachtkastje liggen de verhalen van Edgar Allan Poe en de *Legenda Aurea*, nog opengeslagen bij het hoofdstuk over Sint Agnes.

*

Hij heeft de kamer opgeruimd. De spiegel heeft hij van de muur gehaald en achter in de klerenkast gelegd. Hij kan zichzelf niet meer aanzien. De gestreepte sprei heeft hij zo strak mogelijk over het bed getrokken. Daar moet ze straks op zitten. Hij heeft zijn tekenspullen expres op het bureau laten liggen. Alle vieze kleren zijn in de kast gepropt, de kamer is gelucht. Zijn tandenborstel, zeep en scheerspullen staan geordend op de wastafel. Nee, alle toiletspullen toch in de sokkenla.

Nog vijf minuten. Als er niemand komt, zal hij opgelucht zijn. In de advertentie had hij laten zetten: 'Student Kunstschool zoekt jong vrouwelijk tekenmodel. Zijlstraat 42, kennismaking 30 nov. 19.00 uur.' Zowel Mesquita als Jan had, om verschillende redenen, tegen hem gezegd: 'Neem toch een model!' Alsof daarmee alles zal worden opgelost. Vanmiddag pas had hij mevrouw Verhulst ingelicht. Zij had eerst moeilijk gedaan. 'Geen vrouwsbezoek, dat is de afspraak.' Na wat aandringen begon ze nieuwsgierig te worden. 'Voor de kunst, hè? Maar ik moet er wel bij zijn!' Hij had even geglimlacht en zij ook.

Bij de eerste klokslag van de St-Bavo klinkt de koperen deurbel. Hij voelt boven een koude windvlaag door het huis gaan. 'We komen voor de tekenstudent.' Een harde vrouwenstem. Zo had hij zich haar niet voorgesteld. Dan hoort hij de voetstappen van een onduidelijk aantal mensen op de trap. Als eerste ziet hij een kleine maar forse vrouw van een jaar of veertig zijn kamer binnenstappen.

'Had u die aanbieding in de krant gezet?' vraagt ze.

'Welkom, welkom. Dank dat u heeft willen komen,' zegt hij met het hart in de keel. Achter het mens ziet hij nu een stevige jonge vrouw met haar zondagse winterjas nog dichtgeknoopt. Mauk staat op en merkt dat er nog vier vrouwen staan te dringen. 'Willen de dames de jassen in de overloop laten,' komt mevrouw Verhulst hem van beneden te hulp.

Een hoop geschuifel in het gangetje, dan stapt een lang meisje schuchter over de drempel. Ze draagt een donkerbruine wollen jurk. Ze krijgt een duw van een oudere vrouw. 'Dit is Annie, ik ben d'r moeder, mevrouw Meijer.' Hij knikt vanuit zijn bureaustoel. Ze is mooi. Hij is weer gaan zitten, zijn armen over elkaar. Het stevige meisje heeft nu ook haar jas opgehangen. Ze draagt een dun zomerjurkje. Dan komt er nog een kind in een overgooier de kamer binnen geschuifeld. Ze oogt moe, net als haar moeder.

'Ik vrees dat ik jullie slechts mijn bed als bank kan aanbieden,' zegt hij tegen de drie kandidaat-modellen. 'Daar heb je het al!' hoort hij fluisteren. Aan de drie moeders vraagt hij of ze zich aan de andere kant van het bed willen opstellen, ieder achter haar eigen dochter. Op twee meter afstand zitten nu drie jonge vrouwen op zijn bed. Mevrouw Verhulst probeert in de deuropening haar gezicht in de plooi te houden. Hij moet zijn beginzin zeggen.

'Mijn naam is Mauk Escher. Dank dat jullie hebben willen komen.' Het zijn eigenlijk nog meisjes. Zijn das knelt. Hij heeft het te warm in zijn tweed jasje.

'Hoe heten jullie? ' vraagt hij maar aan het zeskoppige tableau vivant voor zich.

Annie zit links, Cornelia met het zomerjurkje – zeg maar Corrie – in het midden. Barta, een kind nog, zit bij het voeteneinde.

Corrie krijgt een duw van haar moeder en trekt haar jurk een beetje onder zich. Hij kan nu iets van haar dijen zien. Juffrouw De Wit is bij Annie op schoot gaan zitten snorren alsof ze elkaar al jaren kennen.

'Barta, dank je wel dat je hebt willen komen. Ik heb helaas een iets ouder model nodig. Nogmaals dank.' Weer gefluister van de moeders. Hij denkt het woord 'tieten' te horen. Hij staat op en geeft het meisje een gulden. Gelukkig gaan ze zonder morren weg. Hij probeert te lachen.

'Wat betaalt u?' vraagt de moeder van Corrie. Ze heeft Annie uitgebreid bekeken en denkt vast de buit al binnen te hebben. Corrie heeft inderdaad mooie stevige benen en een flinke boezem, ze zal al een jaar of achttien zijn. Ze heeft prachtige blonde krullen waarmee ze vaak schudt. Annie zit stil rechtop en kijkt hem nieuwsgierig aan. Haar slanke handen aaien losjes de poes. Ze heeft dik, donker haar en zwarte ogen. Haar lange rechte neus geeft haar een voorname uitstraling.

'Het tarief op school is twee gulden per zitting.'

Zo mager is Annie eigenlijk niet. Ze heeft mooie enkels en flinke heupen. Haar moeder wil voor de zekerheid wat van zijn tekeningen zien. Hij staat op en haalt een paar prenten uit zijn map. Op de grond legt hij een voor een de dunne bladen: de witte poes, een papegaai, een zelfportret en de verdorde zonnebloem. Annie buigt voorover om het werk te bekijken. Hij kan de fijne zwarte haartjes in haar nek zien.

'Waarvoor hebt u dan een model nodig, als u enkel dieren en uw eigen tekent?' vraagt weer de moeder van Annie. Mauk voelt dat hij bloost. Hij hoopt dat ze het niet merken, maar hij ziet mevrouw Verhulst lachen. Ook Annie trekt even haar mondhoeken op.

'Ik maak een serie prenten over het paradijs. Mijn leermeester heeft me aangeraden mij te bekwamen in het tekenen van het vrouwelijk lichaam.' Die had hij geoefend.

'Dus ze moet in d'r blootje?' vraagt mevrouw Meijer.

'En waar moet Corrie dan leggen? Op het bed zeker?' vraagt haar moeder.

'Eva wordt vaker staande of zittend afgebeeld,' zegt hij. Was zijn stem maar niet zo geknepen.

'Kom, Cor, laat zien wat je in huis hebt.' Ze krijgt weer een por en begint meteen haar zomerjurk los te knopen.' Hij wendt zijn gezicht af.

'Nee, nee, nee! Dat is niet nodig! Dank u allemaal. Veel dank.' Corrie knoopt mokkend haar jurk weer dicht. Als ze bij het bovenste knoopje is, staat hij op om de dames nogmaals te bedanken.

'U bent beiden zeer geschikt, maar helaas heb ik maar één model nodig.

Als u uw adres achterlaat bij mijn hospita, laat ik u morgen weten op wie mijn keuze is gevallen.'

Verbaasd staan de vrouwen op.

'Kakmeneertje,' hoort hij nu duidelijk van de moeder van Corrie.

Als ze allemaal weg zijn, laat hij zich achterover op zijn bed vallen. Annie is prachtig.

*

Hij zit al bijna vier maanden op school. Mesquita zegt in de klas nog steeds niets tegen hem. De leraar blijft wel vaak stilstaan bij de meisjes in de klas, vooral bij Jeanne. Tegen haar doet hij voorkomend en geïnteresseerd. Achter zijn eigen rug, als hij aan het werk is, hoort hij af en toe wat gebrom. Meestal heeft hij geen idee wat de leraar hem wil zeggen. In de loop van het semester heeft hij maar een paar keer kritiek gekregen.

'Het hout is gescheurd; je gutsen niet goed gewet,' was de reactie op de kubistische houtsnede van de man met de baard. De leraar kan natuurlijk niet aan iedereen evenveel aandacht geven, maar Mauk wil zo langzamerhand iets leren. De houtsnede is ook de favoriete techniek van Mesquita. 'Omdat de xylografie het meest beperkt, dwingt ze tot de grootste creativiteit,' had de leraar zich een keer laten ontvallen. Hij zou hem toch kunnen onderwijzen?

Ze zijn na de laatste les van het semester in het lokaal blijven zitten. Mauk had gevraagd of ze een gesprek konden hebben voor de kerstvakantie; het kon alleen vandaag. Hij hoopt op een positief oordeel van de meester.

'Pak al je afdrukken, je tekeningen en je blokken uit de kast.' Nu staan ze achter de grote platte tafel met zijn productie van de laatste maanden. De twee witte poezen, de zelfportretten, de twee bomen, nog twee koppen en het landschap van basaltblokken voor de zee. Hij heeft er ook nog het prentje tussen gelegd dat hij had gemaakt voor de almanak van het Delfts Studentencorps. Alles met Annie ligt nog thuis.

'Het meeste heb ik thuis liggen,' zegt hij, als om zich te excuseren.

'Dat geeft niets, hier hebben we genoeg aan. Wat wil je weten?'

Wat wil hij weten? Mesquita kijkt hem aan.

'Wat ik wil weten? Wat u van mijn werk vindt. Wat doe ik goed, wat niet? Waar moet ik op letten? Wat voor soort onderwerpen moet ik kiezen om nu het meest te leren?'

Mesquita pakt er een stoel bij. Mauk denkt een begin van een glimlach te zien.

'Ik kan je wat onderwerpen aandragen, maar dat kan je beter zelf doen. Ik kan je ook niet leren je vrienden te kiezen.'

De leraar laat weer een stilte vallen.

'Maar ik begrijp wat je bedoelt. Je hebt hard gewerkt en er gaan ook dingen goed. Wat is jouw manier van leren, Escher?'

'Pardon?'

'Hoe leer jij dingen? Je hebt een paar maanden flink gewerkt. Wat heb je geleerd?'

Hij heeft wel veel geleerd, maar dat heeft hij allemaal zelf gedaan. Daarvoor heeft hij zijn leraar niet nodig gehad.

'Ik weet het niet. Ik heb gewoon veel geleerd. Ik denk dat ik vooruit ben gegaan.'

Mesquita kijkt hem een paar tellen aan.

'Van welk werk dat hier op tafel ligt heb je het meest geleerd?'

Mauk kijkt naar zijn prenten. De meester kijkt aandachtig naar zijn gezicht.

'Ik vind de poes het meest geslaagd.'

'Dat vraag ik niet. Heb je dit gesprek gevraagd om naar complimenten te vissen? Ik vind de kat ook geslaagd, hij zit goed tegen het kader aan, maar dat deed je vorig jaar ook al – en nog beter – met dat studentenprentje. De verdeling van het vlak is goed, maar het is een veilig werkstuk. De witte poes is zelf al een houtsnede, net als een zebra of een sneeuwuil. Een witte vorm tegen een zwarte achtergrond; voor beginners.'

Maar dat doet Mesquita zelf toch ook met zijn dierenprenten?

'Als je dat blijft doen, leer je niks. Maar de lijn is sierlijk en die fijne haartjes zijn goed gelukt. Ging dat in één keer goed?'

Het duurt even voordat hij begrijpt wat zijn leraar bedoelt.

'Nee, niet. De groefjes van de haren liepen dicht. Ik heb een paar keer de inkt eruit moeten poetsen met m'n nagelborstel. Ik ben er twee dagen mee bezig geweest.'

Mesquita lijkt tevreden met zijn antwoord.

'Ik heb de inkt twee keer dikker moeten maken en toen liep hij niet meer het geultje in. Uiteindelijk hielp het om twee keer kort na elkaar een dunne laag te inkten in plaats van een dikkere laag in één keer.'

Nu glimlacht zijn meester onverholen.

'Dus hoe heb je dit geleerd?'

Hij denkt na. Hoe vaak is het niet misgegaan? Hij heeft zich zo'n kluns gevoeld.

'Door te proberen?'

'Juist! Door het werk steeds weer te verprutsen, door mis te drukken, weer te moeten bedenken hoe je het anders kan doen, opnieuw te proberen, inderdaad, te ontdekken, uit te vinden voor mijn part. Tot in de eeuwigheid. Je bent geen domme jongen, Escher, dat heb ik wel gemerkt. Toch heb je geen enkel diploma. Je hebt geen eindexamen, je bent mislukt in Delft. Ik heb je mapje bekeken. Volgens mij ben je een stijfkop die niets wil aannemen wat hij niet begrijpt. Het heeft een heel semester geduurd voordat je een gesprek met mij vroeg.'

Hij is toch de leraar? Hij moet toch onderwijzen?

'Jouw manier van leren is om het zelf uit te vogelen, net zo lang totdat je het doorhebt. Het moet op jouw manier, anders doe je het niet. Heb ik gelijk?'

'Maar ik heb het toch allemaal zelf gedaan!' roept hij uit.

'Mijn taak is om van jou een goede graficus te maken, Escher. Dan moet ik begrijpen hoe jij leert en volgens mij heb ik het niet bij het verkeerde eind,' zegt de leraar nu vrolijk.

Heeft Mesquita gelijk? Moet hij zo nodig alles zelf ontdekken? Zijn hoofd voelt zwaar, als een kerkklok die nagalmt. Het grijze vloerlinoleum heeft een barst die opkrult als hij er met zijn voet langs strijkt. Als hij eindelijk opkijkt, ziet hij het glimlachende gezicht van zijn leraar. Hij kan elk moment in een schaterlach uitbarsten. Wat is er nou zo grappig?

'Kom op, Escher, niet zo sip, neem het niet zo zwaar, dat is nergens voor nodig. Ik vind je er niet minder om. Als je jouw eigen manier van leren niet kent, word je nooit een vakman. Ik zal je wat andere dingen zeggen om je op te beuren.'

Mesquita klinkt voor het eerst vriendelijk. Vindt hij toch iets goed?

'Ik zie in die poes zelfs de witte snorharen op zijn witte vacht, terwijl je die niet hebt gedrukt. Dat heb je heel behoorlijk gedaan. Je publiek kijkt met de hersenen, niet met de ogen. Onthoud dat goed. Als wij geen gebruik maken van de preconcepties van de kijker, beperken we onszelf onnodig. Kijk, je hebt het al tamelijk goed door met de weergave van dat pak dat je aanhebt op dat zelfportret.'

'Dat is mijn broer in Delft.'

'Daar gaat het niet om. Door alleen de krijtstreep uit te snijden suggereer je de contouren van de rest van het pak. Die hoef je niet te tekenen, dat doen de hersenen van de toeschouwer zelf. En je publiek is je dankbaar dat het zijn verbeelding mag gebruiken. Denk aan de tulband van Rembrandts Paulus in het Rijksmuseum. Niet meer dan een paar penseelstreken. Maar wat voor penseelstreken! Als je iets minder je ogen gebruikt, is het een gerimpelde tulband die ik weet niet hoeveel keren om de apostel zijn zweterige hoofd is gewonden. Maar die wikkels zijn in ons hoofd, niet op het doek!'

Mesquita kijkt hem aan alsof hij de Paulus zelf heeft geschilderd.

'Doch wij zijn geen schilders, wij zijn grafici. Wij moeten grafische oplossingen vinden. Geen kleuren, geen grijzen, maar zwart of wit, de lijn is van ons. Of de suggestie van de lijn. Hier, bij die krullende vlierboom doe je het goed. Bij die donkere takken tegen de donkere achtergrond verzin ik zelf wel waar de boom ophoudt. Bij dat andere werkje met dat witte lijntje rond al die takken lijk je nog een beginneling. Zie je hoe prutserig dat werkstuk is? Zie je wat een vooruitgang je hebt gemaakt?'

Ziet de leraar dan toch iets in hem?

'Maar één ding klopt niet aan die krulboom.'

Wat nu weer?

'Hij is mooi, maar hij kan niet.'

Waarom staat Mesquita weer zo te grijnzen?

'Papier is plat en jij gaat daar diepte in brengen. Dat kan niet! Je moet de tweedimensionaliteit benadrukken, anders kun je beter gaan beeldhouwen.'

Houdt hij hem nou voor de gek?

'Maar de diepte is juist het mooist!' zegt hij. Zijn stem slaat over bij het laatste woord.

'Ja en nee.' Mesquita loopt naar de kast en trekt er een groen boek uit.

'Als het je zo aan het hart gaat, wordt het tijd dat je behoorlijk leert tekenen.' Hij gooit het boek op de tafel tussen de tekeningen. 'Te leen voor de vakantie. Schaf het daarna zelf aan.'

Hij leest: *Viollet-le-Duc – Histoire d'un Dessinateur.*

'Hij is architect, een precieze tekenaar, dat is nu belangrijk voor jou. Volg het boek en leer in perspectief tekenen volgens Alberti. Dan heb je iets te doen met kerst. En teken wat je ziet, niet wat je weet! Die basaltblokken en die zee zijn aardig gelukt. Blijf hard werken, Escher, voor jou is dat de enige manier om goed te worden. Over een paar maanden spreken we weer. Goede kerst gewenst.'

Samuel Jessurun de Mesquita zegt dat hij, Mauk Escher, goed kan worden, als hij maar hard werkt. Had hij zich voor niets zo min gevoeld? Het is buiten donker geworden. Hij moet nog met de trein naar Arnhem. Twee weken niet alleen.

*

De dagen thuis waren rommelig. Hij heeft te weinig kunnen tekenen. Het was een komen en gaan van familie en vrienden. Hij heeft iedereen wel gezien, maar niemand goed gesproken. Terug in het klaslokaal merkt hij dat hij de geur van drukinkt heeft gemist. Hij heeft net zijn plank gepakt als Mesquita binnen komt wandelen.

'Alle werkstukken terug de kast in,' roept hij op weg naar zijn bureau.

Op de eerste lesdag van het jaar 1920 vraagt Mesquita de klas naar hem te luisteren in plaats van te gaan tekenen, snijden of drukken. Voor de zomer kunnen ze een tweede college verwachten. De leraar laat de stilte duren totdat alle leerlingen klaarzitten. Ze hoeven geen aantekeningen te maken; na de les krijgen ze een afschrift van zijn praatje.

'Men leert een ambacht slechts door het uit te voeren. Een handwerksman, zo ook een graficus, moet niet alleen een goede kop hebben, maar ook intelligente handen. Jazeker: slimme handen!' Mesquita steekt zijn knuisten in de lucht. 'Alleen als je handen de problemen weten te vinden, zul je een goede vakman worden. Maar weten jullie wel zeker of je een ambachtsman wilt worden?' De meester kijkt de klas rond. Het is kennelijk niet de bedoeling dat ze antwoorden. Mauk voelt aan de eeltbobbels op zijn eigen handen.

'Geld, roem en aanzien zul je niet vergaren als graficus. Word liever wetenschapper of kunstenaar! Nu ja, ik weet ook wel dat als jullie naar de universiteit of de Rijksacademie hadden gekund, jullie hier niet hadden gezeten. Jullie moesten "iets met je handen gaan doen".'

Waarom wil Mesquita hem weer inwrijven dat hij een mislukkeling is?

'De idee dat het hoofd superieur is aan de hand, is een van de grote vergissingen van onze westerse cultuur. Dat is mijn stellige overtuiging en laat het jullie een troost wezen! Daarom neem ik jullie eerst mee terug naar het begin van onze zogenaamde beschaving, toen de westerse mens nog alle kanten op kon. Onze oervakman was Hephaestus, de god van het vuur en van de ambachtslieden. Hij was mank, had een horrelvoet; hij was de klusjesman; het lachertje van de goden. Hephaestus maakte de hemelwagen van Helios, de gevleugelde helm van Hermes, de wapenrusting van

Achilles; alle goden hadden hem nodig en toch was hij het mikpunt van spot op de Olympus.'

Mauk kijkt om zich heen en ziet meer verraste gezichten.

'Tegenover de edelsmid van de goden staat de nieuwsgierige Pandora, die Griekse Eva. Welke prijs moeten we uiteindelijk betalen voor onze vrijpostige kennisdrang? Wat brengt de vooruitgang ons? Denken wetenschappers en uitvinders wel voldoende na over de consequenties van hun voortbrengsels? Pandora staat voor het onuitroeibare menselijke talent voor wanbeheer, zelfbeschadiging en chaos. Waarom is het wicht dan zo aantrekkelijk?

Als we haar het hoofd willen bieden, als we een houdbare wereld willen scheppen en bewonen, moeten we allereerst begrijpen hoe de dingen met de hand worden gemaakt. Daarin staan wij, vakmensen, in de voorhoede. Hoe kunnen wij ervoor zorgen dat hij weer gerespecteerd zal worden, onze Hephaestus, de beschavende vakman, de vredestichter en de schepper?'

Mesquita kijkt uitdagend naar de leerlingen. Mauk wil iets zeggen over Lu Ban in China, maar Mesquita praat alweer door.

'Zijn essentie, jullie essentie, is het streven naar meesterschap. De leerling imiteert, de gezel oefent in zelfstandig scheppen, de meester is de uitvinder; hij vernieuwt het ambacht. Dat is het leerpad van de *animal laborans*, het zwoegende dier, om *homo faber* te worden, de scheppende mens. In deze moderne tijden dreigt het meesterschap vergeten te worden. De meester wéét niet alleen wat hij doet, hij voelt ook. Met zijn handen! Al zijn kennis is als het ware ingesleten in zijn vingertoppen. In hem vervolmaakt zich de relatie tussen hand en hoofd.'

Mauk denkt aan vorige zomer, aan het plein voor het Centraal Station in Amsterdam, waar Jan al zijn vakantiegeld had vergokt bij de vingervlugge oplichters en hun dopjesspel. Hij had moeten zweren dat hij het niet aan Jans ouders zou vertellen.

'Hand zonder hoofd is gevaarlijk, maar hoofd zonder hand, mijn leerlingen, wellicht nog meer. De wreedste beslissingen worden genomen door hen die het verst van het front zitten. In de luttele jaren dat jullie op deze school zitten, zullen jullie geen meester worden. In de gilden der Middeleeuwen duurde het leerlingschap zeven jaar. Daarna nog zeven jaar voordat de gezel de meesterproef mocht afleggen. Ik kan jullie alleen een klein eindje op weg helpen.'

Mauk heeft het gevoel dat hij altijd heeft geweten wat Mesquita vertelt. Hij heeft altijd al gedacht met zijn handen. Hij is een *homo faber*.

'In de vaardighedenmaatschappij van de gilden waren sociale normen belangrijker dan individuele talenten. Gehoorzaamheid maakt vakbekwaam. Kinderen kwamen al op hun zesde in de werkplaats. Ze werden door hun vader onder de hoede van een meester geplaatst. Een meester was niet alleen een voorbeeld als vakman, maar ook als mens; hij werd een tweede vader. Zijn eigen kinderen waren ook in de leer. De leerlingen, gezellen en meester sliepen in de werkplaats. Zij vormden een gemeenschap, een gezelschap zo je wilt. De werkplaats vormde een gilde tezamen met andere werkplaatsen. Je maakte voor je leven deel uit van het gilde. Je vond er je vrouw en je kinderen deden hetzelfde. Zo ontwikkelde een vak zich steeds verder. Waarom denken jullie dat Japanse en Chinese vakmensen zo goed zijn? Ze zijn groepsmensen; ze zijn gehoorzaam en ze zien de kwaliteit van hun werk als een erekwestie, generatie op generatie. Het niveau van het werk bepaalt het respect van en voor de groep. Als ze hun werk niet goed doen, beschamen ze niet alleen zichzelf maar de hele gemeenschap. Maar er is nóg een reden waarom Japanners en Chinezen zo goed zijn: binnen de werkplaats hebben de gezellen, in bepaalde situaties, de vrijheid om kritiek te leveren op het werk van de meester, zonder het risico te lopen zijn eer te schenden. Daar komt alcohol aan te pas; in vino veritas. Zo worden de eigenaardigheden van de meester niet ook de beperkingen van de gemeenschap.'

Mauk stelt zich de werkplaatsen voor waar de ivoren puzzels gesneden werden, waar de Japanse houtsnedes gedrukt werden en waar de varkens en de kippen rondscharrelden. Daar zijn al Vaders Japanalia gemaakt: de doos, de wandelstok uit Tottori, het kamerscherm met de zwevende kraanvogels, de prenten! Hij ziet zichzelf nog niet met Mesquita in dezelfde ruimte slapen. Hij kan zich zijn meester niet dronken voorstellen. Wat zou hij hem zeggen als ze dronken aan de toog stonden? 'Die Markhorgeit heeft een mooie lijn, hoor, Mesquita, de vlakverdeling is ook niet onaardig, goed gevonden, maar zeg nou zelf, het hele ding heeft toch geen enkele diepgang. Die Zebu, die zeehonden, kan je nou echt niets beters verzinnen dan altijd maar die dieren in Artis? Waar is je ambitie, man?' Hij zou onmiddellijk de school uit geschopt worden. Of misschien niet?

'De meester bepaalde wat goed was, in de Middeleeuwen in Europa én in het Verre Oosten,' vervolgt Mesquita. 'Toch had hij geen boekje waarin stond wat kwaliteit was. Het was een interne norm die alleen door oefening kon worden overgedragen. Dit bracht enerzijds onzekerheid over wat goed was, anderzijds bracht het de rust dat een leek niet kon oordelen over het werk van de werkplaats. Alleen de eigen gemeenschap kon bepalen of jouw werk goed was. Dat gaf onafhankelijkheid.

Nog even, dames en heren. Blijf bij de les; zij is bijna ten einde.

Rond de tweede helft van de dertiende eeuw beginnen de steden in Europa te groeien, Florence en Siena als eerste, de gildes groeien ook, burgers worden rijker, privébezit neemt toe, net als de vraag naar mooie objecten. De werkplaatsen moeten zich van elkaar onderscheiden, concurrentie wordt groter, reputatie steeds belangrijker, eerst van de werkplaats, daarna van de meester. Om te kunnen verkopen tegen steeds hogere prijzen moet de faam van de meester worden opgeklopt. Zo is met de Renaissance de openbare aanprijzing, de reclame, begonnen. Eerst bepaalde het gilde wat goed was, daarna, en nu nog steeds, de klant; de onwetende parvenu.'

Mauk hoort iets van venijn in de stem.

'Toen zijn al die onzinnige borstklopperijen ontstaan. Een vakman is opeens "geroepen" om kunstenaar te worden, hij heeft zoveel "talent", hij is "begaafd". Een kunstwerk is het resultaat van een "geniale ingeving" die hij kreeg toen hij "inspiratie" had.

Dan, mijn brave leerlingen, het ambacht in ons tijdperk: in onze school richten we ons op de schoonheid die alleen met de hand geschapen kan worden. Maar worden die handwerkobjecten niet veel te duur? Dat alleen de rijken nog vakwerk kunnen betalen en de armen van deze wereld zich moeten behelpen met lelijke industriële producten? Ja en nee. Twee gemeenschapskunstinitiatieven hebben laten zien dat betaalbaar vakwerk bijna niet meer mogelijk is. Ik kan het weten, want ik heb voor beide stoffen bedrukt. Allebei zijn ze ten onder gegaan aan de hoge prijzen. Zo makkelijk is het dus niet om deze dagen het ideaal van de vakman hoog te houden. Zo makkelijk is het niet het volk te verheffen met kunstobjecten – de bestaansreden van onze school.

In de grafische kunsten daarentegen kan het wel! Arme lui kunnen zich onze producten veroorloven. Hier stuiten wij op een uniek facet van ons vak. Wij zijn niet alleen zonen van Hephaestus, maar ook van Pandora. Wij zijn niet alleen ambachtslieden, maar ook kunstenaars. Of is dat toch hetzelfde?'

Hetzelfde, denkt Mauk.

'Ik sluit dit eerste college af met een sprookje over de Chinese kalligrafiemeester. Kennen jullie het?'

Mesquita kijkt tevreden de klas rond.

'De reputatie van de kalligraaf was groot. Daarom gebeurde het dat een rijke koopman hem opzocht in zijn werkplaats. De man wilde zijn aanstaande vrouw een kunstwerk van de beroemde meester cadeau geven, een inkttekening van een haan, het symbool van waakzaamheid. De koopman had een dag gereisd naar de werkplaats en deed zijn verzoek. Meester Chu sloot zijn ogen en dacht enige tellen na. "Geeft u mij nu tienduizend yuan en komt u over een maand terug." De bezoeker schrok van het hoge bedrag; dat verdiende hij zelf in een maand. Maar goede dingen zijn niet goedkoop, dus hij ging akkoord en vertrok met lege handen.

Een maand later klopte hij opgewonden op de deur van de werkplaats. Na een tijdje werd opengedaan. De meester zei meteen dat hij nog niet klaar was en dat hij opnieuw tienduizend yuan nodig had. De koopman wist niet wat hij moest doen. Hij ging akkoord onder protest, dat koeltjes door de meester werd weggewuifd. Na een maand gebeurde dit nog eens. Toen de koopman uiteindelijk voor de vierde keer bij de werkplaats kwam, werd hij door de meester uitgenodigd om mee naar binnen te komen.

"Is m'n haan klaar?" vroeg de man ongeduldig. "Ah, de haan," zei de oude meester. Hij pakte een vel papier, doopte zijn penseel in de inkt en tekende kalm een haan in een paar streken. Hij gaf het vel aan de man, die het met een verbolgen gezicht in ontvangst nam.

"Ik heb u dertigduizend yuan betaald voor iets wat u in een minuut kunt doen! U heeft mij drie maanden aan het lijntje gehouden!"

Meester Chu twijfelde een moment. "Komt u mee." Ze liepen de ontvangstruimte uit en wandelden door de tuinen, langs de vijvers. Over een leistenen pad en een trap kwamen ze bij een hoog gebouw met veel ramen. Toen de koopman zijn hoofd door de deur stak, zag hij duizenden tekeningen van hanen aan lijnen hangen. Als slingers op een kermis.

De mystificatie van de kunstenaar, dames en heren, in aan religie gerelateerde termen als roeping, inspiratie, genius, ingeving of talent is niets meer dan een poging om reclame te maken. Iets goeds is maar voor een klein deel idee, dat moeten jullie weten. Voor de rest is het oefening, oefening en oefening. Vakmanschap en kunstenaarschap vergen beide bovenal toewijding en discipline. Daarmee sluit ik mijn vertoog af, beste jonge mensen. Aan het werk!'

*

Hij oefent flink met het boekje *Histoire d'un Dessinateur.* Hij dacht dat hij een opleiding Grafische Technieken ging doen, maar nu blijkt dat hij eerst moet leren tekenen. Meestal tekent hij uit het oefenboek, maar op donderdagavond komt Annie.

'Ik heb toch zo'n vervloekte zin om morgenavond, als Annie weer komt poseren, haar voor het eerst eens flink te zoenen en te knuffelen. Dat ik het tot nu toe nooit heb gedaan, is waarschijnlijk slechts uit bleuheid, uit beschetenheid geweest, hoewel ik me steeds heb trachten wijs te maken dat ik het om der wille van de zedelijkheid liet. Maar ik voel op 't ogenblik zozeer de duivel in me,' schrijft hij aan zijn broer George. Hij moet het aan iemand vertellen. Hij moet van mevrouw Verhulst de kamerdeur openhouden als Annie er is. Hij weet niet hoe hij het aan moet leggen. Annie is altijd vrolijk. Ze trekt zonder poespas haar kleren uit en legt ze op de stoel, alsof ze de schone was aan het opvouwen is. Dan vraagt ze hoe ze vandaag moet gaan zitten of staan. Moet ze zittend met haar elleboog in de lucht haar hoofd ondersteunen? Dan gaat ze met haar blote billen op zijn sprei zitten. Moet ze staan alsof ze een appel plukt? Dan strekt ze met haar hand naar het plafond, zodat een van haar borsten een beetje wordt opgetild. Ze geeft altijd lachend commentaar op de tekeningen. 'Zo'n dikke buik heb ik toch niet?' of: 'Wat een dijen!' Ze vraagt hem zijn horloge op tafel te leggen en klokslag op het hele uur, trekt ze haar kleren weer aan en zwaait hem gedag. Niks zoenen; geen schijn van kans. Als ze weg is, blijft haar geur nog lang hangen.

*

Mesquita heeft *Geschiedenis van een tekenaar* zelf in het Nederlands laten vertalen. Het is een infantiel uitleggerig boek, maar de architect Viollet-le-Duc heeft onderwerpen gekozen die Mauk aan het hart gaan. Hij moet kastelen van boven én van onder tekenen. De schrijver gebruikt de haven van Genua als oefenmateriaal, net als de falaises van Normandië en de afgronden van Oostenrijk. Hij herinnert zich de plekken van de reizen die hij met zijn ouders maakte, alsof Vader al had voorzien dat dit zijn oefenboek zou gaan worden.

UN PEU DE PERSPECTIVE ET DE GÉOMÉTRIE. 91

Fig. 41. — Groupe de constructions vu sous deux points de vue différents.

dessus (fig. 41). M. Majorin ne manquait pas de rectifier les

Fig. 71. — Falaise de Dieppe.

Hij stelt zich vaak voor dat hij in de bergen gaat wandelen om die dieptes in werkelijkheid te tekenen. Oefening is alles, zo schrijft Mesquita zelfs in zijn inleiding bij de vertaling van het leerboek. Hij laat geen gelegenheid voorbijgaan om zijn boodschap te herhalen.

Zoals een metselaar een muurtje bouwt, zo leert hij uit zijn tekenboek een muurtje tekenen in keurig uitgerekend perspectief, met gepaste materiaalweergave en de juiste schaduwwerking. Hij leert te zien wat er is en niet wat hij denkt dat er is. Hij leert het licht te 'lezen' en te begrijpen wat het doet met volumes, met de ruimte. De lijn, de stem van de tekenaar, moet zonder tussenkomst van zijn bewustzijn op papier komen, alsof de hand en het potlood alleen door het oog worden voortbewogen. Hoe meer hij tekent, hoe meer hij kan verbeelden in zijn hoofd, hoe verder hij de ruimte kan doordenken en doorzien.

Wat hem grijpt, is Viollets inzicht dat de meetkunde aanwezig is in alles om ons heen. Hij vermoedt wel dat de Franse meester hier een scheutje God bij de saus doet. 'Geometrie is de grote leermeesteres der natuur,' schrijft de bouwmeester. 'Men moet haar kennen als men de voortbrengselen van de schepping wil waarnemen en begrijpen. Alles wat is geschapen, is aan een geometrische regel onderworpen en het is de opdracht van de onderzoeker om deze te ontdekken.' Leonardo zou het geschreven kunnen hebben. Tekenen is onderzoeken. Daar heeft God weinig mee te maken.

Voordat hij begint te tekenen, probeert hij uit te vogelen welke wetmatigheid het werk gaat overheersen. De perfecte vijfhoek van druiven- of vijgenbladeren, de volmaakte spiraal van een zeeschelp, de volkomen zeshoekige opbouw van een bijenraat, de symmetrie van een sneeuwvlok, de cirkel in het water. De geometrie geeft hem een nieuw gezichtspunt op de wereld.

Hij leest gretig de brieven van Beer uit Palembang. Hij fantaseert, vanuit zijn bed, dat hij met zijn broer en Emmy op geologische expeditie gaat, te midden van al die bergen en vulkanen. Dat hij, terwijl Beer in de aarde aan het boren is, als een tekenaar-onderzoeker met Von Humboldt al zijn nieuw geleerde tekentechnieken toepast.

Hij maakt voor Beer een ex libris, een prentje met op de achtergrond de uitbarstende vulkaan Krakatau, als de houtsnedes met de Fujivulkaan in hun Vaders werkkamer. Hij schrijft zijn broer over een lezing die hij hoorde van directeur Verkruysen over de Japanse prentkunst. Verkruysen had gezegd dat de Japanners niet zijn verpest door al onze tekenregeltjes, perspectiefregels, portretregels, kleurregels, noem maar op. Zij nemen de natuur zuiver waar. Een gelaagd coulissenperspectief dient het springerige oog minstens zo goed als een perfecte albertiaanse diepte-uitdrukking. Dat is toch prachtig? Dat je als kunstenaar het oog van de kijker door de ruimte kan laten springen? Dat is wat die Japanse prenten zo vreemd en tegelijkertijd zo waarachtig, zo eerlijk maakt. Hij hoopt dat Beer en Emmy zijn enthousiasme zullen begrijpen; zij hebben toch een hogere gevoeligheid voor de kunsten dan de rest van de familie.

Hij begint aan een zondeval in een vulkanisch landschap zoals Beer het beschrijft in zijn brieven. In de avonden neemt hij de plank en de gutsen mee naar huis. Het wordt zijn moeilijkste prent tot nu toe. Hij schept een mijlenver perspectief door van verre een rivier door het kale berglandschap naar de voorgrond te laten kronkelen. De arceerlijnen van de vulkanen in de verte snijdt hij zo fijn dat hij zich niet meer kan voorstellen hoe ze er in druk uit zullen gaan zien.

Op een zaterdag gaat hij zijn paradijs afmaken. Hij weet niet wat hij anders zou moeten doen. Als hij lang aan het gutsen is, verdwijnen de sombere gedachten uit zijn hoofd. Soms komt mevrouw Verhulst zijn kamer binnen en lukt het hem maar moeilijk om met haar te praten. Ze lijkt dan ver weg, haar stem vreemd, zijn woorden onvindbaar.

De glooiende puntbergen krijgen groefje voor groefje hun vorm. Pal op de voorgrond zet hij de Tuin der Lusten. De slang heeft een fijn geschubde huid en biedt Eva de appel aan in zijn bek. Hij kan zich niet veroorloven uit te schieten. Nog even. Met de ronde guts snijdt hij alle boomblaadjes uit. Elk blaadje was eerst een knop, sprong daaruit, krulde open, nam zijn diepgroene kleur aan en zal weer verdorren en vergaan, maar hij kan een appelblad met een handbeweging voor altijd vastleggen in het perenhout. Als laatste pakt hij de burijn voor de tekening van Adam en Annie. Voorzichtig. Hij heeft lang geploeterd op de eenvoudige tekeningen van de twee mensfiguren. De zwarte lijnen zijn minimaal, vloeiend en precies. Extra langzaam drijft hij eerst de burijn en daarna de smalste guts door het hout langs de lijnen van de tekening. Van dichtbij en uitvergroot lijken de opstaande houten lijnen in zijn plank op fragiele geblakerde bergkammen in een dorre woestijn. Ze breken niet; ze zijn als getekend. Hij kan nu niets meer veranderen. 'Je kan het hout er niet meer opplakken,' zegt Mesquita. Hij begint de dierenprenten van zijn meester, met hun fijne lijnen, meer te waarderen. De tekening van de houtsnijder moet vloeiend zijn als van een tekenaar, terwijl de lijn altijd uit het meest weerbarstige materiaal is gekerfd. De lijn moet doorleefd zijn, zegt zijn meester.

*

Vlak voor de paasvakantie heeft Mauk heel wat te laten zien aan Mesquita. Op de grote tafel in het klaslokaal liggen zeker tien planken met meerdere drukken per werkstuk. Hij heeft de blokken chronologisch gerangschikt en de gedrukte bladen in hun verschillende staten erbij gelegd. De leermeester kijkt goedkeurend naar de uitgestalde waar.

'Ik zie dat je preciezer bent geworden.'

Mauk is benieuwd wat Mesquita vindt van zijn nieuwe prenten. Zelf vindt hij dat hij enorme vooruitgang heeft geboekt.

'Preciezer?'

Mesquita laat zijn oog nog even over de werken glijden. 'Je hebt je prenten voorzichtig uit de map genomen en sierlijk neergelegd. De blokken had je goed ingepakt, je hebt de beschermende doeken zo neergelegd dat je ze gemakkelijk weer kunt inwikkelen. Je neemt je eigen werk zeer serieus.'

'Uiteraard.' Hij had gehoopt dat de pluim ging over zijn werk, niet over zijn netheid.

'Je zou moeten weten wat ik tegenkom, jongen. Weinig leerlingen zijn als jij. Toch heb ik het niet alleen over de behandeling van je blokken en je bladen; ook het snijwerk mag er zijn. Ik zie de arceringen in die prent van die schelp en ik weet dat je thuis lange uren met de fijnste guts over het hout gebogen hebt gezeten. Die kubistische wolkenpartij boven de kust is goed gelukt. Zonder liniaal. Dat geeft de lichtstralen levendigheid. Je scheidt de wolken subtiel. De schaduwpartij: simpel en effectief opgelost. Je begint het licht een beetje in de vingers te krijgen.'

Zijn leraar begrijpt de keuzes in zijn werk, maar kijkt nu peinzend over de tafel.

'Verder merk ik dat je je geen lor aantrekt van mijn advies om geen diepte af te beelden op papier. Dat had ik ook niet verwacht. Viollet-le-Duc heeft je wel iets opgeleverd, maar nog niet veel, zie ik. Dat straatje met dat sprookje is slordig in perspectief. De menselijke figuren hebben geen schaduw. Daardoor lukt het niet de ruimtelijkheid te suggereren.'

'Maar ik heb het expres vervormd. Ik wilde die voorgrond en achtergrond evenveel gewicht geven.'

'Heel goed, heel goed. Een lovenswaardige mislukking. Als je ruimte wilt doen vermoeden, moet je precies zijn met licht. Misschien is het nog te moeilijk voor je.'

Mesquita tuurt weer lang naar de bladen. Wat denkt hij?

'Dat zelfportret heb je goed gedaan. Dat harde licht werkt goed. Het gezichtspunt van onderaf is aardig bedacht. Je landerigheid wordt erdoor aangezet. Dat heb je zo bedoeld, niet? De zachte plooien van je pak werken goed tegen de harde lijnen van de rieten stoel. Idee en vorm vinden elkaar. Hulde.'

Mesquita knikt bij zijn eigen woorden.

'En hoe die dikke Eva berouwvol omkijkt naar haar man. Goed werk, Escher. Je hebt kennelijk wat gehad aan je model.'

Ziet hij niet hoe goed die achtergrond is gelukt? Waarom zegt hij niets over die bergen?

'Het werkje van de wildwestfilm is grappig. Ik heb nooit iets van humor gemerkt in jouw werk, Escher, maar door dat bioscoopprentje zie ik plots ook enige spot in je zelfportretten. Je laat de aanschouwer iets zien van jezelf. Dat lukt niet veel van mijn leerlingen. Dat andere vrouwelijk naakt in het landschap heb je weer volledig verknoeid. De oplossingen voor de bomen zijn onhandig en gemakzuchtig. Het licht valt verkeerd, de vrouw zweeft, beginnersfouten. Het werkje heeft geen enkele suggestieve kracht.'

Beginnersfouten? Mesquita weet niet hoelang hij ermee bezig is geweest.

'Kritiek ontvangen is niet je sterkste kant, is het wel, Escher?' Zijn leermeester kijkt hem nu streng aan.

'Toch heb je me om dit gesprek gevraagd.' Het is hem opeens ernst. 'Als jij je afsluit van mijn woorden, kunnen we beter hier stoppen.'

'Ik heb toch geprobeerd om...'

'Je hoort alleen de slechte dingen, terwijl ik toch veel aardigs heb gezegd. Wees eens flink, niet zo schrikachtig! Ik heb vaker jongens zoals jij in mijn klas gehad.' Mesquita legt opeens een hand op zijn schouder. Hij schrikt ervan.

'Ik schets je een jongeman in Haarlem. Hij werkt hard, bijna verbeten. Prenten maken is zijn manier om te laten zien dat hij toch wat waard is. Hij jut zichzelf op om zijn werk zó goed te maken dat niemand er iets op kan aanmerken. Zo trekt hij muren op tegen de buitenwereld. De jongeman is de enige monnik in dit klooster. Hij loopt alsmaar rondjes door dezelfde gangen; tekenen, transfereren, snijden, drukken; rond en rond zonder iemand tegen te komen, achter gearceerde tralies, steeds weer in cirkels denkend over de dingen die hem angst aanjagen. Onze jongeman neigt naar eenzaamheid en is koppig. Hij kan niet tegen kritiek, maar is er wel van afhankelijk. Hij raakt steeds vermoeider. Al met al een uitstekend mengsel om dol te draaien en af te zwaaien. Wat denk je, Escher?' De meester haalt de hand van zijn schouder en kijkt hem nu weer recht aan.

Mauk weet niet wat hij moet zeggen. De woorden slaan op hem, dat snapt hij heus wel. Opgesloten in zijn eigen klooster?

'Het is goed om hard te werken in moeilijke tijden, Escher, maar volgens mij loop jij gevaar te gaan lijden aan wat de zenuwartsen de stoornis *Perfektionismus* noemen. Veel gebreken kunnen een goede opleiding in de weg staan, maar dit streven naar volmaaktheid staat vooraan in de rij. Ik kan je vertellen dat hier op school vooral de grafici geteisterd worden door deze aaseter. Hij komt elke avond je lever uitpikken; een vlekje, een kras, inkt die niet dekt, blokken die niet sluiten, kleur die niet goed is, de inkt die in een geultje loopt, een houten lijn op je plank die breekt, een onbedoelde omdraaiing van zwart en wit in je tekening, een uitschieter met je burijn, je plank blijkt op plekken niet goed glad, je wordt steeds bozer en maakt steeds meer fouten. Er gaat altijd wel iets mis en je komt niet vooruit. Je gaat er 's nachts meer en meer over malen. Je wordt mesjokke en raakt uitgeput. Je moet leren om je kwelgeesten op afstand te houden, jongen.'

Mesquita zoekt zijn ogen en praat pas door als hij hem aankijkt.

'Ik wil dat je alle vrije ruimte in je hoofd gebruikt om nieuwe beelden te vinden, te bedenken hoe je ze gaat maken. De schepper-vernieuwer, de meester of kunstenaar, hoe je hem noemen wilt, maakt van alles gebruik om beelden te maken, van al zijn zintuigen, van zijn vrienden, van toevalligheden, van dromen. Maak gebruik van je dromen, hoor je, Escher? Kan jij je 's ochtends je dromen herinneren?'

'Ja?'

'De poort naar je dromen opent de weg naar je verbeeldingskracht. Houd die deur open. Schrijf je dromen op, herinner ze elke ochtend. Wil je dat doen, Escher? Dat zal je je leven lang van nut zijn.'

Moet hij zijn dromen gebruiken voor zijn prenten?

'Ik heb hier lang over kunnen nadenken; men kan het alleen begrijpen als men er zelf ook last van heeft. Het eerste en belangrijkste is dat je altijd openstaat voor het onverwachte, dat heb ik je al verteld. Daarom maak ik mijn sensitivistische tekeningetjes; ze houden me alert; ze brengen me in een ruimte waar ik niets verkeerds kan doen. Zonder die plek zou ik als een pruim verschrompelen.' Mesquita houdt even in, maar hij is nog niet klaar.

'En blijf spelen! Ik zie dat je dan gelukkig bent, door die rare onderwerpen en gezichtspunten. Ik zie heel soms een zekere spontaniteit die me bevalt, zoals in het wildwestwerkje. Die drang om te spelen is je bron. We leren door te spelen. Ga maar een keer met mij mee naar Artis en kom kijken naar de jonge leeuwtjes. Alleen zo kun jij de vrijheid vinden om goed werk te gaan maken. Spelen en je fouten koesteren is de beste bescherming tegen de verkramping. Die dwang tot volmaaktheid voedt zich met jouw angst en onzekerheid.' Dan zwijgt de leraar.

Hij heeft de woorden wel gehoord, maar wat moet hij nu zeggen? Vrijheid? Wat doet Mesquita zelf met die vrijheid?

'Ik wilde u een vraag stellen.'

Mesquita knikt hem toe.

'Waarom maakt u bijna niets anders dan de dieren in Artis?'

Weer die grote glimlach.

'En geen grote moderne vernieuwingen, bedoel je?'

Mauk haalt zijn schouders op.

'Ik houd van die dieren, meer dan van de mensen. Ik houd van ze om hun eenvoud en ongekunsteldheid. En laat dat nou net het allerhoogste zijn wat een kunstenaar in mijn ogen kan bereiken: eenvoud en ongekunsteldheid. De dieren van Artis zijn deelgenoot van mijn streven naar waarachtigheid, ze zijn tegelijkertijd mijn leraren en mijn onderwerp. Dus ook hier versterken vorm en inhoud elkaar; daarom zijn mijn prenten zo goed.' Mesquita laat zijn woorden volgen door een bulderende lach, die nog harder wordt als hij het verbaasde gezicht van Mauk ziet.

'Ik heb veel gezegd, Escher. Dat weet ik, maar ik denk dat dit het belangrijkste is wat je gaat leren op deze school. Heb je nog iets te vragen?'

'Nee, meester, ja. Ik zou het allemaal nog eens willen horen. Ik moet erover nadenken.'

'Het belangrijkste heb je heus gehoord, vertrouw daar maar op. En denk er eens over na tijdens de paasdagen. Ook denkwerk is nodig om de blik kwiek te houden. Ik zie je volgende week.' Mesquita geeft hem een hand. 'Tabee,' en hij beent weg. 'Tabee,' mompelt Mauk.

Vrijheid? Wat bedoelt Mesquita? 's Avonds in bed zeurt de vraag in zijn achterhoofd. 'Waarom is het nodig dat jíj iets gaat maken?' heeft Mesquita hem meerdere malen gevraagd. Straks kan hij houtsnijden en wat dan? Oefenen, oefenen, oefenen; waarvoor? Wat moet hij maken?

Op de markt koopt hij een doodshoofd als tekenmodel. Na een paar weken installeert hij een lamp in de schedel. Hij noemt hem Voltaire. Als de bureaulamp uit is en het licht slechts schijnt uit de ogen van zijn nieuwe huisgenoot, verandert zijn kamer in een grillige grot; zijn eigen hoofd binnenstebuiten gekeerd. Hij is blij dat Jan hem heeft uitgenodigd om mee te gaan naar Texel.

*

Voor hij afreist naar het wad moet hij een bezoek brengen aan zijn ouders. Hij kan het niet langer uitstellen. Hij wil ze niet vertellen over zijn angst voor de eenzaamheid; ook niet dat hij al bijna een jaar lang weer elke dag misselijk wakker wordt.

'O gut kind, wat ben je mager,' zegt Moeder. Ze wil hem meteen meenemen naar de weegschaal. Wat denkt ze nou? Gelukkig komt Vader erbij zitten. Ook hij vraagt wat er met hem aan de hand is. Waarom is hij zo snel geïrriteerd? Waarom ziet hij er zo beroerd uit?

'Hard gewerkt, meer niet, niets bijzonders.'

Vader en Moeder laten allebei de stilte duren.

'Maak je niet ongerust over de toekomst, beste kerel,' zegt Vader, schijnbaar uit het niets. 'Twijfel niet aan de keuze die je hebt gemaakt. Ga je maar bekwamen, zoals je het noemt. Een vak, of een kunst, zo je wilt, leer je niet in een jaar. Probeer onbekommerd te zijn. Doe je werk met je beste zin, dat is alles wat een man kan doen.'

Hij kijkt verbaasd van Vader naar Moeder. Wat weten ze? Kunnen ze het aan hem zien?

Als Vader daarna voorstelt zijn productie van de laatste maanden te bekijken, slaat de stemming om. Hij pakt zijn map en legt de werken op de tuintafel. De tekeningen van Annie heeft hij in Haarlem gelaten. Moeder ziet eerst alleen droefheid in de prenten. Waarom moet hij nu een schedel als onderwerp nemen? 'Het aangezicht des doods! Enorm! Sensationeel IJzig!' staat er onder de kleurendruk. 'Ach dat is toch spielerei,' zegt Vader, 'maak je niet te druk, Saar.' Af en toe kijkt Vader hem aan. Hij denkt in de ogen van zijn vader iets van ontzag te zien. Met de prenten op de tuintafel van zijn ouders merkt hij hoe zeker hij is van zijn werk. Ze vinden *De zondeval* een geslaagd werkstuk. Met twee handen overhandigt hij het blad aan Vader. Hij buigt zoals Vader vroeger Japanners nadeed. Deze neemt het blad met twee handen aan en buigt minzaam terug. '*Arigatoo gozaimasu,* ik zal hem naar de lijstenmaker brengen.'

'Eenvoudig,' zegt Mauk tevreden. 'Een eenvoudige lijst, geen tierlantijntjes.'

*

Naar eigen woorden luieren en lanterfanten Jan en Mauk er lustig op los op Texel, maar hij tekent elke dag. Mesquita had hem voor de vakantie gewaarschuwd tegen de verslapping. 'Denk nooit dat je goed genoeg bent en op je lauweren kunt rusten. Hoe beter je techniek is, hoe langer je kunt oefenen. Een violist heeft mij dat ooit geleerd. Een steeds dieper begrip van je eigen keuzes zal je beloning zijn. Je leven lang.'

Zo schetsend verzamelt hij materiaal voor na de zomer; hij houdt zijn hand soepel, zijn lijn vitaal. 'Zoek tijdens het verlof moeilijke onderwerpen die je voor onbekende problemen stellen. Bewegende dieren, stromend water, fenomenen die jou trekken. Of probeer zelf prenten te maken in de stijl van mensen die je bewondert. Zo vergroot je jouw mogelijkheden als graficus, je repertoire.'

Mauk en Jan wandelen en zwetsen, zwemmen en bestuderen het vrouwelijk schoon. Bas zit in Leiden voor zijn herexamens.

'De lokale maagden zijn stevig en blozend als rijpe appelen,' schrijft hij Bas, 'doch wij houden ons liever onledig met de frêle dochters van de vakantievierende bourgeoisie. Zij staan helaas maar zelden op uit hun strandstoel. Wanneer dat gebeurt – Jan en ik zijn daar immer attent op – hebben wij inmiddels de gewoonte om zo'n stadse gazelle een examencijfer te geven. Dat cijfer kan samengesteld zijn uit verschillende deelwaarderingen. Je merkt, wij houden ons bezig met belangrijke zaken. Maar ik voel me minder de lapzwans die ik ben, of andersom, daar moet je me niet aan houden. Ik bedoel het verkeerd maar zeg het goed.'

Als hij tekent, hoort hij de stem van Mesquita in zijn achterhoofd. 'Kies je voor een ambacht of kies je voor de kunst? De graficus-kunstenaar is een eenling tussen de kunstenaars. Bovendien is de kunstenaar zelf al een eenzaam wezen. Zijn collega's zijn rivalen, het publiek wantrouwt hem. Hij heeft geen schild om zich te beschermen tegen de afkeuring van Jan en alleman. Hij lijkt autonoom, maar is geheel afhankelijk van verkopen. Al met al is hij een kwetsbare figuur, altijd een stap verwijderd van de uitputting omdat hij zijn eigen grondstof is. Hij moet almaar origineel zijn, moet altijd zichzelf geven; hij kan op niemand terugvallen. Bedenk in de vakantie: ben je bestand tegen de gevaren van het kunstenaarschap?'

Hij moet bestand zijn.

Hij tekent de boer bij wie ze logeren, net als de bejaarde oma en het dochtertje van de boer. Allemaal zwijgzame figuren. Hij vindt zichzelf niet echt een portrettist. Hij kan het wel en het geeft hem ook enige voldoening, maar hij voelt dat hij stuit op een onzichtbare muur. Weer aan Bas schrijft hij dat hij zich als portrettist nog steeds beperkt voelt, dat hij het mysterie van de mens nou eenmaal minder interessant vindt dan de geheime ordening der dingen. Bij Jan, de zielenknijper in de dop, is dat weer omgekeerd, dat begrijpt iedereen. Hij heeft hem getekend, zittend in een schommelstoel op het terras, terwijl hij verdiept is in *Demonen* van Dostojevski. Dan bereikt hij wel een diepte, letterlijk een ruimtelijke diepte door het uitzicht en een voorgrond. Het oog kan ronddwalen in die tekening en in de beweging zwenkt het naar Jan. In dat werk weet hij wat hij wil. Maar hoe interessant is het oog van M.C. Escher? Bas mag het weten.

*

Wil hij ooit iets oorspronkelijks maken, dan zal hij vrij moeten zijn. Wat bedoelt Mesquita? Vrij van verlangen? Vrij van eenzaamheid? Van zijn ego? Dat zegt Jan. Van zijn meester? Zijn vader? Hij moet meer uitgaan. Wat doen andere kunstenaars? Hij heeft genoeg geploeterd op zijn kamertje aan de Zijlstraat.

In de herfstvakantie, terwijl ze zitten te roken voor de open haard in zijn landhuis op de Utrechtse Heuvelrug, vraagt Aad hem om het boek, dat hij aan het schrijven is, te 'verluchten'. Hij voelt er eerst weinig voor om plaatjes te maken bij de schrijfsels van zijn vriend. Aad noemt het een poëtisch-theosofische verhandeling, een soort dichterlijke rondreis langs de bakens van de waanzin van onze tijd met de theosofie als wijze raadgever in de astrale en mentale werkelijkheid. *Flor de Pascua* zal het heten. 'Over tegenovergesteldheden in plaats van over de dingen zelf, over dualiteit en sensualiteit. Flor de Pascua, de bloem die hier als kerstster bekendstaat, Pasen in zijn naam heeft, terwijl onze paasbloem ook een narcis of madelief kan zijn.' Spitsvondige onzin met spirituele pretenties, denkt Mauk. Aad heeft hem gekozen omdat hij ongevormd en dwalend is, onvoorspelbaar. Hij twijfelt. Fiet zegt dat hij niet zo star moet zijn, open moet leren staan, nieuwe dingen moet proberen. Alsof ze Mesquita heeft gesproken. Hij beslist om het te doen, als vingeroefening. Misschien vindt hij een weg naar Mesquita's vrijheid.

In november danst de experimentele Lili Green het stuk *De Mot* in Den Haag. In de aankondiging in de krant staat dat zij de vrijheid vindt vanuit de klassieke ballettechnieken. Ze danst een nachtvlinder vliegend naar het licht. De danseres heeft zelf de choreografie gemaakt.

In het donker van het theater ziet hij eerst niets. Dan klinkt een levendige altviool. Brahms, denkt hij. Een licht gaat aan op het podium. Een leeg toneel, geen decor, behalve de sterke elektrische lamp in een kap die een kegel werpt in de ruimte, op de vloer. Stofdeeltjes bewegen zich langzaam over de lichtstralen. De danseres komt op vanuit de duisternis. Ze fladdert, verandert steeds onvoorspelbaar van richting. Ze nadert het licht. Een grote voile zwaait rond haar gespierde lichaam. Wanneer zij binnen de felle lichtcirkel treedt, is het alsof een elektrische schok haar weer naar buiten stoot. Deze gang, rond en rond, herhaalt zich talloze malen. Wat een kracht! Wat een elegantie! Hij kan door de zijde haar billen zien terwijl ze haar passen danst.

‘Altijd maar het seksuele vraagstuk,’ had Aad gepeinsd toen ze voor de haard zaten en Mauk vertelde van zijn allenigheid. Fiet had geprobeerd hem een hart onder de riem te steken. Dat hij heus een meisje zou krijgen als hij eerst zichzelf gevonden had. Een gênante bedoening. Dat hij eerst de angst in de ogen moest zien. Dat het alleen de besten overkomt. Fiet had het zelf ook meegemaakt. Dat soort dingen. Goedbedoeld, dat wel.

De mot danst steeds langzamer. Elke keer dat ze het licht raakt, verliest ze levenskracht. Hij voelt het in zijn maag. Wat een kunstenares! Ze heeft volledige controle over haar lichaam. Over hem. Niemand, geen meester heeft haar deze dans kunnen leren. Hij ziet het nu. Wat is het leven anders dan een lange dans naar de dood? De dans is overal om hem heen. Altijd al. De ware vrijheid ligt in de dood. De klanken van de viool worden nog tergender. De mot is uitgeput. Ze schokt haar laatste stuipen. Dan werpt ze zich met een ultieme krachtsinspanning in het licht.

*

In de donkere maanden werkt hij aan een voordracht voor zijn medeleerlingen. Hij stelt dat ‘in de kunst van alle tijden het symboliseren van de *danse macabre* steeds het hoogtepunt is geweest. Geen kunstenaar is waarachtig, wanneer niet in zijn werk de dodendans waarneembaar is.

Een kunstwerk staat hoger naarmate het beter in staat is de dodendans te verbeelden.'

Hij doet nieuwe ontdekkingen in kunstwerken, boeken, toneelwerken en muziekstukken. In maart zal hij een verhandeling met lichtbeelden geven aan zijn klasgenoten.

'Leven' en 'dodendans' zijn twee woorden voor hetzelfde begrip. Ieder mens danst dezelfde grote dodendans, maar geen twee dansen hem op gelijke wijze,' begint hij zijn voordracht. Met kerst oefent hij alvast een verkorte versie voor Jan en Bas. Ze zitten, net als vroeger, in de zevenhoekige kamer van Villa Rosande in Oosterbeek. Volgens Mauk is van alle kunsten de grafische, en dan vooral de houtsnedekunst, het best in staat tot symbolisering van de dodendans 'vanwege de gedwongen soberheid en de edelmoeizame techniek, die rustige kracht in vorm zullen bevorderen'. Hij noemt Holbein met zijn *Bilder des Tods* en natuurlijk het werk van de moderne Alfred Kubin. Hij illustreert zijn woorden met toverlantaarnplaten.

'Of leidt het grafische ambacht tot macabere gedachten?' vraagt Jan bij het zien van Kubins Dood die een klein meisje verleidt met hem mee te gaan.

Na de grafici draagt Mauk voor uit de *Wallfahrt nach Kevlaar* van de dichter Heine, hij citeert uit *De Zeven Gehangenen* van de schrijver Andrejew en probeert een levendige beschrijving te geven van de adembenemende dans van Lili Green in *De Mot*. Na een halfuur komt hij, ter illustratie van de dodendans in de beeldhouwkunst, uit bij een Spaans-middeleeuws beeld van Franciscus van Assisi uit het museum van Aad, 'geheel gehuld in een zware pij, en met de monnikskap over het hoofd geslagen, zodat slechts het gelaat zichtbaar is, dat in wijsheid peinzend, het weten van de oneindige waarheid uitdrukt. Het symboliseert de geesteshouding der Middeleeuwen, afsterving van het lichaam tot grotere diepte en wijsheid van den geest. Het lichaam is dan ook in dit beeld van generlei betekenis en alles wijst naar het gelaat. Hier is eigenlijk een lijk gebeeld. Wat kan de dood aan zulk een mens nog aanrichten?'

Mauk draait het licht aan. Jan en Bas knipperen met hun ogen. Hij kijkt hen tevreden aan. Als hij geen reactie krijgt, loopt hij de kamer uit om zijn vrienden even de tijd te gunnen.

'Wat kan de dood aan zulk een mens nog aanrichten?' hoort hij Bas zeggen als hij de kamer weer binnenkomt. Zijn ze geschrokken? Hij heeft het afgelopen jaar zijn somberheid voor hen niet verborgen gehouden.

‘Wij menen dat je verhaal getuigt van een grote liefde voor die kunstenaars. We zijn onder de indruk,’ zegt Bas. ‘Maar toch, ik vraag het maar op de man af: moeten we ons zorgen maken? Wil jij je ook de vrijheid vinden in de dood, het ultieme doel van elk mens?’

‘Of ik de hand aan mijzelf wil slaan? Nee, joh, nee, ik heb in mijn diepste geen doodswens, dat weet ik nu wel. Ik hou van al deze werken; ik hou van de kunstenaars. Zíj geven mij hoop.’

‘Misschien is dit jouw manier om van het donker naar het licht te dansen,’ zegt Jan. De psychiater.

*

Half maart begint hij zich voor te bereiden op de reis. Hij gaat tien weken met Vader en Moeder naar de Côte d’Azur, Noord-Italië en Zwitserland. Het was vooral Moeders idee geweest; zij vond het nodig dat hij de bakermat van de kunst leerde kennen; zij wilde hem haar Florence laten zien. Daar moet hij wel wat vrolijker van worden. En misschien raakt hij die mallotige liefde voor die katholieke heiligen kwijt.

Hij verheugt zich op Florence. Het Museum Van Stolk zal niet meer dan een voorproefje zijn geweest van wat hij te zien gaat krijgen in het Palazzo Pitti, het Uffizi, al die andere schatplaatsen. Tussendoor zal hij tijd hebben om op de mooiste plekken te tekenen.

Hij is blijven zitten op een steen op het eilandje van Château d’If voor de kust van Marseille terwijl Vader en Moeder de kleine stoomboot terug naar de stad nemen.

Het Middellandse Zeewater is zoveel mooier dan het grauwe water van de Noordzee. Het smaakt, het ruikt zelfs veel lekkerder, levendiger. Op weg naar het Forteiland, op de boeg van de boot, had hij zich nat laten spatten door het stuivende en spettende water, net als in Bretagne had hij de zon voelen prikken op zijn zoute huid, een frisse lentewind in zijn gezicht.

Voor het eerst heeft hij een moment voor zich alleen. Langzaam doven de stemmen van Vader en Moeder, verdwijnt de kritische blik van Mesquita, vergeet hij zijn kamer in Haarlem.

Hij heeft een geweldig uitzicht op de stad met de steile kust, de reusachtige muren van de havenpoort, de Pont Transbordeur, de zee, de schroevende en de zeilende bootjes. Op de achtergrond verheft zich de Notre Dame de la Garde. Hij blijft de hele middag schetsen, met een concentratie die hij al in maanden niet heeft gehad. Hij beklimt de toren van het chateau en tekent de stad nog een keer van een hoger standpunt. Zo had hij zich het leven van een tekenaar voorgesteld toen hij de plaatjes kopieerde uit het boekje *Histoire d'un Dessinateur.*

Op een wandeling bij Cap Martin naar het bergdorpje Castellar verrast Vader hem weer eens met zijn kennis van alle bomen en planten; ze lopen door een bos van *pins maritimes* en olijfbomen, mimosa, citrusbomen, cineraria, aronskelken, violieren, oranjebomen met vruchten en bloemen, ficusbomen. Mauk begint te houden van deze streek. De volgende dag staat hij voor dag en dauw op om de bergen in te trekken naar het dorp Gorbio. Het parfum van pijnbomen, rozemarijn, tijm, munt en jasmijn in de ochtend is vanaf nu zijn lievelingsgeur. Van onderaf tekent hij het dorp, dat ligt op de kruin van een berg, als het nest van een adelaar. Rond tien uur begint het concert van de krekels in de bomen. 's Middags loopt hij naar Gorbio en spreekt hij met de geitenhoeders. Op het kleine dorpsplein spelen jongens een balspel waarvan hij zich de regels laat uitleggen. Dan beklimt hij een naburige heuvel en tekent de huizen nog een keer van boven. Hij voelt zichzelf opgenomen worden door de bergen, door de ruimte. Z'n potlood begint het te doen; die heerlijke omgeving vlijt zich neer op zijn papier. Een gevoel van bevrijding overvalt hem. Hij kan zoveel tekenen als hij wil. Overal. Wanneer hij wil. Is dit Mesquita's vrijheid?

Fig. 81. — Croquis du port de Gênes.

De dag erop staat hij weer vroeg op en schetst het haventje van Menton vanuit het oosten, met het licht mee. Voor zijn vader maakt hij nog een tekening van een vreemd soort acacia's. Die zal zich lenen voor een prent. In Genua tekent hij, nu in het echt, de haven vanaf de vestingwal. Vandaar kijkt hij lang naar de aankomst van een passagiersschip uit Napels. Hij hoort de blijde uitroepen van de opvarenden en hun wachtende familieleden. De vrolijkheid echoot tegen de havenmuren.

De eerste keer naar het Uffizi gaat hij samen met zijn ouders. Moeder neemt hem mee door de zalen en vertelt vrolijk wat ze allemaal nog weet. Vader bekijkt de schilderijen vluchtig en vlot, met als doel snel weer de uitgang te vinden. Na de lunch gaat hij alleen terug naar het museum. Hij komt niet verder dan de eerste drie zalen met de dertiende- en veertiendeeeuwers. Hij blijft dralen rond de zachte, lieve, kuise gezichten van de Madonna's van Giotto en Duccio, rond de tedere composities van de Sienezen Simone Martini en Lippo Memmi. Er is te veel. Hij moet ook naar Siena. Als met een stofkam struint hij de volgende dagen de stad af naar haar vroegste kunstwerken, van kerk naar klooster, van palazzo naar museum. Hij stelt in zijn hoofd een lijst op van alle plekken, gebouwen, kunstenaars, werken die hij moet gaan zien als hij terugkomt. In de korte tijd met zijn ouders kan hij zijn honger niet stillen, dat weet hij nu al.

Al snel maakt hij grote wandelingen buiten de stad. Met een zachte zon op zijn gezicht loopt hij naar Fiesole. In Arcetri vindt hij de mooiste tiende-eeuwse bas-reliëfs. Dan wandelt hij door naar de zwart-wit gestreepte San Miniato al Monte, zelf eigenlijk al een houtsnede, als de zebra van Mesquita. Hij zal het landschap pas tekenen als hij terugkomt. Er is nu te weinig tijd. Bij een antiquair koopt hij nog een tegel van Sint Franciscus en een grote houten buste van zijn leerling Bernardino van Siena, zelfs door Vader niet lelijk gevonden.

Vader maakt zijn eigen programma. 's Avonds vertelt de oude man gelukkig over het vallen van het water over de stuw in de Arno. Daar beneden vormt zich een groot waterdal, gevolgd door een krullende en wervelende waterberg. Op de zandplaten heeft Vader mannen gezien die met een kruisnet vissen, net als hun vakgenoten in Japan. En hij doet uitvoerig verslag van de *ponte sospeso*, de hangbrug over de rivier.

In Venetië wordt Mauk nogmaals overrompeld. Hij was niet voorbereid op de mozaïeken van de San Marco. Na een keer met Vader en Moeder geweest te zijn – volgens Vader lijkt de voorgevel met zijn vier bronzen paarden op een kermiscarrousel – gaat hij meerdere malen in zijn eentje terug. De laatste keer woont hij een betoverende hoogmis bij; het is Hemelvaartsdag. Hoge geestelijken in schitterende gewaden wisselen elkaar af op het altaar. Er wordt door een groot koor gezongen. Hij sluit zijn ogen en voelt de zuivere zang door de onmetelijke ruimte via de muren en de vijf koepels weerkaatsen tegen zijn lijf, nog heviger dan de orgelklanken in de St-Bavo. Als hij in Italië geboren was, zou hij waarschijnlijk ook in God geloven, Maria vereren.

In Zwitserland bezoeken ze broer George, die onder behandeling is van een zenuwarts. Mauk wil daar maar één ding: naar boven. Hij loopt door de bossen, komt tot boven de magische boomgrens. Op de top vindt hij een goede uitkijkplaats. Alsof hij de enige mens is op aarde, overziet hij de wereld: de Zwitserse Alpen naar het noorden, onder hem het meer van Lugano en naar het zuiden: Italië!

*

'Heren, nu jullie er beiden zijn: ik heb u gesommeerd om een annonce te doen.'

Ze zitten weer in de zevenhoekige kamer.

'Je bent eindelijk bekeerd tot de theosofie?' oppert Bas.

'Je model bleek zwanger en je gaat trouwen?' vraagt Jan.

'Nee, nee, het komt mogelijk als een verrassing ende wellicht rauw op uw dak, maar het is een mededeling die jullie zeer aangaat.'

Hij laat een stilte vallen.

'Jullie gaan met mij op reis naar Florence.'

'Naar Florence,' herhaalt Bas om de stilte te doorbreken.

'Firenze, de geboorteplaats van de kunst, de verwekker van de Renaissance, de wieg van de wetenschap, de doopvont van de democratie, het ouderlijk huis van het humanisme! De vader van de Florijn!' declameert hij. Jan en Bas kijken elkaar aan. Hij is tijdens zijn mededeling gaan staan, als om een toost uit te brengen met zijn bier in de hand. Hij wiebelt op zijn voeten en kijkt wisselend naar Bas en Jan. Hij voelt de rook van zijn sigaret langs zijn hand omhoog kringelen. Ze zeggen dat hij moet gaan zitten.

'Ben je wel helemaal honderd? De laatste keer dat we je zagen, waren we allen ten dode opgeschreven en zat jij op schoot bij je middeleeuws-theosofische vriend Van Stolk,' zegt Bas.

Mauk slaat zijn fotoboek open en probeert, zoals hij zich had voorgenomen, zijn vrienden te vertellen over de magie van het dertiende-eeuwse Toscane toen 'het perspectief nog geen sjabloon was maar een plooibaar kamerscherm dat je kon neerzetten zoals je wilde'.

Ze willen niet naar hem luisteren.

'Zullen we jou even in perspectief zetten,' zegt Bas. 'Twee maanden geleden zag je er nog uit als een uitgedroogd lijk.'

'Lazarus uit de dood opgewekt,' merkt Jan op.

'Het is vast magnifiek in Florence, maar mijn belangstelling, en die van Jan, gaat nu vooral uit naar de sociëteit. En ik moet studeren voor m'n herexamens.'

'Ik wacht wel,' zegt Mauk.

'Bovendien, straks zullen we ons hele leven moeten werken en nu kunnen we het er nog even van nemen, maar dat kan jij je toch niet voorstellen.'

Mauk gooit zijn handen in de lucht.

'Het leven kan toch niet alleen draaien om bier drinken en geld verdienen? Als ik zo ga denken, ben ik verloren. Jullie kunnen er voor jullie ouders toch een draai aan geven?'

Voordat hij op reis kan, moet hij zijn kandidaats halen, zegt Bas. Mauk moet geduld hebben, misschien komt het ervan, dat zou best kunnen.

'Naar Toscane moet je in de lente,' zegt Mauk. 'Tegen die tijd ben ik wel klaar in Haarlem. Zorg er maar voor dat jullie dan ook klaar zijn. Ik weet een preekstoel aan de zuidoever...'

'Genoeg, Mauk!' zegt Bas.

Dan vraagt hij de mannen naar het leven op de sociëteit. Op zijn gemak luistert hij naar de sterke verhalen die Jan en Bas elkaar vertellen over hun corporale avonturen.

*

Hij heeft al zijn grafische werk en de belangrijkste tekeningen weer op verschillende tafels uitgespreid voor het eindejaarsgesprek van het studiejaar 1921. Zijn oog gaat onrustig over de prenten. Zou zijn werk goed genoeg zijn? En is hij minder 'perfectionistisch' geworden? Hij heeft geen idee. Vrijer? Hij heeft het geprobeerd. Beter? Dat zou Mesquita nooit zeggen. Hij veert op als zijn leermeester binnenkomt.

'Ha die Escher, je bent er al.' Mesquita kijkt goedkeurend om zich heen. 'Waar zullen we beginnen?' vraagt hij. 'Zeg jij het maar.'

'Heeft u *Flor de Pascua* bekeken, het boekje dat ik u laatst gaf?'

Mesquita's gezicht betrekt.

'Wat wil je dat ik ervan zeg?'

'Een eerlijke beschouwing?'

'Mmm, eerst de tekst dan maar. Je wilt het echt horen? De auteur schrijft slecht, slordig, te ongeveer. Maar kennelijk wil hij het zelf zo. Is hij een vriend van jou?'

'Ja.'

'Daar was ik al bang voor. De tekst is af en toe aardig, maar als geheel bekoort het me niet. Laten we het hebben over de plaatjes.'

Het commentaar van Mesquita komt niet als een verrassing. In november was het boekje uitgekomen, met een prachtige omslag van Fiet. De reacties waren koel geweest. Weinig mensen wilden erover praten. Aad dacht zelfs dat sommige mensen hem ontweken om niets over *Flor de Pascua* te hoeven zeggen.

'Ah, kijk, je hebt de plaatjes naast elkaar gelegd. Het is een vreemde verzameling, Escher. Dat spiegelbolletje met jou erin tussen alle sterren en planeten. Vermakelijk, ik kan niet anders zeggen. Jij hebt van jezelf letterlijk het centrum van het universum gemaakt! Een zelfspotprent?'

Mauk lacht schaapachtig.

'Nou? Heb je het grappig bedoeld? Er zitten wel meer grappen in, niet? Zoals dat spook en dat bloemmannetje.'

'Die spiegelende bal was een reactie op de tekst van Aad die steeds de godheid tot het centrum van het universum maakt. Ik had die tekening van de St-Bavo gemaakt, weet u nog? Toen viel het me op dat als je jezelf weerspiegeld ziet in een bal...'

'...je jezelf altijd precies in het midden ziet, jaja, ik weet het. Waarom heb je het eigenlijk gedaan?'

'Die haan was wel een grap. Dat je een haan op een mesthoop ziet bij het verhaal *De Theosofie*, vond ik grappig. Zo begrijpt iedereen dat de tekst daar ironisch bedoeld is. En ik heb natuurlijk flink geoefend op de haan.'

Mesquita negeert zijn grapje.

'Ik begrijp het niet, Escher. Volgens mij sta je niet achter die tekst. Ik zie het aan je plaatjes. Het lijkt alsof je een duel met de schrijver aangaat.'

'Dat wilde hij. Aad vond het een interessant experiment dat hoorde bij de ambivalentie van de tekst, dat het idee van het boek werd versterkt door de beelden.'

Zijn leermeester schudt zijn hoofd. 'Sofistische prietpraat. En jij? Wat vind jij? Word jij ook versterkt door dit boekje?'

'Denkt u van niet?'

'Daar gaat het niet om.'

'Ik heb er materiaal in gevonden om mijn grafische ideeën uit te drukken. Mijn werk is gepubliceerd, vermenigvuldigd. Is dat niet de wens van elke graficus?'

Mesquita fronst.

'Ik vond dat werkje *Zondebok* niet onaardig. De duivel in het zwart en Jezus in het wit, allebei gecomplementeerd door de bok, die de hoofdpersoon is; niet slecht bedacht. Dat was ook een mooie aanvulling van de tekst die daar, bij uitzondering, zeer goed is.'

'U heeft het goed gelezen.'

Mesquita hoort hem weer niet. Of doet alsof.

'*Zondebok* is zo plat als een dubbeltje, precies zoals u wilt. Maar wat vindt u van *Bezint nooit eer ge begint*?

'Welke?'

'Dat bergpaadje met dat mannetje en zijn lampje langs de afgrond?'

'Vreselijk! Wat een diepte!' lacht Mesquita.

'Of juist niet, het is maar hoe je het bekijkt. In mijn opstel over sprookjes maak ik onderscheid tussen droogstoppels, u weet wel waarom, en armen van geest, de goeie gelovers uit de Bergrede.'

'En jij beschuldigt mij ervan een droogstoppel te zijn?'

Mesquita lacht erbij, gelukkig.

'Ja, hierin wel ja. En ik de arme van geest, die met ogen dicht over een bergweggetje gaat wandelen en goed gelooft in de diepte op het platte papier.'

'De ruimtelijkheid in je werk is inderdaad opmerkelijk,' zegt Mesquita, 'met die spiegelbol, dat kristalplaatje, die vlammende hond en je bergweggetje.'

'Waar is het einde? Het is er niet. De Ruimte danst in de Tijd en door de eeuwige Geest haar dodendans,' citeert Mauk uit zijn voordracht.

'Ik begin toch een beetje lijn te zien in dit allegaartje, maar alleen omdat ik het graag wil.'

Mesquita kijkt naar het ontwerp voor de sprookjes van *Duizend-en-eennacht*. 'Sprookjes illustreren lijkt me geen slecht vak voor jou.'

'Nee, nee, dat was een opdracht van Verkruysen. Illustrator zal ik hopelijk nooit worden.'

Mesquita kijkt hem peinzend aan.

'Een sierkunstenaar dan?' probeert de leraar. 'Die Boeddhamannetjes die zo elegant op elkaar passen in die ruit? Dat zou een mooi motiefje voor een stof zijn, denk je niet? Je hebt wel meer goede opdrachten gedaan in de sierende hoek. Dat schematische vrouwenlichaam in die driehoek: bepaald niet slecht. Dat zie ik zo op een stoelbekleding. Of op een Parijse damestas. In motieven zit een goede boterham, Escher. Een vaardige sierkunstenaar kan goed verdienen. En jij hebt aanleg.'

Mauk schudt zijn hoofd.

'Ik ben nu bezig met een tekening van acht koppen, je ziet vier koppen in een vlak, als je de tekening ondersteboven bekijkt, zie je vier andere koppen, waarbij twee vrouwen bijvoorbeeld hun haardos kunnen delen. Ik heb het zo gesneden dat je met het blok een onbegrensd groot vlak kan bedrukken.'

'Een soort komische optische illusionist dan? Is dat wat je wilt worden?' Mauk trekt zich niets aan van de toon van Mesquita.

'En je hebt veel modeltekeningen gemaakt.'

'Al dit werk is van vóór mijn reis naar Italië,' zegt Mauk eindelijk. Hij kijkt zijn leraar vrijmoedig in de ogen. 'Ik wil tekenen in Italië. Weet u alle bomen en dieren van mijn paradijs nog van het begin van het jaar?'

Mesquita keert zich naar de tafels met tekeningen.

'Deze prent' – de leraar zet zijn pince-nez nog eens op en leest de titel die in potlood onder het werk staat gekrabbeld – *Bos bij Menton* – is goed, Escher. Je bent goed aan het worden in bomen. Slim ook. Een ingenieuze manier om het licht onder de wirwar van takken te verbeelden. Die vindingrijkheid moet je verder ontwikkelen, uitbreiden zo je wilt.'

'Ik ben nu ook bezig met schetsen voor een boom waar alle vogels van Sint Franciscus in zitten. Ze luisteren natuurlijk allemaal naar de preek.'

'Prachtig,' vervolgt zijn leermeester zonder de indruk te geven gehoord te hebben wat hij zei.

'Ik geloof niet dat ik je nog iets kan leren, Escher. Hier, dit werkje *Bij Mesquita in de klas*, heeft me geëmotioneerd. Het is werkelijk wat ik je heb willen onderwijzen. De verdeling van het vlak, de gebalanceerde asymmetrie van de compositie, de arceringen, het spel van mensenbenen en tafelpoten. Ik weet dat je het werk zonder mijn lessen niet had kunnen maken. En tegelijkertijd heeft het iets wat ik je niet kan leren, een finesse, een bijna Japans gevoel voor verhoudingen.'

Mauk weet niet zeker of hij het goed heeft gehoord.

'Je bent mijn leerling niet meer, Mauk Escher. Ik kan je alle complimenten geven die je toekomen. Vanaf hier ga je je eigen weg. Ik zorg ervoor dat je in maart je diploma krijgt. Daarna scheiden onze wegen. Het spijt mij alleen dat je onder mijn hoede je beroepskeuze nog niet hebt gemaakt.'

'Maar die heb ik gemaakt. Ik ga tekenen in Italië,' schreeuwt hij bijna.

'Toch vrij kunstenaar, hè?' Mesquita glimlacht meewarig. 'Ik vreesde het al, en toch... ik zou teleurgesteld zijn geweest als je anders had gekozen. Je zal het niet makkelijk krijgen, beste jongen. Heb ik je niet genoeg gewaarschuwd? De kunstwereld zit niet meer te wachten op je mooie verhoudingen. Spontaniteit is de mode, Escher. Jij bent te rationeel. Je werk is te intellectueel voor nu, te bedacht voor de moderne tijd.'

'Dat zullen we nog wel zien.'

'Je kan het proberen. Je bent een goede graficus en je hebt de eigenschappen om nog beter te worden.'

Te intellectueel. Hij weigert de gedachte. Mesquita is nog nooit in Italië geweest. 'Kom toch eens langs als je weer in Nederland bent,' had zijn leermeester gezegd. Dat zegt hij niet tegen iedereen. En Mesquita had gehoopt dat hij voor de kunst zou kiezen, zoals hij zelf ooit had gedaan. Waarachtig en ongekunsteld. Nee, te rationeel of intellectueel zal hij niet worden. Dat zal hij zijn meester laten zien.

RIMPELING II

De hele Italiaanse periode van oom Mauk is voor mij altijd gecomprimeerd geweest in één prent: *Castrovalva*. Toen ik mijn spreekbeurt hield over oom Mauk, vertelde ik mijn klasgenoten dat je in de weilanden die je op deze prent in de verte ziet liggen, al het begin van de regelmatige vlakverdeling kan zien. Een eigenwijs verzinsel, maar niet helemaal onbegrijpelijk, want later liet hij de weilanden, Hollandse weliswaar, in vogels veranderen in *Dag en nacht*, een van de eerste regelmatige vlakverdelingsprenten.

Castrovalva is een plaat met een ongekende ruimtelijkheid. Voor in het beeld staan een paar plantjes, wat varens, er kruipen een torretje en een slak. Tegelijkertijd kan je tientallen kilometers ver weg kijken. Je kan omhoogkijken naar het dorpje Castrovalva dat op de bergkam balanceert, maar ook naar beneden, diep het dal in, naar de *borgo* Anversa degli Abruzzi. Kilometers verder weg ligt nog een dorpje, Cocullo, dat op papier vele malen kleiner is dan het torretje op de voorgrond. De berghellingen lopen steil af. De wolken komen als zware luchtschepen voorbijdrijven.

In het Castrovalva van nu wonen ongeveer veertig mensen. Er is één plek om te logeren, Locanda Nido d'Aquila, waar ik een kamer voor twee heb gereserveerd. Om een uur of één rijden Vanessa en ik over een uitgehakt bergweggetje richting het dorp. Ik zet de auto stil in een bocht in de weg, stap uit om terug te kijken naar Anversa. Ik zeg tegen Vanessa dat Mauk van dit uitzicht wel een prent gemaakt zou kunnen hebben. Later blijkt dat hij vanaf daar niet een prent maar wel een tekening heeft gemaakt, die ik waarschijnlijk ooit heb gezien. Mijn onbewuste herkent de omgeving eerder dan mijn bewuste.

We rijden via de haarspeldbochten verder omhoog en zien onze bestemming liggen. Ik herken het niet. We weten niet waar we naar moeten zoeken. Is de prent misschien in spiegelbeeld? Bestaat het landschap misschien niet echt?

Dan rijden we door een tunnel en verandert alles. Aan mijn linkerhand, over de vangrail, zie ik plotseling een deel van de Castrovalva-prent. Nog één haarspeldbocht, ik geef uit enthousiasme meer gas. Dan rijden we het dorpje in. Ik snap niet goed meer waar we zijn. Ik wil zo graag herkennen dat ik niet meer goed kan kijken. We moeten langs de plek gekomen zijn waarvandaan Mauk getekend heeft, maar ik heb niks gemerkt.

Op het dorpsplein – twee kerkjes en een waterpomp – zetten wij onze auto neer. *'Tre minuti,'* zeg ik verontschuldigend tegen de oude mannen op het stenen bankje. Zij wijzen nors op een houten poort, waarop een bordje met WELCOME hangt. De oude gebarsten deur staat op een kier. Erachter is het donker. Ik duw, de scharnieren kraken en ik kom via een donkere gang in een keurige eetzaal met meerdere tafels. Er zit al een Italiaanse familie van wandelaars, drie generaties in fluorescerende sportpakken. De herbergier komt ons met een bedrukt gezicht tegemoet. Hij zegt dat hij geen tijd heeft. Zelfs als ik uitleg dat we bij zijn vrouw hebben gereserveerd om te komen logeren, geeft hij geen sjoege.

Oom Mauk kwam hier bijna negen decennia geleden ook aan, na een dag wandelen met een pakezel en zijn reisvriend, de Zwitserse schilder en graficus Giuseppe Haas-Triverio. De bewoners draaiden hun rug naar hen toe. Met moeite kregen ze het voor elkaar om iets te eten te krijgen en in de geitenstal te mogen slapen.

De waard is bezig met de lunch voor zijn gasten. Alleen vandaag, op zondagmiddag, serveert de herberg een middagmaal. In zes gangen komen alle producten uit de streek op tafel, lees ik op het papieren menu. Ik loop nieuwsgierig door het zaaltje naar het balkon. Bij mijn eerste stap buiten kijk ik naar links. Ik zie vrijwel de hele prent *Castrovalva* in het echt. Het gezichtspunt is bijna volmaakt; ik zou net iets lager moeten zitten. Een kniesoor die daarop let, zou mijn vader gezegd hebben. Weer binnen gaan we toch zitten en vragen nederig of we mee mogen lunchen; in de wijde omtrek is geen andere plek waar we iets te eten kunnen krijgen. De waard bromt iets onverstaanbaars en zet meteen een aardewerken karaf rode bergwijn op tafel. Goed nieuws.

Een paar karaffen later staan we buiten. Het is hard gaan regenen. We willen de wandeling door de prent *Castrovalva* maken, naar Anversa, via het andere dal. We zullen een rondje lopen om de berg waarop het adelaarsnest Castrovalva is gebouwd. Afdalen naar Anversa en weer klimmen naar de herberg Nido d'Aquila.

De vrouw van de herbergier, Maria, is eindelijk uit de keuken gekomen en vindt het wél leuk ons te ontmoeten. Toen ik haar een paar dagen geleden belde en mijn naam gaf, vroeg zij: *'Escher, Escher, deeeèh Escher, deeeèh?'* *'Si,'* de broer van mijn opa. *'Il fratello del mio nonno,'* probeerde ik. 'Ah, ah,' klonk ze enthousiast. Ze had duidelijk meer willen zeggen, maar ze kon in het Engels haar woorden niet vinden, net zomin als ik in het Italiaans. Nu laat ze ons niet zonder paraplu vertrekken en vraagt ons mee te komen naar het dorpscafé, dat ook van haar is – een neonverlicht zaaltje met een espressoapparaat. Maria biedt ons een koffie aan en rommelt wat in een kastje. Eindelijk vindt ze wat ze zocht: een catalogus van een Eschercongres dat dertien jaar geleden in Italië plaatsvond.

In dat boek vind ik mijn eigen vader, Nol, negen jaar na zijn overlijden. '*É mio papá!*' schreeuw ik, te hard door de bergwijn. Een moment voel ik fysiek zijn armen om me heen. De fijnste omhelzing. Ik laat Maria de foto's zien waar hij op staat. Ze begint te lachen. Hij had ook in de herberg geslapen en ze had hem bediend aan tafel. Mijn vader was nogal een charmeur en zij was toen dertien jaar jonger.

In de catalogus staat de tekst, via het Italiaans naar het Engels vertaald, van zes pagina's van mijn vader over zijn oom: '*M.C. Escher, in general, was a nice company, he liked to laugh, to make jokes, he never talked much about his work; he got up at 7, worked until 4 o'clock in the afternoon, he dined at 6 and afterwards he used to walk during 2 hours. He went to bed very early, he was not a drinker, he smoked a lot, in short he considered himself an artwork craftsman...*'

Mijn vader heeft tientallen lezingen gegeven over zijn oom, maar persoonlijker dan in bovenstaand citaat wordt hij nooit. *He never talked much about his work.* Die zin blijft in mijn hoofd hangen. Voelde mijn vader aan dat hij zijn oom beter niet te veel kon vragen? Aan zijn zoon Jan schrijft oom Mauk in 1963: 'Hard werken; d.w.z. geen tijd hebben om te piekeren, is voor mij het beste middel om het leven te verdragen.'

Maria verklaart ons voor gek dat we gaan wandelen in de regen. Als we overmoedig door de wijn en gewapend met paraplu toch de deur uit stappen, zegt ze dat de eerste bocht na de stadsmuur de Girone di Escher is.

We waren er inderdaad met de auto al doorheen gereden. In de Escherbocht zien we een bord staan om de plek aan te duiden waar oom Mauk de tekening gemaakt heeft. Op het paneel is een reproductie van de prent geplakt, de hoeken van het verweerde papier krullen omhoog. Als je het uitzicht van nu met het werk uit 1929 vergelijkt, zie je duidelijk dat Mauk dichter bij het dorp heeft gezeten. Het ezelspad dat we op de afbeelding zien, waarop Mauk heeft gezeten, is verder uitgehakt om het geasfalteerde autoweggetje te kunnen aanleggen. De weg ligt daarom een paar meter lager dan het paadje van vroeger gelegen moet hebben. Ook is de heuvel begroeid geraakt met bomen die over de weg hangen. Vanaf de bocht kunnen we het dorp niet zien. Nu zou hij de tekening niet meer gemaakt kunnen hebben. Was dat wel zo geweest, dan zou hij zeker de A25 van Pescara naar Rome hebben afgebeeld die in de verte op palen het landschap doorsnijdt.

We zijn er in volle herfst, de kleuren zijn fenomenaal. Halverwege onze afdaling, na een halfuur langs steile bospaadjes, stuiten we op een kale steen die uit de rotsen steekt en uitkijkt over het dal – Castrovalva schuin links boven ons, Anversa schuin rechts beneden. Een perfecte plek om Anversa te tekenen. Ik vraag me af waarom Mauk deze rots niet heeft gekozen. De diepte doet je duizelen en de bergkammen maken je klein, precies wat hij gewild zou hebben. Weer zal ik later ontdekken dat hij wél een tekening heeft gemaakt vanaf dit standpunt. Hierom ben ik gekomen. Deze ruimtelijkheid heeft hij zo liefgehad. Hier wilde hij tekenen. Dit is het landschap van zijn geest.

Ik besef dat Castrovalva in het echt behoorlijk anders is dan hoe ik het me mijn hele leven heb voorgesteld. De werkelijkheid doet me beter begrijpen hoe Mauk keek. Op de prent *Castrovalva* is het, ook zonder precies op zijn tekenplek gezeten te hebben, duidelijk te zien hoe hij de hoogte, de diepte, de steilheid, de verte en de dichtbijheid heeft geaccentueerd. Hij heeft de ruimtelijke tegenstellingen sterk aangezet, de driedimensionale contrastknop flink opgedraaid.

De volgende morgen, na een nacht in een van de hoogste huisjes van het dorp, een omgebouwde geitenstal, misschien wel dezelfde als waar oom Mauk sliep, met de wind gierend door het oude dak, heeft Maria voor ons een taxi naar Scanno gebeld. Vandaar zullen we over de bergen naar Castrovalva teruglopen. Ik hoop dat die tocht mij weer dichter bij oom Mauk brengt. Hij is in de lente van 1929 met zijn reisvriend Triverio over die heuvels getrokken. Ik heb een foto van hem en zijn reisvriend in de sneeuw, hoog in de Abruzzen terwijl ze lachend voor de ezel staan. Hij ziet er stralend uit, oom Mauk bedoel ik, zo gelukkig heb ik hem niet vaak gezien. Tevreden met z'n handen in zijn zij, in knickerbocker met kniekousen, een wit overhemd met een smalle das. Hij lijkt zo vrij in de bergen. Misschien om even weg te zijn uit Rome, weg van zijn jonge gezin. Misschien om even zijn geldzorgen te vergeten, zijn verantwoordelijkheden, zijn irritaties. Of gewoon blij dat er alleen nog maar beeld en ruimte bestaat, voortdurend veranderend, voor steeds weer nieuwe tekeningen die hij de rest van het jaar in zijn atelier zal gaan uitwerken.

In Scanno vinden we het straatje dat hij heeft getekend, zelfs het stoepje waarop hij gezeten moet hebben; het straatje is steil, maar op de prent steiler. Net als toen we de plek op de heuvel vonden waar hij *Goriano Sicoli* moet hebben getekend; de bergen op de tekening strekken zich verder uit naar boven, naar de hemel. De waargenomen werkelijkheid blijkt voor ons steeds weer minder extreem dan voor hem, of in ieder geval minder dan hij op zijn prenten laat zien.

Onze chauffeur brengt ons aan de andere kant van het meer van Scanno een stuk omhoog. We stappen uit in het spookdorpje Frattura Vecchia. Er staan sinds de aardbeving van 1915 alleen nog wat ruïnes van huizen. Wanneer we richting de pas lopen, worden we overvallen door een sneeuwstorm. De tocht is eigenlijk te gevaarlijk. De berg lijkt ons vijandig. Maar eenmaal over de pas gaat de storm liggen en we dalen weer af, lopen door een beeldschone verlaten komvallei, richting Castrovalva. Aan het einde van de vallei gaan we op een steen zitten en zien beneden ons, over de rand, het dorp liggen. We kijken in één keer door de vallei naar de verre bergen en zien de hele prent weer. Mauk heeft hier ook gezeten, het kan niet anders.

*

In de verte, aan de andere kant van de Straat van Messina, zie ik het zusterdorp liggen dat het oude Charybdis uit de *Odyssee* moet zijn geweest. We zijn net aangekomen in het mythische dorp Scilla en zitten zwaardvis te eten in een dorpsrestaurant aan het water. Overdag hebben we getekend in het dorpje Pentedattilo, in de grote teen van de Italiaanse laars.

Mauk maakte er drie prenten en we hebben weer precies de plekken kunnen vinden waar hij heeft zitten tekenen. In 1930 maakte hij een reis door het afgelegen Calabrië, weer met Triverio en nu ook met twee andere vrienden.

Het lijkt allemaal heel leuk en mooi te gaan worden, maar Vanessa en ik krijgen ruzie. Het overkomt ons bijna nooit. Als het gebeurt, komt het meestal, zoals nu ook, omdat zij aanwezig is geweest bij een discussie waarbij ik zonder veel te luisteren mijn gelijk wil opdringen. Dan ziet zij, opeens als buitenstaander, wat voor een vervelende vent ik kan zijn. Een andere bron van ruzie is dat ik me al langer erger aan iets of iemand met wie wij samen zijn. Ik verzwijg m'n irritatie omdat ik me ervoor schaam;

zij merkt dat ik iets niet vertel, maar weet niet wát, ziet mij mooi weer spelen, voelt dat ik me voor haar afsluit. Ze wordt boos, keert zich tegen mij.

Zo langzamerhand, na zoveel jaren samen, herken ik steeds eerder het punt waarop het mis kan gaan, maar wanneer Vanessa zegt dat zij mij niet herkent in de drammerige of veinzende man die zij voor zich ziet, komt het voor mij toch nog vaak als een donderslag bij heldere hemel. Nu ook; in mijn ogen verandert ze in een zeemonster; uit haar zij groeien zes hondenkoppen met drie rijen tanden. Ik zet mijn stekels op, als puntige rotsen oprijzend uit het koude zeewater, gevoelloos, trots, vervuld van zichzelf, zonder zelfkritiek. Ik voel me aangevallen, verstijf, word boos, sla terug; Vanessa boos, ping, pong, ping, pong, langzaam begin ik te begrijpen wat mijn gedrag heeft opgeroepen, beloof beterschap maar blijf hangen in mijn gekwetste trots, raak geïrriteerd door het eindeloze van de zaak, Vanessa's woede vlamt op, ik merk, voor de zoveelste keer, dat het bij mij een tijd duurt voordat ik mijn gevoelens kan verwoorden, ik zie in dat als ik mijn eigen gevoelens meteen had begrepen, me eerder en eerlijk had uitgesproken, we de hele heisa hadden kunnen voorkomen, ik ben dan stellig van plan mijn eigen emoties dagelijks beter te onderzoeken en uit te spreken. Daarna zijn we allebei murw en uit balans, blij dat we weer echt contact hebben, opgelucht. 's Nachts komt er nog een golf van woede bij mij op die in de loop van de nacht wegebt, waarna ik meestal vergeet hoe de ruzie was begonnen en waarover ze precies was gegaan.

Die nacht bedenk ik hoe zo'n ruzie tussen Mauk en Jetta moet zijn geweest. Dat hun huwelijk niet makkelijk was, is algemeen bekend; dat mijn familie vroeger moeilijk over eigen gevoelens kon praten, is iets wat me gedurende mijn gehele onderzoek opvalt. Het is nog steeds zo.

De volgende dag loop ik, nog suf van de slechte nacht, van het strand door de tunnel onder het grote kasteel naar de haven. Daar zie ik de beroemde zwaardvisboten liggen. Ze hebben een loopplank voor de boeg die langer is dan de boot zelf. Op dat vijftien meter lange uitsteeksel staat de harpoenier die het wapen met de hand naar de zwaardvissen werpt. In het koude water tussen Calabrië en Sicilië komen de onwetende *pesce spada* paaien. In het album van oom Mauk is een foto geplakt waarop een grote groep mensen uit Scilla rond een zwaardvis staat, op hetzelfde strand waar ik net vandaan kom en Vanessa met haar boek heb achtergelaten. Triverio staat ook op de foto. Hij speelt naast de dode vis de hoofdrol in het tafereeltje. De vissers en de carabinieri zijn overduidelijk in hun sas dat ze de vreemdeling in zijn knickerbocker deze curiositeit kunnen laten zien.

De man naast Triverio tilt plagerig de staart van de zwaardvis op; Mauks Zwitserse vriend kijkt vol afschuw. De mannen lachen, sommigen kijken naar Triverio, anderen naar de vreemdeling met de camera. De kinderen op de foto kijken ernstig als in een Pasolini-film.

De haven staat op een prent van oom Mauk. De houtsnede lijkt vanaf het water gemaakt. Op de voorgrond steken puntige rotsen uit de zee. Links zie je de huizen aan het water diagonaal doorlopen naar het kasteel boven op de enorme rots. Het stadje en het kasteel worden weerspiegeld in het water. Uiteraard. Aan de voet van de rots ligt de pier. Het is niet een bijzonder spectaculaire houtsnede, hoewel je hem voor een cursus houtsnedes maken goed zou kunnen gebruiken. Het is ongelofelijk hoe zeker oom Mauk is. Dat je de weerspiegeling in het water precies kan onderscheiden van de rotsen in zee, terwijl ze allebei alleen in zwart en wit en bijna met dezelfde soort lichte arceringen vlak naast elkaar zijn gemaakt. Hij heeft in deze prent de toppen van zijn technische kunnen bereikt.

Ik wandel door naar de oude visserswijk Chianalea. Het is een smalle wijk ingeklemd tussen de steile rotsen en de zee. Af en toe duik ik een steegje in naar het water om te kijken of ik al bij het gezichtspunt van de prent *Scilla* ben. Ik kan me niet voorstellen dat hij in een bootje heeft zitten tekenen. Eindelijk, na een klein kwartier lopen, denk ik de plek in de gaten te hebben. Er ligt een enorm rotsblok in zee. Ik kan er niet bij komen, want het ligt achter een groot huis. Via het volgende steegje en een paar andere stenen in zee lukt het me toch om op de rots te klauteren. Hier heeft hij gezeten. Ik heb de precieze plek gevonden. Geen twijfel over mogelijk. Ik verdiep er misschien mijn onderzoek niet meer mee, maar ik vind het elke keer weer opwindend om op deze manier zo dicht bij oom Mauk te zijn.

De rots steekt zo'n tweeënhalve meter boven de zee uit. Ik ben aan het fotograferen als ik achter me een stem hoor. '*Questa roccia è proprietà particolare.*' De vrouw op het terras ziet er niet zo onaardig uit als haar woorden klinken. Het huis waar ik omheen ben geklommen, is een soort folly-kasteeltje met een prachtig terras en een dak met rode kantelen. Het terras heeft ongeveer hetzelfde uitzicht als de steen waarop Mauk zat. Ik excuseer me tegenover haar en zeg dat ik zo van de rots afkom en een leuk verhaal voor haar heb. Tenminste, ik denk dat ik dat zeg in mijn gebrekkige Italiaans. Ik vrees dat ze denkt dat ik haar de les lees dat geen enkele rots in de wereld privé-eigendom zou mogen zijn, zoiets als: 'Ja, zo heb ik ook nog wel een verhaal.'

Even later klim ik de trap op richting terras. Voor het hek houd ik stil. Ik zie niemand en roep. Na een paar tellen komt de vrouw, nogal geïrriteerd, naar buiten. Ik vraag of ze Engels spreekt. Gelukkig wil ze me even te woord staan en krijg ik de kans om uit te leggen dat je vanaf haar terras uitzicht hebt op de Escherprent *Scilla*. Ik laat de prent zien op m'n telefoon. En dan ziet ze het. Ze is even stil. 'Maar wij hebben thuis een boek over Escher! Wat fantastisch!' Ik lach blij terug. 'Ik ben Letizia.' Ik stel me ook voor. 'Wacht, ik haal mijn echtgenoot,' zegt ze als ze mijn achternaam hoort. Na een tijdje komt ze naar buiten met Saverio, een gedistingeerde oudere man in zwembroek. Ik leg op verzoek het verhaal nog een keer uit. Saverio neemt me nu mee terug naar de rots en laat zien dat hij gespleten is. Zijn grootvader heeft het huis laten bouwen. Tijdens de bouw in 1933, drie jaar na het maken van de tekening, is de rots in tweeën gespleten. De bovenkant is ervan af gekanteld. Tussen de twee steenstukken is nu het aanmeerhaventje voor de motorboot gemaakt.

Ik laat op mijn telefoon zien dat Mauk nóg een prent heeft gemaakt van Scilla, vanaf de andere kant van de berg. Ze herkennen de plek meteen. 'Kom mee, we gaan,' zegt Saverio. Een paar minuten later springen we in een grote rode auto.

We rijden door het dorpje, zigzaggend, steil omhoog, langs het kasteel, langs de enorme kerk naar het dorpsplein, zo'n honderd meter boven zeeniveau. Vanaf de achterbank laat Letizia me zien dat het dorpje Scilla op de kaart de vorm van een vogel heeft. De baai van Chianalea is een vleugel, het kasteel op de rots het hoofd, en de westbaai met het strand waar Vanessa nu ligt de andere vleugel.

Vanaf het hooggelegen dorpsplein vind ik snel de plek. Op de litho kan ik zien waar de bovenkant van het kasteel de horizon snijdt. Ik kan zo precies de goede hoogte bepalen. Mauk had weer een plek op een steile helling gekozen om te schetsen. Saverio en Letizia zijn verrukt dat het is gelukt het standpunt van M.C. Escher te vinden en nog meer als ik hun een foto laat zien van oom Mauk zelf, precies daar. Een kwartiertje later zetten ze me met de auto af bij het strand. Vanessa en ik worden later verwacht voor de lunch.

Aan het einde van de middag nemen we afscheid. Saverio en Letizia stappen mee naar buiten en laten ons het opschrift van Horatius zien dat in mozaïek boven hun voordeur is gemetseld: HIC TERRARUM MIHI PRATER OMNES ANGULUS RIDET. Deze plek op aarde lacht mij meer toe dan welke andere ook.

DEEL 3

KUNSTENAAR WORDEN

'A work that aspires, however humbly, to the condition of art, should carry its justification in every line. And art itself may be defined as a single-minded attempt to render the highest kind of justice to the visible universe, by bringing to light the truth, manifold and one, underlying its every aspect. [...] The artist appeals to that part of our being which is not dependent on wisdom; to that in us, which is a gift and not an acquisition – and therefore, more permanently enduring. He speaks to our capacity for delight and wonder, to the sense of mystery surrounding our lives.'

Joseph Conrad, preface to the *Narcissus*, 1897

Het lukt hem werkelijk om zijn Italië aan Bas te laten zien. Hij neemt hem nu mee naar de kerk van San Leonardo in Arcetri in de heuvels rond Florence. Hij wil de marmeren preekstoel laten zien die hij vorig jaar heeft ontdekt. Een uitje voor echte ingewijden, niet voor reisgidstoeristen.

'Mauk?'

'Ja?'

'Ik vroeg je wat.'

Ze zijn het Palazzo Pitti en de Bobolituinen voorbij en hebben al een stuk geklommen over hetzelfde cipressenlaantje dat hij vorig jaar koos. De olijfbomen op de terrasakkertjes pronken met hun grijsgroene kruinen. De goudenregen hangt weer stralend aan boerderijen, aan palen en hekken, aan alles waar de wingerd en de jasmijn haar niet voor waren.

'Was het belangrijk?'

'Nee, alleen hoe mooi het hier is. Al die bloemen. Ik herken ze van de Botticelli van gisteren. Laten we even stil blijven staan. Of even gaan zitten op deze stenen.'

Ze kijken uit over de stad. Mauk steekt een sigaret op. De weide onder hen glooit naar beneden richting de Arno. In de verte ziet hij de oude brug, erachter de silhouetten van de gebouwen die al die kunstschatten herbergen.

'Wat is hier gebeurd?' Mauk spreidt zijn handen naar het dal. 'Wie heeft de kunst wakker gekust uit haar duizendjarige winterslaap?'

'Het moment voor een Maukvraag,' zegt Bas.

Ze zitten een tijdje te staren naar de stad.

'De grondwet misschien?' zegt Bas eindelijk. Hij houdt wel van Mauks wandelvragen. 'Dat is wat ik heb geleerd. Giano della Bella, dertiende eeuw, zoiets. Toen begon het allemaal.'

Mauk schudt zijn hoofd.

'Kijk nou om je heen. Als de kunst zich opnieuw had moeten uitvinden, dan moest dat toch hier gebeuren? Door de aarde hier, door deze hemel, door de heuvels tussen Florence en Siena? De kunstenaars roken al deze geuren, ze zagen deze kleuren. Ze vonden die levenloze afbeeldingen van de Byzantijnen niet meer genoeg. Wat denk je?'

Bas lacht om zijn vriend. Tijdens zijn betoog zwaait Mauk met zijn bovenlichaam van links naar rechts, met zijn handen wijst hij wisselend naar de aarde en de hemel.

'Maar waarom niet eerder of later? Dat was toch je vraag?'

Mauk neemt een lange trek van zijn sigaret.

'Het volk begon in zichzelf te geloven? Door de minderbroeders, door Franciscus?' probeert hij.

'Niet goed genoeg. Wat dacht je van de concurrentie tussen jouw Giotto en Duccio, tussen Florence en Siena?'

'Misschien. We kunnen alleen maar gissen. Kom, we gaan verder, San Leonardo verwacht ons.'

'Ik zou ook echt met je mee willen naar Siena, Mauk, maar ik moet terug naar Leiden.'

'Dat zal best. Eerst ga ik je nog de mooiste tiende-eeuwse afbeeldingen van de wereld laten zien. Je zal dezelfde niet meer zijn als je teruggaat.'

Arcetri is meer een gehucht dan een dorp. Achter de hoge muren aan weerszijden van het enige straatje moeten de tuinen van buitenpaleizen liggen. Waar de muur ophoudt, staat een klein rechthoekig romaans kerkje. Boven de vergane houten deur is een Byzantijns timpaanmozaïek van San Leonardo. 'Waaraan heeft hij deze kerk verdiend?' Bas wijst op de heilige.

'Het bekende verhaal. Nog een edelman die na een liederlijke jeugd het licht had gezien. Hij kreeg het recht van de koning om naar eigen goeddunken gevangenen vrij te laten, dus patroon van de gevangenen. Hij wordt ook aangeroepen door vrouwen tijdens hun bevalling. En hij helpt tegen hoofdpijn, geslachtsziekten, inbraken en inbrekers.'

'Een handige figuur om in huis te hebben.'

'Kom, naar binnen,' zegt Mauk.

Er is niemand. Drie duistere Byzantijnse schilderijen hangen rond het altaar. Hij kent ze nog van vorig jaar. Hij gunt ze een korte blik als om even zijn respect te betuigen. Dan neemt hij zijn vriend bij de arm en houdt hem staande voor de preekstoel aan hun linkerzijde, halverwege het minikerkje. Bas kijkt naar de gave bas-reliëfs in wit marmer tegen een donkergroene achtergrond. De cathedra staat op twee meter hoogte tegen de muur aan, op slecht bijpassende porfieren zuiltjes. Ze wordt niet meer gebruikt. Aan de drie vrije zijden zien ze in totaal zes afbeeldingen in zes panelen: de Doop, de Presentatie in de Tempel, de Adoratie, de Geboorte, de Kruisafname en de Boom van Jesse. Bas staat lang te kijken.

Firenze · Chiesa di S. Leonardo in Arcetri (sec. XII-XIII)
Pulpito di stile romanico

'Hoe kom je dan óp de kansel als je wilt preken?'

Mauk wist dat hij het zou vragen.

'Hij komt uit een kerk die werd gesloopt voor het Uffizi; daar stond hij vrij, met een trappetje aan de vierde zijde. Daarop was nóg een paneel en de opening voor de priester om op het plateautje te komen.'

'Hij hoort hier dus niet?'

'Vanaf dit spreekgestoelte hebben de belangrijkste mannen van Florence de stad toegesproken: Boccaccio, Dante, Savonarola, Sint Bernardinus.'

Bas is een tijd stil.

'Waarschijnlijk heeft zelfs Sint Franciscus vanaf deze preekstoel gesproken. Het startschot van de Grote Verandering, alles waardoor de Renaissance is begonnen, heeft zich afgespeeld op dit platformpje. Het is werkelijk het meesterstuk van Florentijns-romaanse beeldhouwkunst.'

'Nou, nou.' Bas' toon is niet alleen sarcastisch.

'Nee echt, Bas, kijk nou naar die Doop. Hoe dat water is afgebeeld. Dat je de voeten door het water heen kunt zien! Kan je je voorstellen dat je dat in marmer wilt uitbeelden? En die harige jurk van Johannes de Doper! Die grote hoofdjes en kleine lichaampjes. Het is zo eerlijk allemaal!'

Bas haalt zijn schouders op.

'Maar toch ook klunzig?'

'Ja, nee, kijk nou goed! Je begrijpt het niet. Het moeilijkst is om het essentiële uit te beelden, die eenvoud in vorm te vinden. Die Doop, al die reliëfs zijn zo ongekunsteld, zo raak, ze spelen rechtstreeks op je gevoel.'

Bas kijkt verbaasd naar Mauk. Heeft hij dat geleerd op die vakschool? Hij is niet te stoppen.

'Wie hebben ze gemaakt? Waren het rondreizende Normandiërs of Spanjaarden? Waren het Byzantijnen of toch ook Saracenen? Vaklieden uit de buurt? Ik zie al die beeldhouwers voor me. Dat al die mannen elkaar verhalen vertelden, dat er weer nieuwe verhalen werden verzonnen, weer nieuwe afbeeldingen ontstonden die niemand begreep, in een beeldtaal die net een tikje veranderd was. Ik wou dat ik daarbij geweest was.'

'Droom maar door, Maukie.'

Ze bekijken de taferelen nog even en gaan dan naar buiten.

Mauk steekt weer een sigaret op.

'Ik droom maar door, Bas. Dromen, vorm vinden, de eenvoud vinden, dat is mijn taak.'

'Ik bedoelde het niet lullig van dat dromen.'

'Jawel, je zei het goed, maar je bedoelde het verkeerd. Laat maar, Bas, het is goed. Kom, we gaan terug.' Hopelijk komt Jan vanavond wel aan. En neemt hij zijn zus Lex mee.

*

Wat fijn dat Lex er is! Met haar erbij komen de kunstwerken in de stad nog meer tot leven. Ze trekt ook overal de aandacht met haar korte donkerblonde krullen en haar jongensachtige kleren. Ze weet alles. Zij is de geleerde van het groepje; hij voelt zich de autodidact. Ze kent zoveel verhalen, over Brunelleschi en de koepel, het Baptisterio, de strijd tussen Michelangelo en Da Vinci, de Medici, alles, alles.

Vandaag zijn ze naar Fiesole gewandeld. Ze hebben de dom bekeken, met voor Bas een mooie San Sebastiano van Perugino. Op de wandeling terug hebben Mauk en Bas wat geschetst, terwijl Jan en Lex een dutje deden in de schaduw. Terug in de stad zitten ze op het terras van hun stamcafé Giacosa in het hart van Florence. Ze kijken naar de flanerende Florentijnen.

'Ik zal jullie nu het verhaal vertellen over de vuurwerkduif,' zegt Lex.

Hij had er al op gehoopt. De ochtend ervoor waren ze, na een betoverende paasmis, getuige geweest van een curieus Florentijns ritueel. Een mechanische duif bewoog zich aan een touwtje tussen het Baptisterio en de dom. Aan strak gespannen lijnen hing allerlei vuurwerk; de brandende duif stak het vuurwerk aan en vloog vervolgens brandend de kerk binnen tot het altaar van de Madonna.

Ze hadden het grappig gevonden, maar Lex had gezegd dat het een eeuwenoud gebruik was dat nu voor het eerst na de oorlog in ere was hersteld. Ze had beloofd het uit te leggen, maar eerst had ze nog wat moeten navragen. Ze was alleen in de stad op onderzoek gegaan, ze hoefde geen mannelijke begeleiding, zei ze. Wat heerlijk moet het zijn om zo goed Italiaans te spreken als Lex.

Ze pakt haar opschrijfboekje en begint over ene Raniero di Ranieri, de sterkste en grofste man van Florence, een legeraanvoerder ten tijde van de kruistochten. Hij is de liefde van zijn vrouw Francesca verloren en wil iets groots doen om haar terug te krijgen. De ridder neemt het kruis aan en reist met Godfried van Bouillon naar het oosten. Mauk sluit zijn ogen en laat zich meevoeren door de heldere stem van Lex.

'Omdat hij zo nijver Saracenen vermoord heeft, mag Raniero in Jeruzalem zijn kaars aansteken aan het Heilige Vuur voor het Heilige Graf van Jezus Christus. Hij besluit ter plekke de vlam naar Florence te brengen. Zo zal hij zeker het hart van Francesca terugveroveren. Onderweg wordt hij aangevallen, beroofd, geslagen en geschopt. Hij kan zich niet verdedigen want hij moet koste wat het kost het vlammetje brandend houden. Op een zekere nacht wordt hij zo door vermoeidheid overmand dat hij in slaap valt. Als hij wakker wordt, regent het. M'n vlam, mijn vlam, denkt hij, maar boven de kaars houden drie raven elkaar vast met hun snavels en fladderen zo dat ze de vlam voor de regen beschutten. De vogels zijn niet bang omdat ze weten dat Raniero alles doet om het teerste wat er is te beschermen.'

Lex vertelt meesterlijk, vindt Mauk. Haar krullen glanzen goud in de late middagzon. 'Het is de dag voor Pasen dat hij Florence binnentrekt. "*Pazzo*, pazzo, gek, gek!"' Ze doet met schelle stem de jongetjes na die Raniero uitjouwen. 'De arme vreemdeling zit achterstevoren op zijn paard om de kaars te beschutten tegen de wind. Na maanden van ontberingen ziet hij er berooid en uitgemergeld uit; hij wordt door niemand herkend. Hij had zelf al bedacht dat hij niet meer de man is die in Jeruzalem de reis aanvatte. Werd hij vroeger gehaat en gevreesd, nu wordt hij vaak geholpen, beschermd en soms bespot.' Mauk kan de kaarsdrager op zijn schurftige paardje met zijn stoffige mantel voorbij zien rijden door de Florentijnse straten, over het plein waaraan ze nu zitten. 'Raniero rijdt door richting de dom. Daar laat hij zich naar de sacristie brengen en doet zijn verhaal, zijn ogen onophoudelijk op het vlammetje gericht. Niet veel later, tijdens de paasmis, vertelt de hogepriester aan de volle kerk over de beproevingen die Raniero di Ranieri onderweg heeft ondergaan en prijst hem bovenmate. Als God Florence een drager van het Heilige Vuur zendt, zal de stad een gezegende worden onder de steden. De mensen, onder wie natuurlijk de smeltende Francesca, zitten verwonderd te luisteren. De tranen van geluk stromen haar over de wangen, zoals dat gaat bij goede jonkvrouwen. Maar dan...' Lex houdt even haar adem in, '...galmt een boze stem door de kerk: "Leugenaar, bewijs het!"' Ze zet een mannenstem op. Ze laat zich nu meeslepen en speelt met haar levendige handen en armen een wanhopige Raniero. '"Nu helpe mij God, hoe kan ik getuigen hebben? Ik heb de reis alleen gemaakt. Woestijnen en wildernissen moeten hier komen om voor mij te getuigen!" Zet je schrap,' zegt Lex. 'Nu komt het. Wat? Mauk? Zit je te slapen?'

'Nee, nee,' Mauk opent zijn ogen. 'Ga door, Lex, ik zit in de kerk, woestijnen moeten getuigen, nu komt het... vertel!'

'Luister, Raniero begrijpt dat als ze gaan vechten, de vlam gedoofd zal worden door zijn oude vijanden. Dan is alles voor niets geweest. In het tumult dat ontstaat, houdt hij de kaars zo hoog als hij kan. Een duif, onze deus ex machina, vliegt door de kerk, recht op Raniero's kaars af. Hij kan hem niet meer terugtrekken en de vlam dooft. Nu is het gedaan,' zegt Lex dramatisch en ze laat een stilte vallen. Dan zuigt ze lucht in en roept: '"De vogel staat in brand!" Het dier piept, vliegt nog een rondje door het middenschip en valt dan neer op het altaar van de Madonna.' Lex doet eerst klapwiekend de duif na en laat dan haar kin op haar borst zinken. Ze opent haar ogen en kijkt naar Mauk. 'Op het moment dat de duif dood neerploft, staat Raniero aan het altaar. Aan de vlammen die de vleugels verteren, steekt hij de kaarsen voor de Madonna aan. Dan heft de bisschop zijn staf omhoog. God heeft voor hem getuigd!' roept Lex lachend over het plein terwijl ze haar blote armen in de lucht steekt. 'God heeft voor hem getuigd!' De voorbij wandelende Florentijnen kijken verstoord naar haar. Ze gaat voldaan weer zitten. 'Dat was het, Raniero wordt natuurlijk de stamvader van het beroemde Florentijnse geslacht van de Pazzi en hij leeft nog lang en gelukkig met zijn schone Francesca. *La fine*. Voilà, het verhaal van onze vuurwerkduif.'

Niemand zegt wat. Mauk kijkt gelukzalig wisselend naar het plein voor hen en naar Lex, die hij het liefst in zijn armen wil nemen alsof ze Francesca was. Ze is net zo betoverend als haar legende. Dan staat hij op van zijn stoel en strekt zijn armen uit naar het plein, naar de lucht, hij draait rondjes voor het terras. 'Ik wil hier nooit meer weg: Italië, ik wil al je verhalen horen, al je mensen kennen, al je eten eten, je drinken drinken, ik wil dwalen met mijn kaars door je steden, door je weiden, langs je dalen, over je bergen.'

Jan en Bas kijken elkaar aan.

'Ik zie jullie denken, mannen: "Pazzo, pazzo." Wees niet ongerust, wees blij, voor mij, voor jullie vriend die niet teruggaat naar de sociëteit. Hier wil ik leven!'

Lex had wel gedacht dat haar verhaal indruk zou maken, maar dit overtreft haar verwachtingen.

'Wat zit jij geniepig te lachen, Alexandrine Waltera Jeanne Marie?' vraagt Jan, 'had je hierop gehoopt? Jij manipulatrice prima classe! Kijk uit, Mauk, je bent slachtoffer van Florentijnse spelletjes.'

'De Medici kunnen ervan leren,' vult Bas aan.

'Lex begrijpt mij. Mannen, dit is mijn beroep. Ik ben niet op vakantie zoals jullie. Ik ben aan het werk. Snappen jullie het niet? Stel je voor dat je in een glazen bol je toekomst voor je kan zien! Ik zie de landschappen, ik zie de steden, ik zie de verhalen, de geschiedenis, de kunsten uit alle tijden! Ze worden me hier op een blaadje aangeboden. Ik hoef hier maar de deur uit te lopen, de eerste kerk in, en de inhoud van alle Nederlandse musea verandert in een dubieuze rommelmarkt!'

'Laten we in godsnaam iets leuks gaan doen, ik krijg hier een beetje tabak van,' zegt Bas. 'Je moet het wel even in perspectief blijven zien Mauk, het is maar kunst, hè?'

'Oef, Bassie,' zegt Lex, 'het is dat je nog zo jong bent. Denk eens aan je eigen studie. Ik heb het er vaak met Papá over gehad. Als advocaat-generaal krijg je de gekste zaken. En weet je waarin een goede jurist zich echt onderscheidt? En wat een goede psychiater maakt?'

'Ja, ja, ik weet het wel,' zegt Jan.

'Het begrijpen van de verbeelding!' vervolgt ze. 'De crux van alles. Wat gaat er om in iemand voordat hij een misdaad begaat? En als je in een rechtszaal tot een goed betoog wilt komen, kan je toch maar beter iets van literatuur begrijpen. Verbeelding en vorm zijn de pijlers van jullie toekomstige beroepen. De kunst is de moeder van alle wetenschap, maar dat kunnen jullie, met jullie oogklepjes, niet begrijpen. Jullie zouden een betere advocaat en een betere psychiater worden als jullie je een jaar zouden wijden aan de verbeelding. Maar helaas, jullie zijn te bang voor jullie vaders.'

'Uch,' zegt Mauk.

'O, is dat wat jullie onder kunst verstaan?' zegt Bas. 'Eindelijk begrijp ik het. Ik dacht tot nu toe dat er gewoon wat mannen tegen betaling hun kwasten in de verfpot hadden gedoopt. Nou ja, hoe dan ook, ik begrijp je wel hoor Mauk en ik benijd je heus. Maar ik geef mijn vader gewoon gelijk; iemand moet het geld verdienen. Als je consequent redeneert, is het gewoon zo!'

'Consequent redeneert,' zegt Lex. 'De deugd van de fantasielozen. Schopenhauer had gelijk. Het gaat er gewoon niet in, in die geconditioneerde koppies.'

'Nou uitscheiden, Lexi!' komt Jan tussenbeide. 'Laten we eindelijk iets leuks gaan doen, ik krijg het koud.'

'Ik trek me terug; genoeg jongetjesgedoe voor vandaag.'

'De freule trekt zich terug en gaat wachten op een woeste kruisridder.'

Jan krijgt een mep op zijn achterhoofd.

*

Als Bas na een week terug is naar Nederland, willen Jan en Lex het wat rustiger aan doen. Ze gaan met z'n drieën een mooie japon voor Lex kopen en slapen wat langer uit. 's Avonds gaan ze naar de opera of het theater, overdag maken ze lange wandelingen.

De avond voordat Jan teruggaat naar Holland, zitten ze in zijn hotelkamer. Lex is al gaan slapen. De jongens hebben wat biertjes meegenomen.

'Wat nu, Mauk?'

Jan ligt op bed, zijn kin in zijn handen. Mauk zit op de enige stoel in de kamer. Hij trekt zijn wenkbrauwen op.

'Weet je het dan totaal niet?' vraagt Jan.

'Ja, natuurlijk wel, ik ga naar Siena, daarna reis ik zo lang mogelijk door. Tot m'n geld op is.'

'Dat klinkt vastbesloten. Als je maar van mijn zus afblijft.'

Hij vindt Lex grappig en mooi. Ze heeft gisteren besloten met Mauk mee te gaan naar San Gimignano. Hij verheugt zich erop, hij houdt van Lex' manier van kijken, met haar ziet hij veel meer in de kunstwerken die ze samen bekijken. Het is alsof hij Lex in Italië pas echt leert kennen.

'Moet ik je, na Roos, nu ook van mijn zus afhouden?!'

'Jantje, je overschat jezelf, je hebt er niets mee te maken, maar wees niet bang, ik zie Lex als een zus.'

'Ja ja...'

'Eigenlijk ben jíj de Italiaan hier. Zou je willen dat je zuster voor altijd maagd bleef?'

'Hou toch je mond, vervelende vent. En blijf met je handen van haar af.'

'Wees maar niet bang. We gaan alleen samen naar San Gimignano, verder niet. Het zal heerlijk zijn om met haar daar te zijn. Ze kan zoveel vertellen over al die fresco's.'

'Zingen in de kerk.'

'Godver, Jan.'

'Goed, goed. Ik ben jaloers dat jullie doorgaan en ik niet. Hoewel, ik zou het niet meer weten. Voor mij is het echt op. Ik heb nu alles wel gezien. Hoe komt het dat jij wel een tweede, derde, vierde keer teruggaat naar die schilderijen? Wat hoop je te vinden?'

Mauk steekt weer een sigaret op en inhaleert diep.

'Ik sta voor een fresco van een leerling van Giotto en ik zie wat hij wel en wat hij niet van zijn meester heeft overgenomen. Hoe anders hij het haar van een vrouw oplost. Dan snap ik zijn hele leertijd, ik denk zijn verbeeldingskracht te begrijpen. Ik zie wat hij wel en niet kan. Ik loop hier in één grote school rond waar leerlingen van de laatste duizend jaar over de gang rennen. Ik ben een van hen, snap je dat? Ik leer van hen. Daarom moet ik hier gaan werken.'

Jan kijkt naar het donkere raam.

'Ik denk dat ik er wel iets van snap. Ik heb er nooit bij stilgestaan.'

'Jij ziet weer andere dingen.'

'Die ik nooit zeker kan weten. Een psychiater tast altijd in het duister. Waarnemingen zijn altijd indirect.'

'Bij mij net zo, Jan, de belangrijkste dingen die ik hier leer, kan ik niet zien.'

Een ander gesprek komt niet op gang en tot kletspraat zijn ze niet meer in staat.

*

Als een pasgetrouwd stelletje zitten Lex en Mauk in een rijtuigje naar San Gimignano. Ze zijn met de trein via Empoli tot Poggibonsi gekomen. Daarna begint het grote avontuur, de wildernis, het middeleeuwse Italië. De dorpen in de heuvels staan nauwelijks in contact met de moderne wereld. De Collegiata, de dom van San Gimignano, herbergt prachtige fresco's volgens de Baedeker. Er schijnen nauwelijks andere bezoekers te zijn. De omliggende heuvels zijn betoverend. Mauk wilde op de oude manier van de moderne wereld naar het oeroude stadje: met paard-en-wagen. Tot zijn teleurstelling rijdt er ook twee keer per dag een omnibus. Na een kwartier op de goudgele zandweg gaan ze een heuvel over en zien ze in de verte voor het eerst de zeventien torens van San Gimignano. Het is nog mooier dan hij had durven hopen. Lex en hij beginnen hardop te lachen van pure blijdschap. Ze steken elkaar aan. De koetsier denkt vast dat ze eindelijk verlost zijn van de hinderlijke familie en nu op weg zijn naar een paar heerlijke dagen samen. Waarom ga je anders naar San Gimignano?

'Het is een droom!' roept hij en gaat staan in het rijtuig. 'Dit kan niet! Dit kan onmogelijk werkelijkheid zijn!' Lex trekt hem vrolijk naar zich toe. Hij laat het gebeuren. Inderdaad, het is als in een droom. Met haar arm om zijn schouders rijden ze verder in het rijtuigje.

Ze horen de beken stromen, de populieren ruisen, de krijs van een buizerd. Langzaamaan komen de torens dichterbij. Overal zien ze cipressen, parasoldennen, olijfboomgaarden, druiven, de weiden glooien naar San

Gimignano. Het duizelt hem. Alles in het landschap beweegt zich naar de zeventien torens toe.

Tegen het einde van de middag rijden ze het stadje binnen. Kinderen spelen op straat, mannen zitten op stoeltjes voor hun huis, moe van het werk op het land. Op het Piazza della Cisterna vinden ze een herberg. Er is nog een kamertje vrij op de vierde verdieping met uitzicht op het kleine plein. Alle andere kamers zijn bezet door bedevaartgangers. In de herberg kunnen ze alleen nog rauwe paardenbonen krijgen, maar ze zijn in de wolken. Na het eten maken ze een wandeling door de donkere straatjes. Het is een ministadje; er wonen misschien een paar honderd mensen. De achthoekige cisterna en de dom vormen het middelpunt van de citadel – een middeleeuws sprookje, de romantiek ten top.

Die avond is het begin van een idyllische tijd die bij elkaar bijna twee weken zou duren. Ze dwalen van vroeg tot laat door de landerijen, zien de kunstschatten van het stadje en veel van elkaar in hun stalletje; zo noemen ze hun zolderkamer onder het vijftiende-eeuwse dak van de herberg.

Mauk wil eerst de borgo en de omliggende landen van boven zien. Als een jager verkent hij zijn territoir. Ze beklimmen via een vermolmde houtconstructie de Torre Grossa, de hoogste en breedste toren die zich verheft boven het Palazzo Comunale. Behalve de gevaarlijke trap is de constructie leeg – niets dan de vier muren. Mauk stelt zich voor dat de torens gebruikt werden om lange lappen geverfde doeken te drogen te hangen, als op de prenten van Hokusai, maar Lex zegt dat ze niets dan prestigeobjecten waren van de rijke families.

‘Een typisch machowedstrijdje: zeventien fallussen richten zich fier op uit de vruchtbare Toscaanse aarde. Wie heeft de grootste?’ vraagt ze droogjes wanneer ze boven op het gebouw staan en rondkijken. De andere torens lijken klein, als bedienend personeel. ‘Kom, laten we naar de pinacoteca van het Palazzo gaan. Ik vind het wel mooi geweest.’

‘Nee, ik wil nog blijven.’

‘Heb jij geen hoogtevrees?’ Ze ziet Mauk over de muur hangend naar beneden turen.

‘Ja, wel, nou, ik weet het niet, ik probeer het de baas te zijn. Mijn handen zijn nat, mijn adem stokt, mijn hart bonst in mijn keel, ik voel me licht in mijn hoofd, mijn lichaam is bang, maar hoogtevrees?’

‘Je bent een man, je bent je lichaam.’

‘En jij bent niet je lichaam?’ Wat is het zalig om dit met Lex te beleven.

'Kijk nou hoe die lijnen van die torens lopen,' zegt Mauk. 'Dat is toch een ongekend gezicht voor ons? Ik heb zo genoeg van de vlakte, de oppervlakte. Alles is oppervlakkig in Holland, niets krijgt vleugels, allemaal samen met de voeten in de klei, het maaiveld, met je kop erboven of eronder, dat is het enige hoogteverschil in Nederland. De enige ruimtelijkheid in ons drasland komt van de wolken. Maar wee hem die met zijn hoofd in de wolken loopt.'

'Stil maar, Icarus van de Lage Landen, straks verlies je je vleugels.'

'Wat?'

'Niks, Maukie, wee haar die met haar hoofd in de wolken loopt.'

'We staan op de top van de wereld! *Andiamo lì, Alessandrina mia.*'

Ze lopen over een binnenplaats met kippen en geiten naar de ingang van het Palazzo Comunale. Op de overdekte trap liggen een paar mensen te wachten om toegelaten te worden tot de burelen. De wapens van de belangrijkste middeleeuwse families zijn kriskras door elkaar in de muur gemetseld. Binnen zijn voor de pelgrims een paar zalen ingericht met gewijde werken uit de dertiende en veertiende eeuw. Door de kleine raampjes valt maar een beetje licht. Het ruikt als in het Van Stolk Museum. Mauk blijft meteen staan bij een crucifix. Hij is weer betoverd, nu door de kleine passieschilderijtjes. Lex bekijkt in de tussentijd snel de donkere zalen. Dan zoekt ze Mauk weer op.

'Ah, hij houdt toch echt van Byzantijns! Wat kan jij kijken, zeg.'

Ze komt naast Mauk staan en legt haar hand op zijn onderrug, onder zijn jasje.

'Zo onverbasterd Byzantijns zien we ze hier niet vaak, hè?' Ze pakt zijn hand. 'Kom, ik zal je nog wat laten zien.' Voor een Madonna stoppen ze en Lex spreidt trots haar handen uit naar het schilderij. Het is prachtig, maar hij is even bang dat hij niet begrijpt wat Lex bedoelt. Dan ziet hij het.

'De plooien! Hoe hij haar kleed heeft geschilderd als een mozaïek. Die gouden glans op haar jurk zijn alleen lijntjes; krankzinnig mooi!'

'Precies! Uit 1261. Het is volgens mij dezelfde schilder als die van jouw crucifix, Coppo di Marcovaldo, als ik het goed heb, de leermeester van Cimabue.'

'Hij schildert totaal grafisch! Net als een graficus die tekent alsof hij een houtsnede ontwerpt. Net als ik.'

'Tssss...' zegt Lex eerst. Ze legt haar hand op zijn arm. Op zijn kippenvel. 'Net als jij,' zegt ze dan.

'Zoals dat heet, in kinderlijke verwondering...' hoort hij Aad zeggen.

‘Als ik samen met jou naar die werken kijk, kan ik de bewegingen van de kunstenaars gewoon zelf voelen,’ zegt Lex. ‘Kom, ik heb een rondleiding voor je gemaakt. Voor ons gemaakt.’

Ze trekt hem mee naar de persoonlijke vertrekken van de heren van de stad, langs jachthonden en toernooiridders in de Danteczaal. Hij wil stoppen, maar Lex laat hem niet los.

‘Doe je ogen dicht.’

Zij troont hem mee naar een andere zaal.

‘Open je ogen, *apri gli occhi*! *Il profano scene d’amore; il matrimonio*, uit het jaar 1300.’

Mauk draait rondjes om alle plaatjes te kunnen bekijken. Het zaaltje is tot de nok beschilderd. Boven de gewelfde doorgang van het zaaltje zitten de pasgehuwden bloot in de tobbe, allebei hun hoedje nog op. Op de rechtermuur ligt zij al in bed, haar borsten boven de dekens. Ze heeft haar ogen in huiverende verwachting gesloten.

‘De eerste nacht is zo lief, zo teder uitgebeeld,’ zegt Mauk.

‘De schoonvader van Simone Martini was de stadsschilder hier,’ zegt Lex.

‘Uit 1300 zei je?!’ Zijn woorden galmen in de kleine gewelfde ruimte. ‘Wat een levenslust! Alsof de opdrachtgever aan iedereen wil zeggen: houd van het leven, van wat de Natuur ons heeft gegeven, heb elkaar lief!’

Mauk kijkt weer naar de fresco’s, dan naar Lex.

‘Poggibonsi?’ lacht Lex. Hun stalletje in de Albergo della Cisterna is maar vijftig meter verderop.

Na de siësta wandelen Mauk en Lex hand in hand het plein op. Uit de Collegiata horen ze gezang. Zachtjes gaan ze de kerk binnen en zoeken een plekje. Als hij om zich heen kijkt, ziet hij fresco's van het Oude en het Nieuwe Testament. Hij luistert naar de jongensstemmen. De fresco's zal hij morgen bekijken. Nu sluit hij zijn ogen en bij de hemelse klanken ziet hij de vrouw die naast hem zit.

Na de mis lopen ze zwijgend de kerk uit. Mauk pakt haar hand en neemt haar mee, via een tuin met bloeiende vruchtbomen, naar de Rocca, de oude vestingwal. Door de Porta San Jacopo verlaten ze het stadje. De lente toont haar duizend kleuren groen op de rokken van San Gimignano.

'Vijgenbomen, appelbomen,' mijmert Mauk een beetje zangerig.

'De appelboom van goed en kwaad.'

Ze lopen onder de buitenmuur, langs geurende hagendoornstruiken. Opeens loopt het weggetje steil naar beneden. Als ze omhoogkijken, zien ze de machtige torens achter de kleine huizen die dicht tegen elkaar op de heuvelwand zijn geplakt. Onder de muren liggen de terrassen met fruitbomen en cipressen. Naast elkaar gezeten op een grote steen kijken ze naar het stadssilhouet. Vanaf deze plek kan hij diep naar beneden kijken en ver omhoog.

Hij pakt zijn tekenspullen erbij en Lex ook. Ze zitten met hun heupen tegen elkaar. Lex tekent rechts, dus ze moet rechts zitten. Hij zit eerst een kwartier te kijken met de tekenplank op zijn knieën. Een kleine toren valt weg tegen een grote. Die moet hij een meter of tien meer naar links zetten, dan krijgt hij een eigen contour. Als hij het licht op de torens zou laten vallen als de eerste zonnestralen van de dag, kan hij de voet van de heuvel en een deel van de stad nog in het duister hullen; dan kan hij de torens in hun volle witte majesteit tegen de donkere achtergrond naar de hemel laten reiken. Zo van onderaf gezien moet dat een sterk beeld opleveren. In de duistere vallei hoeft hij de bomen bijna alleen in silhouet af te beelden en kan hij de voorgrond met een paar lijnen oplossen. In de lage donkere huisjes laat hij licht branden door het raam, in de zonverlichte huisjes zijn de ramen al donker. Hij voelt wat het Italiaanse landschap voor hem als houtsnijder kan doen. De houtsnede lijkt de perfecte kunstvorm om dit robuuste landschap af te beelden, door haar eerlijkheid, haar trotse koppigheid. Hij begint gretig aan zijn tekening. Misschien door het lage standpunt onder de borgo overvalt hem een gevoel van nederigheid. Dit dorp, dit landschap bestond al voor onze jaartelling, wij zijn maar voorbijgangers, denkt hij. Het heeft zijn gelaagde schoonheid in al die eeuwen langzaam verkregen door het werk en het vernuft van zoveel generaties. Hij moet San Gimignano eren in elke lijn, eenvoudig en ongekunsteld.

Lex is al klaar terwijl hij nog aan het tekenen is. Ze vraagt hem hoe het mogelijk is dat zijn lijnen zo raak zijn terwijl hij zijn potlood zo los vasthoudt. Hij lacht blij om haar verbazing.

De volgende morgen bekijkt Mauk de Collegiata goed. Op de linkermuur van de kerk zien ze het Oude Testament. De schepping van de wereld, van de mens en van Eva, zo benoemd en in die volgorde. Alle dieren paraderen paarsgewijs de ark binnen. De olifanten, leeuwen en waterbuffels zijn zelfbedachte fabelfiguren, geschilderd naar horen zeggen. Zwarte en witte vogels vliegen snavel aan staart de ark binnen. Onbevlekte giraffen en zachtaardige kamelen met naakte mensaapjes op hun rug stappen loom het schip binnen onder het toeziend oog van Noach. Even ervoor ligt de stamvader nog dronken in zijn blote piemel. Het plaatje erna vliegen alle vogels weer uit. ‘Zoooo, de mensheid vernietigd,’ zegt Lex.

Het bed van de slapende Jozef heeft dezelfde deken als het bruidsbed van het echtpaar van gisteren. Wat moeten die schilders een lol gehad hebben samen. Jozef wordt in de put gegooid, in de achthoekige cisterna voor de *albergo*, en het ezeltje dat de spullen door de Rode Zee draagt, hebben ze gisteravond buiten de stadsmuur zien grazen. De arme Job dankt God;

hij staat voor een perspectivisch onnavolgbaar gebouwtje, onmogelijk en elegant. Het heeft iets weg van het Palazzo Comunale. Alles komt samen. Als hij buiten komt, zit Lex op de grote stenen trap op hem te wachten, turend over het pleintje.

'Je kan echt lang kijken, hè?'

'Ik ben een langzame kijker. Jij ziet alles veel sneller volgens mij. Neem me niet kwalijk.'

'Nee joh, leuk juist, want vond je?'

'Wat een meesters. Volgens mij waren ze daar met z'n vijven aan het werk, zingend en grappend op hun steigers. "Kom 's kijken wat ik nu weer heb bedacht!" Ze gebruikten alles wat ze om zich heen zagen. Het is alsof ze hier nu om de hoek aan kunnen komen lopen met hun gereedschapstassen.'

Hij voelt aan haar hand om zijn middel dat zij het ook kan zien.

De volgende dag en de dagen erna maken ze grote wandelingen. Ze lopen naar een klooster, naar romaanse kerkjes, ze beklimmen de heuvels, zoeken fossielen. Ze wandelen door manshoge dopheide, langs orchideeën en wilde cyclamen. Ze banen zich wegen door bramenzeeën en baden in beken. Ze luieren en lezen en ze tekenen veel samen. Steeds keren ze terug naar hun varkensstalletje onder het dak van de Albergo della Cisterna.

'Je bent verliefd, Maukie,' zegt Lex op een middag.

Ze liggen voldaan tegen elkaar aan op een doek naast een riviertje.

'Maar niet alleen op mij.' Ze houdt even in. 'Je bent verliefd geworden op het landschap, op de mensen, je werd al eerder verliefd op Florence. Ik was erbij, ik heb het zien gebeuren, alsof je uit je pop kroop.'

Hij komt overeind op een elleboog.

'Het was mooi om te zien. Jij bent prachtig. Je verliefdheid lijkt nu permanent. Ze maakt je aantrekkelijk, maar met mij lijkt ze niet veel meer te maken te hebben.' Na een paar tellen gaat ze rechtop zitten. 'Dit, wij, dit kan toch niet voortduren?'

Hij weet niet wat hij moet zeggen. Waarom niet? Zij zijn nu toch samen? Maakt ze een grap?

'Als ik morgen wegga, kunnen wij elkaar niet meer zien. Ik wil dat je er met niemand over spreekt en dat je de passages in je dagboek zwart kleurt, of nee, eruit scheurt.'

Hij gelooft haar niet. Waar komt dit opeens vandaan?

'Je vindt me misschien bourgeois. En wie weet ben ik dat ook wel. Maar jij hebt mij nu niet nodig op je ontdekkingstocht en jij kan mij niet geven wat ik wil. Het is voor ons allebei het best.' Ze legt haar hand op zijn gezicht. 'Ik weet zeker dat je een meisje zult vinden dat past bij jouw verliefdheid. Ik ben het niet. Laten we genieten van de dag die we nog hebben, morgen ga ik terug naar Gardone en jij naar...'

'Siena,' zegt Mauk te hard en gooit zich achterover. Hij staart een tijd naar de blauwe hemel.

'En geen brieven! Beloof me dat je...'

Zonder Lex. Hij is weer alleen. Het blauw van de hemel wordt donkerder. Hij sluit zijn ogen, voelt het bonzen in zijn slapen. Zijn oren suizen, hij ziet Lex voor zich in bed in de Albergo, in haar doorzichtige zomerse jurk terwijl ze voor hem wandelt in de heuvels, dan ziet hij de weidse uitzichten van Toscane, de stromende beken, de kruinen van bomen. Hij ziet de lijnen van de geploegde akkers, de handen van de *Madonna* van Coppo di Marcovaldo, de vogels op de Ark van Noach. Na een tijd – hoelang? – begint hij de vogels weer te horen, de wind in de bomen, het ruisen van het water. Hij doet zijn ogen open en kijkt naar de blauwe lucht. Lex gaat weer verdwijnen. Hij gelooft het niet. Hij kijkt naar haar. Ze zit met haar gezicht de andere kant op. Ze huilt. Hij zal doorgaan met zijn reis, hij zal doen wat hij wil, zonder haar. Maar waarom?

'Maar waarom, verdomme?'

Schokkend schudt ze haar hoofd. Ze wil niets meer zeggen. Dan staat ze op om de picknickdoek op te vouwen. Nog voordat alles is opgeruimd, loopt ze weg richting San Gimignano.

Zij was het laatste restje dat hem met Nederland verbond. Zij heeft hem losgelaten. Hierna spreekt hij geen Nederlands meer, alleen nog maar Italiaans, Engels, Duits als het moet, maar geen Hollands.

De volgende dag bracht hij haar met de omnibus terug naar het station in Poggibonsi. Lex' stem hoorde hij wel, maar hij verstond haar niet. Het was alsof hij tegelijkertijd ergens anders was, ver weg. Zij probeerde vrolijk te doen. De trein was gekomen en voordat zij instapte, had hij nog geprobeerd haar een laatste maal in zijn armen te nemen. Het ging niet meer. Toen ze in de trein zat, hadden ze elkaar een paar minuten aangekeken. Hij op het perron, zij in haar coupé. 'En de trein zette zich in beweging,' had hij gedacht, alsof hij een personage was in een Russische roman. Dit kon onmogelijk werkelijkheid zijn. Ze had nog gezwaaid en hij had teruggezwaaid. Hij was niet meegelopen.

Dat was gisteren. Hij had de omnibus weer terug genomen en een grote eenzame wandeling gemaakt. Hij had een watermolen gevonden waarvan hij een tekening wil maken en een geschikt uitzicht vanaf de stadsmuur. De wereld kwam langzaam terug. Zijn ogen waren niet minder gretig geworden. Het was zalig geweest met Lex, de heerlijkste dagen van zijn leven en toen had zij hem een klap in zijn gezicht gegeven.

In de avond had hij zich verrassend goed gevoeld, verfrist alsof hij met elke stap van zijn wandeling nieuwe kracht had opgezogen uit de gele aarde. Hij heeft niemand nodig om hier te kunnen zijn. Lex niet, Jan en Bas ook niet. Ze had gelijk. Hij was verliefd, maar niet op haar. Zijn hart is niet gebroken. Wat had hij dan zo gemist in Haarlem?

Nu zit hij in een open veld een olijfboom te tekenen met San Gimignano op de achtergrond. Hij kan tekenen wat hij wil! Hij voelt de vrijheid van Mesquita. En nu hij haar gevonden heeft, wat gaat hij met haar doen? 'Werken,' hoort hij zijn meester zeggen. Hij keert met een omweg naar het stadje terug. De volgende dag zal hij via Volterra naar Siena reizen.

*

Hij wordt zo mogelijk nog verliefder op Siena dan op San Gimignano. Er zijn zoveel grote kunstenaars die hier hebben gewerkt. Zelfs de late vijftiende-eeuwers beginnen hem af en toe te bevallen.

Hij moet nu werken, hij moet. Inspiratie vervliegt als je het niet vlug gebruikt. Hij tekent elke dag. Als het regent, schetst hij vanuit zijn hotelraam de daken en straatjes van Siena. Buiten de stadspoorten tekent hij de vergezichten, de bergen en dalen. Gulzig slurpt hij alles op met zijn ogen en Siena is een gulle min.

Hij ontdekt een kerk waar alle San Gimignaanse vrienden ook zijn. Als hij via de Porta Romana Siena binnenwandelt, wordt hij als door een onzichtbare kracht naar links getrokken. Na een paar steegjes omhoog loopt hij tegen de achterkant van de Santa Maria dei Servi aan; dat wordt zijn kerk. Ervoor ligt een plein, een brede straat loopt in treden naar beneden. Vanaf de kerktrappen ziet hij de rest van de heerlijke stad liggen. Hij is al binnen de stadsmuren, maar als op een schiereiland aan de buitenkant van het grillig gevormde eiland dat uit de zee van het Toscaanse land oprijst. Kinderen spelen en zingen op het plein. Hij stapt de kerk binnen en het geluid van buiten verstomt. Zijn oog valt meteen op een schilderij van de Madonna. Weer Coppo di Marcovaldo. Uit 1261. Maria is nog mooier dan in San Gimignano. Hoe ze met haar rechterhand het voetje van de kleine Jezus vastpakt; de hand toont een intimiteit tussen moeder en kind die hij nog nooit in een middeleeuws werk heeft gezien. Zo'n simpel gebaar als een kindervoetje in je hand nemen! Hij was een goede verteller, onze Coppo. Dat wil hij ook kunnen, zo raak.

Dan ziet hij twee fresco's, een Salomé en een kindermoord. Op het eerste gezicht lijkt de *Infanticidio* een perspectivisch rommelpotje. Herodes staat op een balkonnetje dat op een vreemde manier uit het paleis steekt. De

koning kan naar alle kanten kijken. Onmogelijk hoe het balkon op de dunne pilaren staat. Dat deze meesters, de Lorenzetti-broers, zich zo ver buiten de regels van het normale perspectief durven te bewegen! Om een compositievraag op te lossen spelen ze met de werkelijkheid. Het gekmakende verdriet van de moeders, de afstandelijke wreedheid van Herodes, het koele, gedachteloze uitvoeren van de bevelen door de soldaten: het had allemaal niet beter uitgebeeld kunnen worden dan in deze onmogelijk slimme ordening.

Hij doet nog een ontdekking. De vloer van de kerk en zelfs delen van de muur zijn als die driedimensionale kubusvloeren die hij ook in Florence heeft gezien: drie platte marmeren ruiten, een witte, een zwarte en een roodbruine, gebrande siena. Hij begrijpt nu eindelijk waarom hij ze zo aantrekkelijk vindt. Hij kan de vloeren op twee manieren zien. Hij kan het licht van boven of van onder laten vallen, afhankelijk van hoe hij zijn ogen instelt, vouwt een kubus naar binnen of naar buiten; een opwindend spel. Stel je voor wat je daar allemaal mee kan doen als graficus. Dat je de vlakken tegelijkertijd hol en bol kan laten zijn. Op hetzelfde blad. Hij heeft het gevoel dat hij in deze ene kerk al duizend keer meer geschenken heeft gekregen dan in tweeënhalf jaar Haarlem.

*

Inmiddels is Mauk een graag geziene gast in café Greco. Tot hilariteit van de Sienesen oefent hij zijn Italiaans, of beter: zijn Fritaliano, zoals ze zijn taaltje hier noemen. Vanuit het Frans probeert hij maar wat, maar hij leert gierig. Hij schuwt de koetjes en de kalfjes niet en geeft op onvoorspelbare momenten een rondje.

Hij maakt graag een omweg door de stad naar zijn *pensione*. De Middeleeuwen zijn hier nog niet afgelopen. Overal zijn kleine kroegjes. In mei is de sfeer opgewonden vrolijk. De zeventien buurten van Siena bereiden zich voor op een paardenrace op de Piazza die al eeuwen jaarlijks wordt gehouden. Coppo moet in 1261 het spektakel al hebben meegemaakt. Als Mauk bij buurtcafés naar binnen gluurt, ziet hij mannen in pagekleding, maillots, fluwelen vesten en fez-achtige hoedjes met ingenaaide pruiken. De hele stad is versierd met de symbolen van de buurten, meestal dieren, de Ram, de Olifant, de Giraffe, de Wolf, de Slak, de Beer maar ook de Golf en de Toren. Het sprookje duurt voort. De race zal nog geen twee minuten duren, maar hij zal er niet bij zijn. Niet dit jaar in ieder geval. Hij zal doorzwerven, als een minstreel zonder luit, maar met potlood. Tot zijn tekenmap vol is en zijn buidel leeg.

Hoe langer hij dwaalt over de heuvels en landerijen, hoe meer zijn mening over gelovige mensen begint te verzachten. Hij bezoekt vele kerken en bijna evenveel missen om de zang. Zijn observaties en gedachten over natuur en godsdienst wekken in hem het verlangen om ze te delen met Vader.

Kon hij zich vroeger, net als Vader, spottend uitlaten over de religieuze mens, nu denkt hij hem of haar beter te begrijpen. Wat hem pakt, is de manier van leven van de mensen die zich nog niet boven de natuur verheven voelen, maar zich onderwerpen aan hogere krachten. Als hij kijkt naar de boeren op het land met hun wonderlijke feesten en rituelen, als hij luistert naar het gezang van de nonnen of de knapen, als hij weer eens wegdroomt in de microkosmos van de Toscaanse flora en fauna, dan bekruipt hem het gevoel dat men in Nederland van de ziel der dingen niets begrepen heeft. In de Toscaanse heuvels is de diepe menselijke behoefte naar bezwering van al die oerkrachten voelbaar. Hier is het voorchristelijke geloof nog aanwezig, al heeft het zich slim verkleed in katholieke feestgewaden. Het kan best zijn dat Jezus is gestorven en weer is opgestaan, maar hij is hier toch vooral een marionet van de natuurgoden. Een kerkdienst in Siena lijkt een bezweringsritueel. Als de boeren niet meedoen, roepen ze misschien de toorn van de werkelijke goden over zich af. Hoe schamper Vader zich ook altijd heeft uitgelaten over de kerk, Mauk is hem dankbaar voor de liefde voor de natuur waarmee hij is opgevoed. Het is de bron waaruit hij nu put.

*

In Urbino ligt poste restante een brief van Vader. Mauks lyrische beschrijvingen hadden Vader teruggevoerd naar een avontuur dat hij bijna vijftig jaar geleden in Japan had beleefd, in de heilige Kii-bergen. Hij had toen, net als Mauk nu, de bezieling van de natuur gevoeld, iets wat hem tot de dag van vandaag bevreemdde. Op uitnodiging van zijn opdrachtgever in Mikuni was hij meegegaan op een pelgrimstocht tussen de schrijn van de Kraai en de schrijn van de Waterval. Op een bepaald stijgend pad was de tocht zo uitputtend dat hij de allergrootste moeite had om op de been te blijven. Het begon te regenen en het duurde niet lang voordat het scherm van boomkruinen lek raakte en het water erdoorheen sijpelde. De geur was al herfstig van rottende bladeren en schimmels. Varens en sponsig mos overwoekerden het pad van zwart glimmende stenen. Flarden mist stegen op uit de natte grond. Vader wist niet meer wat transpiratie was, wat regen, wat adem en wat mist. Alles vloeide in elkaar over. Om de driehonderd meter had op hun route een paaltje gestaan; ze waren er in tweeënhalf uur al zeven gepasseerd. Vader keek nog eens omhoog en zag geen einde aan de klim. Het werd duister. Het achtste paaltje wilde maar niet verschijnen en het was al een uur geleden dat ze langs het vorige liepen. Het bos veranderde langzaam in zwart-wit, alle kleur trok weg en het kwam Vader voor dat de helling voortdurend steiler werd. Het woud hield haar adem in. Vader hoorde alleen buitengemeen hard de waterdruppels vallen. Zijn gastheer besloot achter hem te gaan lopen, beschermend als een herder achter zijn ene schaap. Vader zag twijfel op het gezicht van de voormalige daimyo; had hij er goed aan gedaan hem, vreemdeling, mee te nemen op zijn bedevaart? Accepteerden de geesten van het woud zijn aanwezigheid? Ze bleven dicht bij elkaar, stapten en ademden synchroon. Vaders gezichtsveld vernauwde nog meer, elke stap vroeg alle concentratie. Als hij het bewegen zou staken, zou hij niet weten welke natuurkrachten op hem in zouden gaan werken, of hij nog op gang zou kunnen komen. Toen, na wat een eindeloos lange tijd leek, zagen ze weer een paaltje, het teken van de bestaande wereld. Vader had op zijn zakhorloge gekeken; ze hadden bijna twee uur gelopen om driehonderd meter af te leggen. Onbestaanbaar. Ergens waren ze volgens Vader in een tussenruimte beland, waar de tijd verdwenen was en de ruimte vervormd. Pas na het achtste paaltje had hij het vertrouwen hervonden. Ze hadden weer vaste grond onder de voeten, waren uit de schemerzone. Zo kwamen ze uiteindelijk aan op het hoogste punt van hun tocht. Toen hij naar beneden keek, had het woud zijn oorspronkelijke kleuren hernomen.

Mauk is blij met de brief van Vader, die zich toch pleegt voor te doen als de nuchterste man op aarde. 'Toen ik boven aan de pas stond, kon mijn hoofd heus volharden in een materialistisch wereldbeeld, maar mijn lichaam was animist tot op het bot,' schrijft Vader. Mauk kan zich ook zo gedesoriënteerd voelen in de heuvels en de bossen. 'De natuurkrachten, of natuurgeesten in Japan, zo je wilt, geven niet alleen het leven, zij nemen het ook. Gelukkig voor mij die dag nog niet,' sluit Vader zijn brief af. 'Houd je coppi d'r maar bij, voeten bene op de grond. Kom veilig terug!'

*

Mauk vervolgt zijn eigen pelgrimstocht langs de schrijnen van de Europese kunst. Als eerbetoon aan Sint Franciscus en de eerste aartsvaders van de kunst gaat hij nog naar Assisi. In de St-Franciscusbovenkerk ziet en hoort hij een mis van ongekende schoonheid. De stemmen van monniken en blinde knapen verspreiden zich soms troostend, dan weer verfrissend door de kerk. Waar halen ze al die blinde knapen vandaan? Hoe komt het dat juist zij zo wondermooi kunnen zingen? Tijdens de mis draait hij zijn nek om Giotto's fresco's te bekijken. De kleuren, de composities en de lijn van de Florentijnse meester vermengen zich in de hoge gewelven met de zang en de geur van de wierook. Zijn lichaam ontspant zoals het in geen weken heeft kunnen doen.

Als de zang ophoudt en hij weer bijkomt uit zijn vervoering, schudt hij zijn hoofd. Hij bidt graag mee met Franciscus' gebed tot Broeder Zon en Zuster Maan, Broeder Wind en Zuster Water, Broeder Vuur en Zuster Aarde. Zo bezingen ze samen de natuur. De werkelijkheid sprak voor Franciscus een aparte taal. Hij had Japans kunnen zijn. De minderbroeder zag de schoonheid van de elementen. Hij voelde zich verwant en verbonden met alle dingen en alle wezens. Hoe heerlijk voelt het om alleen te zijn, vrij van oordelen, vrij van verwachtingen.

Hij droomt ervan om hier in Italië een atelier te hebben. Hij voelt de drang om zijn beste tekeningen te gaan snijden in hout.

In de mozaïekstad Ravenna stuit hij op een veertien eeuwen oude grap. Hij kan het niet anders noemen.

Op het enorme timpaan op de muur links van de apsis van de San Vitale ziet hij de bekende voorstelling van Abraham en de drie engelen. Ze komen Abraham vertellen dat hij en Sara op hun hoge leeftijd nog een kind gaan krijgen. Het mozaïek verbeeldt het moment dat hieraan voorafgaat. Abraham heeft de vermoeide reizigers net gevraagd in de schaduw onder een boom aan een tafeltje plaats te nemen. Hij heeft hun aangeboden de voeten te wassen. De drie gaan er eens goed voor zitten en steken hun voeten vooruit. Mauk kijkt goed naar die voeten en dan ziet hij het. De sandalen leunen op de voorste tussenlat, maar de achterste tussenlat loopt vóór hun schenen langs! Waarom hebben de makers in de zesde eeuw deze grap uitgehaald? Hij gelooft niet dat het onwetendheid was, net zomin als bij de Lorenzetti's in Siena. De compositie is te geraffineerd; de verscheidenheid van verhalen is immens en toch is het een solide compositie. Hier zit een meester achter. De benen die achter een tussenlat doorlopen terwijl de voeten ervoor staan: ze geven volgens Mauk een boodschap uit de zesde eeuw. Wil hij zeggen dat hij heus wel het klassieke perspectief van de Romeinen kent, maar dat je op het tweedimensionale vlak nou eenmaal niets driedimensionaals kunt afbeelden? Net als Mesquita? Of wil hij alleen de aandacht naar de voeten trekken om ons tot nederigheid te manen? Nee, hij laat zien dat je op het vlak kan spelen met de ruimte.

Ravenna blijkt de ideale voorbereiding te zijn geweest om weer terug te keren naar de mozaïeken van de San Marco in Venetië. Bij de ingang van de basiliek, voordat hij binnentreedt in de zee van gouden tegeltjes, ontdekt hij boven zich de Genesiskoepel, de ronde schepping van de wereld in zes dagen en de aandoenlijke Adam en Eva in het paradijs. Deze mozaïekleggers moeten ook hier weer zo'n plezier gehad hebben. Hoe gracieus is de tekening, hoe slim de compositie, wat een genie. Een ronde koepel, het deel van de wereldbol dat zichtbaar is voor het oog, maar dan andersom, hol is weer bol: de beste vorm om dit verhaal, of eigenlijk deze twee verhalen te vertellen.

*

Eerst is iedereen nog enthousiast en benieuwd naar zijn avonturen. Hij haalt met Bas en Jan een nacht door in de zevenhoekige kamer. Ze merken dat er iets is veranderd, de verhoudingen zijn verschoven. Mauk is kalm en zeker, hij weet wat hem te doen staat. Toch lijkt hun vriendschap gemakkelijk een nieuw evenwicht te vinden. Bas had nogal lauwtjes gereageerd op Mauks liefdesverklaring aan Giotto. Het raakte Mauk weinig, net zomin als Jans bericht dat hij met Roosje gaat trouwen.

Hij bezoekt Fiet en Aad en hun kroost in hun landhuis. Jantje van twee en Romualda van één doen hem denken aan Italië. Hoe bijna iedereen daar vrolijke gekke grapjes maakt als er kleine kinderen in de buurt zijn. Niet alleen de kunst en de natuur in Italië blijken zijn hart veroverd te hebben. Terug in Nederland mist hij de Italianen zelf. Hij wil zo snel mogelijk terug.

Een paar dagen na het bezoek ontvangt hij een brief van Fiet en Aad. Ze nodigen hem uit om in september mee te reizen naar Spanje. Ze kunnen er voor een habbekrats een huis met wat grond kopen. Fiet zal daar haar keramiekatelier hebben. Samen zullen ze de kinderen lesgeven. Hij krijgt de helft van de reiskosten betaald als hij tijdens de overtocht op Jantje wil passen.

'Ik ga mee!' roept hij juichend door de telefoon.

Als hij de hoorn op de haak legt, beseft hij dat hij te vroeg heeft gejuicht. Hij heeft niet eens genoeg geld om de andere helft van de reis naar Spanje bij te passen. 'Droom maar door, Maukie,' hoort hij Bas weer zeggen.

De dag erna heeft hij met Moeder kersen geplukt in de tuin en zitten ze gedrieën op het terras te genieten van het eerste oogstje. Vader heeft z'n zonneklep op. Nu is het een goed moment.

'Ik ga voor mijn werk terug naar Italië. Ik moet de prenten gaan maken die ik tijdens mijn lentereis heb bedacht,' begint hij schuchter. 'Ik kan met Fiet en Aad alvast naar Spanje reizen. Zij betalen de helft van de reis.'

Vader en Moeder blijven zwijgend hun kersen eten.

'Je klinkt alsof je voor langere tijd weg wilt gaan,' merkt Vader op. 'Zou je niet eerst op zoek gaan naar een betrekking om wat geld te verdienen?'

'Ik verkoop mijn prenten toch?'

'Houd je jezelf niet voor de gek, Mauk?' vraagt Vader. 'Een paar vrienden hebben je *Sint Franciscus* gekocht. Dat is alles.'

'Ik ga nog veel meer verkopen, Vader. En bovendien: elke houtsnede die ik maak, kan ik altijd weer afdrukken en verkopen. Maar u heeft gelijk, ik heb inderdaad meer geld nodig.'

'Kun je niet gewoon leraar worden zoals Mesquita of meneer Van der Haagen?' vraagt Moeder.

'Nee, dat weet u toch? Nooit van mijn leven.'

De drie kijken naar de merels rond de kersenbomen.

'Dus door nu in Italië te gaan werken, schep je een bron voor toekomstige revenuen?' vraagt Vader na een tijdje.

Mauk knikt. Zoals Vader het nu zegt, klinkt het bijzonder redelijk.

'Ik begrijp je plan,' gaat Vader verder. 'En je meent over een aantal jaren voldoende inkomsten te kunnen verwerven? Je kan de eerder gemaakte houtsnedes altijd blijven afdrukken, zei je?'

'Ja, Vader, ik druk de prenten met de hand, dan slijten de blokken niet; op de Japanse manier, wrijvend met een benen lepeltje.'

'De Japanse manier hè?' Vader kijkt hem een paar tellen aan. Dan zoekt hij de ogen van Moeder. Zij lijkt te berusten in Mauks wens en knikt haar man toe.

'Wij zijn van plan om je een maandelijkse toelage te geven totdat je voldoende kunt verdienen.'

Ze hadden het al bedacht.

Vader kijkt tevreden naar hem en Moeder.

Mauk wil hem omhelzen.

'Ho ho, we zijn er nog niet! We moeten nog tot zaken komen. Hoelang denk je nodig te hebben?'

'Hoelang?'

'Totdat je ervan kunt rondkomen?'

Mauk denkt aan het eenvoudige leven dat Mesquita leidt.

'Vijf jaar, binnen vijf jaar moet ik voldoende kunnen verkopen om mezelf te onderhouden.'

Vader knijpt met zijn ogen.

'Dan ben je bijna dertig, kerel. Je grootvader had op die leeftijd de wereldzeeën bevaren en ging al bijna met pensioen. In je voordeel spreekt dat je eigen oude vader rond die leeftijd pas zijn studie afrondde. Het is daarbij ook niet slecht om pas op latere leeftijd te trouwen, maar vijf jaar is ons te lang. Drie jaar; die tijd willen we je geven. We zullen je de komende drie jaar een toelage geven.' Vader knikt weer naar Moeder.

Mauk geeft Vader een hand om de afspraak te bezegelen. Dan omhelst hij Moeder.

*

Voordat hij vertrekt, gaat hij met zijn tekenmap op bezoek bij Mesquita in de Watergraafsmeer in Amsterdam. Ook Verkruysen is van de partij; hij is er speciaal voor naar de hoofdstad gekomen.

Hij laat in het atelier van zijn leermeester de Italiaanse tekeningen zien. Mesquita bekijkt ze opgetogen: Florence, San Gimignano, Siena, Orvieto, Assisi.

'Je hebt je bron gevonden, beste Escher, ik zie het! Gefeliciteerd! Het mooiste wat een kunstenaar kan overkomen. Vanaf hier kun je het alleen af.' Verkruysen is al net zo verheugd.

De meester zegt hem niettemin dat hij toch meer met grijstinten moet gaan werken in zijn tekeningen. Hoe hij een tekening vervolgens grafisch gaat oplossen, is van latere zorg. Door niet als een houtsnijder te tekenen houdt hij zijn oog vrij en alert.

Verkruysen en Mesquita delen zijn geestdrift voor de Byzantijnse mozaïeken. Mesquita begrijpt wat hij bedoelt met dat de lijn niet toevallig mag zijn. 'Maar versteend nog minder! Denk aan de Chinese meester en zijn haan. Je weet waarom ik mijn sensitivistische tekeningen altijd maar blijf maken. Vergeet niet dat de Byzantijnen uitstekende schilders waren. Voorafgaand aan het gestolde meesterschap van de tegelkunstenaars komt altijd de souplesse van de tekenaar.'

Wanneer hij de mannen vertelt dat hij over een paar dagen naar Spanje vertrekt, openen Mesquita's ogen zich wijd. 'Je moet naar de Moorse paleizen. Zij zijn de meesters van de motieven, de patronen van de patronen.' De bekende vrolijke lach klinkt door het atelier. 'Ga naar de synagoge in Toledo!'

Mesquita behandelt hem als een vriend.

*

De vaart naar het zuiden is een enkele reis naar een nieuw leven. Hij ziet dolfijnen voor de boeg die de zee laten fluoresceren. Twaalf meter lange noordkapers duiken op naast het schip. Hij begint te houden van die eindeloze ruimte van golven en wolken, vaak onzichtbaar gescheiden door een vage grijsblauwe laag. Hij ziet de vijandige kust van Noord-Spanje met het meest westelijke puntje, Finisterre, het einde van de wereld. Aad vertelt hem dat de Keltische druïden daar hun offers aan de zee brachten, al lang voordat de katholieken het pad opeisten als pelgrimsroute gewijd aan de bloeddorstige Santiago, El Matamoro, de Morendoder. Aad heeft zich verdiept in de middeleeuwse geschiedenis van de Spanjaarden. Als ze door de straat van Gibraltar, langs Ceuta, varen, vertelt hij Mauk over de verovering door de Moren en het Alhambra als laatste bolwerk van de Nasridische sultans. Hij heeft zijn eigen museum achter zich gelaten. *Flor de Pascua* is inmiddels vergeten. Een nieuw leven staat ook hem te wachten, maar hij lijkt er nog niet veel zin in te hebben. Mauk hoopt dat Aad zijn geluk zal vinden in Alicante. Over Fiet met haar keramiek maakt hij zich minder zorgen.

In de haven van Valencia neemt hij afscheid van de Van Stolkjes en hij reist door naar Toledo. Na het zien van de Transito-synagoge besluit hij zijn verblijf in Spanje te verlengen om naar Granada te gaan.

Het rode Moorse fort, het Alhambra, overtreft zijn verwachtingen. De aristocratische schoonheid van de paleizen van de Moren treft hem vol in het hart. Hij wil de mozaïeken tekenen. Na een paar dagen meent hij dat elke graficus een verbondenheid zou kunnen voelen met die schitterende in elkaar grijpende figuren van de Moren. Hij schrijft aan zijn leermeester: 'Zoals voor ons, houtsnijders, een afbeelding altijd ook zijn spiegelbeeld is, zoals wij een betoverend moment van symmetrie ervaren als wij langzaam het papier van het blok lostrekken, zoals wij van alles niet alleen de vorm zien, maar ook de contravorm, zo hebben de Moren de allermooiste motieven bedacht waarin ze al deze aspecten van de grafische kunst in één vorm verenigen. Wat een beweeglijkheid, wat een vindingrijkheid laten die tegelwanden zien. En dan dat stucwerk! Zelfs de eenvoudigste patronen zitten zo kien in elkaar. Zo speels en zo grappig. Er is een motief van uit elkaar wijzende pijlen die de driedimensionale verbeelding sterk prikkelt. Het worden ineengevlochten kubussen (zie bijgaande tekening). Ongeloofllijk kunstig. 's Avonds in m'n bed lig ik te tollen van al dat spektakel.'

De volgende dag kopieert hij een stuk tegelbekleding dat hem bijzonder interesseert vanwege de ingewikkeldheid en meetkundige artisticiteit. Kan hij de wiskundige principes vatten? Hij gaat eerst in de schaduw op een ingemetseld bankje voor het tegelwerk zitten en kijkt er lang naar. De tekening lukt aardig, maar hij is ongedurig. Hij heeft geen tijd meer voor puzzelen en spelen. Hij wil terug naar zijn Italië. Hij wil een atelier maken in Siena, hij verlangt naar de heuvels, de kerken, de muziek, het eten, de gulle hartelijkheid van de Italianen.

*

De mars op Rome van Mussolini is net achter de rug als hij voet aan wal zet in Genua. Intussen heeft koning Vittorio Emanuele om onnavolgbare redenen zijn vertrouwen gesteld in Mussolini en zijn knokploegen. Daar had Mauk niet op gerekend. Vanaf half november van dat jaar 1922 woont hij in Siena. Sinds zijn komst ziet hij keer op keer dat groepen zwarthemden in de straatjes gewone mensen lastigvallen en in het openbaar afranselen. Ze denken dat ze zich alles kunnen veroorloven. Ze vallen huizen binnen, plunderen winkels, besmeuren de gevel van Mauks stamcafé. De carabinieri doen niets.

Bas bekijkt het fascisme altijd juridisch. Ze hadden het er in Florence over gehad, toen ze daar de knokploegen hadden gezien. Fascisme betekent het einde van de rechtsstaat, het einde van de bescherming van burgers, van minderheden, intellectuelen, kunstenaars. Het recht van de sterkste geldt. Als je niet voor ons bent, ben je tegen ons en we zullen geweld tegen je gebruiken. Rancuneuze eigenrichting dreigt bij het minste meningsverschil. Precies wat Mauk nu om zich heen ziet gebeuren.

Rond Siena zijn de zwarthemden meestal arme of ontslagen arbeiders, die uit Florence of Rome berooid terugkomen naar hun geboortestreek. Ze worden door de industrie betaald om angst te zaaien, om bij de boeren gehoorzaamheid aan de fascistoïde kapitalisten af te dwingen. De sloebers weten niet dat ze zichzelf in het verderf storten, schrijft Bas. Ze molesteren boeren omdat zij communist zijn, maar wie moet de Italianen dan voeden?

Wil hij blijven in een land waar onrecht regeert, waar de goede mensen steeds banger worden? In zijn stamcafé vindt hij wel mannen en vrouwen die willen vechten voor de vrijheid van het héle Italiaanse volk, maar is het zijn strijd? Nee, schrijft hij aan Bas. Wil hij desondanks toch in Italië blijven? Ja. Hier heeft hij zijn eigen vrijheid en werklust gevonden, die laat hij zich niet afnemen door een paar zwarthemden. Hij blijft. Hij zal leven zonder kwaad te doen, zo veel mogelijk goed te doen, maar in eerste en laatste plaats voor zijn werk.

Hij geeft zich er vol aan over. Hij tekent wat hij tegenkomt: een scheur in de stadsmuur, een vogelverschrikker, een ezel, een tractor, een stroompje, een waterval, een klooster, een kasteel, een romaanse kerk. Hij leert een paar lokale kunstenaars kennen die hem aanbieden zijn werk tentoon te stellen in de zaal van de Sienese kunstkring. Hij schrijft, nu aan zijn leermeester, over de vele wondere tekeningen die zijn nijvere handen ontstromen. De vraag of ze schoonheid bevatten, schrijft hij, is aan het misselijke nageslacht. Dankzij het harde werken voelt hij zich in Siena, ondanks het brute geweld van de fascisten, toch gelukkig. Hij beleeft ongekende stemmingen die hem iedere dag opnieuw weer overweldigen. Hij kan de dankbaarheid die hij voelt niet beschrijven.

's Avonds snijdt hij zo veel mogelijk tekeningen uit in hout, ook van zijn vorige reis. Zijn kamertje, weer op de vijfde verdieping van Pension Alessandrini, is slaapkamer, zitkamer, badkamer, schrijfkamer, atelier en werkplaats tegelijkertijd. Hij hoopt elke nacht dat de lust om te werken zo groot blijft. Zijn geluk is ervan afhankelijk.

*

Elke keer als hij gaat lunchen of dineren op het terras van Albergo del Toro in Ravello, is zij er ook. Ze heeft kort, zwart haar en hoge jukbeenderen. Ze is slank en draagt eenvoudige elegante jurken. Het is hem nog niet gelukt haar blik te vangen. Ze zit er altijd met twee oudere mensen, waarschijnlijk haar ouders. Hij is er nu een paar dagen en heeft haar nog nooit een woord horen zeggen. Meestal is ze verdiept in een boek of tuurt ze met geknepen ogen naar de Tyrreense Zee. Het uitzicht is magnifiek. Hij kan in de verte de bootjes zien die stil lijken te staan op de blauwe rimpeling van de golven. In de diepte ziet hij San Cosma en Atrani liggen. De dorpen zijn gebouwd tegen de groene steile zuidhellingen van het schiereiland van Sorrento. Buitenlanders noemen het de Amalfikust, naar het dorpje dat, net uit zicht, aan de andere kant van de kaap ligt, achter de Saraceense toren. Wijnranken overdekken het terras van de albergo. In de middag waait er een zacht briesje vanuit zee.

Als hij naar zijn tafeltje wil lopen, staat de vader plotseling op en verspert hem de weg. De man nodigt hem uit voor de *pranzo* bij hen aan tafel. Hij krijgt de stoel naast haar aangeboden. Gelukkig heeft hij zich kunnen opfrissen voor de lunch en heeft hij zijn linnen jasje aangetrokken.

Of hij Italiaans spreekt, vraagt de man als Mauk is gaan zitten. De dochter kijkt gegeneerd weg.

'Duits of Frans, graag.'

'Umiker, mijn vrouw, onze dochter Giulietta,' vervolgt de vader in het Duits. Ze blijft in de verte staren. Ze wil het spelletje niet meespelen.

Hij legt zijn strohoed op de grond, nee, dan waait hij weg, op zijn knieën dan maar. Nu ligt het ding in de weg als hij straks zijn servet op zijn schoot wil leggen. Ze kijkt naar zijn gehannes. Lacht ze hem uit? Nee, ze kijkt geamuseerd.

'Wij hoorden van de andere gasten dat u tekenaar bent?'

'Escher. Maurits Escher, Maurice of Maurizio. Graficus. *Ich bin Grafiker.*'

'Graficus, ach wat interessant,' zegt de moeder.

'Is dat geen Zwitserse naam, Escher? Wij komen uit Zwitserland. Ik ben Zwitser, mijn vrouw is Italiaans, mijn dochter is Russisch, Italiaans én Zwitsers.'

'Russisch?' vraagt hij en kijkt naar Giulietta. Langzaam draait ze haar gezicht naar hem toe en kijkt hem recht aan. Bedeesd is ze niet. Haar ogen zijn pikzwart. De mondhoeken buigen licht naar beneden. Haar neus is regelmatig als van een Indiaanse, haar huid lichtbruin als jonge honing. Heel haar voorkomen heeft een licht Aziatische zweem. Terwijl ze hem blijft aankijken, legt ze haar kin op haar ranke, lange rechterhand.

'Ja, ze is geboren in Rusland.'

Die hand! Zij tuurt alweer weg, in de verte.

'Net als haar twee zusters, Nina en Nadia.'

Giulietta slaat een kruis.

'Och, hou toch op met die quatsch, Giuli! Zeg jij toch iets, Enrichetta!' zegt Umiker.

Even is alleen het ruisen van de overhangende wijnbladeren te horen.

'Nadia is drie jaar geleden overleden in Davos,' vertelt de man terwijl hij de blik van zijn vrouw ontwijkt.

Mauk mompelt een soort condoleance. Hoe zeg je dat ook alweer in het Duits?

'En u, wat tekent u?' vraagt de moeder snel.

'Ik ben een tentoonstelling aan het voorbereiden, mevrouw. In augustus in Siena.'

Het is eruit voordat hij het weet. Opschepper, denkt hij. Mevrouw Umiker knikt, geïnteresseerd.

'Maar wat tekent u?'

De waard komt aan met vier borden spaghetti. *'Signora, signorina, signori.'* Hij lacht naar Giulietta, die hem een mooie glimlach terug schenkt.

'Wat teken ik? Van alles. Landschappen vooral.'

'De hele dag?' vraagt Giulietta opeens. Haar Duits is ongemakkelijk.

''s Ochtends zoek ik een plek en gewoonlijk teken ik de hele dag, 's avonds op m'n kamer werk ik de tekening uit. Soms gebeurt het dat ik 's ochtends nog een keer terug moet. Ik probeer...'

'En je bent net klaar met een tekening die je gisteren bent begonnen?'

Hij heeft haar interesse gewekt.

'Haar andere zus is nog in Zwitserland,' probeert Umiker zijn verhaal te vervolgen. Zij is verloofd met een jongen uit een van mijn fabrieken in Moskou.'

Ze tikt even met haar nagels op tafel. Mauk kan een lach niet onderdrukken.

'Wat voor fabrieken had u?' vraagt hij maar.

'Ik was eigenaar van drie zijdefabrieken. Weven en verven. Op rol, shawls en blouses. De mooiste stoffen van Rusland. We hadden een goed leven in Moskou, een groot huis, altijd grote ontvangsten, banketten, feesten. Altijd voor zaken.' Umiker geeft hem een knipoog.

'Wij rekenden de beste families tot onze klanten. Enrichetta had zoveel bedienden als ze wilde. De kinderen gingen naar de beste scholen. Een mooi leven.'

'Tot de bolsjewieken kwamen,' zegt Giulietta op zangerige toon.

'Tot de bolsjewieken kwamen.'

'Natuurlijk,' zegt Mauk.

'Natuurlijk?' vraagt de man.

'Die waren minder geïnteresseerd in zijde?'

'Ze konden het in ieder geval niet betalen!' zegt Umiker. 'En mijn arbeiders hebben de fabriek geplunderd. En het huis!'

'Hoe bent u weggekomen?' vraagt hij maar, terwijl hij de dochter tersluiks bekijkt.

'Halsoverkop. Wat denk je? M'n dochters… net op tijd konden we met de trein wegkomen naar Petersburg. Met een rijtuig zijn we daarna naar de bossen gebracht. Zo zijn we naar Finland gevlucht. Na drie dagen kwamen we aan in Helsinki. Verschrikkelijk.'

'Gelukkig was u daar veilig!'

'Niets daarvan!' zegt de man met volle mond. 'In Helsinki was het burgeroorlog! We kwamen er niet weg. We hebben vijf maanden honger geleden, ondergedoken gezeten totdat de Duitsers kwamen. Zij hebben de hele stad platgegooid.'

Giulietta staat plotseling op van tafel en loopt het terras af. Ze heeft nog geen twee happen gegeten. Ze is weg voordat Mauk heeft kunnen opstaan.

'Neem het onze dochter niet kwalijk, Maurits. Deze verhalen maken haar overstuur. Dat weet je toch, Arthur?'

'Onzin. Het is al zo lang geleden, daar moet ze toch tegen kunnen. Gelukkig had ik de Zwitserse vlag bij me toen de Duitsers kwamen.' Umiker lijkt opgetogen het verhaal weer eens te kunnen vertellen. 'Ik had de vlag op het balkon van de eerste verdieping gehangen toen de bombardementen begonnen. We hebben drie dagen in de kelder gezeten, alleen water en beschuit. Toen we eruit kropen, waren alle huizen tot op de grond kapotgeschoten, behalve het onze.'

'Vanwege de vlag?'

'Ja, vanwege de vlag. De tankcommandant vertelde me op straat dat hij had gedacht dat het een vlag van het Rode Kruis was. Daarom had hij ons huis niet beschoten!'

Mauk moet lachen. Dan ziet hij de onthutste blik van zijn tafelgenoten.

'De vlag! Ik lach om die vlag. De Zwitserse vlag als negatief voor het Rode Kruis! Gered door een grafische verwarring! *Ich bin ein Grafiker!*'

Ze begrijpen het niet. Mauk maakt een onduidelijk handgebaar om zijn woorden weg te wuiven.

'Toen de witten eenmaal gewonnen hadden, konden we wegkomen. We zijn meteen terug naar Zwitserland gegaan. Voor de Oktoberrevolutie had ik al een deel van mijn geld daarnaartoe kunnen brengen.'

'We zijn te lang gebleven,' zegt de moeder.

Mauk kijkt naar de lege plek aan tafel. Giulietta is nog steeds aan het vluchten.

'Sindsdien reizen we tussen Zwitserland en Italië,' vervolgt de moeder. 'We wonen wisselend in Zürich en in Steckborn aan de Bodensee. In de lente zijn we graag hier.'

Is zij al bijna zes jaar dagelijks met haar ouders? Hoe houdt zij het uit? Tot het einde van de maaltijd houdt hij de conversatie gaande. Hij probeert enthousiast te vertellen over Pompeï en Napels, maar krijgt weinig respons.

De volgende morgen vroeg, wanneer hij de albergo uit loopt om te gaan tekenen, zit ze in de tuin op hem te wachten. Op het tafeltje naast haar liggen een schetsblok en een houten kistje.

'Mag ik met je mee?' vraagt ze hem in het Frans.

'Giulietta!'

Sindsdien gaat ze af en toe, steeds vaker, met hem mee op zijn strooptochten, zoals hij de wandelingen naar zijn tekenplaatsen noemt. In het begin vindt hij het moeilijk zich te concentreren met haar in de buurt, met haar dunne bloesjes met korte mouwen. Ze heeft een prachtige lange nek en ontroerend mooie armen, een beetje door de zon verbrand. En die handen en polsen. Als hij ze in zijn ooghoeken ziet bewegen, moet hij zich volledig concentreren om niet steeds op te kijken.

Als hij tekent, zwijgen ze. Onderweg praten ze wat, niet veel. Ze wijzen elkaar bijzondere bloemen aan en mooie plekken om te schetsen.

Een keer vertelt ze dat haar ouders haar eigenlijk mee naar Italië nemen om haar te koppelen aan een rijke jongeman. Ze zouden graag van haar af zijn, grapt ze half.

Twee weken na hun eerste dag samen, zitten ze al vrij vroeg op een steen in de bergen. Ze kijken uit op het dorpje Atrani en de zee. Mauk geeft haar zijn veldfles. Zij neemt gulzig een slok. Hij ziet kleine zweetdruppeltjes op haar bovenlip. Mauk neemt zelf ook een slok.

'Hij heeft je zeker ook dat verhaal over de ratten verteld?' vraagt ze hem.

'Wie, je vader?'

Het is al een paar keer gebeurd dat ze een verhaal probeert te gaan vertellen maar dan plotseling vervalt in stilzwijgen. 'Neem me niet kwalijk,' zegt ze dan.

Ze maakt wonderlijke aquarellen. Hij weet niet goed wat ze betekenen, maar die ochtend op de steen, als ze klaar is met haar werk, begint ze te vertellen. Ze schildert haar dromen.

'We lopen over straat, mijn zusjes en ik. Handig ontwijken we de rijtuigen. We springen over de plassen, maar dan struikelt Nadia en ze valt languit met haar blauwe jurk in een modderplas. Ik wil haar oprapen uit de plas, maar ze zit niet meer in de jurk. Ik pak de jurk voorzichtig uit de modder.' Ze wijst op haar papier. 'Dan wordt hij door Vader uit m'n handen gerukt. Hij gooit hem in een vuilnisbak en trekt me boos mee naar huis.'

Mauk weet niet wat hij moet zeggen. Voordat hij de stilte kan verbreken, spreekt ze verder.

'Vannacht had ik een droom die ik ook vaker heb. Wij moeten een bevroren rivier over. Daarachter zijn de bossen en zijn we veilig. Maar mijn schoen zit los. Ik moet m'n schoen vastmaken, anders verlies ik hem en bevriest m'n voet. Maar ik kan niet stil gaan staan, want dan raak ik Vader en Moeder kwijt tussen alle mensen. Ik struikel, lig met m'n neus in de vuile sneeuw en voel een hond in m'n nek snuffelen. Dan zet hij zijn tanden zachtjes in mijn nek, alsof hij aan het besluiten is of hij door gaat bijten of niet.'

Hij kijkt haar lang aan. Ze zit op een halve meter afstand, onbereikbaar.

'Weet je,' zegt Mauk dan, 'ik heb vannacht nagedacht en wil je graag anders noemen dan je vader en je moeder.'

'O?'

Hij aarzelt even.

'Wat vind je van Jetta?'

Ze blijft hem aankijken alsof ze hem niet goed begrijpt.

'Jetta? Jetta, Jetta, Jèèèètttttáááááá.' Ze proeft de naam in haar mond.

'En?'

Ze knijpt haar ogen een moment half dicht, terwijl ze hem blijft aankijken. Is hij te ver gegaan?

'Graag. Ik wil dat je mij Jetta noemt. Jouw naam voor mij. Mijn naam van jou. Dank je wel, Maurice,' zegt ze zachtjes.

Hij is zelf blij met Maurice. Alsof alles nieuw is.

Een paar dagen later zitten ze op een steile rots vlak bij het dorpje Positano. Als Mauk al een tijdje aan het tekenen is, begint ze weer te praten.

'Vannacht droomde ik van jou.'

Mauk legt zijn potlood neer.

'Ik liep een tuin in die bij elke stap die ik zette wilder werd. Opeens was jij er en je trok mij verder. Ik wilde graag terug, maar durfde het niet te zeggen. Toen waren ineens alle planten weg en voor ons niets dan rotsen en de afgrond. Ik rukte me los en rende terug naar het groen, maar er stond een hek voor en ik kon er niet overheen. Jij was over de rotsen naar beneden gevallen.'

Uitkijkend over de zee steekt Mauk een sigaret op.

'Ik val niet zo snel, hoor,' zegt hij zo luchtig mogelijk. Hij is blij dat hij voorkomt in haar dromen, dat wel.

'Het liefst zou ik willen toetreden tot de katholieke kerk, maar het mag niet van mijn vader.'

'Jij bepaalt je eigen leven toch?' vraagt hij.

'Niet zolang ik bij mijn ouders woon.'

'Wat een onzin. Je bent vijfentwintig!'

'Ik kan intreden,' zegt Jetta.

'Intreden? In een klooster? Dat zou vreselijk zijn!'

'Waarom? Ik zou het heerlijk vinden. Weg van huis.'

'Ach! Nee! Er zijn toch andere manieren?'

Daarna zwijgen ze. Hij is weer geschrokken. Hij denkt, niet voor de eerste keer als hij naar haar kijkt, aan de *Madonna* van Coppo di Marcovaldo in Siena. Aan haar hand om het kindervoetje.

Ze hebben bijna anderhalve maand samen gewandeld, getekend, gepraat. Morgen gaat ze weg. Terug naar Zürich. Hij heeft een map vol tekeningen en had allang in Siena moeten zijn om zijn prenten te gaan snijden. Over een paar weken opent zijn expositie.

Nu zijn ze voor het laatst samen naar hun steen boven Atrani gewandeld. Zonder tekenspullen. Daar zitten ze en kijken uit over zee. Een zeilbootje komt nauwelijks vooruit over de golfjes. '*Et le petit bateau à voile avance lentement sur les rideaux bleus.*' De zin hadden ze vaak herhaald, alsof ze een verteller aanhaalden die hun verhaal had bedacht.

'Ik heb u lief. *Je vous aime,*' zegt Mauk eindelijk met trillende stem, terwijl hij iets te plotseling haar hand pakt. Zij trekt de hare niet terug. Nu kijkt hij naar de twee handen die ineengestrengeld op zijn bovenbeen liggen. Zij schuift een beetje naar hem toe.

'*Moi aussi, je vous aime,*' fluistert ze en ze legt haar hoofd op zijn schouder. Hij begint te beven. Hij kan het niet tegenhouden. Ze zitten zonder iets te zeggen, totdat Jetta naar zee wil. De weg naar beneden lijkt hij te zweven. 'Zullen we zwemmen?' vraagt ze als ze bij het lege strandje aankomen. Ze loopt zonder iets uit te trekken de zee in. 'Kom,' roept ze over haar schouder. Ze zwemt heel langzaam weg. Mauk doet zijn jasje, das en overhemd uit en loopt haar in zijn witte lange broek met ontbloot bovenlijf achterna. In het koele water pakt hij haar vast en trekt haar naar zich toe. Hun lichamen raken elkaar. Geschrokken laten ze los, hun handen niet.

Terug op het strand ziet hij duidelijk haar contouren door de natte jurk. Ze is mooier dan in zijn dromen. Ze drogen op en gaan terug naar het hotel. Ze beloven quasi-plechtig elkaar te schrijven. Hij belooft ook beter Italiaans te leren, haar tweede taal na het Russisch.

*

In september 1923 zit Mauk met zijn oudere broer George en zijn ouders op het terras van hun hotel. Aan hun rechterhand zien ze de Zürichsee liggen. Hij had Vader en Moeder gevraagd naar Zwitserland te komen om de ouders van zijn aanstaande bruid te ontmoeten en de huwelijkse voorwaarden te bespreken. Moeder kan haar ogen niet van hem afhouden.

'Mijn zoon met baard,' blijft ze maar zeggen.

'En? Wat vinden jullie?'

'Ze is erg mooi,' zegt Moeder meteen. 'Ik kan niet anders zeggen. Een beetje melancholiek, maar erg mooi.'

Vader en George zijn het met haar eens.

'Het is een prachtig kind. Gefeliciteerd, mijn jongen,' zegt Vader.

'En verder?'

'Echt iets voor jou, Maukie, om met zo'n onpeilbare Russische aan te komen. En al die kettingen om haar nek. Schitterend. Jammer dat haar zuster al bezet is,' zegt George vrolijk.

'Maar toch... ik weet het niet, Mauk,' zegt Moeder nu. 'Ze heeft nauwelijks geantwoord op mijn vragen. En ze is zo mager, net als jij, als een lat. Hoe moet dat nou? Met jouw gestel? Ze kan niet koken, ze kan niet naaien, ze kan niet tuinieren. Ze heeft nooit schoongemaakt. Ze kan alleen dromerige aquarellen maken.'

George had hem verklapt dat Moeder woedend was geworden door het plotselinge bericht dat hij ging trouwen. 'Hij is bang dat hij nooit meer iemand kan krijgen als hij deze niet neemt,' had ze uitgeroepen.

'Maar u kunt toch ook niet koken, Mamá?' vraagt George.

'Jawel. Ik heb het van mijn moeder geleerd.'

'Die ook nooit hoefde te koken,' zegt George.

Moeder zucht.

'Maar jullie kunnen je geen meisje veroorloven, Mauk,' zegt ze. 'Jetta moet leren koken.'

'Of ik?'

'Nee. Jij moet het geld verdienen.'

Ze kijken een paar tellen naar de kleine kolken in het voorbijstromende water.

'En hoe zie je de toekomst dan nu?'

'Hoe bedoelt u, Moeder?'

'Wanneer ga je trouwen? Gaan jullie een huis kopen? Van welk geld? Hoe moet het met je werk?'

'Ik denk dat ik eerst mijn expositie in Nederland ga voorbereiden in Siena. Daarna zie ik wel verder. Ik hoop met hulp van Vader en van de Umikers een huisje in Italië te kopen als we getrouwd zijn. De ouders van Jetta zijn van plan om naar Rome te verhuizen. Dus het zal waarschijnlijk Rome worden.'

'Mmm,' zegt Vader, 'dat zullen we met Umiker bespreken.'

'En wanneer gaan jullie dan trouwen?'

'Ach Moeder, dat weet ik toch nog niet.'

'Je bent onverbeterlijk, Mauk,' zegt Vader. 'Je kunt je eigen geld niet verdienen. Je houdt je hand op bij mij en bij Umiker. Nu wil je ook alle vrijheid om te doen wat je wilt?'

'Ja, dat wil ik.'

George kijkt goedkeurend naar zijn jonge broer.

'Maar je moet toch je geld verdienen!'

'Toch niet weer, Moeder! Hoe vaak moeten wij daar nog over spreken? Jetta en ik zouden voor ons part zelfs een snoepwinkeltje beginnen.'

'Dat is nieuw voor me,' zegt Vader koeltjes.

'Maar hoe moeten we het dan noemen? Hoe leg ik het uit aan onze vrienden? In welke verhouding staan jullie tot elkaar?'

'Verloofd, Mamá, als het moet, zeg dan maar tegen uw vrienden dat we ons tot nader bericht hebben geëngageerd. Is dat zo moeilijk?'

'Verloofd, Moeder, ze zijn verloofd.' George heft het glas om de situatie te redden, maar een stilte valt.

'Neemt u mij niet kwalijk, Moeder, ik wil u geen verdriet doen.'

'Ik hoop dat je de tijd gebruikt om zeker te raken van je zaak.'

'Ja, Mamá.'

Vader staat op om naar de hotelkamer te gaan. 'Morgen bespreek ik met Umiker hoe we jullie zullen bijstaan,' besluit hij. 'Gelukkig hebben we daarna nog de kans om Jetta beter te leren kennen.'

Vader had zijn poot stijf moeten houden tegenover Umiker, zei hij later. Veel details wilde hij niet loslaten, maar het kwam erop neer dat Jetta's vader eerst niets wilde betalen omdat hij voor zijn dochter een kostwinner had bedacht en niet een kunstenaar. Ze moesten maar bij hem en zijn vrouw in huis komen wonen. Pas toen Vader de bruiloft dreigde af te zeggen, was Umiker overstag gegaan. 'Uw zoon doet haar goed. Dat zie ik wel. Ik heb hoop dat ze met uw jongen weer onze oude Giulietta wordt.' Umiker valt wel mee, had Vader gezegd.

De uitkomst was dat Vader en Umiker hun een even groot bedrag zouden lenen om een huis te kopen. De maandelijkse toelage, hoog genoeg om zich een dienstmeisje te kunnen veroorloven, zouden de vaders ook delen.

Niets kan hun geluk nog in de weg staan.

*

Na de onderhandelingen neemt Mauk zijn ouders en broer mee naar San Gimignano en Siena, en daarna via Assisi naar Ravenna. Hij kan niet wachten om hun al zijn ontdekkingen te laten zien, maar het lukt hem maar slecht om uit te leggen waarom hij zoveel is gaan houden van het Italiaanse landschap en de dorpen.

Jetta voegt zich bij hen als ze uitrusten van de lange reis in een hotel aan het Lago Maggiore. Ze heeft een keelverkoudheid; dat is het eerste wat Mauk over haar meedeelt.

Met z'n vijven maken ze kleine wandelingen langs het meer. Na de gezamenlijke uitjes zonderen Mauk en Jetta zich af, meer dan Vader en Moeder lief is. Ze vinden het flink dat Jetta voor hen uit Rome is gekomen. En ze had zich toch niet hoeven te excuseren dat ze is toegetreden tot de katholieke kerk? Wanneer Jetta aan Vader en Moeder haar albums met foto's van Moskou en Helsinki laat zien, praat ze met zachte stem. Van een verkoudheid merken Vader en Moeder weinig.

Na een avondwandeling zitten Mauk en George op het terras van het hotel en turen over het gladde water naar de bergen aan de overkant. Vader en Moeder zijn naar bed. Ook Jetta heeft zich geëxcuseerd. De volgende dag zal iedereen weer zijns weegs gaan.

'Ik vind haar nog steeds prachtig en lief, Maukie,' zegt George.

'Maar?' vraagt Mauk.

'Ja, inderdaad, maar. Ik wil je toch wat broederlijke gedachten ter overweging geven. Maar je bent stapelverliefd, ergo ontoerekeningsvatbaar ende wilsonbekwaam.'

Mauk glimlacht, niet van harte. 'Kom maar op.'

'Zeker?'

'Uhhuh,' zegt Mauk.

George haalt diep adem.

'Ik herken je niet als je met haar bent. Je lijkt wel een misdienaar. Het lijkt alsof jullie nooit lachen.'

Mauk trekt met zijn mond. Hier heeft hij echt geen zin in.

'Jullie band heeft toch ook luchtigheid nodig? Jij kan toch niet gelukkig zijn voor twee? Snap je wat ik bedoel?'

Mauk kijkt zijn broer strak aan.

'Is dat alles?' vraagt hij. 'Ik dacht dat je aan mijn kant stond.'

George haalt zijn schouders op en wil iets gaan zeggen. Mauk is hem voor.

'Kennelijk ben ik zo, als ik verliefd ben. Als een misdienaar? Wat weet jij van de liefde? Van het mysterie? Wat weet jij van zielsverwantschap? Heb jij ooit zoiets meegemaakt?'

George is opgelucht dat Mauk wil reageren op zijn woorden.

'Mysterieus is ze,' zegt hij. 'En ze heeft je nodig. Is dat wat je wilt?'

'Ja! En ik heb haar nodig,' zegt Mauk. Hij begint nu nijdig te worden.

'Heb je haar echt nodig? Weet je dat zeker, Mauk? Ik denk dat je jezelf nodig hebt. Als je haar gaat volgen, houd je op de waarheid te volgen.'

'O God! Houd toch op met die Krishnamurti-onzin, die bewaar je maar voor je vrienden. Ik volg m'n hart, Jetta is alles wat ik wil.'

'Je hebt háár niet nodig, Mauk, je hebt iemand nodig die jou sterker maakt, een monter iemand die zelf iets overheeft. Voor jou!'

Een boze stilte duurt.

'Praat je namens Vader en Moeder? Heb je het er met Moeder over gehad?' vraagt Mauk. George is even bang dat zijn broer zal weglopen.

'Nee, maar ik zie wat iedereen kan zien.'

Dan zwijgen ze.

'Goed. Genoeg. We houden erover op. Ik heb gezegd; uch,' besluit George. *'Now and forever I'll hold my silence.'*

Mauk blijft een lange tijd stil. Hij staart naar de overkant. Uiteindelijk bedaart hij. Hij kan het George niet kwalijk nemen dat hij zo benepen in zijn eigen wereldje zit.

'Ik weet wat ik doe, George, en ik weet het niet. Ik vertrouw op het mysterie. Ik ben dankbaar, boven alles.'

'Ik wens je alle geluk met je mysterie, echt, en weet dat ook ik houd van Jetta. Als schoonbroer dan.'

Dan houdt George weer even in.

'En ik hoop dat ze goed is tussen de lakens.'

Na een paar seconden schiet Mauk in de lach.

'Ik hoop het ook,' zegt hij. 'Ik begrijp je heus, George. Ik weet zeker dat Jetta met mij weer gelukkig wordt.'

*

In juni van het volgende jaar, 1924, in Viareggio, de dag voor de trouwerij, raadplegen Mauk en Jetta een arts in verband met de huwelijksnacht. De man raadt het Jetta af om op korte termijn een zwangerschap te beginnen; ze is te mager en de kans op mislukking te groot. Mauk wenst vurig dat zijn liefde voor haar ziel groot genoeg zal zijn, ook nu de zinnelijkheid nog langer beperkt gaat worden. Hij weet dat de handen de ziel tonen. Hij zal telkens haar handen zien, haar reine, liefelijke handen die hem misschien liever zijn dan haar lichaam.

Ze is prachtig in haar bohemien trouwjurk. Hijzelf heeft een licht linnen pak uitgezocht. Ze doen het helemaal anders dan de stijve Hollanders. Straks zijn ze echt getrouwd.

's Ochtends bij de huwelijksplechtigheid in het stadhuis van de badplaats dienen twee vreemde ambtenaren van de secretarie als getuigen. Vader en de Umikers doen hun best om beleefdheden met elkaar te blijven uitwisselen. Moeder zegt weinig. George en Jetta's zuster Nina moeten voor de vrolijke noot zorgen.

George ziet de feestelijkheden met gemengde gevoelens aan. Hij wil niet de boze fee zijn, maar het lijkt voor iedereen een verplicht nummer, behalve voor Mauk; de voltrekking van het huwelijk, de gezamenlijke wandeling over het strand, de lunch, zelfs de toosten die Vader en vader Umiker uitbrengen, schijnen volgens koude afgesproken regels te gebeuren, het gaat nergens over. Mauk doet erg z'n best, dat kan hij wel zien. Hij doet zelfs met een groot gebaar zijn schoenen uit op het strand. Maar als Jetta lacht, is het nooit met haar ogen. Waar is de vreugde op dit feest? Het is opmerkelijk hoe de stemming van één persoon het hele gezelschap kan drukken. Dit huwelijk heeft voor Jetta geen waarde als het niet ook voor de katholieke kerk bekrachtigd zal worden. De pauselijke toestemming is nog niet afgegeven. Maar misschien is ze altijd zo? De kanunnik in Lucca heeft hun verzekerd dat dispensatie verleend zal worden, maar er is nog steeds geen duidelijkheid. Ze hebben allemaal hun verblijf met een week verlengd, dat wel, maar er is geen enkele zekerheid hoelang het nog gaat duren. Is het niet wat overdreven om van iedereen te verwachten te blijven voor een katholieke huwelijksvoltrekking? Mauk hoeft zich toch niet naar al haar grillen te voegen?

'Als Jetta voor de kerk wil trouwen, trouwen we voor de kerk,' zegt Mauk tegen zijn broer.

De volgende dag al komt het pauselijk bericht dat het huwelijk doorgang mag hebben. In een klasje van de lokale katholieke school besprenkelt de kanunnik, onder het uitspreken van de gebruikelijke hocuspocus, hun trouwringen met wijwater. Twee zusters zijn getuigen. Vader en Moeder vinden het allemaal weinig indrukwekkend, de ceremonie valt vooral Moeder erg tegen.

Onmiddellijk na de plechtigheid beginnen Mauk en Jetta hun huwelijksreis, eerst naar Genua en dan naar Annecy. Na twee weken komen ze aan in Nederland. Mauk toont zijn vrouw trots aan zijn vrienden en de familie van Vaders en van Moeders kant. Ze vormen een prachtig paar, de in Italië exposerende kunstenaar met baard en zijn mysterieuze exotische vrouw, die alleen Frans, Italiaans en Russisch spreekt.

Terug in hun Italië trekken ze eerst als nomaden langs de plaatsen in de heuvels rond Rome, waar Mauk wil tekenen. Begin 1925 betrekken ze hun huis aan de Via Alessandro Poerio, op de rustige Monte Verde in Rome.

*

'Kom onmiddellijk. Nol al twee dagen vermist,' staat in het telegrambericht van 19 oktober 1925. De volgende dag treft hij Vader en Moeder gebroken in hun hotelkamer in Merano. Moeder ligt in bed te huilen. Ze laat zich niet troosten. Vader zit aan het bureau naast haar bed zwijgend te schrijven. Hij kijkt zijn zoon aan, schrijft nog één zin en geeft het stapeltje foliovellen aan Mauk. Hij schudt zijn hoofd met betraande ogen. Mauk pakt de papieren aan. De laatste zin is: 'Om half 1 komt Mauk de hotelkamer binnen.' Dan draait Mauk de stapel om en begint te lezen.

'Om te proberen mijn nachtelijk gepieker te toetsen zet ik alle ter zake doende stukken van mijn reisdagboek onder elkaar. Ik hoop zo ten laatste begrip te vinden. Ergens achter de feiten moet het begin van een inzicht bestaan.

Meran (Merano), 16 oktober. Om 8 uur komt Nol van ons afscheid nemen met een gister gekochte *Rücksack* en proviand voor de middag om zijn voorgenomen tocht naar de Mutspitze te ondernemen.

Brief van Mauk waarin hij ons twee logeeradressen in overweging geeft. We kiezen hierin het goedkopere dat Mauk ons als goed aanbeveelt, pension Suisse Hanza, een voornaam Romeins familiepension en melden hem op zijn verzoek dit besluit telegrafisch. Het jonge portiertje dat het telegram zou bezorgen had het te druk, daarom doe ik het zelf.'

In de kantlijn leest Mauk: 'Hier was het half 6.'

'Intussen is Nol die wij voor het eten thuis hadden verwacht nog niet terug en beginnen wij ons ongerust te maken. De directeur van ons hotel die wij onze ongerustheid mededelen verzekert dat de weg naar de Mutspitze niet gevaarlijk is. Omstr. 9 uur is de directeur uit en raadpleeg ik de nachtportier, die meent dat Nol, door de duisternis overvallen, ergens bij een boer zal overnachten.

Tegen 10 uur komt de directeur informeren. Hij meent dat Nol misschien in Dorf Tirol zou overnachten. Indien morgen nog niet terug zullen we de opsporingsdienst vragen hem te zoeken. 's Nachts bij donker is toch niets te verrichten. Ongelukkigerwijs heeft Nol geen overjas willen meenemen.

17 oktober 7u46. Mooi zonnig weer. Nol nog niet terug. S. en ik gaan op zoek naar de mensen voor de opsporingsdienst. Het kost veel moeite de juiste persoon te vinden. Naar de politie, die ons verwees naar de voorzitter der Alpenclub Dr Markart. Deze vonden wij gelukkig thuis en zeer hulpvaardig. Hij zal onverwijld mensen uitzenden langs 2 richtingen van Dorf Tirol naar de Mutspitze.

S. en ik naar huis. Kan niet slapen. S. schrijft aan Mauk en George de toestand, aan George met verzoek om mededeling aan Beer.

Om half 10 komt Dr Markart die ons op een kaart aanwijst hoe de reddingsbrigades zoeken. Er zouden er nu 3 uitgaan die morgenavond – of als ze Nol vinden vroeger – terugkomen, een te 12 uur, een te 8 uur en een te middernacht. Hij zegt dat de koude boven voor Nol het noodlottigst kan geweest zijn. 's Nachts -10°C. Daarop was zijn kleding volstrekt niet ingericht. Dit seizoen is voor een bergtocht niet meer geschikt, vooral niet zonder gids.

Zondag 18 oktober, 8°C met zon. Niet geslapen. Geheel vervuld van Nol. Ik mis hem zeer; hij was juist zo opgewekt en gezellig. Het is wel heel erg dat hij nu voorgoed van ons is weggegaan, want dat moeten wij wel geloven.

Te 8 uur kwam Dr Markart ons vertellen dat de 3e brigade Nols jas gevonden had, met bloed bevlekt. Uit die jas hadden ze een enveloppe genomen die hij ons overgaf en waarin zijn pas met portret en Hollandse bankbiljetten. Ze hadden de jas achtergelaten op de vindplaats, om van daaruit morgenochtend Nol zelf te zoeken. Dr M. meent dat Nol van een hoog punt langs een steile wand omlaag is gestort. Hoe zijn jas hoger was blijven hangen, kan niet verklaard worden. Dr M. had eerder uit de voetsporen het vermoeden van een misdrijf opgevat. Door het aanwezig zijn van de reispas met fl. 60,- wordt dit minder waarschijnlijk. Echter heeft men ons nog geen Italiaans geld gebracht, dat hij toch ook bij zich gehad moet hebben. Doch dit was misschien in vest- of broekzak.

S. schreef heden ook aan Eddy.

19 oktober 8u. 10°C bewolkt. We telegraferen aan Mauk te Rome, met verzoek om bij ons te komen. Ik schrijf aan Nols chef, de hoofdingenieur Lugt, zijn verongelukken en zend een advertentie van zijn overlijden aan Romijn ter plaatsing in *Oosterbeekse, Arnhemse, N. Rott. Ct, Handelsblad* en *Leeuwarder Ct*, doch laat wachten met plaatsing totdat Nol gevonden is.

's Avonds thuisgebleven. Van Dr Markart niets naders vernomen.

20 oktober. Niet geslapen. Aan 't ontbijt opgebeld door een ambtenaar der gemeente Algund (Lagunda) op wier gebied de jas gevonden werd en weder bevraagd naar Nols woonplaats. Iets later boodschap van Dr Markart, dat hij om 11 uur komt.

Iets na 11 uur komt Dr Markart ons vertellen dat Nols lijk verpletterd en geheel misvormd gevonden is aan de voet van een ongeveer 300 m hoge rotswand. Daaronder is een steile helling met veel losse stenen, langs welke de reddingsbrigade met veel moeite was opgeklommen. Zijn jas, kiektoestel en andere zaken waren hoger achtergebleven. Dr M. meent dat die door de luchtstroom van zijn lichaam werden gescheurd. Zijn vest en broek waren erg gehavend. Zijn Rücksack was aan het lichaam gebleven. Zijn horloge wees ong. half 6, waaruit Dr M. besluit dat het ongeluk reeds vrijdagavond op die tijd gebeurd is. Nol was meteen de eerste dag gevallen, zei de voorzitter van de Alpenclub. Het pad vanwaar dit gebeurd moet zijn, was slechts één voet breed en gevaarlijk, zelfs voor geroutineerde bergbeklimmers. Neerstorten was dus voor een ongetraind persoon te verwachten. Hij wees ons op mijn topografische kaart de plaats aan en gaf ons een aanzichtskaart waarop hij de plaats van de val had aangegeven.

Om half 1 komt Mauk de hotelkamer binnen.'

De tijd dat Mauk leest, staat Vader met zijn rug naar hem toe voor het raam van de hotelkamer. Hij kijkt omhoog naar de bergen. Mauk weet dat ze hetzelfde beeld voor ogen hebben.

Vader vraagt zonder hem aan te kijken of hij de begrafenis wil doen plaatsvinden.

'Hier in Meran?'

Vader draait zich om en kijkt hem vragend aan. Mauk ziet de horreur in de wijd opengesperde ogen van zijn vader.

'In Meran?'

Vader knikt vertwijfeld. Mauk verdwijnt uit de kamer. Een gevoel van opluchting overvalt hem, maar het duurt kort. Hij zal hem nooit meer zien. Hij had altijd gedacht dat ze samen nog reizen zouden gaan maken, dat ze, na Nols studie, weer naar elkaar toe zouden groeien, dat het weer zo zou zijn als vroeger. Jetta had Nol vorige zomer in Nederland leren kennen. De twee hadden het meteen goed kunnen vinden. Ze hadden weinig nodig gehad om met elkaar in lachen uit te barsten. Mauk wist vaak niet eens waar hun plezier over ging. Ze hadden eenzelfde soort stoutheid. Via Nol ontdekte hij een nieuwe kant van Jetta. Het was een belangrijke bevestiging van zijn keuze geweest.

's Middags neemt hij Vader en Moeder mee. Zo komen ze even weg uit die hotelkamer. Met hun zwijgende instemming kiest hij een grafsteen uit en de planten die bij het graf zullen worden geplant: viooltjes en een roos en achter de steen een taxus. Vader en Moeder zeggen bijna niets meer, lijken terechtgekomen in een parallelle wereld. Als ze wel aanspreekbaar zijn, lijken ze de dood van Nol te hebben vergeten. Aan tafel vinden ze Mauks kleding te sjofel en moet hij een beter pak van Nol aantrekken. Ze kunnen al drie dagen niet eten. Moeder heeft weer acute kiespijn en Vader zijn bekende buikproblemen.

Hij kan die eerste avond – hij ligt op de kamer van Nol – niet slapen. In Nols zakagenda vindt hij aantekeningen over ontmoetingen en correspondentie met een vriendin. Nol moet zich gelukkig gevoeld hebben. Hij kan zich niets anders voorstellen. Het was geen suïcide.

Op de begrafenis de volgende dag staat de kist open en ziet hij het gehavende overblijfsel van zijn broer. De *Pfarrer* begint een lijkrede in het Duits. Moeder huilt hard, Vader springen de tranen uit de ogen. Het is Nol. Sikkepitsikkepit. Samen op de pijler boven de Rijn bij de ondergaande zon. Hij heeft hem veel te weinig gezien. Terugrennen want de trein komt eraan. Nol wist toch dat je niet alleen de bergen in moet gaan? Ze verleiden je; wat komt er na die top, wat ligt er achter die helling? Ze drijven je verder en verder. Je denkt zelf nog half dat je het in de hand hebt en half weet je dat je eigenlijk al te ver bent. Je kan niet ophouden tot het moment dat je verstijft van de angst. Hoe ben je hierin terechtgekomen? Je evenwicht vermindert, je benen trillen, je bent al te moe en je hebt het te koud, je bent niet zeker meer dat je je voet precies op die ene goede plaats kan neerzetten, je kan het ook niet goed meer zien in het halfdonker. Mauk ziet steeds dat prentje voor zich: *Bezint nooit eer ge begint* in *Flor de Pascua* – je moet bewegen anders vries je hier dood, je moet weg, je zet een stap en je voet glijdt, je denkt nog even dat je het in de hand hebt, je gelooft het niet, maar dan grijp je mis en een ogenblik later voel je een dreun tegen je hoofd, het kraakt, je hoort nog de aanzwellende wind. '*Denn du bist Erde. Und du solsst zu Erde werden,*' zegt de Pfarrer.

De volgende ochtend haalt hij zijn broer George op van het perron en bezoeken ze opnieuw het graf. Ze gaan nog langs bij de fotograaf om afdrukken te krijgen van de foto's van Nols gevonden stoffelijk overblijfsel met de redders eromheen. Nol is met een laken bedekt.

Vader, Moeder en George besluiten met Mauk mee te gaan naar Rome om het nieuwe huis te bekijken, zoals het plan was geweest. Omstreeks elf uur vertrekken ze per rijtuig naar het station. Het regent.

*

In Rome staat Jetta op het station. Hij had het niet veel langer uitgehouden in de radeloze stilte van zijn Vader en Moeder. Arme oude mensen.

'Hoe kunnen ze nou naar Rome willen?' vraagt Jetta als hij eindelijk met haar alleen is. Hetzelfde had hij zijn ouders gevraagd. Ze hadden geen antwoord. Ze willen nog niet naar huis, denkt George, die toch ook is meegekomen. Alsof ze door naar Rome te reizen de dood van Nol kunnen uitstellen.

Thuis huilt hij lang in Jetta's armen. Zij huilt met hem mee. Het is vijf jaar geleden dat haar zusje Nadia overleed in Davos. Met Nadia stierf in Jetta al het mooie uit haar kindertijd. Ze vreest Mauks verdriet.

De volgende dag komen Vader en Moeder hun huis bekijken. George heeft hen naar Monteverde geleid. Moeder vindt het maar klein. Ze bekijkt ernstig de langwerpige woonkamer met alleen een venster aan de korte zijde. Ze hebben een behoorlijke slaapkamer, een kleine keuken, en een afdoende badkamer met wc. Het is toch niet te doen voor het dienstmeisje om in het keukentje te slapen op een bed dat overdag ingepakt tegen een wand moet worden gezet? De woonkamer is artistiek gemeubeld, vindt ze. Aan de straatkant ziet ze Mauks werktafel met boekenkast en sofa, aan de andere kant de eettafel met buffet. De wanden beplakt met eenvoudig papier. Ze knikt goedkeurend bij Vaders uil-kakemono, ook bij de borden aardewerk, door Mauk beschilderd in Ravello. Mauk volgt zijn moeder zwijgend door het huis. Het bezoek komt hem voor als een absurdistisch toneelstuk.

Jetta zet thee in de samowar die ze als huwelijkscadeau van Vader en Moeder hebben gekregen. Samen bekijken ze de nieuwe tekeningen van Mauk en de weinige prenten die hij de laatste tijd heeft gemaakt. Niemand noemt Nol of zegt zijn naam; iedereen draait om hem heen. Om elkaar te ontzien, zichzelf? Mauk vraagt het zich af. Vader en Moeder spreken aardig over het *Portret van Jetta* met de bloem in haar hand. George vindt de *Sint Vincent, martelaar* geslaagd. 'Waarvan akte,' zou Bas gezegd hebben.

De volgende dagen neemt hij hen op sleeptouw door Rome. Ze gaan naar de San Paolo en de Santa Sabina, wandelen in het park van Villa Borghese, gaan per lift naar het dak van de Pieterskerk. Daar klimmen ze naar de binnenrand van de grote koepel, waar Mauk hun het diepe zicht naar beneden laat zien. Vader merkt op dat er geen *whispering effect* is, zoals wel in de koepel van de Pauluskerk te Londen. Hoe werkt zijn hoofd? Moeder kan niet meer meedoen aan het spel en barst steeds vaker in snikken uit.

's Avonds tijdens het eten breekt George de stilte. Hij heeft er genoeg van en wil weg, terug naar Nederland. Moeder zoekt met wanhopige ogen hulp bij haar man en bij Mauk, terwijl haar hand blijft roeren in de soep.

'Maar waarom praten we niet over Nol?' vraagt George.

Moeder staat van tafel op. Mauk springt op en loopt met haar mee.

'Blijf in Rome, George, en sta Moeder bij,' zegt hij tegen zijn oudere broer als hij terug is. George knikt terwijl hij naar het tafellaken tuurt.

'Verdomme!' zegt hij en begint te huilen boven zijn bord.

De ochtend voor het afscheid verdelen ze de spullen van Nol. Mauk krijgt zijn vergulde potlood met inscriptie WERKSPOOR-AMSTERDAM, George de zilveren sigarettenkoker, Moeder zijn zakagenda, Vader het korte rekenliniaaltje dat Nol altijd bij zich droeg en waarmee hij ook op reis kleine berekeningen maakte.

Het afscheid op het station is stil. George en hij drukken elkaar de hand. Nol had altijd tussen hen in gestaan. Nu hij er niet meer is, lijken ze verder van elkaar verwijderd dan ooit.

'Een familie van oesters,' concludeert Jetta. Ze probeert sinds zijn terugkomst met hem te praten over Nol. Haar irritatie neemt toe. Wat moet hij nog meer zeggen? Hij heeft toch met haar gesproken over zijn verdriet. Ze hebben samen gehuild. Hij begrijpt niet wat ze wil.

Niet lang daarna blijkt Jetta in verwachting. Als ze het proberen uit te rekenen, moet het gebeurd zijn in de nacht dat Mauk terugkwam uit Meran. Ze is dolgelukkig met het nieuwe leventje dat ze in zich draagt. Mauk is net zo gelukkig: een kind van Jetta en hem. Het lot is hun nu goedgezind. Hij wil door met zijn leven, prenten maken, in een eigen atelier. Ze moeten vooruitkijken, de spoken uit het verleden laten voor wat ze zijn. Mauk zal meer geld in het laatje moeten brengen; ze moeten groter gaan wonen, een extra mond voeden. Hij moet nu eindelijk beter z'n best gaan doen om zijn prenten te verkopen, zegt Jetta hem meer dan eens. De stilte over Nol lijkt een permanente plaats te hebben ingenomen in hun huis.

*

'Ah, daar ben je, Escher!'

Vier maanden na Nols dood, op een mooie dag in februari, is hij van Monteverde afgedaald naar de stad. Met zijn tekenmap onder de arm is hij dwars door Rome gewandeld naar het Nederlands Historisch Instituut. Al een paar weken geleden had hij de afspraak gemaakt met de directeur, Dr Hoogewerff. Op een feestje van de ambassade had een vriend, de archeoloog Leopold, gezegd dat Hoogewerff hem zeker zou willen ontvangen. Hij had via Verkruysen een introductie gevraagd en de directeur had inderdaad meteen gereageerd op zijn verzoek.

Op het moment dat hij binnenkomt in de grote werkkamer, staat Hoogewerff op en loopt hem lachend tegemoet. Hij is een kleine donkere man die eruitziet als een Spanjaard, waarschijnlijk een jaar of tien, vijftien ouder dan hij.

'Ik had je al veel eerder verwacht! Het was toch niet nodig geweest om die hele heisa via Verkruysen uit te halen! Ik weet al sinds je tentoonstelling in Siena wie je bent.'

'Werkelijk? Hoe dan?'

'Dat is mijn werk!'

Hoogewerff nodigt hem met een handgebaar uit om in een diepe stoel te gaan zitten.

'Kunst is niet precies mijn taak, hoe zal ik het zeggen? Het Instituut is opgericht om de pauselijke en Romeinse archieven na te pluizen op belangrijke zaken voor de Nederlandse geschiedenis.' Hoogewerff lijkt routineus zijn verhaal af te gaan draaien. 'Maar dat leek me een magere basis voor dit prachtige instituut. Sinds mijn aanstelling, een paar jaar geleden, besteden wij meer aandacht aan de kunsten. Alle partijen hebben daar profijt van, dat begrijpt iedereen. Als er diplomatiek iets opgelost moet worden, is kunst het perfecte smeermiddel.' Hij lacht met Hoogewerff mee. Meer omdat de man hem sympathiek voorkomt dan om wat hij zegt.

'Ik ben uit dien hoofde een soort cultureel attaché van de Nederlandse ambassade, maar laat het ze niet horen. Ze hebben al een paar keer een beroep op me gedaan bij netelige kwesties. Mijn plan werkt. Vooral in deze tijden is diplomatie van het allerhoogste belang.'

Mauk wil het graag geloven.

'Ik volg dus alle Nederlandse kunstenaars in Italië. Van nu en van vroeger. Mijn dissertatie handelde over Nederlandse schilders in Rome in de zestiende en zeventiende eeuw. Zoveel Nederlandse kunstenaars hebben we hier tegenwoordig niet meer. Dus toen jij – drie jaar geleden? – in Siena exposeerde, kreeg ik dat meteen te horen. Ik heb de kritieken vanmorgen nog even nagelezen. *"È un squisito illustratore di paesi, un intellettuale stilizzatore di fiori, di case, di rocce, d'orizzonti marini!"* Dat maakt de mens nieuwsgierig! Ik hoorde laatst van Leopold dat je hier was komen wonen. Wat heb je gedaan in die drie jaar?'

De koffie wordt binnengebracht. Hij biedt Hoogewerff een sigaret aan. De directeur gaat ervoor zitten. 'Vertel! Daarna wil ik zien wat er in die map zit.'

'Siena lijkt een half leven geleden,' begint hij, overdonderd door het hartelijke enthousiasme van zijn gastheer. 'Toen was ik nog alleen. Ik heb een winter lang gezworven door de heuvels van de Chianti. Daar werd ik me er pijnlijk van bewust dat ik eerst beter moest leren tekenen, wilde ik de ruimtelijkheid van de landschappen kunnen doorvoelen. Dus ik heb drie jaar getekend. Op de steile hellingen van het schiereiland van Sorrento heb ik mijn vrouw ontmoet. We zijn getrouwd, een paar weken op huwelijksreis in Nederland geweest. We zijn de heuvels rond Rome in getrokken, Frascati, Palestrina, Tivoli, Poli, Genazzano. We bewonen nu samen een huis. En verwachten ons eerste kind. Dat heb ik gedaan in de afgelopen jaren.'

'Geen slecht leven lijkt me. Geen houtsnedes meer? *Xilografia nitide, bianconerista*?' lacht Hoogewerff.

'Bianconerista is nu beter gezegd. Ik teken om als graficus zuiverder te kunnen afbeelden hoe ik kijk.'

'Hoe je kijkt?'

Mauk weet dat Hoogewerff dikwijls over kunst publiceert in de *Nieuwe Rotterdamsche Courant* en *Elseviers Maandblad*. Hij moet op zijn tellen passen.

'Moeilijk uit te leggen. Ik beweeg me door de natuur. Ik houd van alles: een boom, een rots, een wolk. Door me te verplaatsen word ik deel van het land. Ik wil deel zijn van die enorme ruimtelijkheid.' Moet hij dit allemaal wel zo uitleggen? 'Ik probeer de ruimte samen te vatten in mijn tekeningen. In de letterlijke betekenis. Ik probeer alles samen te vatten. Te grijpen, begrijpen, het geheel, in één keer. Ik vat de hoogte samen met de diepte, de verte met de nabijheid.'

Hoogewerff kijkt hem vertwijfeld aan. 'Wat is dan het effect dat je wilt bereiken?'

Oppassen geblazen. De man staat bekend als een purist, geïnteresseerd in het nieuwe, maar klassiek afkerig van effectbejag.

'Het klinkt vast weinig origineel, maar ik wil mijn kijkers laten zien hoe ik de natuurlijke omgeving ondervind. Hoe de natuur op mij inwerkt, hoe ik haar met al mijn bewegingen van mijn hoofd en uit mijn ooghoeken waarneem. Heeft u wel eens een hagedis zien kijken, of een steenbok met zijn ogen ieder aan een andere kant? Toch zet hij zijn voet precies op dat kleine stukje uitstekende rots. Ik heb me er altijd over verbaasd. Als hij mist, stort hij in de afgrond.'

Hoe kan hij nou zoiets zeggen? Hij wil het helemaal niet over Nol hebben. Via Leopold heeft Hoogewerff zeker van het ongeluk gehoord. Maar zijn gastheer laat niets merken.

'Ik wil alleen afbeelden hoe de omgeving zich prent in mijn hoofd. Het lukt me nagenoeg nooit.'

'Je kijkers hè?'

'Zo veel mogelijk, ja.'

'Je wilt dat zij het mooi vinden?'

'Ik kan er geen zinnig woord over zeggen. Ik weet bij god niet of wat ik maak mooi is of lelijk.'

'Mmm, dat klinkt me moderner dan je bent, Escher. Bovendien: *de gustibus est disputandum*! De derde stelling van mijn proefschrift. Smaak is een van mijn favoriete onderwerpen. Maar je bevindt je in goed gezelschap. Weet je wat jouw illustere voorganger in de xylografie, Dürer, daarover zei?' Mauk is blij dat hij even niets hoeft te zeggen.

'Schoonheid kunnen wij teweegbrengen en ondervinden zonder dat wij weten wat het is. De echte kunstenaar geeft "in werkelijkheid" – dat is in de werkelijkheid van zijn werk – niet het waargenomene zonder meer, niet een weergave van de natuur. Hij geeft zijn eigen verbeelding. Hij geeft zichzelf.'

Hoogewerff kijkt hem tevreden aan. Kennelijk heeft hij de man niet teleurgesteld.

'Het gaat om de eeuwige waarden,' vervolgt hij. 'Gaat het in de kunst niet altijd om eeuwige waarden?'

Mauk schudt zijn hoofd.

'Dat valt te bezien. Het tijdelijke klopt aanhoudend op mijn deur. Ik moet geld verdienen, mijn werk verkopen. Ik heb al twee jaar geen expositie gehad.'

'En daarom ben je hier?'

'Ja.'

Hoogewerff laat een stilte vallen.

'Niets om je voor te schamen, beste kerel. Kunst moet gezien worden. Wat zit er in je map? Ik ben benieuwd naar de "intellectueel gestileerde bloemen". Hoe verzinnen ze het! Wacht.'

Hoogewerff veegt zijn bureau leeg zodat Mauk zijn werk kan laten zien.

Mauk legt *Sint Vincentius* op tafel. De directeur lijkt geboeid. Af en toe wijst hij iets aan.

'Prachtig, prachtig. Wat een wonderlijk ding. Hoe kom je erbij?'

'Het is nogal persoonlijk.'

Hoogewerff maakt een ongeduldig gebaar.

'Vorig jaar was ik met mijn vrouw weer een paar maanden in Ravello. Op een van onze vertrouwde wandelingen hebben we een favoriete steen waar we altijd stoppen, uitrusten, het noenmaal gebruiken. Een keer toen wij daar lagen, bij ondergaande zon deze keer, de stralen door Jetta's haar, als een stralenkrans, hoorden we het janken van honden of misschien wel het huilen van wolven. Tegelijkertijd kwam er een raaf naast ons op de steen zitten. "Als het verhaal van Vincentius," zei mijn vrouw. Ze weet veel van heiligen. Ik heb haar ooit verleid met een prent van Sint Franciscus. Dus de Vincentius is eigenlijk een ode aan mijn vrouw, of aan ons huwelijk, of nog beter: aan die bijzondere steen die wij als de onze beschouwen.'

'*Si non è vero, è ben trovato...*'

'Geloof me maar, Hoogewerff. U begrijpt: dit is vertrouwelijke informatie! Ik heb natuurlijk de *Legenda Aurea* erop nageslagen...'

'Och, dat onzinnige boek!'

'Met een prachtig verhaal over Vincentius.'

'Akkoord, akkoord, ga door, de volgende.'

Mauk pakt een papieren map uit zijn grote portfolio. Op de voorkant staat een vogel. In zijn vleugels lijken – in het verenmotief – nieuwe vogels te ontstaan. In de uitsparingen verschijnen kleinere vogels. PRIMO GIORNO, GEN. I:15 CREAZIONE DELLA TERRA E DELLA LUCE. LO SPIRITO DI DIO SPORA LE ACUE.

'Het is niet waar! Een map met de schepping van de wereld! Het is niet waar! Laat zien, leg ze allemaal op het bureau! Wat een prachtig toeval.'

'Een van de aantrekkelijkste voorstellingen die ik ken,' zegt Mauk, bijna op verontschuldigende toon. 'De lichte vissen in het zwarte water en de zwarte vogels in de witte lucht; de vijfde dag is voor een graficus natuurlijk bruikbaar materiaal.'

'En die tweede dag, die scheiding der wateren is meesterlijk! Het lijkt wel Hokusai!'

Mauk lacht opgelucht.

'We hadden Japanse prenten thuis.'

'En bij de eerste dag ook een vogel! Natuurlijk, *lo Spirito di Dio*. En die

Franciscus is natuurlijk ook met vogels, heb je die bij je? Laat zien!'

Hij pakt het grote vel uit zijn map. Hoogewerff begint te lachen.

'Jij houdt van vogels.'

'Ze zijn mooi, vrij, uitgeknipt in de ruimte,' zegt Mauk. 'Ze zijn geschikt om in contrast weer te geven, wat ik zei, goed materiaal voor een houtsnijder.'

Hij trekt een afdruk van *Acht koppen* uit zijn map.

'Het lijkt een kaartspel.'

'Een oude hobby. Een vriend noemt het een neurose. Ik probeer vormen in elkaar te laten passen. Als een puzzel. Vroeger al met de kaas op mijn boterham. Nu ben ik aan het proberen motieven te tekenen van dieren die in elkaar passen. Kent u de tegelmotieven van de Moren in Spanje in Granada?'

'Het Rode Fort.'

'Ik probeer de laatste maanden vanuit die tegeltjes dierenfiguren te verzinnen. Maar het is moeilijk. Ik heb nu leeuwen, hondachtige beesten en vleermuizen die in elkaar passen.' Hij laat de schetsen zien aan Hoogewerff.

'Je moet je aandacht richten, Escher! Concentreer je nu maar op je kunst en laat de motiefjes en patroontjes voor de sierkunstlieden. Laat me je tekeningen zien.'

Dat valt hem tegen. Hij heeft lang gewerkt aan die figuurtjes. Hij vindt ze zelf bijzonder kunstig, ze kunnen beter, zeker, maar hij had gedacht dat anderen net zo overrompeld zouden zijn als hij dat die beesten in elkaar grijpen. Zijn zwager Oskar had ze veelbelovend gevonden. Misschien uit beleefdheid. Nog niet goed genoeg om stoffen mee te bedrukken, maar toch; *vielversprechend.*

Dan trekt hij een dertigtal tekeningen in één keer uit de map en legt ze op het bureau, boven op het andere werk.

'Je hebt niet stilgezeten.'

'Deze zou ik kunnen tentoonstellen. Het is een selectie van mijn werk van de laatste drie jaar.'

Hoogewerff slaat tekening na tekening om. Toscane, Amalfitaanse kust, de borgo's rond Rome, in de Monti Cimini.

'Schitterend! wat een uitzicht! Heerlijk! Wat men allemaal kan met een pen!'

Het is een tijd geleden dat hij zijn eigen tekeningen heeft gezien. Ze zijn inderdaad niet slecht. Hij had de bergen uit zijn hoofd gezet.

'Dat een Hollander het onontdekte Italië moet documenteren! Kostelijk. Ik zorg voor een tentoonstelling van dit werk. Hier in Rome: houtsnedes en tekeningen. Subliem!' Hoogewerff staat als een glorieuze veldheer naast zijn bureau. 'Michelangelo!'

'Pardon?' vraagt Mauk.

'De beroemdste schepping van de wereld van de wereld! De Sixtijnse Kapel! Zie je het niet? Ik heb – niet geheel toevallig – goede betrekkingen met het Vaticaan. Je hebt Franciscus gemaakt, Vincentius, de schepping van de wereld.'

Hij vermoedt waar Hoogewerff naartoe wil.

'Goed dan. Ik schrijf de paus! Wat zeg je daarvan. De paus beveelt aan... Mauk Escher. Niets is onmogelijk in deze stad, mijn beste! Mijn favoriete Jan van Scorel werd hier beheerder van de pauselijke kunstcollecties. Wij Hollanders gaan lang terug met de papa. Let op, dit gaat lukken, ik verzin een mooi verhaal! En met een pauselijke aanbeveling regel ik een tentoonstelling waar je die maar wilt hebben! Wat zal je vrouw zeggen!' Hoogewerff geeft Mauk een knipoog.

Wat zal Jetta zeggen? Gisteravond hadden ze weer ruziegemaakt. Hoe kan zij weten met wat voor man zij is getrouwd als hij nooit wat zegt? Is hij wel iemand, of is hij alleen leegheid, lucht? Hij ruikt niet eens naar mens, alleen naar hout en rook. Een strafondervraging. Het leek of zijn hersenen bevroren, hij wist weer niets te zeggen; zij nog bozer. Hij had gehoopt dat haar zwangerschap haar een zekere vervulling zou geven, maar ze wordt er niet vrolijker op. Hij wil haar echt gelukkig maken, maar het kan toch niet allemaal alleen van hem afhangen? De paus? Het zal haar misschien hoop geven.

'Ik ga ermee aan de slag!' Hoogewerff lijkt tevreden. 'Kom volgende week dinsdag bij ons eten. En neem je vrouw en je map mee. Ik wil je werk aan wat mensen laten zien. Ik zal je voorstellen aan een paar Italianen die je moet kennen. Nu moet ik je helaas de deur wijzen. Je laat Franciscus, Vincentius en de schepping hier, akkoord?'

Mauk stapt van het bordes van de Villino Paula de rustige Via Savoia op. Hij heeft een fijne lange wandeling voor de boeg. Over een paar maanden is het nieuwe huis klaar, met atelier op de bovenste verdieping. Dan kan hij zijn tekeningen gaan uitwerken en eindelijk gaan snijden en drukken. En misschien kan hij weer op reis, de stad uit. Als hij thuiskomt, zal hij een brief aan Vader gaan schrijven. En hoe zal hij het Jetta vertellen? De paus!

*

Voor het eerst sinds zijn huwelijksreis drie jaar geleden is Mauk in Nederland. Hij logeert bij zijn ouders. Hij komt afspraken maken over tentoonstellingen in Amsterdam en Den Haag. Sinds hij vorig jaar in Rome zijn werk heeft getoond, is het makkelijker zijn prenten elders tentoongesteld te krijgen. Via Hoogewerff had hij kennisgemaakt met een groep Italiaanse grafici die hem hadden uitgenodigd in het Palazzo Venezia te exposeren, op de welhaast meest eervolle plek, in het hart van de Eeuwige Stad. Van de paus heeft hij nooit iets gehoord. Nu hij eenmaal succes heeft in Rome, hebben Nederlandse galeries ook interesse getoond. Jetta was zo gelukkig geweest. Niet alleen werd zijn werk verkocht; hij was in één keer opgenomen in de Romeinse kunstenaarskringen en ze hadden goed vooruitzicht op inkomsten voor de familie.

Vandaag is zijn agenda leeg. Jetta en hun eenjarige zoontje George zijn naar het strand.

'Goedemorgen Vader, zat u wat te dommelen?' Mauk loopt vanaf het overdekte terras de tuin in en gaat bij zijn vader aan tafel zitten. Zijn ouders zijn begin 1927 verhuisd van Oosterbeek naar de Laan Copes van Cattenburch in Den Haag. De oude man heeft zijn zonneklep op zijn voorhoofd, al zit hij in de schaduw. Zijn ogen kunnen het zonlicht moeilijk meer verdragen. Voor hem liggen een hoed, een krant en een klein vergrootglas. Hij zat inderdaad even te soezen.

'Goedemorgen, Maukie. Hoorde ik je vanmorgen fluitend werken in de badkamer?'

'Een beetje, Vader. Georgke was onrustig.'

'Ik hoorde ook zijn stemmetje. "Giorgio, Giorgio!" Wat een vrolijk kereltje. En? Hoe gaat het met mijn zoon die vader is?'

Mauk gaat met een brede lach achterover zitten.

Vader is in goeden doen vandaag.

'Waar te beginnen? De wereld is een andere wereld, alle gemeenplaatsen zijn waar. Bij alles wat we doen, denken we eerst aan Georgke, van 's ochtends vroeg tot 's avonds laat. Gelukkig is dat nu beetje bij beetje aan het wennen. We hebben een uitstekende, lieve meid. We gaan weer uit, naar theater, concerten, feestjes van nieuwe vrienden. We krijgen weer wat tijd met elkaar. Jetta ziet er weer schitterend uit, haar oude kleren passen haar weer en ze kan weer nieuwe kopen. Gisteren zijn we naar het modehuis Gerzon geweest.'

'Die knickerbocker en die hoed die ze gisteravond droeg. Die zijn modieus?'

'Ja, prachtig hè? Het leven krijgt weer een eigen ritme. En ik kan weer meer werken.'

Vader fronst.

'Het nieuwe huis is een droom, Vader, een droom. Boven op de Monte Verde, het is nog iets hoger gelegen dan het vorige huis. Op de bovenste verdieping heb ik mijn terras en atelier; ik kijk uit naar alle windrichtingen. En ja, het moet gezegd, ik ervaar het werken anders. Als vader. Ik voel me anders als ik aan het werk ben.'

Vader kijkt Mauk quasi-vragend aan.

'Verantwoordelijk, dat zal het zijn, ik voel me verantwoordelijk. Met mijn werk moet ik een gezin onderhouden. Bekende woorden; u zal me wel uitlachen, maar ik begrijp ze pas voor het eerst.'

Vader lacht tevreden.

'Waar werkte je aan, vanmorgen?' vraagt hij.

Mauk praat niet graag over onderhanden werk, maar voor zijn vader maakt hij een uitzondering.

'Een tekening. Een toren van bovenaf gezien, als vanuit een luchtballon.'

Vader probeert het zich voor te stellen en knikt.

'Omdat je gisteren naar Delft bent geweest?'

'We stonden boven op de toren van de Nieuwe Kerk. Al die kleine mensjes op het plein schuifelden als mieren langs elkaar heen.'

'Net als toen we samen op de Eiffeltoren stonden,' lacht Vader.

'En net als in San Gimignano. Ik was het al langer van plan. Vannacht kreeg ik het idee om een prent te maken over het onbegrip tussen de mensen – de Toren van Babel.'

'Mmm,' mompelt de oude man.

Waarschijnlijk had Vader hen gisteravond kunnen horen kibbelen. Moeder had iets gezegd over een vlek op Georgkes broek, wat Jetta als beledigend had opgevat.

'En wil je nu het werk niet hervatten?'

'Nee, nee, geen sprake van, nu wil ik met u in de tuin zitten.'

Ze ondergaan een paar momenten de bekende comfortabele stilte.

'Het is een stuk minder dan in Oosterbeek, niet?'

'De tuin? Deze tuin is mooi, Vader. De rozen en de buxus ruiken flink. Je ziet de huizen van de buren maar nauwelijks met die begroeide muren.'

De oude man maakt een weifelend gebaar. 'Het voorjaar was hier wel prachtig met het paarswit van de beverboom, de gele kornoelje, het wit van onze rododendron, het roze van de prunus.' Dan zwijgt hij even. 'Al wordt het nooit als de bloei van de kers in Japan.' Ze kijken naar de groene bomen.

'Wilt u niet weer eens wat vertellen, Vader?'

'Net als vroeger?'

'Ik stootte zojuist in uw werkkamer tegen het kamerscherm met de kraanvogels. Plotseling leek het of al die Japanalia me riepen. Ik zag weer de zichten op Edo, bekeek het aquarellenboek uit Kyoto, de ivoren beeldjes, de versteende rupsen uit Tottori, al die dingen! Ik werd weer meegezogen in een maalstroom naar vroeger.'

'Wat een nonsens.'

'Nee. Nee, Vader, ik weet alles nog zo goed. Die zekerheid van de Kyoto-schilders is voor mij zelfs nu nog onnavolgbaar. Met één streek van een waaierpenseel staan de zonnestralen bij tegenlicht op het linnen. Hoe ik daarvoor moet ploeteren. Die nevelpartijen tegen die bossen zijn niet geschilderd; er is niets, geen verf bedoel ik, alleen het blote linnen, maar de nevel is voelbaar. De peilloze diepte achter de houten pijlers onder die tempel, alsof de ruimte onder het gebouw oneindig is verdeeld in kubussen. Elke keer dat ik dat boek zie, geeft het me nieuwe ideeën. Ongelooflijk, het kan me nog steeds bezielen.'

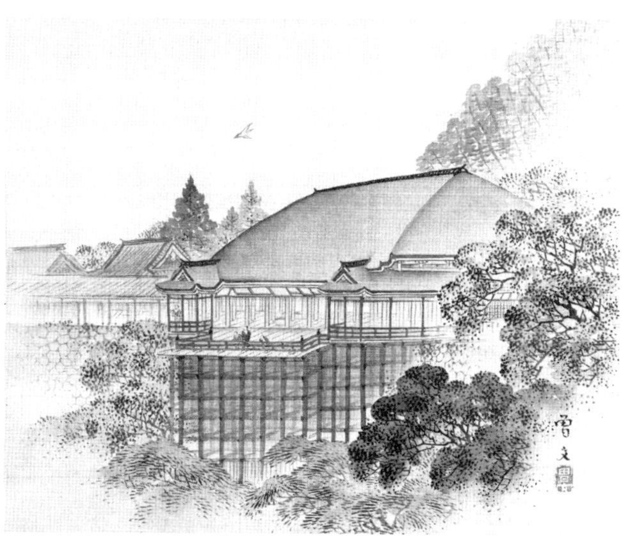

Vader kijkt Mauk lachend aan, verheugd over zijn zoons geestdrift.

'In uw werkkamer ben ik terug in Arnhem. Maar u bent weer in Japan, of niet?'

'Steeds vaker,' zegt hij binnensmonds en wendt zijn blik naar de klimop.

'Vader? Vader, hebben wij die puzzeldoos nog? Die lakdoos?'

Het duurt weer even voordat Vader reageert.

'Tjonge, kerel, ja. De zwarte doos.'

'De toverdoos,' zegt Mauk. 'Waar is hij nu?'

'Gewoon in mijn werkkamer. In het hoge deel van mijn bureau, achter het bolle rolluik. Waarom?'

'Ik ga hem halen.'

'Hier Vader, uw deken. Ik leg hem over uw schoot.' Mauk veegt met zijn mouw het stof van de lak en opent de doos plechtig. 'Het moet meer dan tien jaar geleden zijn dat ik die vanbinnen heb gezien. Weet u dat ik vroeger uw werkkamer binnensloop om met de spelletjes te spelen?'

'Wat dacht jij?'

Hij buigt een stukje voorover naar Vader. 'Ik ben de laatste tijd weer aan het puzzelen. Ik probeer weer eens motieven te bedenken die in elkaar passen.'

'En?'

'Interessant, maar moeilijk. Het lijkt of ik vroeger helderder was. Ik vraag me af of ik de puzzel nog kan oplossen.'

'De Lu Ban Suo?' zegt Vader plechtig. 'Heb ik je het verhaal van Lu Ban al eens verteld?'

'Beschermer van houtbewerkers, verdwenen vakmanschap tot magie geworden. Hoe was het?'

Vader kijkt geamuseerd naar zijn zoon met de baard. Hij heeft hem al zo lang niet gezien.

'Je houdt me voor de gek. En hoe ik de doos heb verworven, heb ik die geschiedenis al eens verteld?'

Hij schudt zijn hoofd. Vader lacht even.

'Ik heb de doos gekocht van een heer in Canton, in het jaar 1878. Weet je zeker dat je het weer wilt horen?'

'Ja. Zeker.'

'Het was op mijn terugreis naar Holland.'

'Wacht, wacht, Vader. Ik ga papier halen; ik zal deze keer de oplossing tekenen, dan is zij voor eens en altijd duidelijk.'

'Verklap je zo niet het geheim van de smid?'

'Nee, ja, nee, u heeft gelijk, het gaat niet om de oplossing. Ik wil weten hoe de puzzel bedacht is. Ik wil het binnenste begrijpen, hoe alle stukken in elkaar steken, wat Lu Ban wilde verhullen met zijn perfecte sluitingen.'

'Mmm, neem voor mij ook wat papier mee, ik heb ook zin eens wat te knoeien. Pak de inktpot en de pennen.' Hij verheft zijn stem alsof hij zegt: 'Ten aanval!'

Mauk loopt het huis in, door de zitkamer naar zijn vaders werkkamer. Het loopt tegen de middag en Moeder zit in een hoge stoel te lezen. Een streep zonlicht valt op de gordijnen van de zitkamer. 'Waarom komt u niet bij ons zitten, Moeder? Het is al lekker in de tuin. We gaan tekenen en wat puzzelen met de toverdoos.'

'Die doos, eh? Dan heeft Vader het zeker weer over Japan?'

'Ja, Mamaatje, ik krijg hem op zijn praatstoel. Komt u bij ons?'

'Misschien later, Mauk, lieverd. Ik laat jullie een poosje samen. Je maakt Vader zo gelukkig met je bezoek. Hij zit genoeg bij mij, althans, wanneer hij zich niet opsluit in zijn werkkamer. Je lacht, lieve zoon, ik zie het aan je ogen. Ga maar snel, voordat hij in slaap sukkelt.'

Terug in de tuin schudt hij zijn vader zachtjes wakker.

'Ah Mauk, daar ben je weer. Ik sliep niet hoor, ik was op zee. De zwarte stroom ten zuidoosten van het eiland Formosa. Ik herinner me de vulkanen van de Van Linschoten-eilanden. Hun rook verloor zich in de wolken. Geef mij ook maar papier, dan kan ik wat tekenen.'

'En vertellen tegelijk?'

'Waar ik de doos gevonden heb, hè? In Canton.' Vader kijkt naar het einde van de tuin alsof hij er een film geprojecteerd ziet.

'Ik zat in een draagstoel met drie dragers. Zo doorkruisten we de stad. Mijn gids zat in zijn eigen stoel. We stapten uit waar wat te kijken viel: het snijden en boren van ivoor, van jade en parelmoer, het weven van zijde, het lakken van de dozen.'

'Ha!' zegt Mauk.

Vader kijkt verstoord op.

'Ga door. Ik herinner me weer wat van de puzzel. Kunt u zich herinneren dat u hem kocht?' Mauk pakt een van Vaders ontwerppapieren, vouwt het zorgvuldig in zessen en begint links bovenaan te tekenen.

'Geduld, geduld, daar komen we straks.' Het duurt even voordat Vader weer op gang komt. 'Er hing een aangename sfeer in de straatjes. De zon werd er geweerd door grote, overhangende schermen. De huis aan huis staande winkels waren rijk verguld en met bloemen versierd. Ze hadden geen eigenlijke verdieping maar het dak was toch hoog van de grond en veelal hadden ze een galerij met balustrade. Boven de doorgang naar het achterhuis stond menigmaal een huisaltaartje. Net als in Japan zijn in Canton veel soortgelijke winkels bij elkaar getrost. Men vindt er straten van goud- en zilversmeden, van ivoorwerkers, jadesnijders, lakwerkers, van tekenaars, zijdewevers, pottenbakkers, makers van papieren, zijde, pauwenveren, schildpadschilden waaiers. Dat zei jij toen je klein was: schildpadschild. Weet je nog?'

Mauk bromt iets, maar kijkt niet op van zijn tekening.

'Ik raakte toch weer begerig door al die koopwaar. Canton was in de laatste eeuwen het warenhuis van China geweest. Binnen een straal van vijfhonderd meter kocht men de beste spullen van het keizerrijk. Ik was in het bijzonder geïnteresseerd in ivoor, lakwerk, porselein en zijde, de meest gewaardeerde cadeaus voor familie en vrienden in Holland. Chinoiseries waren nogal in de mode, dat weet je.'

Mauk laat een instemmend gebrom horen terwijl hij afwisselend naar de kruispuzzel en zijn papier kijkt. Hij wil een tekening maken van elk stadium van de oplossing van de puzzel. Eerst een tekening van alle zes ivoren staafjes apart, dan van stokjes 1 en 2 die in elkaar passen en de rest van de stokjes los, en zo verder. Met zijn ene hand houdt hij de half gemaakte puzzel vast, met zijn andere schetst hij.

'De dragers hielden halt bij een beroemde ivoorwinkel.'

Mauk stopt met tekenen en kijkt naar zijn oude vader. Hij heeft zijn ogen dicht. Hij kent foto's van zijn vader in Japan. Een magere, flegmatiek ogende gestalte met een immer licht verwonderde blik, alsof hij maar half wilde geloven wat er allemaal om hem heen gebeurde, meestal omringd door Japanse leerling-ingenieurs en handwerkslieden, poserend voor een brug, een pier of een tunnelgat. Toen was Vader zes jaar ouder dan hijzelf nu is.

'Een fabelachtige rijkdom aan ivoor lag voor mijn ogen te glimmen. Ik vroeg mij af hoe de eigenaar zich zulk een voorraad veroorloven kon. Zijn handel moest enorm zijn. De man zag er weliswaar onberispelijk uit in zijn jack van zijde, zijn crêpe kniebroek, zijn witte beenkappen en geborduurde fluwelen schoenen, maar hij was dienstbaar als een lakei. De koopman moet hemelrijk zijn geweest. Hij had een ernstig en intelligent gezicht. Hoewel hij mij niet veel in de ogen keek, maakte hij een prettige indruk. Ik maakte mij via de tolk kenbaar als Hollands waterbouwkundig ingenieur. Toen hij dat niet begreep, zei ik hem maar dat ik bruggen bouwde. Daarop dacht hij even na. Een glimlach verscheen op zijn gerimpelde gezicht. Hij fluisterde iets in het Chinees tegen een van zijn bediendes, die er net zo smetteloos uitzag als hij. En deze kwam aan met Lu Ban Suo, jouw sterpuzzel.'

Vader laat een pauze vallen. Hij zit rechtop, op zijn gemak met zijn armen op de leuningen van zijn stoel. Voor hem liggen nog steeds potlood en papier.

'Wat een vreugde om je zo te zien werken, lieve kerel. Zo kan ik me jou voorstellen in je werkplaats. Je bent werkelijk de tovenaarstruc aan het prijsgeven,' zegt Vader met zijn blik op Mauks tekening.

'U wilde toch ook tekenen? Zal ik niet wat vertellen over Italië?'

'Nee nee, straks, als Jetta en Georgke er zijn.'

'Die komen pas aan het einde van de middag terug, Vader.'

'Ik ben nog in Canton. Toen de verkoper zag dat ik warmliep voor de sterpuzzel, kwam hij aan met de andere puzzels. Ze waren allemaal zo prachtig gesneden. "*To teach your sons,*" zei hij steeds. Ik had toen nog geen zonen, al was ik de vijfendertig gepasseerd. Hij liet nog die schitterende kleine tangramdoosjes zien en deze kubuspuzzel en ik wist dat ik alles zou kopen. De puzzeltjes zijn nu bijna vijftig jaar oud en nog in goede staat. Ivoor is uitstekend materiaal. Enfin, de eigenaar, de ervaren verkoper die hij was, kon mij lezen als een boek. Toen hij zag dat ik happig raakte, wenkte hij me naar een hoek in zijn winkel. Daar nam hij een indrukwekkend slot van een kast en haalde er een zwarte lakdoos uit, onze toverdoos.'

Vader kijkt hem aan. Tijdens het vertellen was hij steeds blijven kijken naar de toppen van de berken aan het einde van de tuin. Hij ziet dat Mauk de puzzel helemaal in elkaar heeft gezet en de zesde tekening aan het afmaken is.

'Je schetsen zijn goed, Mauk. Ik zou ze met inkt afmaken, als ik jou was. Zo werkte ik altijd.'

Hij pakt de inktpot en een pennetje. 'Ga door, Vader. De eigenaar haalt de toverdoos uit de kast...'

'Hij opende hem en ik zag al die heerlijke witte ivoren kunstwerkjes in het prachtige blauwe zijde liggen. Hij had speciaal voor gefortuneerde westerlingen een paar lakdozen bedacht en laten maken. Die wilde ik hebben. Er moeten er dus nog een paar andere in de wereld zijn. De eigenaar liet me nog een aantal dozen zien zonder ivoorwerk, met prachtige motieven van ingelegd parelmoer en stukjes gebroken schaal van kwarteleieren. Die heb ik toen ook maar gekocht. Toch heb ik me ingehouden. Het enige waar ik spijt van heb, is dat ik niet zo'n mooie puzzelbal van in elkaar passende bollen heb aangeschaft. Onbegrijpelijk knap gemaakt. Ik vond ze te duur. Oliedom, want de prijs was naar onze begrippen laag. De verkoper was een goede en eerlijke handelsman. Hij deed werkelijk zijn best voor mij en tegelijkertijd kon ik merken dat het voor hem onbelangrijk was of ik iets van hem kocht of niet. Ik heb al die dozen laten inpakken en aan boord laten brengen. Pas in Holland zag ik alles weer terug.'

Vader houdt op met vertellen. Alleen het gekras van Mauks kroontjespen is nog hoorbaar, en het tjilpen van een paar mussen. Tijdens het afmaken van de tekening in inkt denkt hij na over de betekenis van de sterpuzzel. Als de puzzel in elkaar zit, als het binnenwerk precies in elkaar valt, kan je zijn geheim niet meer zien omdat de naden perfect sluiten; als het geheim van Lu Ban is ontdekt, hult het zich in massieve duisternis. Het voorwerp lijkt hem volmaakt.

'O, wat een handige tekeningen, Mauk!' zegt Moeder. 'Zo kan ik hem zelfs in elkaar zetten!' Mauk haalt de puzzel uit elkaar en geeft de stokjes en zijn tekening aan zijn moeder. Binnen een paar minuten heeft ze hem weer in elkaar.

'Zo,' zegt ze, 'een fluitje van een cent.'

'Het gaat erom te ontdekken hoe de puzzel bedacht is, niet hoe die opgelost kan worden,' zegt Vader wijs.

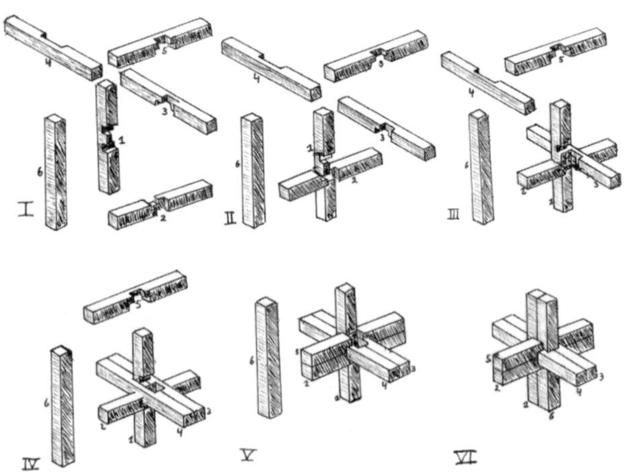

Mauk glimlacht door zijn baard. Dan zet hij zijn monogram en dateert de tekening.

‘Komaan,’ zegt Vader, ‘nu ga ik ook wat tekenen. Vertel alvast maar eens over je werkplannen.’

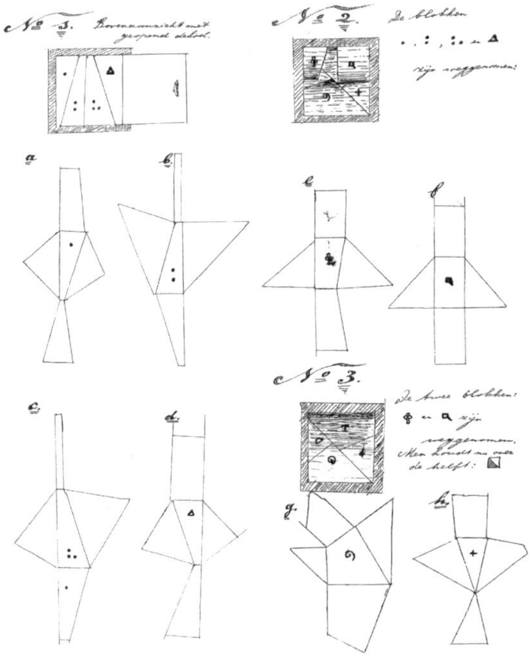

*

Na het bezoek aan zijn ouders heeft hij geen tijd meer voor gepuzzel. Op weg terug naar Rome bezoekt hij het graf van Nol in Merano. Hij moet van zichzelf de tocht maken naar de Mutspitze, moet de plek vinden waarvandaan zijn broer is neergestort. Met hulp van Dr Markart vindt hij de onheilsplaats. Het pad is er inderdaad smal, maar nu, in de nazomer op klaarlichte dag, biedt het voldoende ruimte en houvast om veilig te lopen. Hij blijft lang staan boven aan de bewuste afgrond, kijkt de driehonderd meter naar beneden. Hij kan de val van zijn broer voor zich zien. De diepte trekt aan hem. Hij voelt de bekende verschijnselen: natte handen en nek, duizelig, droge mond, trillende benen, niet durven bewegen. Maar hij voelt geen doodsdrang. Daar was het hem om te doen geweest; hij wil niet springen, hij wil leven. Nol zal geen suïcide hebben gepleegd, hij zal zich niet moedwillig naar beneden hebben gestort. Mauk accepteert nu beter Dr Markarts uitleg van Nols dood. Hij maakt op de plek een bergje stenen voor Nol, zoals Japanners volgens Vader doen. Eindelijk. Hij is opgelucht. Hij kan weer de bergen in.

Thuis in Rome spreekt hij met Jetta af dat hij twee à drie keer per jaar een aantal weken van huis gaat om in de natuur te gaan tekenen. De rest van het jaar zal hij thuis zijn en zijn beste tekeningen uitwerken in prenten. Hij belooft meer moeite te gaan doen om zijn werk aan de man te brengen, de inkomsten te verwerven om de familie te kunnen doen groeien, Deo volente. Vorig jaar waren zijn tekeningen van landschappen en dorpen door critici en publiek goed ontvangen. Hij zal een oeuvre ontwikkelen, naam maken met zijn landschappen.

Het lukt hem zijn plannen te verwerkelijken. Dat najaar gaat hij met zijn schoonzus en een bevriende Franse schilder naar Sicilië en Tunesië. In de lente trekt hij in zijn eentje door de noordelijke Abruzzen en reist hij met Jetta's vader door Corsica. Zijn productie neemt toe. Hij begint meer te verkopen in Nederland, in Italië, zelfs in Zürich via schoonzus Nina.

In december wordt Arthur geboren, genoemd naar Jetta's vader. Jetta en hij lijken een evenwicht gevonden te hebben. Elke keer als hij op pad gaat, voelt hij een opluchting; elke keer als hij terugkomt, verheugt hij zich op het weerzien met zijn vrouw en zonen.

*

In de lente van 1929 is hij weer in de Abruzzen, in de streek Aquila, zuidelijker dan een jaar eerder. Hij reist met zijn vriend Triverio, die niet alleen tekent maar ook schildert. Via het provinciestadje Sulmona zijn ze de kloof van het riviertje de Sagittario in getrokken. Het eerste stuk leggen ze af per rijtuig. De klim naar Anversa moeten ze afwisselend zelf lopen en op een ezel rijden. Ze overnachten in dat dorpje en tekenen de hele volgende dag. Mauk maakt schetsen van het dorp vanuit verschillende standpunten. Al duizend jaar liggen de borgo's van de Abruzzen als adelaarsnesten op de bergwanden. Ze lijken met elkaar vergroeid, de bergen en dorpen, de stenen hebben zich naar elkaar gevoegd, als reusachtige kristallen door natuurkrachten opgestuwd en samengedrukt. Hij wil de geologie van deze dorpen vastleggen, voor altijd.

Ze volgen het droge ezelspad door de Gole di Sagittario via Villalago, langs het meer, naar het dorpje Scanno, waar ze weer hun schetsplanken tevoorschijn halen. De twee mannen in knickerbocker, vooral Mauk met zijn blonde haren, trekken veel bekijks van kinderen en jonge vrouwen. Hij tekent een vrouw in klederdracht die toevallig in zijn gezichtsveld zit. Triverio draagt een Zwitserse vilten hoed met een gekleurd veertje waar de kinderen het op gemunt hebben. Ze willen steeds met hun handen het veertje aanraken en rennen gierend weg als Triverio, eerst quasi- dan echt boos, opspringt. Door de mannelijke bevolking van deze afgelegen streken worden ze met argwaan bekeken.

De volgende morgen zijn ze van plan om over de bergpas naar Castrovalva terug te klimmen. Vanaf Anversa heeft Mauk het bergdorp op een kam zien liggen. Triverio wilde vanuit Scanno de andere kant op, maar Mauk heeft zijn zinnen gezet op een goede schets van Castrovalva. Hij wil het plaatsje eerst van boven zien. In Scanno is het prachtig weer wanneer ze op pad gaan. Maar hun pakezel – ze noemen hem Apuleius – is onrustig. Er is storm op komst.

Het begint al te regenen wanneer ze langs de andere kant van het meer omhooglopen. Na het verlaten dorpje Frattura Vecchia wordt de weg slechter en verandert de regen in sneeuw. Ze lopen een spooklandschap binnen; de bomen verdwijnen, de kleuren verfletsen als de heilige Kii-bergen, de stenen steken grimmig uit boven een doorzichtige sluier van natte sneeuw. De wind snijdt zo hard in hun gezicht dat ze achter Apuleius moeten gaan lopen. Er is nog meer storm op komst, zegt de gids, maar Mauk wil door, de pas over, naar Castrovalva. Boven zich zien ze een kale rots met een besneeuwde top net onder de wolken, als een loerende adelaar met een witte kop, wachtend op het moment om aan te vallen.

Diep onder hen ligt nu het meer van Scanno. De wind neemt toe op weg naar de pas, op het sneeuwdek vormen zich kleine ribbeltjes. Mauks oren bevriezen. Ze lopen steeds langzamer tegen de wind in. Achter elke heuvel verschijnt een andere. De ezel lijkt de uitputting nabij en de ezeldrijver moppert steeds luider. Ze weten meerdere malen te verhinderen dat hij terugkeert met Apuleius.

Dan steken ze eindelijk de pas over en plotseling gaat de wind liggen. Ze kijken ver weg onder de wolken door. In het verschiet, tientallen kilometers ver, zien ze een stukje blauwe lucht. Het zicht op Castrovalva wordt hun nog ontnomen door een lager gelegen bergrand. Direct voor hen ligt een paradijselijke komvallei die wordt opgelicht door het frisgroene gras. Een vergeten plek op de wereld. Ook het sneeuwen is opgehouden. Ze glijden op hun bergschoenen over het natte gras naar beneden. De vallei is zo uitgestrekt en leeg dat ze precies kunnen zien waar ze over een paar kilometer moeten zijn. Er zijn nog geen paden in het paradijs. Ze horen bellen en zien een groepje bruine paarden. Daarna horen ze hogere belletjes van een kudde schapen half verborgen in de wolken. Aan het einde van de vallei kunnen ze over de rand heen kijken en zien eindelijk Castrovalva liggen. De wind is nu helemaal gaan liggen. Ze gaan zitten op een rots en kijken afwisselend naar het verre uitzicht voor zich en de droomvallei waar ze vandaan komen.

'Zie je hoe die huizen daar liggen op die steile rand?' vraagt Mauk. 'Ik ken dit soort dorpen uit de Monti Cimini, ken je Vitorchiano?'

Triverio schudt van nee.

'Maar de ligging van dit dorp is de mooiste die ik ooit heb gezien. Hier, van bovenaf, is het niet zo indrukwekkend, maar ga je eronder zitten, dan duizel je, dat weet ik nu al. Dat wil ik mijn kijker doen voelen. Daar wil ik tekenen.'

Triverio zegt een lange tijd niets.

'Een soort impressionisme van de ruimte? Bedoel je dat?'

Mauk had dezelfde gedachte ook wel eens gehad, maar nee, dat is het niet. 'Het is veel basaler, minder gecultiveerd dan het impressionisme dat wij kennen. Je kan dit' – hij strekt beide armen uit naar de dieptes, de vertes, de hoogtes om hen heen – 'niet vergelijken met die feestjes in Parijs of het lieftallige Franse platteland. De bergen zijn meedogenloos, ze zijn machtig, ze kijken op ons neer, ze wekken angst, ze nemen levens. Ze dwingen ons tot keuzes. Laat ik me klein maken? Blijf ik beneden? Daag ik de berg uit? Is hij sterker dan ik of kan ik hem aan? Kunnen we samenleven, de berg en ik? Door te wandelen door de bergen leren we ze kennen, leren we onze relatie met de ruimte beter kennen. Wandelen is als tekenen, je krabt erlangs, je tast de bergen af. Ze spreken onze zelfgenoegzame intuïtie tegen en laten zien dat ons gevoel ons bedriegt. Je zult me wel een fladderaar vinden, Giuseppe, maar geef toe, hier zijn de dingen niet zoals ze lijken.'

Triverio, die weet van de dood van Mauks broer, heeft geen antwoord klaar. Zou hij zo zijn verdriet te boven willen komen? Door vrede met de bergen af te dwingen?

'Houd jij je voeten maar stevig op de grond,' probeert Triverio te grappen.

De twee mannen staren woordeloos in de verte. Ze staan op het punt door te gaan. Apuleius wordt weer onrustig. Mauk blijft nog even zitten.

'Bedoelde je nou net dat je hier een hogere dimensie vermoedt?' vraagt Triverio.

'Nee, nee,' lacht Mauk, blij met de vraag. 'Als er al een hogere dimensie bestaat, is die, volgens mij, niets anders dan ruimte. Wat het ook is, ik kan het me niet voorstellen. Vanaf dat ik klein was heb ik geprobeerd mijn driedimensionale voorstellingsvermogen te oefenen. Ik heb altijd door microscopen en door telescopen getuurd. Ik heb me alles met spiegels voorgesteld, alle vervormingen bedacht die mogelijk zijn, maar een hogere dimensie – hoe ziet die eruit? Ik weet dat natuurkundigen met elkaar praten over de vijfde dimensie of misschien zelfs over de zesde en zevende. Einstein heeft het over rimpelingen in de tijd en ruimte. Onnavolgbaar. Ik heb meerdere van die heren ontmoet in Rome, maar zij kunnen mij niet uitleggen wat zij zien! Als ik het kon benaderen, zou ik er werk van maken.'

Die middag gaat Mauk zitten in de bocht van het uitgehakte ezelspad naar Castrovalva. Links boven hem ligt de bergkam met daarop de kerktoren en de hoge muren van de buitenste huizen van de borgo. Aan zijn rechterhand gaapt de afgrond naar de vallei met het pad terug naar Anversa. In de verste verten ligt nog een klein dorp. Op de voorgrond een kever, een slakje, een paar plantjes.

'Een ongekende diepte,' zegt Triverio als hij de tekening van Mauk ziet. 'Je had de ruimtelijke tegenstellingen niet groter kunnen maken. Alles is hoger, lager, schuiner, dichterbij, verder af, bij jou.' Dan lijkt hij even na te denken terwijl hij naar Mauks tekening blijft kijken.

'Litho. Geen houtsnede. Om die diepte te scheppen heb je grijzen nodig, zwart-wit is niet meer genoeg. Neem dat aan van een schilder. Als je dit goed op de steen krijgt, wordt het een goede prent, misschien een heel goede.'

Giuseppe heeft gelijk. Hij heeft al langer het gevoel dat hij niet meer vast wil zitten aan zwart en wit. Jetta ook; ze vindt hem kleurloos. Dat heeft ze zich meerdere malen laten ontvallen. Als hij terug is in Rome, moet hij zich weer gaan bekwamen in de lithografie.

Na het tekenen is het zo laat geworden dat ze moeten blijven slapen in het dorpje. Op het pleintje, twee kerkjes en een waterpomp, zitten een paar oude mannen op een bankje. Zij wijzen nors op een houten poort. NIDO D'AQUILA staat erboven. De oude gebarsten deur staat op een kier. Mauk duwt, de scharnieren kraken, ze lopen een donkere gang in.

'De dingen zijn niet zoals ze lijken,' fluistert Triverio op griezeltoon.

Ze stuiten op nog een deur.

'De poort naar de volgende dimensie,' fluistert Mauk terug. Dan haalt hij diep adem en opent de deur. Ze staan in de taverne met weer een paar zwijgende mannen die hen onvriendelijk aankijken. Met moeite krijgen ze van de waard wat kaas en wijn en mogen ze slapen in de geitenstal.

Een paar dagen later zit Mauk te schetsen in de schaduw met zijn rug tegen een stenen schuur. Hij is al een eind op weg met zijn tekening als een grote bidsprinkhaan op zijn schetsblok komt zitten. Zij lijkt niet van plan om weg te gaan. Onmiddellijk verandert hij van onderwerp. Nooit heeft hij de gelegenheid gehad om dit wonder met twee paar vleugels en zes poten van zo dichtbij te tekenen. Ze poseert met haar sterke voorpoot omhoog om elk moment een prooi – een getekende cactus op het papier? – te kunnen spiesen met de punt van haar schaar. Ze staat koket met holle rug, alsof ze met haar billen staat te pronken. Femme fatale. Heb je net je man opgegeten? Terwijl hij haar tekent, spreekt hij haar zachtjes toe, als Franciscus. 'Blijft u zitten, o Mantis Religiosa, grillige waarzegster in deze open tempel. Voorspelt u mij de toekomst. Waar ga ik naartoe? Waar ben ik over vijf jaar? Kan ik deze tochten blijven maken? Kan ik blijven in Italië? Kan ik mijn werk blijven maken? Zal ik het eindelijk kunnen verkopen? Ben ik nog vrij of zit ik vast in een aanstelling, zoals Jetta zou willen?'

*

'Wat een onzin!' zegt Hoogewerff in zijn kantoor in de Villino Paola. 'Ben je helemaal bedonderd? Je bent kunstenaar, Escher, geen leraar. Verzin iets! Hoe kan je zo vindingrijk zijn in je werk en zo dom in het leven? Je kan niet werken door je materiële zorgen? Larie.'

Ze zijn elkaar regelmatig tegengekomen in de tussenliggende jaren. Je zou na al die tijd kunnen spreken van vriendschap of in ieder geval van een vriendschappelijke band. Na de tentoonstelling in het Palazzo Venezia heeft Mauk nooit meer een beroep gedaan op de directeur van het Nederlands Historisch Instituut. Nu komt hij met hangende pootjes hulp vragen.

'Ja, u heeft gelijk, maar wat moet ik? Ik krijg geen tentoonstellingen meer. Het loopt af. Niemand koopt nog kunst. Dit jaar wil alleen een school in Baarn mijn werk laten zien. Een school! In Baarn! Ik ben tweeëndertig en ik heb in mijn leven nog geen honderd werken verkocht! Geen schilderijen, maar prentjes, van tien, vijftien, twintig gulden!'

Hoogewerff komt overeind.

'Tuttut. Laten we de situatie samen eens rustig bekijken. Je kan niet meer helder denken door je zorgen. En je hebt zoveel zorgen omdat je niet denkt. Dat is je probleem. Armoe maakt de mens dommer, Escher. Maar je bent zo arm als je je voelt. Je bent zeker bang dat je niet voldoet als kostwinner?'

'Ja.'

'Welkom bij de club, kerel! Dat bourgeois gevoel hebben we allemaal wel eens. Geen reden om domme beslissingen te nemen!'

Hij heeft makkelijk praten vanachter z'n bureau.

'Moet je jezelf zien! Je bent een fantastische tekenaar, een uitzonderlijke houtsnijder, je bent de meestbelovende graficus van je generatie, je hebt een prachtige hoeveelheid werken die je kan reproduceren wanneer je wilt. De wereld ligt aan je voeten! Maar als jij je wilt laten knevelen door je burgerlijke zorgen, ga gerust je gang! Word leraar. Verdwijn in de vergetelheid. Geef je atelier op en wees de rest van je leven een goede vader voor je kinderen.'

'Ik kan toch een goede vader zijn én mijn prenten maken?'

'Vraag je dat aan mij? Ga bij jezelf te rade! Ben je daartoe in staat? Raap jezelf op, Escher.'

Hoogewerff kijkt even goed naar de uitgebluste figuur tegenover zich.

'Allee, ik zal je helpen. We verzinnen samen wat je kan doen, akkoord?' Hoogewerff belt zijn secretaresse en vraagt om koffie met cognac. Dan gaat hij de kamer uit. Mauk blijft alleen achter aan het enorme bureau waar hij vier jaar geleden voor het eerst zijn prenten en tekeningen liet zien.

'Escher, ik heb een idee,' zegt Hoogewerff als hij terug is. 'Ik schrijf een artikel over je werk in *Elseviers Maandblad* en we gaan samen een boek maken! Wat zeg je daarvan?'

Weer een boek? Nee.

'Wat voor boek zouden wij samen kunnen maken?'

'Heb je wel eens gehoord van A.E. Drijfhout?'

'Ja, natuurlijk, je pseudoniem. Wat heb je nu weer geschreven?'

'Een emblemataboek.'

'Pardon?'

'Emblemata, een middeleeuwse kunstvorm. Een embleem bestaat uit...'

'Ik weet wat het is, Hoogewerff. Het klinkt alleen nogal... belegen.'

'Kan zijn, kan zijn, Escher,' zegt Hoogewerff zonder een zweem van verontwaardiging, 'maar voor jou is het een kans. Ik stel je in staat om vierentwintig afbeeldingen te publiceren, samen met mij. Zo kan je laten zien wat je waard bent. Ik zorg voor de verspreiding, ook aan mijn relaties.'

'Ik moet verkopen.'

'Je begrijpt het niet. Ik kan veel voor je doen, dat weet je.'

Moet hij nou spreuken gaan illustreren?

'Maar je moet nog veel meer doen. Je kan niet alleen op mij leunen. Je moet je aansluiten bij groeperingen van grafici, je moet elk jaar weer je werk laten zien. Je was even de nieuwe ster aan het firmament. Dat is nu voorbij. Het vergt inspanning om aan de hemel te blijven stralen. De Nederlandse Vereniging van Grafici heeft elk jaar een tentoonstelling in het Stedelijk Museum in Amsterdam. De Haagse club exposeert in het najaar in Pulchri. Daar moet je bij zijn.'

Hij had gehoopt dat al die stoffige verenigingen hem bespaard zouden blijven.

'Maar je moet ook groter durven denken. De toekomst van de kunst ligt in Amerika, niet hier, *mark my words*. Wil je groot worden in Europa, dan moet je een gevierd man zijn in Amerika! Zij hebben daar genoeg concoursen en prijsvragen. Stuur je werk op! Je zal zien dat je opgemerkt wordt.'

Hoogewerff loopt rondjes door de kamer en verheft zijn stem. Zijn manier van doen heeft altijd iets drammerigs. Het is vooral ergerlijk dat hij gelijk heeft. Hij had het allemaal al lang zelf moeten bedenken.

'Verder moet je de naam, die je al hebt, verzilveren. Zorg voor betaalde opdrachten. Van de PTT voor postzegels of van Financiën voor bankbiljetten. Ontwerp pakpapier voor mijn part. Of desnoods ex librissen. Dat is allemaal pecunia. Verdien zelf je vrijheid en je waardigheid. Geestkracht, mijn beste. Je bent toch een beetje een verwend jongetje van tweeëndertig. Het wordt tijd dat je je eigen zelfstandigheid verovert. Dat moet elke kunstenaar. Zonder die vrijheid bestaat geen grootsheid!'

'Ik moet niet zeuren.'

'Ja, precies. En misschien moet je een keer een andere techniek uitproberen. Altijd maar dat hout. Dat beknot je.'

Mauk grinnikt even.

'Ik ben er al mee aan het experimenteren. Ik wil eindelijk de grijstinten in mijn werk brengen. Ik ben vorig jaar serieus begonnen met krabtekeningen.'

'Met wat?'

'Ik noem ze krabtekeningen. Ik weet niet hoe ik ze anders moet noemen. Ik bestrijk een stevig stuk papier met drukinkt. Dat laat ik drogen. Met een mesje krab ik de tekening uit. Het wit verschijnt in het zwart, de grijzen zijn genuanceerder. Zo kan ik preciezer werken. Het resultaat stemt me nogal tevreden.'

'Ik ben benieuwd. Kan je er een meenemen vanavond?'

'Vanavond?'

'Vanavond kom je langs met je werk van de laatste vier jaar. Ik ga een artikel schrijven voor *Elseviers, ricordi?*'

'Ik ben ook weer begonnen met lithografie. Ik heb een geslaagde prent gemaakt van een dorp op een bergkam, die zal ik je laten zien vanavond. Bij jou thuis?'

Hoogewerff lacht. 'Ik hoor het al, niets om ons zorgen over te maken; je houdt te veel van het werk. Geen paniek, beste kerel. Ik kan hier ook wel voor een paar opdrachten zorgen. Bij de monniken van de Friezenkerk bijvoorbeeld. Laat dat maar aan mij over. Eerst maken we samen een boek en schrijf ik een artikel voor je. Er is geen graficus zoals jij; daarom wil ik een boek met jou maken, dat zeg ik eerlijk, het is ook gunstig voor mij. Als je het inderdaad te oubollig vindt, doe je het niet. Maar als ik jou was...'

'Wij maken samen een boek, Hoogewerff, het is me een eer.'

'Zie je? Vertrouwen, Escher. Je moet het zelf doen. Er is maar één manier om door een crisis heen te komen: in tijden van ellende moet je productief zijn.'

'Tsss, de woorden van mijn vader.'

'Waarom maak je niet eerst een map met je prenten van de Abruzzen? Die verkoop je zo. Goed. Vanavond bij mij, acht uur, prenten mee.'

Voor de tweede keer verlaat hij het instituut in een beter humeur dan hij er binnenkwam.

Een jaar later, in 1931, verschijnt een twaalf pagina's lang artikel in *Elseviers Geïllustreerd Maandblad*: 'M.C. Escher, Grafisch Kunstenaar', met zeventien afbeeldingen. Mauk krijgt het tijdschrift thuisbezorgd. Het stuk geeft een overzicht van zijn gehele oeuvre: de vroege prenten, de schepping van de wereld, de Abruzzen en Calabrië. Het laat niet alleen de houtsnedes zien, maar ook de eerste steendrukken.

De tekst lezend bekruipt hem de gêne. Zijn werk is verheven, zonder 'modern' bejag van grilligheid, bezield en zelfs kloek, *Castrovalva* is van ‘volstrekte zuiverheid die het egocentrisch doorleefde veruit gaat’. Het ligt er wel heel dik bovenop. Hoogewerff is ergerlijk verliefd op zijn eigen woorden. Het voelt alsof de schrijver z’n eigen negentiende-eeuwse lyriek belangrijker vindt dan de prenten. Zou de tekst over iemand anders zijn gegaan, dan had hij het tijdschrift terzijde gelegd.

Castrovalva vindt hij zelf ook goed gelukt, heus, en Hoogewerffs commentaar is ongetwijfeld goedbedoeld, maar waarom heeft hij niet geschreven over zijn drijfveer om Castrovalva als onderwerp te kiezen? Dat hij een nieuwe, overrompelende ruimte wil scheppen, dat hij op de kijker zijn gevoel van ontzag wil overbrengen? Hij heeft er vaak genoeg met Hoogewerff over gesproken. De kritische waarde van het artikel wordt helemaal twijfelachtig wanneer Hoogewerff eindigt met een aanprijzing van het boekje *Emblemata*, van zijn eigen werk dus.

Met zulke vrienden heeft hij geen vijanden nodig in de kunstwereld. Het artikel bevestigt Mauks naam en zet hem meteen stevig op een zijspoor.

*

De Oude Es is negentig geworden en Mauk probeert hem zo vaak mogelijk op te zoeken. Hij komt nu jaarlijks naar Nederland om exposities en opdrachten los te peuteren. Altijd logeert hij bij zijn ouders in Den Haag.

In 1932 illustreert hij nog een boek, deze keer van een vriend van Hoogewerff, de toneelschrijver Jan Walch, *Scholastica, de heks van Oudewater*. Volgens Vader kan het werk geïnterpreteerd worden als een protest tegen de jacht op intellectuelen door de nazi’s. Mauk laat zich er niet over uit. Oudewater is het dorpje waar aangeklaagden gewogen werden en waar er nooit één tot heks werd verklaard, weet Vader. En scholastiek is het dichter bij God komen door de rede. ‘*Das war ein Vorspiel, nur dort wo man Bücher verbrennt, verbrennt man am ende auch Menschen.*’

‘Ja, Heine,’ antwoordt hij zijn vader. ‘En u heeft het van mij.’

Vader en Moeder dringen al langer erop aan dat hij met zijn gezin naar Nederland komt. Dat hij in Rome zijn geld moet verdienen, is allang geen argument meer. Hij heeft net bijna z’n hele oeuvre, zesentwintig prenten, verkocht aan het Nationaal Prentenkabinet. Voor het miserabele bedrag van 275 guldens, dat wel; hij moest vijftig procent korting geven omdat geen enkele kunstenaar zijn werk nu verkocht krijgt. Hij krijgt, weer via Hoogewerff, een opdracht van een katholiek tijdschrift. De clerus denkt vermoedelijk, misschien door zijn *Toren van Babel*, dat hij de dingen van boven goed begrijpt. Hij probeert ontwerpen voor pakpapier in Nederland te slijten. De Bijenkorf heeft een ontwerp geaccepteerd waarbij hij de o als draaipunt gebruikt als in een woordpuzzel. Hij heeft nog een aantal andere, nog veel inventievere woordmotieven gemaakt, maar zijn verkoopinspanningen worden niet beloond. Een voorstel voor het Rotterdamse modehuis Gerzon baseert hij op het stermozaïek dat hij tien jaar eerder in het Alhambra kopieerde. Tevergeefs. Vader probeert hem een hart onder de riem te steken, net als Hoogewerff, maar hij heeft het gevoel dat zijn kompas zwabbert in een wereld die in beweging is als een lunapark.

*

Hoogewerff heeft de Nederlandse kunstenaar Otto de Kat uitgenodigd om samen met Mauk te komen exposeren in het nieuwe gebouw van het Instituut aan de Valle Giulia. De Kat is in Nederland een graag geziene schilder van landschappen, stadsgezichten, portretten en stillevens; een gezamenlijke tentoonstelling met M.C. Escher scheen de directeur een aantrekkelijk evenement om het Huis van de Kunsten van het Nederlands Historisch Instituut in te wijden, in december 1934.

Mauk is opgetogen. Hij kent Otto al sinds Haarlem. Ze hebben elkaar altijd gemogen. Otto komt misschien naar Rome met zijn vrouw, de mooie dichteres Hans van Zijl. Hij hoopt dat zij het goed zal kunnen vinden met Jetta. Die kan wel wat leven in de brouwerij gebruiken. Ze zit nu in de zomermaanden met de jongens in de badplaats Rapallo, bij Genua. Ze hadden de tijdelijke scheiding allebei een goed idee gevonden. Hij kan zo de derde verdieping van hun huis verhuren om de kosten te kunnen dragen. George en Arthur zijn vaak ziek; ze hebben allebei slechte longen. De lucht in Rome is ongezond, in alle betekenissen, zoals Michelangelo al zei. De tijdelijke scheiding geeft rust aan hen beiden; ze kunnen elkaar in de hete Romeinse zomer soms moeilijk velen.

Nu ze er niet zijn, kan hij een lang gekoesterd plan uitvoeren. Hij gaat een map maken met prenten van nachtelijk Rome. 's Nachts, als de stad niet meer pronkt met haar barokke gevels en alleen haar subtielste geheimen prijsgeeft, gaat hij eropuit om te tekenen. Hij neemt een stoeltje mee, een kleine petroleumlamp die hij aan zijn hoed kan hangen, een zwarte plank en witte potloden. Hij tekent direct op de plank. De stad is een goudmijn van aantrekkelijke clair-obscurschouwspelen. Rond de Capitolijn tekent hij Pollux boven aan de trappen met het sterke stadslicht op zijn mantel en de witte suikertaart op de achtergrond, de zuil van Trajanus met het felle tegenlicht van het Piazza Venezia, de Santa Maria di Loreto vanaf het Palazzo Venezia, hard van voren verlicht door de gaslantaarns van het plein. Aan de andere kant van de Capitolijnse heuvel kiest hij de San Nicola in Carcere om zijn eenzame ligging naast de oude Romeinse oliemarktplaats en gebouwd op de tempel van Hoop, Spes. Hij hoopt een map van twaalf prenten te maken die hij tegen een gunstige prijs te koop kan aanbieden.

Even verderop kiest hij de San Giorgio, voor zijn zoon, met de van onder oplichtende boog van Janus als repoussoir. Vaak komen er Romeinen, die toch niet bekendstaan om hun openheid, een praatje met hem maken. Meer dan eens bedanken ze hem. Hij laat ze hun eigen stad op een nieuwe manier zien. Via Hoogewerff heeft hij nachtelijke toegang tot het Forum gekregen. Met de nachtwaker en een paar nieuwsgierige ratten begeeft hij zich tussen de bleke resten van het hart van het Romeinse Rijk. Hij kiest de oplichtende Santa Francesca vanaf de Basiliek van Constantijn met de duistere silhouetten van het Forum op de voorgrond, als zerken op een begraafplaats.

Hij hoeft alleen het licht te tekenen. De nacht is gemaakt voor de graficus. Overdag snijdt hij de witte potloodlijnen van zijn nachtelijke tekening uit in het hout en maakt hij een eerste proefdruk. Hij brengt de nuance van de Romeinse nachtelijke lichtval aan door korte, verspringende streepjes, door kleine, schijnbaar willekeurig aangebrachte inkepingen in de vorm van hoekjes, kruisjes, centrifugale stralen, ruitjes, puntjes. Het is een groot experiment. Geen enkele prent heeft dezelfde kervingen. Hij begeeft zich op onontgonnen terrein; geen graficus heeft eerder het samenspel van straatlantaarnlicht, sierlicht, maanlicht en tegenlicht zo uitgebeeld. 'En de meester vernieuwt het ambacht,' hoort hij Mesquita zeggen. Hij wil het onmogelijke bereiken in zwart-wit, de grenzen van de houtsnede tot het uiterste drijven. Bij het drukken overvalt hem een bekend geluksgevoel. Hij kan moeilijk geloven dat een verzameling groefjes in hout zo'n overweldigend lichteffect kan veroorzaken. Hij maakt elke dag een prent. Wat kan hij veel doen als Jetta er niet is.

*

Otto B. de Kat.
P.R. Cagnes-sur-mer
Francia

Rome, 15-VI-'34

Beste Hans en Otto,

Ik heb vandaag een lange wandeling gemaakt met het idee jullie een beeld te schetsen van de Eeuwige Stad van vandaag. Geen sonnet of ander rijm, maar eerlijk proza van de straat. Het lijkt mij een waardevolle oefening. Eigenlijk zouden jullie je ogen dicht moeten doen en aan iemand moeten vragen deze brief voor te lezen. Jullie gaan een stoffige wandeling maken door Rome vanuit je ligstoel op het strand van St. Monnaie-de-Patchepay. Daarna moeten jullie maar besluiten of jullie willen komen. Of niet.

Jullie nemen een route die ik vaker afleg. Op de brede Viale di Trastevere loop je langs de Tiber in de schaduw van de platanen. Je bent vandaag midden in een stille optocht terechtgekomen. Mannen en vrouwen van *la campagna* zijn op weg naar het Altare della Patria. Ze zien er hongerig en vermoeid uit. Ze zijn waarschijnlijk al dagen onderweg. Met een dikke laag stof op hun kleren en versleten schoenen sloffen ze door de straten. Je spreekt een man aan van jouw leeftijd. Vandaag zal hij de Duce zien, zegt hij. Te paard of in zijn open Alfa Romeo zal de Leider naar het Foro Mussolini rijden. Daar zal hem de eer worden bewezen door duizenden jongens en meisjes van vele fascistische organisaties. Lorenzo, zo heet onze jongeman, gaat er ook naartoe. Of hij fascist is? Ja, natuurlijk, het communisme is een duivelse beweging. Maar nu zijn ze hiernaartoe gekomen vanwege de honger thuis in de Abruzzen. De Duce zou daar toch wel iets tegen doen als hij ervan zou weten? Je kijkt de man in zijn vragende gelaat en probeert hem gerust te stellen.

Bij de brug stap je uit de stoet. Aan de andere oever steek je de Lungotevere over en loop je de joodse wijk in. Je hebt even later moeite de Corso Vittorio Emanuele II over te steken omdat overal, drie rijen dik, mensen staan te dringen. M. kan elk moment langskomen. Overal leunen jonge vrouwen uit het raam. Er hangen nog slingers. Een paar dagen geleden is het Italiaanse voetbalelftal wereldkampioen geworden. Na de wedstrijd werden ze vanaf het Stadio Nazionale naar het Palazzo Venezia gebracht om gedecoreerd te worden, door de Duce persoonlijk. Onderweg brachten ze weer allemaal de groet, nu naar het juichende volk. Voor de wedstrijd, op het veld, hadden ze M. ook zo gegroet. Het was allemaal een groot succes. Iedereen vond het prachtig, het kampioenschap van de fascisten. Gisteren stond in de krant dat de Duitser Hitler overweegt om de Olympische Spelen over twee jaar te gaan organiseren. Sport verbroedert.

Net als je een plek hebt gevonden om over te steken, word je tegengehouden door de carabinieri die de weg afschermen. Daar is hij, de Leider, in zijn open auto, op weg naar zijn Forum. Je ziet zijn opgeblazen kop met de kin omhoog om de onderkinnen te maskeren. Hij staat op de achterbank van zijn auto en brengt de groet aan de juichende mensen langs de kant van de Vittorio Emanuele. Met zijn kleine oogjes kijkt hij als een gorilla vanonder zijn te grote pet. Als je om je heen kijkt, zie je dat de juichende mensen bijna allen jonge vrouwen zijn. Naast elkaar, als Byzantijnse madonna's, kijken ze hoopvol op naar hun idool die zijn armen spreidt. Hoe mooi zijn ze met hun donkere fonkelende ogen en hun olijfkleurige huid. En hoe kort zal hun schoonheid duren. Een jonge moeder heeft haar vierjarige zoontje op haar schouders. Hij is gestoken in een zwart uniformpje met een leren koppel die dwars over zijn borstje loopt. De moeder moet het speciaal hebben gemaakt. Het mannetje heeft een getrokken rubberen dolk in zijn rechterhand en brengt de groet met zijn linker. Overal om je heen hoor je: 'Ave! Ave! Ave!' De armen van de dames gaan gestrekt de lucht in.

Als de karavaan voorbij is, lukt het je eindelijk om de Vittorio Emanuele over te steken. Je loopt naar je geliefde Pantheon, waar je als altijd even naar binnen loopt om die enorme ruimte en het merkwaardige lichtspel in je op te nemen. Soms lijkt het alsof de lucht deel van het dak is geworden, soms alsof de schijf van lucht lager hangt dan de koepel, afhankelijk van hoe je kijkt. Soms weet je niet meer wat voorgrond is en wat achtergrond. Dan komt er opeens een wolk voorbijdrijven en klapt het perspectief om.

Op het Piazza San Silvestre zie je twee nonnen in zwarte gewaden het plein oversteken met een dubbel lint van jonge meisjes achter zich aan, twee aan twee hand in hand in witte jurkjes. Ze lopen van de Basilica San Silvestre in Capite, waar een deel van het hoofd van Johannes de Doper ligt, naar de Santa Maria in Via, die is gebouwd op een bron waarop iemand, toen die overstroomde, Maria heeft zien wandelen. De katholieke quatsch spuit als wijwater uit elke kier van deze stad (neem me niet kwalijk, Hans). Boven aan de Spaanse trappen zie je twee torens van de Santissima Trinita dei Monti. Je bekijkt de merkwaardige achthoekige opbouw van die beide torens en loopt door richting het park van de Villa Borghese. De wind waait zachtjes en onverstoord door de lange lege paden. Je struint een kwartiertje in de koelte onder de bomen. Dan zie je het gebouw liggen met in de gevel INSTITVTVM NEERLANDICVM gebeiteld.

Je belt aan en wordt opengedaan door signorina Clara. Zij brengt je naar het kantoor van onze Hoogewerff. Hij ontvangt je hartelijk in zijn indrukwekkende bibliotheek-kantoor en laat je meteen de zalen zien waar je met de droge graficus Escher zult exposeren. De plafonds zijn hoog genoeg, het licht ook niet slecht voor jouw schilderijen. Om de kleinere werken tot hun recht te laten komen heeft Hoogewerff op last van Escher panelen laten neerzetten.

Nu rest alleen nog het werk te maken dat je daar gaat laten zien, mijn beste Ot. Jetta en ik hopen jullie in september te verwelkomen. We zullen jullie meenemen naar de mooiste plekken van deze stad, wat zeg ik, van dit land. Dus: KOM!

Het beste voor beiden, ook van Jetta die ik al van jullie komst verwittigd heb en niet kan wachten om jullie te verwelkomen.

Jullie Mauk

*

Begin september van het jaar 1934 belt Otto de Kat aan. Mauk heeft ernaar uitgezien zijn jonge vriend te zien en verlangt ernaar zijn plannen met hem te bespreken.

'De kasteelheer van de Monte Verde. Iedereen kent je hier,' zegt Otto opgetogen als Mauk opendoet.

'De trambestuurder zeker? Giancarlo kent iedereen. Kom mee naar boven,' zegt hij na zijn vriend te hebben omhelsd.

Hij neemt Otto mee door het ruime trappenhuis.

'Was Jetta op tijd op het Instituut? Heb je je driedeel aan voor Hoogewerff?'

'Ik heb ze op de tram naar de Sant'Agnese gezet,' zegt Otto.

'Hoe heeft dat nou kunnen gebeuren, hè? Dat wij allebei bij zulke katholieke vrouwen zijn uitgekomen?' vraagt Mauk.

Boven aan de trap zet Otto zijn hoornen bril af en pakt zijn zakdoek om zijn gezicht af te vegen. Met zijn handen kamt hij zijn haar terug in de scheiding.

Als de deur naar de zitkamer opengaat, ziet hij dat Otto een moment op de drempel blijft staan.

'Het curiositeitenkabinet van de Goncourts!' Zijn gast kijkt naar het Japanse kamerscherm met schildpadden, naar de kakemono met een slapende uil op een tak, de wanddoeken uit Nederlands-Indië, de samowar van Jetta, de vloertegels met eindeloos dolende lijnen, de aardewerken borden aan de wand, het beeld van de volwassen Jezus, de houten kop van Sint Bernardinus, een borduurwerkje van Jetta, en de zware houten meubels die Mauk heeft laten maken naar eigen ontwerp.

'Een merkwaardige vergadering van bezielde en bezielende objecten,' zegt Otto. 'Toch heeft je kamer een ingetogen sfeer. Mooi hoor. Elk object neemt bescheiden zijn eigen plaats in.'

In de hoek ziet Otto de poppenkast.

'Een poppenkast?'

'Kom, we gaan naar boven. Ik laat je m'n werkplaats zien, voordat de meisjes terugkomen.'

Otto kijkt nog even achter de poppenkast. 'Dat heb je mooi gemaakt, Mauk. Wil je die niet tentoonstellen in december? Bewegende coulissen? Waar bent u mee bezig, meneer Escher?'

'Kom.'

Op het terras voor het atelier loopt Otto naar de rand.

'Wat een uitzicht! Wat is daar in de verte?'

'De vier windrichtingen, mijn werkterrein.' Hij wijst met gestrekte arm. 'Links door die heuvels heen kom je bij de Abruzzen. Rechtdoor over die bergen leidt de Via Appia naar Napels. Rechts als je de Tiber volgt, loop je naar de haven van Ostia.'

'De wereld aan je voeten.'

Mauk laat Otto voorgaan naar het atelier.

'En steeds willen mijn voeten maar die wereld in. Mijn handen willen werken. Op deze plek heb ik alles, het uitzicht, de rust, het licht.'

'En een flinke grammofoon,' zegt Otto.

'Ja, het is nogal een gesjouw. Jojo en Jetta willen in de weekenden samen met mij luisteren. Dan sjouw ik die kast naar beneden en daarna die hoorn.'

'Jojo?'

'Giorgio, George, mijn oudste zoon.'

Op de grote werktafel ligt een zwart kleed met een grote, dikke lithosteen erop. Voor de steen, tegen de zwarte achtergrond, heeft Mauk een stilleven gecomponeerd. Op een groot vierkant boek ligt een krant. Daarop staat een vogelbeeldje met een zuinig glimlachend vrouwenhoofd en een flesachtige bolspiegel.

'Dit wilde ik je laten zien.'

'Wéér een spiegel?'

Mauk glimlacht.

'Een experiment; ik wil zwart en wit tegelijkertijd als grondtoon.'

'Zwart en wit op grijs?'

'Nee. Ik wil grijs niet als grondtoon. Het gaat erom hoe je kijkt naar achtergrond en voorgrond.'

Mauk wijst met zijn open hand naar de voorwerpen van het stilleven.

'De achtergrond is zwart, daaruit verschijnen zachtjes het donkere brons van het beeldje en de glimmende kaft van het boek van Edward Gordon Craig...'

'Craig, is dat niet...'

'De theaterontwerper, hij komt straks. Tegen de zwarte achtergrond heb je het sterke contrast van de bolspiegel.'

'En?'

'En in de bolspiegel is een andere wereld, namelijk een afbeelding van de echte wereld van de tekenaar, afgebeeld in de wereld van de tekening.'

'Nu kom je weer met Velázquez, Memling en zo?'

'Kijk nou in de bol, Ot, daarin is wít de grondtoon. Het is een manier om wit en zwart tegelijkertijd voorgrond en achtergrond te laten zijn, afhankelijk van hoe je kijkt. Als je naar de prent kijkt, is zwart de grondtoon en wit de tekening, kijk je naar de bol, dan is wit de grondtoon en zwart de tekening!'

'De bol ís de prent, Mauk.'

'*Si, signor.* Het kan dus, wit en zwart zijn allebei de grondtoon, voorgrond en achtergrond in één werk.' Otto kijkt nog even naar het opstellinkje.

‘Maar waarom zou je het willen?’

Hij had gehoopt dat Otto zijn enthousiasme zou delen.

‘Ik wil het onmogelijke zichtbaar maken. Is dat niet wat we allemaal willen? De kijker desoriënteren, laten zien wat hij niet kan zien, dat hij niet kan weten of zijn waarneming echt is of een spinsel!’

‘Nog steeds de theoretische romanticus. Hoelang hebben we elkaar niet gezien, Mauk?’

‘Spiegels betoveren, Ot. Ze draaien letterlijk je manier van kijken om. Spiegels zijn de makkelijkste manier om het oog een sprong te laten maken. Heb je er genoeg van?’

‘Zijn er andere manieren?’

‘Om de kijker van voorgrond naar achtergrond te laten springen? Daar komt Craig om de hoek kijken. Hij heeft me hiertoe aangezet.’ Mauk pakt de bolspiegel, de krant en het bronzen vogelbeeldje en zet ze voorzichtig naast het boek.

‘Het boek heet *Towards a New Theatre*. Ontwerpen voor toneeldecors. Om een lang verhaal kort te maken komt het erop neer dat Craig achtergrond en voorgrond een gelijkwaardige plek wil geven in het theater van de toekomst.’ Mauk slaat voorzichtig het grote boek open.

‘Hij gaat tussen 1900 en 1910 aldoor abstracter werken, gebruikt steeds vaker “doorkijkjes” of eigenlijk grote monumentale “doorkijken” die regelmatig veranderen tijdens het spel. De ontwikkeling eindigt met wat hij *screens* noemt.

SCREENS—AS EMPLOYED FOR A LARGE STAGE SCENE 1912

Grote en minder grote bewegende schermen waarmee hij verschillende ruimtes kan maken op het toneel. Zo kan hij het probleem van de voorgrond en de achtergrond oplossen.' Mauk bladert door het boek en laat de zwart-witafbeeldingen aan Otto zien.

'Waanzinnig!' zegt Otto, nu wel enthousiast. 'Heel abstract eigenlijk, bijna Malevich of Mondriaan.'

'Hij lijkt modern ja, maar hij is in wezen klassiek. Het liefst wil hij weer helemaal de theaters uit, als de Grieken, maar dat lukt toch niet meer. Binnen de artificiële binnenruimte zijn de enorme schermen de manier om de kijker mee te nemen op een vlucht van de verbeelding. Door het licht worden afstand en achtergrond relatief. Hij bevrijdt het decor van het theater.'

Otto's gezicht betrekt. Hij begint zijn aandacht weer te verliezen.

'Hij denkt op plaatsen waar andere mensen niet denken. Ken je *Über das Geistige in der Kunst*? Eigenlijk wilden Craig en Kandinsky allebei een soort synesthetisch theater maken, alle zintuigen aanspreken, verwarren, door elkaar laten lopen. Kleuren worden ritme en klank, muziek wordt beeld. Ze wilden allebei beeld maken van beweging en muziek.'

Otto kijkt naar buiten, naar de heuvels ten zuiden van Rome.

'Ik weet niet hoor, Mauk. Je haalt je veel in het hoofd.'

'Blijf nog even bij me, wil je? Ik wil de muziek niet zo zwierig verbeelden als Kandinsky, maar juist strak, systematisch, ik wil het ritme in het beeld krijgen.'

Otto geeft geen sjoege.

'Goed dan, weet je wat, of beter wie ze nog meer deelden, Craig en Kandinsky?' Hij roffelt even met zijn wijsvingers op de tafel. 'Isadora Duncan! Ze was Craigs vriendin; ze hadden een kind.'

Otto schiet in de lach. 'Ik kende Craigs werk helemaal niet.'

'Ik ook niet. Jan Walch heeft me op zijn spoor gezet.'

'Jij zit ook niet stil hè? Hoe krijg je dat allemaal voor elkaar? Een boek hier. Een map met prenten daar. Een postzegel ontworpen, en nu blijk je helemaal in het theater te zitten, met een poppenkast in je zitkamer!'

Mauk staat op van de grote werktafel en begint te ijsberen.

'Ik moet wel, Ot. Ik ben zesendertig, ik heb het mes op mijn keel, een zwaard boven mijn hoofd, een knoop in mijn maag. We kunnen niet langer in Italië blijven. Mijn landschapjes verkopen niet. Ik verkoop niets, dat is de waarheid. *To be true in art is not to lie to yourself*, zegt Craig. Nu gaan we het onderste deel van ons huis verkopen om te kunnen eten. Als ik niets verander, eindig ik als leraar op een school. Ik moet nieuwe vormen vinden. Ik moet terug naar mijn oorspronkelijke hartstochten. Die zaten altijd in de muziek, in het zwart-wit, in de herhaling, de vermenigvuldiging, de spiegeling. Misschien moet ik nog verder terug. Ik was altijd bezig met...'

'Hé, daar hoor ik de meisjes, ze zijn thuis. Kom, laten we naar beneden gaan,' zegt Otto.

*

Beneden zitten Jetta en Hans op de bank te lachen met een glas vermout. Aan hun voeten op het vloerkleed zitten Giorgio en Arturo verdiept in de rails van hun houten trein. 'Wat een heerlijk huis hebben jullie!' zegt Hans blij. 'Hallo, hoe is het, mijn beste Maurits?' Hans is de enige die hem Maurits noemt. Ze omhelst hem over de kinderen heen. Ze ziet er als altijd stralend uit met haar korte golvende haar en vrolijke ogen. Ze draagt een korte beige jurk met een grote blauwe strik, die gewoontjes zou hebben geleken als iemand anders haar had gedragen.

Hans en Jetta vertellen enthousiast over de Sant'Agnese. Mauk luistert zoals altijd geboeid naar Hans, al kent hij de kerk en het verhaal van de heilige.

'Lotti, Lotti!' roept Jetta. 'Wil je met de jongens in de keuken gaan eten?'

George en Arthur zijn al opgestaan. Ze begrijpen het Italiaans beter dan het Nederlandse gebrabbel van de grote mensen.

Op verzoek van Jetta leest Hans een eigen gedicht voor waarin ze de onfortuinlijke Sint Agnes aanroept, ter bemoediging van de vrouwenzaak.

Even later komt Lotti binnen met een grote schaal spaghetti.

'*Primo piatto!*' zegt Jetta vrolijk. 'Aan tafel!' Na het eten vraagt Mauk aan Hans of ze nog een gedicht wil voorlezen.

'Doe *Wu Tao-Tze,* Hans,' zegt Otto. 'Mauk is bezig met een zelfportret in een bolle spiegel.'

Ze zien Hans denken, dan lacht ze even.

'Goed idee, ik wil het doen, maar dan wil ik het werk erna zien in je atelier.'

'Als ik het af heb, krijg je een afdruk van me, lieve Hans,' zegt Mauk.

'Dat is bijzonder,' merkt Jetta op.

'Niemand schrijft gedichten zoals Hans,' verontschuldigt hij zich.

Ze pakt haar opschrijfboekje en laat theatraal een stilte vallen. Dan leest ze:

Wu Tao-Tze
Veel dagen en veel weken gingen heen
Tot eindelijk een lichte morgen daagde
Waarop zijn blik zijn arbeid ondervraagde
Hij zocht lang naar een fout maar vond er geen.
De bergen droomden in volmaakte rust
Tegen een zacht bleekblauwe lentehemel
Er was geen zon, maar er was lichtgewemel
Tussen de golven, langs de lage kust

Een ieder, die daar in bewondering tuurde
Naar de wandschildering in 't koninklijk paleis
dacht: Dat mij dit visioen toch eeuwig duurde.

Toen kwam de maker, zijn gezicht was wijs
Zijn blikken straalden, maar zijn stappen draalden even
Dan schreed hij zeer beheerst zijn landschap in
En is daarin gebleven.

In de stilte na de laatste regel kijkt Jetta met opgetrokken wenkbrauwen van de kakemono naar haar man en onwillekeurig weer terug.

Na het eten gaan ze naar boven om vanaf het terras met een glaasje het uitzicht te bewonderen en om in het atelier Mauks werk voor de tentoonstelling te bekijken. Otto beslist ter plekke, met blijde instemming van Hans, dat hij naar de Amalfikust moet afreizen om te gaan schilderen. In december zullen de gasten van de expositie twee Nederlandse kunstenaars leren kennen via hun model: het Italiaanse landschap.

*

Mauk en George lopen hand in hand van school terug naar huis. Ze steken van de Viale di Trastevere rechts omhoog, de trappen op, door het parkje, naar Monteverde. Het geluid van de auto's verstomt, vogels laten zich horen. Volle ceders, palmen, platanen werpen hun schaduw op de opgang naar de heuvel. De temperatuur daalt een paar graden. Boven aan de trappen lopen ze het parkje uit. Veel percelen zijn nog leeg, maar er pronken al een paar villa's in de sierlijke bochten van de weg. De meeste hebben dakterrassen, sommige met baldakijnen vanwaar je ook een mooi uitzicht moet hebben op de omliggende bergen. In de verte op de kale heuvel zien ze het Huis van de Vier Winden, zoals ze hun huis noemen, al liggen. Het okergeel van de muren licht op in de middagzon.

Ze babbelen over het kasteel dat George heeft gemaakt in de zandbak. Hij en zijn vriend Luca hadden er met hun armen lange tunnels in gegraven. Ze zochten steeds elkaars handen onder die grote berg. Als hun vingers elkaar raakten, voelden ze vreemd als harde, koude wormen. En juf Sofia had verteld over de glorieuze overwinningen van Italië. Deze keer over de strijd tegen de wrede bezetter Oostenrijk.

Als ze binnenkomen, rent George vooruit naar de zitkamer, waar Jetta ligt te lezen op de chaise longue. '*Il mio uniforme, il mio uniforme!* Net als Luca!' hoort Mauk vanuit de gang. Hij heeft zijn jasje opgehangen en komt nu ook de kamer binnen. Jetta had het Balilla-pak voor George uitgespreid op het vloerkleed: het zwarte overhemdje met witte padvinderszakdoek, de zwarte korte broek en de pet met kwast en het koperen insigne met de adelaar. Hij blijft een paar tellen staan als hij zijn zoon ziet knielen bij het uniformpje van de Balilla Escursionisti.

George was in juli acht geworden. Ze hadden sindsdien meerdere brieven van school gekregen. Waarom was hun zoon nog niet aangemeld bij de fascistische jeugdbeweging? Juf Sofia had Mauk de laatste weken verwijtend aangekeken als hij George kwam ophalen. Andere ouders begonnen hem te mijden. En George werd door een paar jongens gepest dat hij nog in zijn gewone kleren naar school kwam.

Vorige week waren Jetta en George naar de kleermaker gegaan. Nu heeft hij ook een zwart uniformpje. Mauk loopt naar het raam en kijkt naar de groene heuvels buiten de stad.

'Kijk Papá, Mamá.' Met zijn nieuwe kleren aan komt George de kamer binnen paraderen. '*I bimbi d'Italia, si chiaman' Balilla,*' zingt hij erbij. Hij heeft een paraplu als geweer over zijn schoudertje geslagen. Jetta schiet in de lach. 'Kom hier,' zegt ze en ze knoopt zijn zakdoek goed onder z'n kraag. '*Credere, Obbedire, Combattere*' staat erin genaaid.

'*Credo nel genio di Mussolini e nel nostro Santo Padre, il fascismo,*' zegt George plechtig.

'Genoeg, genoeg!' zegt Mauk te hard. 'Hier in huis geen Mussolini!' George kijkt verschrikt op. Tegen het buitenlicht ziet hij het silhouet van zijn vader met opgeheven handen.

'Kalm, Maurizio, laat hem toch begaan, hier kan het toch geen kwaad?' sust Jetta.

'Kalm, godverdomme?' schreeuwt Mauk, maar dan zwijgt hij. George gaat bij zijn moeder op schoot zitten en legt zijn hoofd in haar nek. Zij strijkt hem zachtjes over de haren.

'Buiten mag je lekker marcheren met je vriendjes, Jojo, goed?' zegt ze hem.

Mauk blijft op en neer lopen door het appartement. Af en toe horen ze het geluid van een losse tegel onder zijn schoenen. Dan blijft hij stilstaan.

'Ik heb het je toch uitgelegd, Jojo,' zegt hij zachter. George snottert en haalt zijn neus op. Jetta slaat haar armen om hem heen. Dan gaat hij naast hen zitten en streelt zijn zoon over zijn blonde hoofdje. Lotti heeft de tafel al gedekt voor het middageten.

'Rustig maar, kereltje,' zegt hij als zijn zoontje met betraande wangen naar hem opkijkt.

George snottert iets onduidelijks.

'Goed zo, ga maar aan tafel,' zegt Jetta en geeft hem een klapje op zijn billen. Ze kijkt Mauk bemoedigend aan. Hij zit achterover op de leesbank. Ze slaat even een arm om hem heen, geeft hem een kus en staat dan op. Bij de spaghetti is alleen het getik van de vorken op de borden te horen. Dan wendt Jetta haar gezicht naar hem.

'Na de tentoonstelling gaan we verhuizen, Maurizio, we zien nog wel waarnaartoe.'

'Ik wil niet verhuizen!' zegt George.

Mauk kijkt Jetta dankbaar aan.

'Misschien gaan we naar Steckborn, naar tante Nina en oom Oskar,' zegt Jetta. Daarop heeft George geen antwoord. Hij vindt het grote meer in de bergen bij zijn oom en tante de mooiste plek van de wereld.

*

Op 12 december 1934 is de grote opening van de Nederlandse schilder Otto B. de Kat en de graficus M.C. Escher in het Nederlands Historisch Instituut. Mauk en Otto staan naast Hoogewerff tijdens de openingsspeech, in het zicht van iedereen, ongemakkelijk, allebei met een glimlach, die naarmate de speech vordert meer moeite kost. De dag ervoor had Mauk de directeur op het hart gedrukt zich niet al te zeer mee te laten slepen door zijn eigen woorden. Toch kan Hoogewerff het niet laten om Mauk een twintigste-eeuwse Livingstone te noemen, ontdekkingsreiziger en tekenaar in één persoon, een asceet in dienst van de kunst.

Het gordijn dat voor de ingang van de zalen hangt, wordt weggetrokken. De naar schatting vierhonderd mensen schuifelen in een dikke stroom naar de tentoonstellingszaal. Otto en Mauk lijken even rust te krijgen, maar Clara, Hoogewerffs secretaresse, komt hen halen. De kunstenaars moeten op de foto met de hoogwaardigheidsbekleders; de rector van het Pauselijke College kunnen ze niet langer laten wachten. Er zijn zeven of acht fotografen. Wanneer de eerste kijkers terugkomen bij de tafel waar de drankjes uitgereikt worden, willen de bezoekers met de kunstenaars op de foto. De fotografen van Italiaanse kranten blijven hangen, belust op een paar foto's met beroemdheden.

Jetta en Hans hebben de hele tijd samen achteraf gestaan. Zij hadden flink meegeholpen met de inrichting van de tentoonstelling, allebei met sterke overtuigingen over wat waar moest, wat goed bij elkaar hing, wat juist ruimte nodig had, welke doorkijkjes gemaakt moesten worden met de verplaatsbare wanden. Net op het moment dat Jetta naar Mauk toe loopt, komt een vrouw op hem af. Nee, niet Lucy! Denkt hij. Lucy Franssen, die zichzelf als schrijfster Ellen Forest noemt en haar man, de japanoloog Jan Lodewijk Pierson, die zij Boy noemt, hadden een paar maanden hun huis op de Alessandro Poerio gehuurd. Het echtpaar pochte vaak dat ze bevriend waren met Mussolini. Hij had er niets van geloofd, maar nu was gebleken dat er een boek over de Duce was uitgekomen in het Nederlands, vertaald door Ellen Forest. Jetta vindt dat ze altijd te dicht tegen Mauk aan ging staan. Ze wurmt zich tussen hen in. Ze staan nu schouder aan schouder geperst in een driehoekje tussen alle andere bezoekers. De twee vrouwen lachen elkaar ongemeend toe. Ze zijn ongeveer even groot en van hetzelfde postuur, maar Lucy is blond en twintig jaar ouder.

'Ik herkende die kapspiegel meteen, Mauk! Ik heb me er drie maanden in opgemaakt! Leuk werkje hoor. Mooi ook, met dat kanten kleedje. Ik koop het graag van je, als souvenir van onze tijd in jouw huis, al klopt het spiegelbeeld niet. Je moet als kunstenaar toch iets strenger voor jezelf zijn. Stuur je me het op? Boy zorgt voor de betaling. Maar o ja... wat moet die kaart van Sint Antonius op de rand van de spiegel? Dat is toch ongepast voor zo'n heiden als jij?' Lucy kijkt lachend van Mauk naar Jetta.

'Die heeft hij van mij gekregen,' zegt Jetta.

'Antonius is goed voor alles,' zegt Mauk. 'Ik heb dat kaartje altijd bij mij. Hij staat in die spiegel of gaat met mij op reis.'

'Voor als je op reis je huwelijk kwijt bent, Mauk?' vraagt Lucy.

'Haha,' lacht Mauk. Jetta knijpt fel in zijn bovenarm.

'En dan lees je honderd keer het gebed op de achterkant? O, daar ben je?'

Haar lange, vijftien jaar jongere man komt erbij staan.

'Jan Lodewijk!' zegt Mauk.

'Schitterend, schitterend, Mauk, gefeliciteerd, wat een werk. Wat prachtig om alles zo bij elkaar te zien. En die zwarte prenten! Die lichtende zee en die vuurpijl. Van een Japanse finesse, ik kan niet anders zeggen. Die vuurpijl heb je gepikt van Hiroshige, dat weet ik toevallig. Nou, ik koop ze allebei hoor. Schitterend, stuur ze maar toe.'

Mauk maakt een lichte buiging en een proostend gebaar met zijn glas.

'Hé, Leopold is daar,' zegt Jetta en trekt hem mee.

'Hulde!' hoort hij nog als ze weglopen.

'Hoe kan je nou zo aardig doen tegen dat mens!'

'Ach, ze speelt gewoon een spelletje, Jet, om jou te pesten.'

Jetta maakt een sissend geluid tussen haar tanden.

Leopold is hoofd van de afdeling archeologie van het Instituut. Mauk en hij zijn al jaren bevriend. Leopold is al sinds 1920 in Rome. Hij is bijna zestig en nog steeds een gedreven wetenschapper. Een rustige man vol wonderlijke verhalen, een man naar Mauks hart.

'Ha die Leopold,' zegt Mauk. 'Bevalt het je een beetje?'

'Beste kerel, mijn gelukwensen! Indrukwekkend. Al die reizen die je hebt gemaakt. Wij zijn maar geluksvogels. Helaas geen tekeningen van onze expeditie naar Gargano.' Ondertussen geeft Leopold Jetta een kus.

'Die zijn allemaal van professor Rellini, niets aan te doen. Daar heb ik voor moeten tekenen.'

'Die grap maakte je toen ook al. Ik denk dat de grot van Manaccora ook mooie prenten had opgeleverd. Of de broodjesdaken van Peschici, de *trabucco* bij de grot; echt onderwerpen voor jou.'

'Heb je huizen op de prent van Positano gezien?' vraagt Mauk.

Leopold neemt een flinke slok. 'Vertel over die vreemde vogel op die bolspiegelprent. Ik ben benieuwd. Die Manaccora-grot zou zó de plek kunnen zijn van de Sirenen of de Harpijen. Ben je er zo opgekomen?'

'Aardig bedacht, mijn beste, maar...'

'Het is de *Smurg*,' zegt Jetta.

'Wat zeg je?'

'Geen Sirene of Harpij,' zegt Mauk, 'het is een *Simurgh, Smurgh*, een Perzische wondervogel. Het is een huwelijksgeschenk van Jetta's vader. Kijk, daar loopt hij.'

Mauk en Jetta zwaaien naar Jetta's ouders, die over de hoofden van de andere gasten terugwuiven.

'Ik ken de Smurgh mijn hele leven al. Mijn vader heeft hem meegenomen uit Azerbeidzjan.'

'Ah, heb je een mooi verhaal voor een arme archeoloog?' vraagt Leopold.

'Het komt uit het boek van de Perzische koningen.'

Lodewijk Pierson is er nu bij komen staan. Jetta vertelt het verhaal over de geheimzinnige vogelkoning Smurgh, waarnaar alle vogels samen op zoek moeten gaan. De goede koning kan hen bevrijden van de tiran, onder wie zij veel te lijden hebben. Uiteindelijk, als ze nog met z'n dertigen zijn, ontdekken ze dat zij samen de koning zijn. In het Farsi betekent 'si' dertig en 'murgh' vogel; een parabel dat de kwetsbaren samen sterk moeten zijn ten tijde van onderdrukking, eindigt Jetta haar vertelling.

'Is het een politiek werk, Mauk?' vraagt Leopold.

Hij schudt van nee en maakt zich uit de voeten. Hij voelt zich niet slecht op de receptie. Het is een openbaring om al zijn werk bij elkaar te zien en bewonderd te zien worden. Het contrast met de kleuren van de schilderijen van Otto werkt goed. Buiten regent het pijpenstelen, dus niemand kan weg. Er zijn genoeg hapjes, er is genoeg te drinken.

'Wil je mij niet op een nachtelijke wandeling meenemen, lieve Mauk?'

'Ah, mevrouw Hoogewerff, lieve gastvrouw, wat goed u te zien. U ziet er weer prachtig uit!' Mauk geeft haar een stevige zoen. Dat heeft uw man goed gedaan, niet? Kennelijk was iedereen erg benieuwd om het nieuwe Huis van de Kunsten te zien?'

'Ze komen allemaal voor jou, beste jongen. Hier, kom, je kent Schlichting toch wel, onze jonge briljante correspondent voor *De Tijd*?'

'Hallo Theo, vind je het wat?'

'Gefeliciteerd, Mauk. Ik heb steeds het gevoel dat je me voor de gek houdt. Die spiegels zijn je nieuwe speeltjes?'

'Misschien, misschien.' Mauk lacht, blij met de woorden van de journalist.

'Ik zal er een stukje over tikken. Het wordt helaas niet lang. De krant verwacht uit Rome andere berichten dan gevoelige woorden over kunst. Hoelang blijven jullie nog?'

Mauk kijkt om zich heen. Bij de uitgang ziet hij twee mannen in zwarte uniforms staan. Er lopen nog meer figuren rond die niets te zoeken hebben op de expositie.

'Als ik m'n atelier heb verkocht, zijn we weg,' zegt Mauk.

'Naar?' vraagt Schlichting.

De oude meneer Patijn, Nederlandse gezant bij de Heilige Stoel, slaat Mauk op de schouder.

'Werkelijk prachtig, al die dorpen, Escher. Je hebt waarlijk een atlas van het Italië van driehonderd jaar geleden gemaakt!'

'Mijn beste meneer Patijn, het bevalt u? Wilt u niet een goed woordje voor mij doen bij de paus? Nee hoor, ik maak maar een grapje.'

'Ik zou het graag weer eens voor je doen, maar ik moet zuinig zijn met mijn verzoeken aan de oude Pius. Ik heb hem net verzocht het hele Vaticaan vol te hangen met Philips-gloeilampen. Het bedrijf is toch belangrijker dan de kunst.'

'*Erst das fressen...*' zegt Mauk.

'Wee mij. Was ik nog maar burgemeester van Den Haag, dan zou ik het Gemeentemuseum opdracht geven jouw gehele oeuvre aan te schaffen.'

'Haha, ik geloof u.' Mauk legt z'n hand op de arm van de oude man en loopt weer door.

'Ha Triverio, vermaak je je? Heb je nog galeristen gezien?'

Triverio schudt zijn hoofd. 'Ze willen alleen nog maar Italianen. Geen buitenlanders met onduidelijke politieke voorkeuren, Maurizio. Ik krijg m'n werk nog niet op een vuilnisbelt uitgestald. Heb je nog wat verkocht?'

'Gaat wel, ik weet het eigenlijk niet precies. Ik moet het straks aan Clara vragen. Ik denk tien, misschien twintig prentjes?'

'Je hebt maar geluk.'

'Ach man, het geluk duurt maar heel even, morgen ben ik een beetje geld en een paar artikeltjes rijker. Er verandert niets.' Dan recht Mauk zijn rug. 'Kop op, Triverio! Geen gesomber op mijn opening!'

Otto, Hans en Jetta komen proestend naar hem toe gelopen. Ze hebben volle glazen in de hand en een glas voor Mauk. Iedereen is zo langzamerhand aan het weggaan. De twee exposanten omhelzen elkaar.

'Een daverend succes,' zegt Otto, 'ik kan niet anders zeggen, Escher. Iedereen hier houdt van je.'

Dan komt Hoogewerff erbij staan. De zalen zijn bijna leeg.

'Kom, we gaan wat eten met z'n allen. Ik gooi de tent dicht.'

RIMPELING III

George is de enige van de drie broers die voor de camera over het leven en werk van zijn vader heeft willen praten. Op internet heb ik alle interviews met hem gezien. Hij spreekt liefdevol in helder Canadees-Engels. De filmpjes zijn uit 2015. Oom Mauk is dan meer dan veertig jaar dood, maar George beschrijft hem alsof ze elkaar gisteren nog zagen. De zoon van bijna negentig steekt zijn hand op voor de camera en we kunnen ons voorstellen hoe die vastgehouden werd door de droge, warme hand van zijn vader tijdens een wandeling door Rome. George vertelt in het interview hoe zijn vader hem leerde kijken; hij wees echte acanthusbladeren aan en ook de stenen bladeren die waren gebeiteld in de losliggende kapitelen van korinthische zuilen op het Forum. 'Als je iets echt goed wilt zien, moet je het tekenen,' leerde hij zijn zonen. Of hij doet met zijn hand de vingers van zijn vader na die tikken op de tekentafel tijdens het ontwerpen van een nieuwe prent. Hij vertelt hoe het thuis verliep in de verschillende fases van het creatieve proces. Wanneer Vader een idee had gehad dat werd uitgewerkt in het atelier, moesten George en zijn broertje Arthur muisstil zijn. Anders werd hij afgeleid en geïrriteerd door elk geluid en elke beweging. Wanneer dat proces voorbij was, ging er een zucht van opluchting door het huis en werden de dingen weer als normaal. George hield ervan om bij zijn vader in het atelier te zijn: van het geluid van het schuren van het perenhout en van de geur en het geluid van het gutsen. Ook vertelt hij met smaak over de sterke geur van de drukinkt en het knapperende geluid van de inktroller.

Als er iemand in de wereld is die van oom Mauk en MCE weer één kan maken, is het George.

Ik heb veel zin om hem te zien, maar ben ook zenuwachtig. Ik zal nooit meer zo dicht bij iemand komen die zoveel houdt en zoveel weet van oom Mauk. Onderweg van Montreal naar Ottawa probeer ik nogmaals te bedenken wat ik George precies wil vragen, maar ik kom er niet uit; een oud gevoel van schroom verhindert me helder na te denken. Wil hij wel met mij over zijn vader praten? Ik denk eigenlijk van niet en ik wil hem niet voor het blok zetten. Misschien zijn de zonen na de oorlog alle drie geëmigreerd om uit de schaduw van hun vader te treden, om niet altijd vereenzelvigd te worden met de graficus, om een eigen leven op te bouwen, ongehinderd door de overheersende reputatie van MCE. Of misschien wilden ze hun vader gewoon niet meer zien, waren ze boos op hem omdat hij, in hun ogen, zijn werk had verkozen boven het welzijn van hun moeder. Of haal ik het me allemaal maar in mijn hoofd? In ieder geval ga ik hem niet in een lastige positie brengen.

De eerste tekenen waren al niet hoopvol geweest. Per e-mail had ik hem naar de speeldoos gevraagd; daar wist hij niets van en hij gaf ook niet de indruk bijzonder geïnteresseerd te zijn, net zomin als zijn broers Arthur en Jan overigens. Wel nodigde George mij hartelijk uit om langs te komen in Canada.

Hij is mijn levende familie en veel familie heb ik niet. Ik hoop in hem ook iets van mijn vader terug te vinden. Zij hebben samen twee reizen naar Japan gemaakt om hun grootvader te eren. Ik kan oom Mauk ook via George leren kennen.

In de auto vraagt Vanessa me wat ik hem zou vragen als ik een journalist zou zijn en geen familie. Als ik minder scrupules had.

Tja, misschien zijn de zonen ongelukkig over hoe ze met de nalatenschap van hun vader zijn omgegaan. Hoe hun beslissingen hebben uitgepakt. Of: waarom is oom Mauk nooit terugverhuisd naar Italië als hij zoveel van dat land hield? Dat zou tante Jetta toch ook fijner gevonden hebben? Indiscrete vragen. Daar zit hij echt niet op te wachten.

'En als zomaar een liefhebber van zijn werk dan? Wat zou je dan vragen?' vraagt Vanessa. Daarover ben ik zekerder; dat zijn de vragen van mijn onderzoek. Wat waren volgens hem de drijfveren in de ontwikkeling van zijn vaders kunstenaarschap? Wat was écht het keerpunt richting regelmatige vlakverdeling? George was elf toen zijn vader de eerste regelmatige vlakverdelingsprent, *Metamorphose I*, maakte. Misschien kan hij het zich herinneren? Kan hij het preciezer vertellen dan het gebruikelijke verhaal, heeft hij andere gezichtspunten? Toen de zonen al volwassen waren, is hun vader echt beroemd geworden. Hoe was dat voor George? Hij was erbij toen veel van de kunstwerken werden bedacht die later wereldwijd iconisch zijn geworden. Heeft George speciale herinneringen aan bepaalde prenten?

Waar de Ottawarivier zich verbreedt tot een meer, staat de Riverpark Retirement Residence. Terwijl wij ons bij de receptie inschrijven, zien we George door de gang met hoogpolig tapijt van verre aan komen lopen, langzaam maar zeker, hand aan de leuning. Pas als hij niet ver van de balie is, ziet hij ons staan en lacht hij minzaam. Hij is toch wat ouder geworden sinds de filmpjes. Wij schudden voorzichtig de broze hand, een beetje onwennig. Verwantschap is niet iets wat je meteen voelt. George heeft de neus van zijn vader, in een iets kleinere uitvoering. Hij is al twintig jaar ouder dan oom Mauk ooit geworden is. Toch heeft George nog steeds een breder, steviger voorkomen. Had hij een witte sik en snor opgeplakt, dan zou hij nog steeds niet veel op zijn vader lijken. Wel op zijn moeder; ik herken de hoge jukbeenderen en licht schuine ogen van Jetta.

Op de derde verdieping stappen we uit de lift. Weer lange gangen zonder ramen, als in de *self storage* in Rotterdam. Als we George' kamerdeur opendoen, schijnt het daglicht ons bevrijdend tegemoet. De kamer kijkt uit op de rivier en het park. Er is net een zeilregatta bezig. Vrolijk volgen de bootjes elkaar, als jonge eendjes.

'Ik doe niets liever dan naar de zeilbootjes kijken,' zegt George terwijl hij gaat zitten op zijn grote stoel voor het raam. Vanessa pakt de bureaustoel en zet hem naast George' fauteuil. Ik ga zitten op de enige overgebleven plaats: het bed, midden in het kamertje. Er ligt een bonte sprei overheen. We kijken samen even naar buiten. Af en toe slaat een bootje om.

'Ze moeten leren wat het is, omgaan,' lacht hij. George' Nederlands is na bijna zestig jaar in Canada een taal geworden die nog door één iemand in de wereld wordt gesproken. Als ik om me heen kijk, zie ik, vijfenveertig jaar na mijn bezoek aan oom Mauk, weer een heel leven geconcentreerd in één kamer. Bijna niets herinnert aan Holland.

Op z'n tweeëndertigste begon het overbevolkte platte Holland hem te knellen. Hij voelde zich opgesloten en benauwd. Hij was er trouwens een passant; kwam pas op zijn veertiende aan in Nederland. Zijn pubertijd beleefde hij in de oorlogsjaren. George studeerde vervolgens vliegtuigbouwkunde in Delft. Na zijn studie had hij er genoeg van. Hij wilde de ruimte zoeken. Een vriend uit Delft was hem voorgegaan. Er was zeker werk voor vliegtuigbouwkundig ingenieurs in Canada. George en zijn vrouw Corrie hebben hun koffers gepakt en zijn, behalve voor bezoeken aan Vader en Moeder, nooit meer teruggekomen. Uit alles wat hij vertelt, blijkt dat zij hun beslissing nooit hebben betreurd. Ze hebben een rijk leven geleid, gelukkig in hun huwelijk, met hun dochters, met hun kleinkinderen. George was gelukkig in zijn werk en zeker niet in de laatste plaats met de onmetelijke ruimte, het water, het zeilen en de oceaan.

Terwijl George vertelt, maken mijn ogen een reis door de kamer. Boven mijn hoofd hangen aan het plafond drie geodetische bollen in elkaar: veelhoekige constructies, opgebouwd uit vijfhoeken en zeshoeken, gemaakt van stokjes. Ik herinner me de foto van oom Mauk rokend aan zijn werktafel met allerlei zelfgemaakte regelmatige ruimtelijke figuren, waaronder zo'n bol. Naast het bed staat een bureautje met een computer. Daarboven hangt een borduursel van moeder Jetta. Een doek met een huisje, een zonnetje, een boompje, een ooievaar en wat eendjes en schelpjes. Het werkje heeft, recht tegenover George' stoel, de ereplaats in de kamer. In de hoek, in de schaduw naast het raam, hangt het portret van Mauk aan het werk, gemaakt in het Rosa Spierhuis door de aquarelliste Debbie Wertheim, de tweede vrouw van zijn oude vriend Jobs.

Dan het grote raam met uitzicht op het meer. Naast zijn stoel met elektrische uitwipfunctie ligt opengeslagen *Il Gattopardo* van De Lampedusa, in het Italiaans, het boek van een van mijn lievelingsfilms van Visconti.

Ik wil George het verhaal vertellen dat Vanessa en ik in Sicilië op zoek zijn naar Donnafugata, het dorpje van het zomerpaleis van de verarmde prins, waar Tancredi (Alain Delon) verliefd wordt op Angelica (Claudia Cardinale), de mooie dochter van de volkse maar rijke burgemeester. We komen aan in het echte Donnafugata en ik herken niets uit de film. Eerst probeer ik nog krampachtig verbindingen te leggen tussen de omgeving en de film, maar het wordt me snel duidelijk dat helemaal niets klopt. '*It's fiction, dummy,*' hoor ik Vanessa naast me in de auto zeggen.

Dan zie ik in de boekenkast links van George een grote houten sterpuzzel. Net als in de puzzeldoos, maar dan vier keer zo groot. Zie je wel!

'Heb je die houten puzzel van je vader gekregen?' vraag ik zonder na te denken. 'In de puzzeldoos zat net zo'n puzzel. Je vader had hem zelfs nagetekend!' Dat had ik hem via de mail nog niet verteld.

George kijkt me even verbaasd aan.

'Die hebben we samen gesneden in de oorlog, om de tijd te doden. Vader hield van die spelletjes.' Hij zegt het alsof het niet belangrijk is.

'Maar... maar de puzzel staat ook op een stilleven uit 1943. In *Leven en Werk* staat hij groot afgebeeld!'

George schudt meewarig zijn hoofd. 'Jaja...'

Ik ben totaal opgewonden. De kruispuzzel, de Lu Ban Suo, waarmee oom Mauk al speelde als jongetje, die hij natekende op zijn negenentwintigste en waarvan hij een krabtekening maakte in de oorlog, op zijn vijfenveertigste, heeft hij nu ook nagemaakt samen met zijn oudste zoon! Het ding moet dan toch belangrijk voor oom Mauk zijn geweest? Het verenigt in zich, zo wil ik me voorstellen, zijn liefde voor vakmanschap, voor houtsnijden dus ook, voor spelen en zijn liefde voor het denken in de ruimte die hij tijdens zijn leven met zo weinigen heeft kunnen delen. Het is de missing link in de ontwikkeling van zijn kunstenaarschap! En nu doet George alsof het ding niets voorstelt? Ik durf niet verder aan te dringen; hij heeft er duidelijk geen zin in. Later herinner ik me iets wat Jan Escher, Mauks jongste zoon, me zei toen ik hem vroeg wat hij van de biografie over zijn vader vond: 'Ik heb mijn eigen herinnering. Hij was mijn vader. Wat moet ik over hem lezen?'

'Ik kan jullie niets aanbieden,' zegt George, 'maar we gaan straks lunchen in een visrestaurant. Tenminste, als jullie willen.' Natuurlijk wil ik, al wil ik nog niet weg uit deze kamer. Ik had van tevoren gerekend op een bezoek van een uurtje, maximaal anderhalf, om George niet te veel te vermoeien.

George laat ons foto's zien van zijn dochters en kleinkinderen. Ze zijn met z'n allen naar Rome gegaan om zijn geboortehuis, het Huis van de Vier Winden, te bezoeken. Dit is het moment om iets over oom Mauk te vragen, maar ik heb m'n krediet al verspeeld. Wanneer hij de foto's weglegt, vraag ik hem wat voor werk hij vond toen hij net aankwam in Canada. Hij wijst op de geodetische bollen.

'Het was niet zo gemakkelijk als mijn vriend me had voorgespiegeld. Na drie maanden kreeg ik de kans om voor een fabriek te gaan werken die beschermingsconstructies van radarinstallaties maakte, in de vorm van geodetische koepels.'

'Heb jij daarmee je vader geïnspireerd?' vraagt Vanessa. Zij durft wel gewoon vragen te stellen.

'Nee hoor,' George lacht bescheiden maar geamuseerd. 'Nee, Vader heeft geen inspiratie in mijn werk gevonden, het was omgekeerd. Die bolconstructies waren mij door Vader al bekend. Kijk, dit werkstuk' – hij wijst boven mijn hoofd – 'de binnenste bol is een dodecaëder van vijfhoeken. Als je door de twee buitenste lagen naar binnen kijkt, zie je steeds een tunneltje van drie vijfhoeken. Je kunt geen vierde bol meer eromheen maken zonder dat die gaat onduleren, uh...'

'Bobbelen,' zeg ik.

'Ja, bobbelen, golven. Vader en ik zijn nog samen naar de wereldtentoonstelling in Montreal geweest, naar de Buckyball Biosphere, de grootste geodetische koepel ter wereld. Hij heeft, meen ik, Buckminster Fuller nog ontmoet. Zullen we gaan?'

George lacht uitnodigend naar Vanessa. Hij laat haar elegant voorgaan bij het verlaten van het eenkamerappartement. Als we door de gang naar de uitgang lopen zegt hij: 'Ik heb geen vrienden hier. Dat komt helemaal door mij. Ik ben mensenschuw.' Mensenschuw? We merken er weinig van. George is charmant tegen iedereen die we op de gangen en in de lift tegenkomen. We lopen langs een zaaltje waar een middagpianoconcert is. Het voltallige publiek van ongeveer tien grijze dames kijkt reikhalzend naar George. Hij merkt hen niet op.

Op weg naar het restaurant zit George op de passagiersstoel van onze auto en vertelt me dat hij elke zaterdag en zondag bij zijn dochter Juliet en haar familie eet. Het hele gezin doet werk met computers, behalve Juliet, die wiskunde heeft gestudeerd. Maar ze heeft geen eigen carrière. Vroeger heeft ze wel met een professor in de geologie modellen ontwikkeld om het ontstaan van de bergen van Nieuw-Zeeland te simuleren.

Weer geologie, denk ik. Vanessa zit achterin en vangt volgens mij niet veel van het gesprek op.

'Ik kan me indenken dat je je als kind in Canada gaat afvragen waar die enorme bergen vandaan komen.'

'Of als kind in Zwitserland,' lacht George. 'Arthur en Jan zijn ook geoloog.'

'Maar jij niet.'

'Ik ging met Vader naar luchtvaartshows, net als hij met Grootvader. Dat vonden we heerlijk.'

'Heb jij je grootvader nog gekend? G.A., je naamgenoot?'

'O jaaaa,' zegt George.

'Was hij een aardige man? Hoe was hij?'

'Nou, hij zei niet veel meer, hij schreef zijn memoires en hij at en hij ging naar zijn kamer.'

'Aarde, lucht, water. Je grootvader G.A. was natuurlijk van het water.'

'En vuur,' lacht George, 'Arthur en oom Beer onderzochten vulkanen op Java.'

'Jouw dodecaëder staat volgens Plato voor het vijfde element, de ether, de kwintessens, het materiaal waar de kosmos van is gemaakt.'

'Ja, ja, de platonische lichamen,' zegt George weinig geanimeerd.

'En je vader gebruikt de dodecaëder al op *Reptielen* in 1943.'

Soms praat het makkelijker als je elkaar niet hoeft aan te kijken. Ik zie George vanuit mijn ooghoek knikken. Hij zegt niks. Ik moet ook op de weg letten.

'Je weet veel van het werk van mijn vader, is het niet?' vraagt George.

'Het komt door die puzzeldoos,' zeg ik. 'En ik ben... ik ben opgegroeid met de prenten van je vader. Het stilleven met de kruispuzzel staat groot in *Leven en Werk*; dat boek heb ik al bijna mijn hele leven. Ik heb zijn prenten altijd om me heen gehad. Sinds ik me kan herinneren...'

'Kijk, daar is het restaurant,' lacht George opgelucht. Genoeg geweest.

'Mijn zeilboot lag voor ons huis,' zegt hij als we aan de tafel met blauwwit geblokt kleedje zitten, wijzend op een reclameposter met de zee erop. 'Altijd als we vrij hadden, gingen we varen. Maar het allerleukst vond ik het zeilen in een laser.'

Ik zie hem voor me in het wankele wedstrijdbootje.

'Dat had ik vroeger met windsurfen,' zeg ik. 'Als ik in april voor het eerst weer op m'n plank stond en snelheid maakte, hoe mijn plank dan op de golven sloeg.' Bij het woord 'golven' sla ik met mijn vlakke hand op de andere. Bij de pets zie ik even George' ogen oplichten.

'Het gaat niet meer, het zeilen,' zegt George. 'Ik heb het nog wel geprobeerd in een boot voor invalide mensen, maar dan hoef je niets te doen. Er moet een risico zijn, anders is het niet leuk. Maar ik kan het niet meer.' Hij legt berustend zijn hand op zijn eenennegentigjarige buik. 'Buikspieren.'

Als we terugrijden naar de Residence, is het stil in de auto. Ik denk dat George moe is, maar als we voor zijn deur staan, nodigt hij ons uit om nog even mee te komen. Hij wil ons zijn huis in Mahone Bay nog laten zien.

Terug op de kamer zie ik in een hoek de prent *Rimpeling* hangen. Hoe heb ik die over het hoofd kunnen zien? George vraagt of we iets zien aan het werk.

'Hij hangt ondersteboven,' zegt Vanessa meteen.

'Ja! Precies,' lacht hij met pretoogjes. 'Zo heeft Vader de bomen gezien. Als ik met hem ging wandelen en hij zag een mooie weerspiegeling in het water, boog hij voorover en bekeek het beeld in het water door zijn benen. Dan kunnen de hersenen de weerspiegelde wereld als echt verwerken, zei hij.' Terwijl George het verhaal vertelt, buigt hij lachend voorover en kijkt door zijn benen naar de sprei van zijn bed. Een mooie show voor Vanessa.

We gaan weer zitten in dezelfde opstelling. *Rimpeling* is de laatste prent die George heeft. Hij vertelt tussen neus en lippen dat hij kortgeleden al zijn honderdzestig prenten heeft geschonken aan de National Gallery, behalve deze. Een prachtig geschenk van George aan zijn geliefde Canada, daar niet van, maar heeft hij er geen spijt van dat hij en zijn broers na de dood van hun vader de hele artistieke nalatenschap niet gewoon aan het Haags Gemeentemuseum hebben geschonken? Niet alleen de prenten, maar ook de tekeningen, de blokken, de dagboeken, de brieven, de beeldrechten – de hele mikmak. Dat was toch de meest geëigende plek? Het Gemeentemuseum heeft oom Mauk toch zijn eerste grote museale tentoonstelling gegeven? Ik stel de vragen weer niet. Ik vertel ook niet meer dat ik *Rimpeling* heb nagemaakt om te leren houtsnijden.

In plaats daarvan vertel ik een verhaal als reactie op George' verhaal.

'Gisteren hebben we ook zoiets moois meegemaakt. Een soort Canadese variant van *Rimpeling*,' zeg ik. 'Ik weet niet of het me gaat lukken om het goed uit te leggen.'

George kijkt even uit het raam. Er is een nieuwe wedstrijd begonnen met grotere bootjes.

'We zitten met z'n drieën,' begin ik, 'met Vanessa en een vriendin op een zwemplatform in een meertje in de bossen boven Montreal. Het vlot ligt op zo'n vijftien meter van de oever. We hebben net gezwommen en hebben allemaal een biertje in de hand. De zon staat al laag. De hemel is blauw met een paar wolkjes die perfect weerspiegeld worden in het zwarte water. De rand van het meer staat volgepakt met berken en dennen, sommige met hun voeten in het water. Sinds de bevers dammen zijn gaan bouwen, is het waterpeil gestegen.'

George luistert aandachtig met zijn hoofd een klein beetje schuin naar beneden.

'In de rimpeling van het water, net als op de prent, lijken de weerspiegelde stammen op meanderende riviertjes. Als ik opsta om het kronkelspel beter te bekijken, zien we op de bomen ringen van licht naar beneden glijden. Ik laat het vlot nog een paar keer goed wiebelen, waardoor er nieuwe kringen in het water ontstaan. Ik bedenk dat elk golfje als een prisma werkt waardoor de schuine zonnestralen, tweemaal gebroken en samengebundeld onder een andere hoek, schuin omhoog, als ringen van licht op de boomstammen, geprojecteerd worden. Terwijl de golf zich naar de kant toe beweegt, glijdt de ring langs de stam naar beneden.'

George kijkt me een paar tellen aan en zegt dan vrolijk het fenomeen ook wel eens gezien te hebben. Hij geeft mij het gevoel dat hij me begrijpt. Hij gaat rechtop zitten en begint meteen aan het volgende verhaal. Hij en Corrie varen in een elektrisch bootje op een meer in Florida. Het is totaal windstil, er zijn geen golven, de hemel solide blauw, de motor maakt bijna geen geluid. Plotseling pakt Corrie George' hand en zegt opgewonden: 'George, we vliegen!' Ik zie George de beweging maken van Corrie, hoe zij zijn hand gepakt moet hebben. George zegt: 'We vliegen,' zoals Corrie het gezegd moet hebben. Zij is vijftien jaar geleden overleden, maar zij is nu bij hem. Ook toen was de hemel perfect weerspiegeld in het meer, boven was onder en onder was boven en opeens was er geen vastigheid meer.

George staat op en wil aan zijn bureau gaan zitten. Daarvoor moet Vanessa opstaan en ik ook. Nu volgt een stoelendans, met als uitkomst dat George aan zijn bureau zit, Vanessa naast hem op het bed en ik erachter sta. Dan doet George de computer aan. Zonder aarzeling pakken de oude vingers de muis en slepen het bungelende oranje mannetje van Google Maps naar een precieze plek op Nova Scotia. Meteen verschijnt een huis op het scherm.

'Dit huis hebben wij gebouwd. We hebben er vijfendertig jaar gewoond.' We zien een groot, lichtblauw, houten huis op een met gras begroeide heuvel aan een kleine weg langs het water. De buurhuizen zijn in dezelfde stijl gebouwd. Er zijn geen hekjes tussen de gemaaide tuinen. De veranda kijkt uit over Mahone Bay. Je kan de overkant van de baai zien met dezelfde soort huizen aan een oever van kreupelhout.

'Zien jullie' – George wijst naar een steigertje – 'daar lag de boot. In dat water kwamen de dolfijnen langs. Elk weekend gingen we de zee op.'

Dan laat hij een stilte vallen.

We zeggen goeiendag. Als we vanaf de kamerdeur naar de lift lopen, loopt George aarzelend met ons mee.

'Jullie zijn toch mijn enige familie in Nederland.'

Vanessa omhelst George nog een keer. We horen de ping van de lift. Als de deuren voor ons sluiten, kijken we elkaar nog in de ogen.

Op de terugweg verdwijnt het gevoel van ontevredenheid dat ik George zo weinig heb durven vragen; ik ben gelukkig en dankbaar dat ik hem heb leren kennen. Vanessa en ik kijken die maand tientallen keren door onze benen naar de geweldige bergketens van de Rocky Mountains, weerspiegeld in blauwgroene meren. We zien de enorme concave hellingen begroeid met zeeën van naaldbomen. We lopen door lange valleien naar watervallen van onvoorstelbare woestheid; we zoeken de meest onherbergzame bergtoppen. We zien dwergvinvissen en horen ze 's nachts vanuit ons tentje. We 'vliegen' in onze kano. In een kajak op een bergmeer begrijp ik, kijkend tegen de ondergaande zon in, eindelijk waarom de gloed van het 'gouden pad' naar de horizon breder wordt, terwijl een gewoon pad naar de einder toch versmalt naar het verdwijnpunt. Ik heb het gevoel dat ik door George' ogen door oom Mauks ogen naar de wereld kan kijken.

DEEL 4

ESCHER WORDEN

'Het is mij overkomen op eenzame wandelingen door de Baarnse bossen, dat ik plotseling stokstijf bleef staan, bevangen door een beangstigend, onwerkelijk en tegelijkertijd gelukzalig gevoel oog in oog te staan met het onverklaarbare. Die boom daar vóór mij, is op zichzelf, als object, als onderdeel van het bos, misschien niet verwonderlijk, maar raadselachtig lijkt mij opeens de afstand, de ruimte tussen hem en mij. Wij kennen de ruimte niet. Wij zien haar niet, we horen haar niet, wij voelen haar niet. Wij staan er middenin, wij maken er zelf deel van uit, maar wij weten niets van haar. Ik kan de afstand meten tussen die boom en mijzelf, maar als ik zeg "drie meter", dan openbaart dat getal niets van het mysterie. Ik zie slechts begrenzingen, afbakeningen, ik zie niet de ruimte zelf. [...] De ruimte blijft ondoorgrondelijk; een wonder.'

M.C. Escher, lezing gehouden ten huize van G. Stuiveling op 9 november 1963

Op een augustusochtend in 1935 komt Mauk de zitkamer binnengelopen en hij ziet zijn oude vader zitten voor het grote raam. Hij houdt zijn vergrootglas voor het ochtendblad. Als altijd de laatste jaren draagt hij zijn zonneklep tegen een teveel aan licht. Mauk staat een moment stil, gaat terug naar boven en haalt zijn tekenspullen. Weer in de kamer pakt hij een stoel en gaat schuin tegenover zijn vader zitten.

'Dag, jongen.' Vader kijkt blij verrast op van de krant. 'Het was aardig van je om mee te gaan naar de sociëteit. Wat doe je? Ben je mijn gelaat aan het schetsen?'

'Ja, Vader, ik heb een mooie prent in gedachten.'

Mauk heeft zijn potlood in de hand en probeert het gezicht van zijn vader voor zich te zien op het papier.

'Vertel me dan nu van Zwitserland. Hoe is het daar in de bergen?'

'Mmm... eerst dit, Vader, wilt u naar de krant blijven kijken?'

Met grote halen zet hij het gezicht op.

'Ik weet het nog niet, Vader,' zegt hij een paar tellen later. 'Jetta is dicht bij haar zusje, dat is het belangrijkst. Nina heeft een huis voor ons gehuurd in de buurt van Lausanne.'

'Dat is fijn voor haar.'

Mauk schudt peinzend zijn hoofd.

'Nee, Jetta ziet ertegen op, ze wilde graag naar Zürich. Dat is toch nog drie uur reizen.'

'En het huis?'

'Het huis? In een non-descript dorpje, in een dal als alle andere, tussen bergen die op elkaar lijken. Een mooi huis, dat wel. We huren de tweede en derde verdieping. Ik zal weer op de bovenste etage m'n atelier hebben. Van november tot februari zijn we ingesneeuwd. De jongens houden van de bergen, dat is een geluk. Weet u, George wilde laatst...'

'En Jetta? Wat zal haar bezigheid zijn, nu de jongens minder aandacht behoeven?'

Hij zwijgt. George en Arthur hebben de laatste tijd inderdaad genoeg aan elkaar.

‘Ik weet het niet, Vader.’

Ze kijken elkaar een moment aan. Jetta’s onvermogen om buiten het moederschap een eigen levensinvulling te vinden hebben zij al te vaak besproken. Dan wendt Vader zijn gezicht weer naar het vergrootglas en de krant.

‘En jij? Jij verheugt je evenmin?’

Mauk tekent nu een paar minuten door.

‘Ik mis Rome. Nu al. Jet ook.’

‘Nou nou, geen zelfmedelijden! Wat is dat nou? Je bent veilig met je familie, je hebt je werk, wees dankbaar voor wat je hebt, jongen. Je hebt de vrijheid. Je kunt doen wat je wilt.’

‘Niet meer in Italië.’

‘Nee, daar ben je weg!’

‘Nu moet u even rustig blijven zitten, Vader.’

‘Je was toch al met andere dingen bezig, iets met muziek, zei je?’ probeert Vader.

‘Ja, klopt, iets met muziek.’

Hij heeft Vaders rechteroog er al goed op staan.

‘En je gaat je plannen aan Beer voorleggen?’

‘Nee, nou, ik wil vooral weten wat Ruut van m’n plannen vindt. Ik reis morgen naar Rotterdam. Naar Beer en Emmy ga ik voor m’n plezier.’

Vader schudt zijn hoofd. ‘Tja, onze Rudi...’

‘Morgen gaan we verder, Vader, ik moet ervandoor.’

*

Het is een korte reis met de trein en de Blauwe Tram naar Oegstgeest. Sinds Beer hoogleraar is geworden, wonen hij en Emmy in de zestiende-eeuwse pastorie van Oegstgeest aan de Dorpsstraat. Het huis wordt al eeuwen bewoond door Leidse hoogleraren. De vorige eigenaar had het huis Mukashi genoemd, wat ongeveer ‘goede oude tijd’ betekent in het Japans. Ze hebben de naam in ere gehouden. Mauk komt er graag. Het is er vrolijk en levendig door de hartelijkheid waarmee Emmy en Beer de vele bezoekers ontvangen. En Beer is altijd geïnteresseerd in zijn werk, veel meer dan zijn andere broers.

Hij wil zijn nieuwe muziekproject eerst proberen uit te leggen aan Beer en Emmy, voordat hij het aan het strenge oordeel van hun zoon blootstelt. In de tuin met een kopje thee vertelt Emmy over Ruut. Het lijkt of hun zoon nooit slaapt; hij studeert nog bij Pijper in Rotterdam, heeft net een pianosonate af, schrijft en publiceert gedichten in de beste tijdschriften, hij tekent en hij wil gaan varen. 'En Ruut is rabiaat antifascist,' vult Beer aan.

'Dan hebben hij en ik heel wat te bespreken,' zegt Mauk.

Hij vertelt over zijn nieuwe plannen aan zijn broer en schoonzuster, de ontdekking van Edward Craig, het spel van voorgrond en achtergrond, dat hij, net als Craig en Kandinsky, werk wil maken om de zinnen te verwarren, dat je de diepte kan voelen met je evenwichtsorgaan, dat je vormen kan horen, en nu vooral, dat je muziek moet kunnen zien, dat hij een manier heeft uitgevonden om muziek zichtbaar te maken. Hij haalt de map met schetsen uit zijn tas.

'Ik hoor duizendmaal liever muziek in een concertgebouw dan bij een grammofoon. Daar voel ik de trillingen van de tonen door me heen gaan. Ik zie het ritme in de armbewegingen. Stel je voor dat je behalve het ritme ook de toonhoogte, de toonsterkte en de toonkwaliteit kan zien? Hoe zal je het concert ondervinden als het oog ziet wat het oor hoort?'

Beer maakt een bemoedigend gebaar. Hij lijkt er niet veel van te snappen, maar is toch benieuwd. Emmy lacht hem ook toe.

'Eerst moeten jullie de onderliggende figuur begrijpen.' Hij laat een blad zien met precies getekende spiralen.

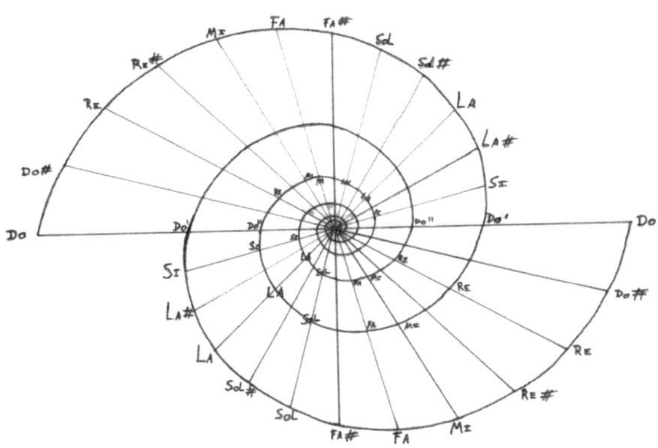

'Dat praat wat makkelijker. Elke spiraalhelft is opgedeeld in de twaalf toonafstanden van een octaaf. Zo kan door de combinatie van de afstand tot het middelpunt plus de hoek van de diagonaal de toonsoort en -hoogte worden weergegeven.' Hij houdt even in. Beer en Emmy zitten gebogen over de tekening. Ze hebben elkaar al een keer vertwijfeld aangekeken. Hij heeft het wel gezien. Hij moet het beter uitleggen.

'Tijdens het muziekstuk wordt achter het orkest een rolprent getoond waarop dit soort beelden verschijnen.'

Mauk haalt nog een blad met twee figuren uit zijn map en legt het op tafel.

'In een cirkel kunnen meerdere instrumenten weergegeven worden, bijvoorbeeld de viool in de binnenste cirkel en de cello in de buitencirkel. Dubbeltonen worden weergeven door meerdere diagonalen binnen een cirkel, snappen jullie? De intensiteit van de kleur geeft het volume weer. Het ritme wordt aangegeven door de duur dat een beeld zichtbaar blijft.'

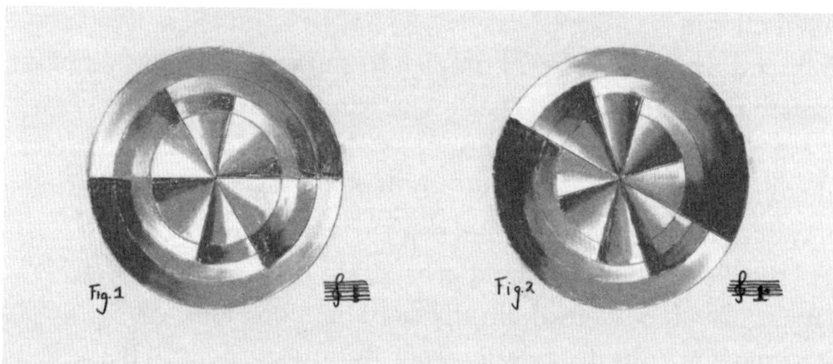

'Een soort solfège in figuren?' vraagt Emmy.

'Nee,' zegt hij. Het is toch moeilijker te begrijpen dan hij dacht. Als ze dit al niet begrijpen.

'Het is bedoeld voor de luisteraar, niet voor de muzikant, die heeft al zijn notenbalk. Het gaat erom dat de waarneming van het oog die van het oor versterkt, dat het kunstwerk nog vollediger kan worden ervaren.'

'Interessant, interessant, Mauk,' zegt Beer. 'Zeker vernieuwend en een intelligent experiment. Ik ben benieuwd wat Ruut ervan vindt.'

Het lijkt er niet op dat zijn broer veel vertrouwen heeft in zijn plan.

Dan staat Beer op en loopt het huis binnen.

'Nou, ik zou het wel eens willen meemaken, hoor Mauk, zo'n film achter het orkest, het lijkt me sensationeel,' steekt Emmy hem een hart onder de riem.

Beer komt terug met een dik boek: *Algemene mineralogie en kristallografie* door B.G. Escher.

'Ik heb van m'n uitgever vijf exemplaren gekregen om uit te delen aan, in zijn woorden, "wie ik ze waardig acht".' Op de Japanse manier biedt Beer het boek aan, met twee handen en een buiging. Nu staat Mauk ook op. Hij buigt en pakt het boek net zo vast, zodat even vier handen het boek omvatten.

'Mijn waarde broer, ik beloof u dat het een blijvende ereplaats in mijn nederige huishouden zal krijgen. Maar waaraan heb ik deze eer te danken?'

Emmy ziet het geamuseerd aan. Mauk begint te bladeren in het boek en blijft hangen bij een bladzijde met schematische tekeningen. Het zijn kristallen, dat moet wel, maar het lukt hem niet te begrijpen hoe die figuren in elkaar zijn gestoken. Hij wijst vragend op fraai getekende bollen en stroken met meanderende patronen.

'Waarom geef je me jouw leerboek?' vraagt Mauk.

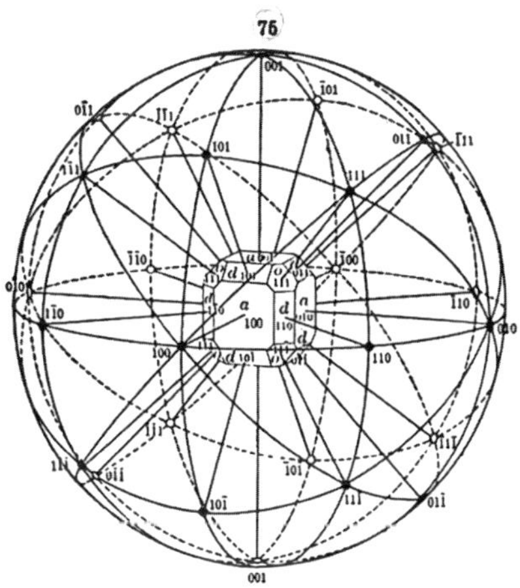

'Wij hebben een manier bedacht om een driedimensionaal kristal op het vlak af te beelden en te categoriseren. Het is eigenlijk heel eenvoudig. Je projecteert de vlakken van het kristal via een loodlijn op een fictieve bol om het kristal heen. De punten van die loodlijnen sla je neer op een dwarsdoorsnede van de bol en het ritme van het veelvlak transponeer je van het centrische naar het lineaire, als een wereldkaart.'

'Dat snapt niemand toch, dommie?' zegt Emmy.

'Prachtig!' zegt Mauk. 'Geen touw aan vast te knopen, aan je woorden bedoel ik, maar ik kan zien wat je bedoelt. Die bol is magnifiek!'

Beer lacht blij om het plotselinge enthousiasme van zijn jonge broer. Hij noemt de afbeeldingsmethode stereografische projectie. Voor de perfect getekende ellipsen heeft Beer een apparaatje laten ontwerpen op het Kamerlingh Onnes-laboratorium, waar hij de scepter zwaait.

'Misschien heb je er wat aan voor je muzieknotaties,' zegt Beer.

Hij bladert verder in Beers boek.

'Tweeëndertig symmetrieklassen voor alle soorten kristalvorming!' Hoe is het mogelijk?

*

De volgende dag staat Rudolf hem op te wachten op het perron van station Rotterdam Delftse Poort. Mauk is niet verbaasd dat zijn neef een donkere das op een donker overhemd draagt; het is hier te lande zo goed als het herkenningsteken van de communistische partij. Ruut neemt hem meteen mee naar het nieuwe Boijmans. Precies waar hij zin in heeft. Van Eyck, Memling: oude vrienden. Er is een tentoonstelling van de nieuwe aankopen van schilderijen van Bosch en prenten van Goya. Mauk fluit twee tonen van blijde verbazing.

Als ze al een tijdje naar de Christoffel van Bosch staan te kijken, valt Mauks blik op een prent van een soort boommens met een open achterste waarin een paar mensen rond een tafel aan het drinken zijn. Zijn houten voeten, zijn stronken, staan in vissersloepen, op zijn hoofd balanceert een waterkan met een ladder eruit gestoken, die allebei ook op de Christoffel figureren.

'Vernieuwers zijn meestal niet gewild,' zegt Mauk.

'Spreek je voor jezelf?' vraagt Ruut.

'Het leven is hoe dan ook onterend, misschien is dat wat Bosch vooral wil zeggen. Ik ken niemand die de grove onbeholpenheid van de mens zo goed in beeld heeft gebracht.'

Ruut neemt hem mee naar Goya's *Verschrikkingen van de oorlog* en de *Capricios*.

'*Il sonno della ragione genera mostri,* veel aangehaald door mijn Italiaanse vrienden deze dagen,' zegt Mauk.

'Goya had een boodschap met zijn grafiek, net als Bosch met die boommens. Hoe komt het dat grafici vaak politiek betrokken zijn en jij niet?' vraagt Ruut. Hij had al zoiets verwacht van zijn jonge neef.

'Omdat hun techniek het mogelijk maakt om velen te bereiken tegen lage kosten.'

'Ja, dat begrijp ik, maar waarom ben jíj niet politiek actief? Waarom maak je nog steeds je landschapjes?'

Hij voelt zich toch op zijn nummer gezet door Ruut, die nu begint op te scheppen hoe zijn pianosonate wél de tijdgeest ademt. Hij is nu echt lid geworden van de communistische partij, vertelt hij als ze weer buiten staan. Ze steken de Westersingel over en lopen een stukje terug naar de Binnenweg. Ruut loodst hem café Melief Bender binnen en begint een betoog over de vrouwenbeweging, de vredesbeweging, over onderwijsvernieuwing, over het Comité tegen Oorlog en Fascisme.

'Speel je?' vraagt Mauk na een tijdje en wijst naar het biljart. Maar zijn neef is nog niet klaar over de deugden van het communisme.

Ruut houdt op met spreken wanneer Mauk de vellen met muziekafbeeldingen uit zijn tas pakt. Hij voelt wel aan dat het moment niet goedgekozen is, maar een andere gelegenheid zal zich niet snel voordoen. Hij geeft dezelfde uitleg als de vorige dag aan Beer en Emmy. Ruut leegt in één teug zijn bierglas en staat op. Hij weet een leuke gelegenheid om te eten.

'Daar zal ik je zeggen wat ik van je plan vind.'

Ze wandelen zwijgend over de Binnenweg. Na een minuut of tien stappen ze af op een grijs geschilderde Mondriaanachtige gevel op de Coolsingel. A.V.J. DEN OUDEN staat er in grote letters op. Op een verticaal uithangbord leest hij 'Café Modern'. Binnen blijkt het niet stijf en modern, maar druk en gezellig.

'Dag jongeheer Escher, fijn u weer onder ons te hebben.'

'Mevrouw Den Ouden, mijn oom, Mauk Escher.'

'Hartelijk welkom, meneer Escher. Wij zullen u goed voeden, u ziet er wat magertjes uit, net als uw neef. Volg mij maar, heren.' Hij krijgt een knipoog. Ze worden aan een tafeltje gezet midden in het café.

'Zo is Rotterdam. Hartelijk, geen onderdanigheid, geen kapsones.'

'Wat vind je van mijn muziekplan?'

Ruut zucht diep voordat hij antwoordt.

'Je zou je eens in Mondriaan moeten verdiepen. Hij lijkt succes te hebben met een vaag verband tussen beeldende kunst en muziek.'

Hij schaamt zich voor de botheid van zijn neef. 'Weet je zeker dat je het hebt begrepen?'

'Ja, je hebt het afdoende uitgelegd. Je wilt achter het orkest een soort film hebben draaien, synchroon met de muziek, met sterachtige figuren, die alle aspecten van het stuk verbeelden, niet? Hierdoor moeten de mensen de muziek meer waarderen.'

Mauk maakt een onduidelijke beweging van instemming.

'Je wilt je bemoeien met de perceptie van het publiek. Als je echt dieper de muziek in gaat, zoals ik, bestaat er alleen nog maar muziek. Muziek is leidend, allesoverheersend, complex en dermate intuïtief dat de overige zintuigen volledig worden meegezogen, dat klopt wel, maar...'

Maar dat is wat hij bedoelt.

'Geluiden worden soms inderdaad zichtbaar, tonen krijgen kleuren, akkoorden vormen, et cetera, maar je weet gewoonweg niet wat er gaat gebeuren!'

Mevrouw Den Ouden komt vragen wat ze willen eten. Ruut bestelt zonder te kijken voor hen beiden bouillon en aardappels, vlees en groenten.

'Je weet niet wat je gaat ervaren als je echt naar muziek luistert. Het kan van alles zijn. Mijn eigen zinnebeelden doen mij de muziek voelen en andersom. Ik weet niet wat er gaat komen, niet eens bij mijn eigen stukken! Jij met je plaatjes maakt alles voorspelbaar. Dus blijf van mijn muziek af! Ik zou niet naar een concert gaan waar jouw sterrenfilm geprojecteerd zou worden.'

'Maar jij bent misschien minder visueel ingesteld, dan ik...'

'Onzin, Mauk, ik teken nog steeds, al heb ik weinig tijd.'

Mauk kijkt het restaurant rond. De geuren maken hem misselijk.

'Ik zou het heerlijk vinden als mijn prenten zouden worden verklankt!'

'Dat is iets anders. Ik zou het ook aardig vinden als jij een prent maakte die zou zijn ingeblazen door mijn pianosonate. Maar val niemand ermee lastig tijdens het luisteren, zou ik zeggen.'

Mauk begrijpt wat zijn neef hem wil zeggen.

'Én pretendeer niet dat je maaksel een afbeelding is van mijn muziek. Het is een toevallig beeld van jou. Het zou er ook heel anders uit kunnen zien.'

Hij had zo gehoopt dat Ruut, als jonge, moderne componist, enthousiast zou zijn over zijn ideeën, dat ze samen een totaal vernieuwend gesamtkunstwerk zouden gaan maken. Zijn geloof is helemaal verdwenen; het is niks, hij voelt de angst in zijn keel. Hij staat weer op nul.

'Waarmee overigens niet is gezegd dat jouw muziekvisualisatie voor niemand interessant kan zijn. Misschien zijn er hordes die graag naar zo'n concert met sterrenrolprent zouden gaan. Je wilde weten wat ik ervan vond.'

'Ja, dat weet ik nu.' Zijn neef is jong en onbevreesd. Hij mag hem zijn lompheid niet kwalijk nemen. Misschien is hij zelf gewoon te lang weg geweest uit Holland en is hij de grove omgangsvormen niet meer gewend.

'Misschien kan er een apparaat worden uitgevonden om muziek te vertalen naar jouw sterren en spiralen. En wellicht is het leuker als het steeds andere figuren zijn. Dat lijkt me minder geestdodend.'

'Goed, goed, Ruut, nu is het wel genoeg.'

'Sorry.'

'Je vader zei dat je over de wereld wilt varen?'

Ruut laat de stilte even duren.

'Een Finse maatschappij vaart tussen Europa en Australië. Zij hebben een interessante regeling tot wederzijds voordeel.'

'En?'

'De bemanning bestaat hoofdzakelijk uit jonge mensen van goeden huize die daarvoor een sommetje storten en dan een gering salaris per maand ontvangen.'

'Klinkt niet erg communistisch.'

Ruut barst hartelijk in lachen uit. Niet van zijn stuk te krijgen. Ze zijn de enige twee van de familie die hun school niet hebben afgemaakt, al had Ruut het makkelijk gekund. Logisch dat Beer en Emmy zich nooit zorgen hebben gemaakt. Hun zoon kan alles.

*

Vader zit alweer vroeg in zijn stoel het ochtendblad te lezen.

'Zullen we vandaag weer een uurtje werken?' vraagt Mauk. Hij pakt een damasten servet en vouwt het in vieren.

'Hier, doet u dit tussen uw elleboog en de leuning. Ik ga uw hand tekenen, dus u moet uw leesglas lang omhooghouden. Zal dat u lukken?'

'Wat denk jij!' zegt Vader.

Mauk zet zijn stoel weer schuin voor zijn vader en begint te tekenen.

'Beer had een mooi nieuw boek uit, over kristallen. Hij heeft mij er een gegeven.'

'Zo? Hij heeft mij ooit een deeltje van zijn *Algemene Geologie* geschonken. Verder heb ik het niet geschopt.'

'Ja, wat u zegt, het was een soort beloning, of misschien een aanmoediging, ik weet het niet; het was zijn reactie op de schetsen van mijn muziekproject.'

'Aha, en wat vond Rudi van je ideeën?'

Mauk tekent nog even door.

'Wat vond Ruut?'

'Dat ik me niet met muziek moet bemoeien, omdat ik er geen verstand van heb.'

'Zei hij dat?'

'Ja. Nou, iets van die strekking.'

Vader gromt. Hij blijft door zijn vergrootglas naar de ochtendkrant turen.

'Het gaat een componist om de muziek, Vader. Ruut denkt dat zelfs elke uitvoerende muzikant mijn bewegende sterkristallen een hinderlijke afleiding zou vinden. Hij heeft gelijk. Maar toch, het zou fantastisch zijn om die film te zien bij een stuk van Händel of Bach. Of van wie dan ook.' Hij tekent weer door. Vader blijft lezen, of doet alsof.

'Teleurgesteld?' vraagt Vader.

Mauk schudt zijn hoofd.

'Ja, toch wel. Gisteravond was ik zelfs bedroefd. Hoe kan ik zo verwaand, zo aanmatigend zijn iets te willen betekenen voor de muziek? Ik had me er veel te veel van voorgesteld. En ik heb er lange uren aan gewerkt, met enthousiasme, en hoopte dat mijn sterrenstelsel goed ontvangen zou worden. Als je zo alleen in je kamertje nieuwigheden bedenkt, is het altijd de vraag of je er niet faliekant naast zit. Toch ben ik zo eigenwijs dat ik het helemaal uitgedacht moet hebben. Dan pas wil ik het laten zien. Als dan, zoals gisteren, ineens blijkt dat ik niet kan vertrouwen op de ideeën die me het meest aanstaan, zakt de grond onder mijn voeten weg. Maar het gebeurt niet voor het eerst en het zal niet voor het laatst zijn geweest.'

Vader zegt lange tijd niets.

'Die snotaap!' zegt hij dan.

'Nee, Vader. Ruut weet waar hij over praat. Hoe onbehouwen hij soms ook is, hij heeft verstand van zaken en ik niet. Ik moet m'n wonden likken en weer opstaan, niets aan de hand.'

Vader zucht. Weer horen ze even alleen het gekras van Mauks potlood op het papier.

'In de nanacht sliep ik zwaar en had ik een soort nachtmerrie, ik weet het niet meer, vermoedelijk onder invloed van courantenberichten over de vreselijke overstromingen van de Kwangho en de Jangchee in China. Of het was door de expeditie naar de top van de Mount Everest.'

'Die laatste? Of die van Mallory?' vraagt Mauk, dankbaar dat Vader van onderwerp verandert.

'Allemaal. Ik ben altijd benauwd als ik aan die bergen denk en jouw gevaarlijke tochten door dat godvergeten Italiaanse bergland.'

'Misschien zoeken ze hem wel, die vergeten god.'

'Wie?'

'De Himalayaklimmers.'

'O, ja, wie weet. Als hij bestaat, is hij een wrede grappenmaker. Ik heb net een lezing over de expedities gehoord op de sociëteit. Ze blijven allemaal een paar honderd meter onder de top steken. Dan gaan ze terug of dood. Alsof een sadist het zo verzonnen heeft.'

'Mallory,' zegt Mauk, 'was een briljant mathematicus, verknipt door de oorlog. Daarom zocht hij zijn heil – of zijn god, wie weet – in de bergen. Twaalf jaar jonger dan ik en al wereldberoemd.'

'En dood.'

'Dat weten we niet, Vader, misschien wilde hij niet meer onder de mensen zijn. Heeft hij het licht gezien op de top.'

De oude man kijkt lang naar zijn tekenende zoon. Hij heeft niet zo vaak de kans hem zo goed te observeren. Hij kan zich moeilijk voorstellen hoe Nol er nu uitgezien zou hebben.

'Wat zoek jij dan in de bergen?' vraagt hij ten slotte.

'Ach, dat weet u toch, Vader?'

'Natuurlijk, neem mij niet kwalijk.'

Hij denkt dat Vader onwillekeurig zinspeelt op zijn aanhoudende geldzorgen. Ze hebben het er vaker over gehad. Vader vindt al lang dat hij niet meer de bergen in moet trekken. Hij moet zijn geld gaan verdienen. Het jonge gezin kan nog steeds niet zonder toelage.

‘Wist je dat de jongste zoon van Van Eldik administrateur is geworden in Batavia? Op duizend gulden?’

‘Van mijn timmermeester?’

‘Ja, alle kinderen van Van Eldik zijn goed terechtgekomen, om jaloers van te worden,’ verzucht Vader.

Mauk houdt op met tekenen. ‘Ik heb vorig jaar een prijs gewonnen in Chicago.’

‘En vierhonderd exemplaren van mijn tweede scheppingsdag zijn gedrukt én verspreid op scholen door het hele land.’

Vader beweegt ongemakkelijk op zijn stoel.

‘En ik krijg lovende kritieken, in Nederland, Italië en Zwitserland.’

‘En de verkoop in Pulchri?’ vraagt Vader.

‘Ik kreeg *Bolspiegel* voor achttien gulden niet verkocht. Het is zo’n goede prent. Ik snap niet dat de mensen het niet zien. U moet dat toch zien?’

‘Het is een prachtig werk, net als je lichtende zee. Ik geniet er elke dag van, werkelijk. En van nog zovele andere platen die je hebt gemaakt. Het spijt mij, jongen, dat was ongepast van mij. Ik weet dat je je best doet. Dit portret wordt ook verbazingwekkend accuraat. Ik maak me te vaak zorgen. Vergeef me. Ik wilde je niet krenken.’

Hij tekent in stilte verder.

‘Heb je neef Anton nog gesproken over die opdracht voor zijn fabriek?’

‘Ja, Vader.’

‘En?’

‘Hij betaalt me zestig gulden voor dat vignet, tenminste, als het hem bevalt.’

‘Je beroep dwingt maar weinig respect af,’ zegt Vader.

‘Het is sprokkelen om mijn vrije werk te kunnen blijven maken. Ik heb me erbij neergelegd. Ik heb genoeg, Vader, u hoeft niet meer te zitten. De rest kan ik uitwerken en overzetten op de steen. Dan hoeft u alleen nog uw poot te zetten.’

Vader kijkt hem niet-begrijpend aan.

‘Nee, het is niet voor de handel, mijn krabbel is nergens voor nodig. Ik wil uw handtekening. Dan is het portret voor de familie volmaakt.’

Nu kijkt Vader alsof hij zich opmaakt iets te gaan uitleggen, een bekende blik.

‘Een tegendruk, Vader. Als ik uw gelaat in spiegelbeeld zou afdrukken, zou niemand het portret geslaagd vinden. Daarom drukken we eerst van de steen op een blad, dan maken we een tegendruk van het blad op een tweede blad. Zo komen uw neus en uw handtekening beide goed terecht.'

Hij staat op en omhelst de oude man. Enigszins verbaasd slaat Vader de armen om hem heen.

'Ik ga ervandoor. Ik ga naar Bas in Amsterdam. We hebben om twaalf uur afgesproken in Américain. Daarna nog bij Mesquita langs.'

*

In de trein leest Mauk een brief van Jetta uit Silvaplana in Zwitserland. Ze is er met de jongens, met haar zuster Nina en zwager Oskar. George en Arthur vinden het fijn in de bergen. Ze maken grote wandelingen naar Sankt Moritz en Pontresina, bouwen dammetjes in bergbeken, zwemmen in het koude blauwgroene water van het beroemde bergmeer. Hun gezondheid verbetert zienderogen. De broertjes slapen samen in het *Matratzenlager* en houden elke avond kussengevechten. Ze sparen de ijzeren schildjes van de dorpen die oom Oskar op hun nieuwe wandelstokken timmert. Beiden verheugen zich al op het plaatje van hun nieuwe thuis: Château-d'Oex. Hij voelt een scheut van gemis. In Italië had hij zich vaak voorgesteld dat er ooit een dag zou komen dat hij zijn jongens zou meenemen op zijn trektochten. Híj moet daar wandelen met zijn zonen in de bergen, niet zijn zwager. Hij wil zijn vertrek naar Zwitserland niet langer uitstellen.

*

De avond van zijn aankomst in Steckborn zitten ze op de rand van het bed. Hij slaat voorzichtig zijn armen om Jetta heen. Voordat hij zijn gezin meeneemt naar hun nieuwe woonplaats, hebben ze samen nog twee zorgeloze weken aan de Bodensee.

'De jongens zijn blij dat je er bent,' zegt ze. Hij probeert haar naar zich toe te trekken, maar ze geeft niet mee.

'Oskar is dol op de jongens. En op jou.' Het lijkt alsof ze nog iets wil zeggen.

Hij kijkt naar zijn vrouw. Ze ziet er mooi uit. Verdrietig, maar mooi. Ze heeft een lichtgele jurk zonder mouwen aangetrokken voor zijn terugkomst. Haar armen en polsen zijn nog bijna zo betoverend als tien jaar geleden, iets voller misschien. De gouden armbanden schitteren op haar gebruinde huid. 's Middags bij hun weerzien zag hij hoe vrolijk en vrij ze was in het gezelschap van haar vader en moeder, van Nina en Oskar, van haar twee mooie grote zonen. Hier voelt ze zich echt thuis. En nu, op de rand van het bed, verandert Jetta's gezicht van somber naar bezorgd. Ze kijkt hem nu wel aan.

'Hoe is het gegaan in Holland, Maurizio? Heb je opdrachten gekregen?'

Hij trekt zijn armen terug. Ze blijft hem aankijken.

'Wat is er met je, Jet?'

'Niets. Over twee weken moeten we naar dat dorp; alles is hier twee keer zo duur; de jongens moeten aansterken; we hebben geen geld om vlees te kopen. Straks hebben we nergens meer geld voor. Heb je opdrachten?'

Natuurlijk. Geld. Wat anders?

'Een opdracht voor een vignet en één voor een postzegel. Verder komen er een paar exposities aan in Amsterdam en Den Haag,' liegt hij half.

'We hebben meer nodig. Anders moeten we weer meer geld vragen. Papá zegt dat het nu al ten koste gaat van de erfenis van Nina.'

Hij staat op van het bed.

'Ik heb er echt alles aan gedaan in Nederland.'

'Je had wel tijd om een portret van je vader te maken,' zegt ze.

Ze neemt hem kwalijk dat hij Vader heeft getekend?

'Gelukkig is het goed gelukt,' zegt ze na een lange stilte. 'Dat vond Oskar ook. Hij gelooft in jou, Mauk. Wanneer ga je nou goede ontwerpen maken voor hem? Hij vraagt er steeds om. Doe het dan voor mij en de jongens.'

Dus nu is hij een parasiet en een egoïst. Zouden ze hier allemaal zo over hem denken?

'Ik ga m'n best doen, Jet. Ik wil het ook echt.' Hij gaat weer bij haar zitten. 'Maar ik moet eerst nog m'n laatste Italiaanse prenten snijden en drukken. In Zwitserland moet ik me eerst als graficus laten zien, niet als stoffenontwerper. Dat kan ik me niet veroorloven.'

'Geld voor je gezin, daar moet je voor zorgen,' zegt ze na een paar ogenblikken. Ze wiegt haar hoofd even, alsof ze met haar gedachten ergens anders is. Dan kijkt ze op en probeert ze haar armen om hem heen te slaan, maar nu reageert hij niet. Hij is te lang weg geweest.

*

In oktober wil hij zijn vader eindelijk een brief schrijven; ze zijn al een maand in Château-d'Oex. Jetta zit beneden in de zitkamer naar de radio te luisteren. De jongens zijn al naar bed. Als het nog licht zou zijn, zou hij uitkijken op de bergen. Af en toe hoort hij een koe. De waarheid is dat er niet veel is om over naar huis te schrijven. Jetta mist Rome en spreekt nog maar weinig met hem.

Hij doet zijn best, maar Château-d'Oex valt niet mee. Het is een klein dorp. 's Avonds zit iedereen binnen. Er zijn twee cafés en twee restaurants, waarvan een in het station; bijna altijd leeg. Als hij het huis uit loopt, staat hij na tweehonderd meter in de groene weides; ze glooien omhoog, de bruine koeien loeien wat en kijken hem aan alsof hij gek is. De geur van koeienpoep is overal. Boven de weide staan de eindeloze dennenbomen. Daarboven in de verte liggen de grijze toppen met een glimp eeuwige sneeuw. Over een aantal weken zal alles wit zijn onder een grijze hemel. De levensmiddelen blijken inderdaad twee keer zo duur te zijn als in Rome. Ze kunnen zich geen meisje veroorloven.

Sommige dingen gaan wel goed. Jojo en Toto zijn vrolijk; hun schooltje is leuk. Ze hebben aardige meesters en vinden het grappig om Frans te leren. In de weekenden maken ze lange wandelingen met z'n vieren. Ze gaan op zoek naar bergkristal en fossielen. Jetta zoekt mooie bloemen om ze in de winter te drogen. Voor de jongens is het knus en avontuurlijk. Jetta heeft zelfs een muurpiano weten te versieren. Ze probeert George les te geven, maar ze hebben beiden weinig geduld.

*

Op een dag in december heeft Mauk samen met Jojo een langverwachte map met lithografieën opgehaald van het postkantoor van Château-d'Oex. Hij trekt de slee met zijn zoontje door de witte straten. Ze zijn weer op weg naar huis en fluiten het deuntje van *Mickey Mouse*, die ze in de bioscoop in Zürich hebben gezien.

Als ze thuis zijn, gaan ze samen naar het atelier. Mauk doet de lichten aan en legt de map op tafel. Jojo's hoofd steekt al boven de rand uit. Zijn zoon klimt handig op een kruk, houdt zich vast aan de tafelrand en gaat op zijn knieën zitten. Dan doet Mauk langzaam de map open. Als de voorzijde helemaal verticaal staat, laat hij hem los. Met een *woesh* landt het karton muiszacht op de werktafel. Voor hen ligt een stapeltje met tien vellen hagelwit papier met de afbeelding van het schuurtje dat ze vanuit de achtertuin kunnen zien. Jojo weet dat hij niet meteen iets mag zeggen. Hij moet eerst goed kijken.

'Hij is goed gelukt, hè, Papá?' zegt hij na een paar tellen. 'Al die sneeuw en de berg in de witte wolken; je hebt niet eens een lijntje getekend tussen het dak en het weitje!'

Mauk hoort de woorden van zijn zoontje maar half. Hij had het niet zien aankomen. Het werk is als een koude douche. De prent mist alle levendigheid. Het ding is goed gemaakt, goed gedrukt, goed, goed, goed, maar de betovering ontbreekt. Het is een werk van niks – leeg, wit, doods. Overbodig. Hij is in één keer wakker. Wat doet hij hier in dit gat in de sneeuw? Hij weet het niet meer.

'Godverdomme!' hoort hij zichzelf zeggen.

Dan ziet hij het geschrokken gezicht van Jojo.

'Wat is er, Vader? Wat is er? Zal ik Moeder roepen?'

Mauk haalt een paar keer diep adem.

'Nee, jochie, nee, doe dat maar niet. Het is niets. Het spijt me dat ik me liet gaan; het spijt me, lieve kerel. Ik vind de prent niet goed, dat is alles, ik vind hem vreselijk. Ik wil geen schuurtjes in de sneeuw tekenen. Ik wil het niet, dat is alles.'

George kijkt een paar keer verbaasd van het gezicht van zijn vader naar het papieren huisje in de sneeuw en weer terug.

'Dan ga je toch wat anders tekenen, Papaatje? Je kan tekenen wat je wilt. Dat zeg je altijd zelf, je kan doen wat je wilt, je bent zo vrij als een vogeltje.'

*

Hij zit op de rand van hun grote bed en hoort het geluid van de borstel die door Jetta's haren glijdt, als de boeg van een schip door het water van een bijna gladde zee. Hij luistert minutenlang. *Shhh, shhh, shhh, shhh, shhh, shhh, shhh, shhh, shhh.*

Die nacht kan hij niet slapen. De liefde voor zijn werk sterft een langzame dood. Met de liefde tussen hem en Jetta gaat het niet anders. Ze drijven uit elkaar als drenkelingen in zee. Vorige zomer heeft Jetta, tussen neus en lippen door, aan Vader gezegd dat ze sinds de revolutie niet meer echt heeft gelachen. Hij heeft haar vaak genoeg zien glimlachen, naar hem, naar de jongens. In Rome heeft hij haar horen schaterlachen, terwijl ze samen waren, in gezelschap, in Holland met Nol. Wat als dat geen lachen was, maar iets anders? Heeft hij haar ooit gekend? Ja, in Ravello, in Rome, geen twijfel over. Hij moet haar terugvinden. Zij moet bij hem terugkomen.

Zijn muziekproject is niks, dat is nu wel duidelijk. In de toneeldecors ziet hij hier voorlopig ook niets gebeuren. Hij moet weg uit dit dal, weg vanonder dit witte lijkkleed en Jetta moet mee.

De hele nacht denkt hij na over een plan. Nog vorig jaar voer hij op de Verdi, zijn laatste reis met Triverio. In de Straat van Messina zag hij Scilla liggen, het dorp van het kasteel, van de *pesce spada*, van het haventje waar hij twee prenten had gemaakt. Hoe mooi zou Jetta het daar vinden! Het was een schitterend vrachtschip met veel passagierskooien die leeg bleven. De Verdi doet alle havens van de Middellandse Zee aan, tot aan Valencia.

De volgende morgen, wanneer hij George en Arthur naar school heeft gebracht, ligt ze op de bank te lezen. Hij gaat bij haar zitten. Ze gaan een reis maken, een zeereis door de Mediterranée. Van Fiume via Venetië zullen ze afzakken, om Italië heen langs de kust tot Zuid-Spanje.

'Je zult het heerlijk vinden, Jet. Nina en Oskar willen altijd graag op de jongens passen. In Zürich kunnen ze ook naar school.'

Ze kijkt hem aan alsof hij gek is.

'Droom maar door, Maurizio, we kunnen het niet betalen.'

Dat is lang geleden dat iemand dat tegen hem heeft gezegd. Hij voelt zich gesterkt.

'Ja, nee... Jet, ik heb het bedacht. Ik ga de Adria Shipping Company een zakenvoorstel doen. Ze kunnen niet weigeren, ik zal ze betalen met prenten van de havensteden die ze aandoen. Die gaan zij gebruiken om meer passagiers te krijgen op hun vrachtschepen. Let maar op, dit gaat lukken. Als vergoeding vragen we de kosten van de reis, eten en drinken. Bij elke haven zal ik een tekening maken. Als we terug zijn, mogen ze er een aantal uitkiezen. Die zal ik hier uitwerken in houtsnedes.'

Hij merkt dat Jetta's gezicht verzacht. Tijdens zijn woorden glimlachte ze zelfs even. Als ze voorzichtig vraagt waarom ze hém zouden willen, reageert hij met gespeelde verontwaardiging: het Vaticaan verzamelt zijn prenten, hij heeft op veel plekken in Italië geëxposeerd, zijn werk zal te zien zijn op de komende Biënnale van Venetië, de belangrijkste kunsttentoonstelling van de wereld, hij zal referenties vragen van alle *pezzi grossi* die hij in Italië kent. Bovendien zal hij een afdruk van zijn prent van Malta meesturen. Daar staat een van hun schepen op! Dan kunnen ze echt geen nee meer zeggen.

'Hoelang duurt de reis?' vraagt ze.

'In twee maanden zijn we terug.'

Ze schudt haar hoofd.

'Zo lang kan ik niet weg.'

Dat had hij al bedacht.

'Dan stap je op en later ook weer af in Genua. Dan ben je in een maand terug bij de jongens! Ik wil je zo graag het Alhambra laten zien, lieve Jet.'

Daarna is ze een tijd stil. Ze kijkt naar haar voeten.

'Goed dan, ga je brief schrijven. Ik zal je helpen met je Italiaans.'

*

Op 27 april 1936 op het perron van Fiume staat een chauffeur van de Adria op Mauk te wachten. In het paleisachtige kantoor wordt hij allervriendelijkst ontvangen door de Capo Uffizio. Alle verzoeken die hij nog op het hart heeft, worden onmiddellijk ingewilligd. Onmogelijk om meer voorkomend te worden behandeld; hij krijgt een speciale brief mee ter voorkoming van moeilijkheden met politie in de havens, recht op vergoeding van eventuele reiskosten in de havenplaatsen naar omliggende oorden, wijn bij zijn eten gedurende de gehele tocht.

Als ze vertrekken, is het zo goed als windstil. Het vrachtschip, de Rossini, glijdt door de rustige nacht over een spiegelgladde zee langs de fjordenkust van Istrië onder de sterrenhemel – *shh, shh.*

De volgende ochtend om acht uur komt hij aan in Venetië en gaat onverwijld aan land. Nu voelt hij het echt: Het licht, de geluiden van de stad, het geroep, de ochtendlijke haast van de mensen, de geur van koffie, vers fruit, afval en zeewater; hij is terug in Italië!

Hij gaat meteen op onderzoek uit voor een tekening van een stadsgezicht. De overdaad aan pittoreske taferelen maakt het hem niet gemakkelijk om een mooi, maar niet-uitgekauwd onderwerp te kiezen. Na twee mislukte schetsen van de paarden van de San Marco, hoog vanaf de buitenloggia, uitkijkend over het plein, loopt hij gefrustreerd naar beneden. Halverwege het smalle trappetje terug naar de kerk ziet hij aan zijn rechterhand een erker met een deurtje. 'Waarom niet?' antwoordt zijn kerkelijke begeleider, 'maar dan komen we in het Dogenpaleis.' De hulppastoor pakt een sleutel van de bos aan zijn pij en opent het deurtje. Ze bukken allebei om hun hoofd niet te stoten in de smalle gangetjes. Later zal Mauk vanaf het plein bij het porfieren tetrarchenbeeldje de plek bekijken. Het moet een vluchtroute zijn geweest voor de dogen door het dak van de Porta della Carta. Na de geheime gangen komen ze in een wirwar van lage kamers en overloopjes. Net wanneer Mauk denkt dat ze echt verdwaald zijn, staan ze opeens in de reusachtige Sala del Maggior Consiglio. Een moment van perfecte duizeling. Alsof ze plotseling uit de maag van een groot monster zijn uitgebraakt in een andere wereld. Een volledige verandering van proporties: van al dat kleine in één keer in het allergrootste, van donker naar een zee van licht dat door de gigantische ramen valt en wordt weerkaatst door het marmer op de vloer. En dan, recht voor zijn neus, om het gevoel te bevestigen: *Het Paradijs* van Tintoretto. Nu is hij echt terug.

Plotseling hoort en voelt hij het zware geluid van een scheepshoorn. Uit het grote open raam ziet hij een oceaanstomer. Hij moet zijn hoofd in z'n nek leggen om de schoorstenen te kunnen zien. Piepkleine mensjes achter relingen zwaaien hem van bovenaf toe. Voelde hij zich een seconde eerder klein door de grote ruimte, nu voelt hij zich minuscuul omdat ook het Dogenpaleis in het niet valt bij de zeekolos. De begeleider ziet zijn gezicht en lacht hem hartelijk uit. Hij wenkt om verder te gaan.

Ze dalen een verdieping naar de loggia van het Dogenpaleis. De kerkdienaar strekt zijn handen uit ten teken dat Mauk hier een mooie plek heeft om te tekenen. Het piazzetta met de pilaar rechts interesseert hem weinig, maar de contouren van de oosterse zuilen des temeer. Ze bieden hem een goed repoussoir voor het uitzicht op het Isola di San Giorgio Maggiore, dat hij weer ter ere van zijn oudste zoon kiest als onderwerp van zijn tekening. Het regent de gehele ochtend zodat hij blij is met het zitplaatsje onder de loggia.

In Ancona, terwijl de ingewanden van de Rossini zwavel uitspugen, vindt hij algauw het romaanse kerkje dat hij op de korrel had. Hij tekent vanaf de derde verdieping van een tegenovergelegen huis, waar men hem gastvrij ontvangt. Hij schetst snel door, om op tijd terug te zijn voor zijn schip weer vertrekt.

ANCONA — Chiesa di S. Maria della Piazza.
(Fot. Alinari)

Hoe heerlijk is het om elke dag te tekenen. Van 's ochtends vroeg tot 's avonds laat schetst hij de havens en de steden, Bari, Malta, Catania, Palermo, Napels, Pisa. Hij maakt zelfs een tekening van het schip vanaf het dakje van de commandobrug. Tussendoor slaapt of luiert hij op het dek.

*

De avond van haar aankomst dineren ze met de kapitein op het promenadedek van de Rossini. Ze voelt zich meteen thuis aan boord. Alsof ze iemand anders is dan de vrouw die Mauk in Zwitserland had achtergelaten. Haar lach is echt. Zelfs de hut vindt zij heerlijk.

De volgende dag, 's ochtends in Savona, is er te weinig tijd om een tekening te maken van het stadje, maar genoeg voor Jetta om van boord te gaan om haar haar te laten wassen. In de tussentijd maakt hij een schets van een vissersbootje gezien door een patrijspoort.

Die middag liggen ze lange tijd in ligstoelen aan dek.

'Maurizio, ben je wakker?'

Hij rekt zich uit en trekt de paardendeken over zich heen, tot aan zijn baard.

'Lig je lekker?'

'Jaaaah,' zegt hij gapend.

'Ben je wakker?'

'Ja Jetje, ik ben wakker, wat is er?' Hij kent die blik.

Jetta is rechtop gaan zitten, haar bovenlichaam naar hem toe gedraaid.

'Ik wil niet meer terug naar Zwitserland,' zegt ze.

'Ik ook niet.'

'Dat is dan afgesproken.'

Jetta gaat weer liggen in haar stoel. Haar hand zoekt die van Mauk. Ze staren naar de Côte d'Azur die langzaam aan hen voorbijglijdt. Hij vraagt haar wat ze van Brussel denkt. Daar wonen Eddy en Irma. Otto en Hans gaan er wonen, Patijn ook. Misschien is er een Russische gemeenschap. Het is goedkoper dan Château-d'Oex. Theaters. Ze spreken er Frans. Niet al te ver van zee. Hij had er al over nagedacht.

Zij ook, blijkt nu. Er is een goede treinverbinding naar Zürich. Die reis duurt niet veel langer dan vanuit Château-d'Oex, hooguit een paar uur om naar Steckborn te komen. Deze zomer als ze naar Den Haag gaan, zullen ze eerst naar Brussel gaan om een huis te zoeken.

'Nu gaan we naar onze hut. Kom.' Mauk laat zich uit zijn stoel trekken en volgt zijn vrouw.

De volgende dag bezoeken ze uitgelaten de kerken van Marseille. Mauk en Jetta wentelen zich in hun hoopvolle geluk. Hij neemt haar mee naar de Pont Transbordeur die hij op de terugweg wil tekenen voor de Adria. Ze wisselen hun Franse francs in voor peseta's en kopen een mooi badkostuum voor Jetta.

Twee dagen later dwalen ze door de kleine steegjes van Granada. Mauk wil Jetta het Alhambra laten zien, met haar samen zijn op de plek waar hij veertien jaar geleden een ontluikende liefde links had laten liggen. Het leek hem toen of de Moren hem waren voorgegaan. Hij had in de loop van de jaren vaak teruggedacht aan de mozaïeken en de laatste tijd steeds vaker. Ze lijken een logische schatkist voor elke graficus, maar ze laten de meeste mensen koud; daar is hij inmiddels wel achter.

Een vreemde stilte hangt in de straten. Geen gezellig gekeuvel van de Granadinos, zoals jaren geleden nog overal te horen was. Hier en daar een groepje spelende kinderen; dat nog wel. Van het beruchte toerisme naar het bolwerk van de sultans is weinig meer over. Een aanstaande burgeroorlog is voelbaar. Vanuit de deuropeningen worden ze aangegaapt door hele families die elkaar angstig vasthouden. Ze vinden eindelijk het straatje dat omhoog leidt naar het Alhambra. Na een paar honderd meter komen ze bij de toegangspoort van het Rode Fort; het is een kale neoromaanse triomfboog, een gangmaker op het verkeerde feest.

'Die was ik vergeten,' zegt Mauk, alsof hij zich moet excuseren. Jetta hoort hem niet. Ze heeft haar arm door de zijne gestoken en loopt met gesloten ogen en een glimlach op haar gezicht. Ze fluistert in Mauks oor dat ze zichzelf voorstelt als een flamencodanseres die elke dag haar geld moet verdienen op de straten en in de kroegen.

'Je zei toch dat hier een beroemd flamencocafé was?' vraagt ze.

'We komen er zo langs.'

'Stop eens, Maurice.'

Hij stopt. Ze omhelst hem.

'Kijk eens omhoog.'

Boven zich ziet hij door het heldere groen de vierkante Torres Bermejas, de Vermiljoenen Torens, oprijzen naar de hemel.

'Zie je het ook?'

Na een paar tellen begrijpt hij haar.

'San Gimignano!'

Ze kust hem.

Ze passeren de grote Bab al-Shari'a. Op een bank onder de poort liggen een paar soldaten te slapen, als op een prent van Goya. Een jongeman staat hen op te wachten. Hij wijst naar boven, waar ze een afbeelding van een hand zien en een van een sleutel, in steen uitgeslepen.

'*Español? Francés?*'

Mauk wil doorlopen, maar Jetta zegt: 'Français.'

'Misschien heeft hij ons iets te vertellen,' zegt ze op vrolijke toon. 'Ik wil het weten van die hand en die sleutel.'

De jongen spreekt Spaans met een Franserig accent.

'Ik zal het vertellen als ik u een rondleiding mag geven door de paleizen.'

'Natuurlijk mag je ons een rondleiding geven. Hoe kan ik daar nou nee tegen zeggen, Maurizio?'

De jongen, Fernando, naar de Spaanse koning El Catolico, kent alle verhalen van het Alhambra. Hij probeert hen nog mee te krijgen naar de studio, waar ze zich kunnen laten fotograferen als sultan. 'En u, schone dame, als buikdanseres of als sultana, een onvergetelijk souvenir.' Zo is haar man niet; hij komt voor de mozaïeken, zegt Jetta lachend.

Via de tuinen lopen ze door de open deuren het Mexcuar-paleis binnen, Mauk luistert niet meer naar de jongen. Hij loopt naar de plek waar hij een half leven eerder de tekening had gemaakt van het elegante stermotief. Hij legt zijn hand op de stenen.

'Hier op deze plek heb ik gezeten, Jet. Toen was ik vierentwintig,' zegt hij geëmotioneerd. Toen was alles nog mogelijk. Ze legt even haar arm om zijn middel. Ze lopen zwijgend door de zalen. Jetta kijkt omhoog naar de beschilderde plafonds, naar de ramen, de ruimtes, het filigrain stucwerk op de muren. 'Dit houten plafond verbeeldt de zeven hemelen van het islamitische paradijs,' zegt Fernando. Mauk loopt verwoed van mozaïek naar mozaïek. 'We komen hier vanmiddag weer terug, dan gaan we tekenen!' roept hij. Zijn stem echoot door de zalen.

'Weet je wat die Arabische letters betekenen?' vraagt Jetta aan de jonge gids. Het zonlicht valt door een raam precies op een ovaal met Arabische letters. 'Er is geen andere veroveraar dan God.'

'Kijk hier,' fluistert Fernando op een andere plek. 'Dit is een paleis van transparant kristal; zij die ernaar kijken, denken een grenzeloze oceaan te zien.' Jetta kijkt Fernando diep in zijn ogen, waarna de jongen geschrokken een stap naar achteren doet. Ze schatert het uit.

Dan lopen ze terug naar Mauk, die roerloos voor een muur met turquoise, steenrode, okergele, witte en ultramarijn majolica staat. 'Zie je die dansende driehoeken?' Hij neemt zijn vrouw mee naar een bankje in de schaduw. 'Nu zie ik weer hoeveel soorten motieven er zijn, hoe eenvoudig ze lijken en hoe briljant ze zijn. Ze vragen een fantasie, een intuïtie, een poëzie die nergens anders te vinden is. Ik zie het weer, Jet. De mozaïeken vormen de laatste stap; het ultieme meesterschap in de grafische kunsten. Je kunt veel oefenen, maar je kunt het niet leren, zou Mesquita zeggen. Als het eenmaal is verzonnen, verandert het langzaam in magie, zou Vader zeggen. Niemand die nog weet hoe het ooit heeft kunnen ontstaan. Hoe hebben ze het gedaan?'

'De hand van God,' zegt Jetta. Ze trekt hem naar zich toe. Een echte lach. Fernando is bij hen komen staan en heeft geïnteresseerd naar hun geanimeerde Italiaans geluisterd.

'De geometrische structuren zijn bedoeld om je geconcentreerd af te leiden,' zegt de jongen. 'Als je de lijnen volgt of je concentreert op de vormen, dan moet je alert zijn, maar niet op het onderwerp waarover je aan het denken was. De patronen leiden de aandacht af, maar houden de geest opmerkzaam. De geest is de grootste gift van God.' Fernando blijft verbazen. Als ze even later weer verder lopen, naar het Patio de los Leones, zegt de jongen: 'Het zal u misschien interesseren dat hier veel werd geschaakt.' In de schaduw van het paleis, tussen de dunne zuiltjes, ziet Mauk voor zich dat de sultan met zijn vizier een potje schaak speelt.

's Middags kopen ze schriften met ruitjes en lopen hand in hand terug de heuvel op. Jetta probeert hun handen te laten zwaaien alsof ze op het punt staan te gaan huppelen. Maar Mauk is er niet bij met zijn hoofd; hij is al aan het bedenken wat hij allemaal gaat tekenen.

Die middag en de volgende ochtend kopieert hij onophoudelijk alle patronen. Samen verzinnen ze namen voor de mozaïeken: eikeltjes, botjes, tuimelaartjes, bootschroeven, kerstbomen, klokhuisjes, sleutels en sterren, koekjes en sterren, slangen, vleermuizen, vlinders, mattenkloppers. dennenappels, zwaluwen; de dansende driehoeken uit het badhuis noemt Jetta vogeltjes – als je een oogje tekent in een hoek, is die punt net een snavel en zijn de andere twee punten de vleugels. Hij heeft werkelijk het idee dat het lukt, dat Jetta zijn verbondenheid met de Moorse kunstenaars aanvoelt, dat ze samen bezield raken.

Na Granada reizen ze naar Sevilla. Jetta neemt flamencoles van een onstuimige lokale beroemdheid. Hijzelf tekent twee dagen lang in de Mezquita, de kathedraal van Córdoba, voorheen een moskee. Het interieur is vernuftig gebouwd; het woud van zuilen en bogen lijkt oneindig. Het slimst zijn de dubbele bogen die zijn bewaaierd met rode strepen. Voor het oog ontstaat een disbalans tussen het aantal bogen en het aantal zuilen, waardoor de vrome bezoeker in de war raakt. De hersenen worden weer gefopt, net als in de Sint-Bavo; een extatisch godsbesef wordt opgewekt.

Als hij begint met tekenen, komt zijn gevoel van desoriëntatie tot rust en begrijpt hij het spel van de Moorse architecten. Na zijn eerste schets kiest hij een standpunt in een hoek van de moskee. Hij kan precies door twee zuilengangen kijken tot aan het verre einde. Het zicht door de middelste gang wordt geblokkeerd door een zuil. De gangen aan de zijkanten ziet hij voor een kwart. Het is alsof hijzelf het middelpunt is van een ster in een Moors mozaïek.

Tien jaar geleden heeft hij geprobeerd een paar vormen te maken, de leeuwen, de honden, de vleermuizen, maar niemand zag veel in zijn gekrabbel. Nu groeit zijn vastberadenheid; de eeuwenoude Moorse majolica met hun vrolijke heldere kleuren blijven voor zijn ogen dansen, hij kan ze niet negeren. Hij moet van de abstracte patronen nog meer organische figuren maken. Jetta grapt dat 'Maurice' eigenlijk van Moors is afgeleid. Ze gelooft in hem.

Een week later hebben ze het politiek broeierige Spanje verlaten. Hij is opgelucht wanneer hij Jetta veilig het land uit heeft gekregen. Op de Paganini, zuster van de Rossini en de Verdi, beleven ze nog een paar goede dagen aan dek op de ligstoelen en een paar nachten onder de sterrenhemel met hun trouwe reisgenoot de maan.

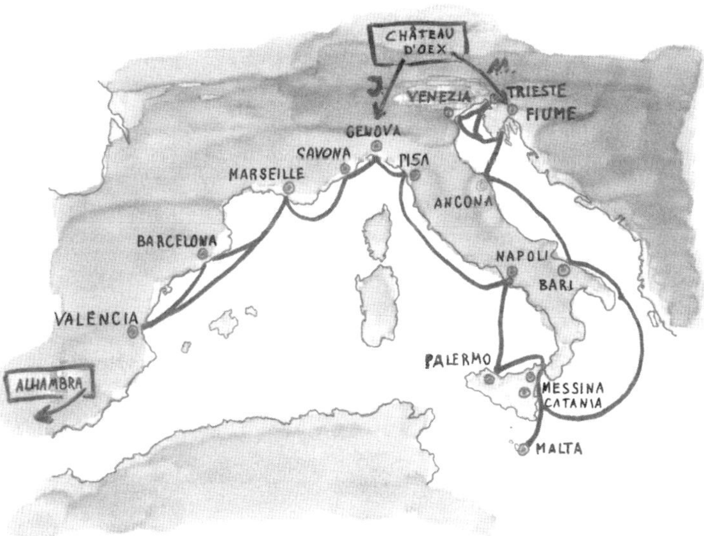

Nadat hij Jetta in Genua op de trein heeft gezet, maakt hij een tekening van de tour en schrijft hij zijn ouders vanaf het schip dat zij samen de reis van hun leven hebben gehad. Hij weet dan nog niet hoeveel waarheid die woorden bevatten.

*

Het is niet gelukt om voor september een huis in Brussel te vinden. Eddy had niet goed begrepen hoe belangrijk het voor hen was. Hij had het nooit aan zijn broer moeten overlaten. Nu hebben ze niets. Het schooljaar is alweer begonnen en ze moeten in Zwitserland blijven.

Jetta valt terug in haar vijandige gedrag. Net nu hij de geest heeft. Hij zet grote stappen in zijn nieuwe werkrichting. Juist nu heeft hij zijn volle concentratie nodig. Hoe moeilijk kan het zijn om voor twee alleraardigste, lieve jongetjes te zorgen? Hij zit zelf lange uren in zijn atelier, daar kan zij toch ook iets tegenover stellen? In Spanje heeft ze hem aangemoedigd en nu neemt ze het hem kwalijk dat hij almaar met die 'poppetjes' bezig is, dat hij niets waardevols produceert.

In december van dat jaar vraagt Mauk zijn vriend Jan om raad. Hij schrijft dat al het geluk van hun 'tweede huwelijksreis' uit zijn vrouw is weggevloeid. Hij heeft Jetta eerder somber gezien, maar deze keer is ze weggegleden naar een duister gebied waarin hij niet meer kan doordringen. Haar woede-uitbarstingen zijn onverwacht, al worden ze meestal voorafgegaan door een langdurig zwijgen. De kern van haar wezen is om haar familie lief te hebben en voor het gezin te zorgen; dat heeft ze zelf altijd gezegd. Die Jetta is verdwenen. Soms lijkt het hem dat het slechte humeur van zijn vrouw als zwarte rook door de vloer van zijn atelier naar boven trekt. In januari zouden ze naar Parijs gaan voor hun twaalfenhalfjarige huwelijk, maar hij heeft alle reserveringen geannuleerd. Haar zenuwarts in het Hôpital de Cery te Lausanne heeft het afgeraden.

De brief terug van Jan is niet mals. Zijn medeleven gaat uit naar Jetta en de jongens, in veel mindere mate naar Mauk. Jan vindt dat Jetta maar weinig aan hem heeft. Haar problemen zijn geen schaakproblemen, die door hard nadenken kunnen worden opgelost. Jetta is ziek. Mauk moet haar niet analyseren, niet de maat nemen, maar liefhebben. Dat is het voorbeeld dat hij aan zijn zonen moet geven. Pas dan kan zij ook weer gaan liefhebben.

Jan begrijpt dat Jetta misschien zo ziek is dat Mauks pijlen haar hart niet meer kunnen raken. Zoals Mauk haar beschrijft, lijkt het erop dat ze zonder verdere behandeling niet snel beter zal worden. Mauk moet ervoor zorgen dat ze niet in het Hôpital de Cery terechtkomt. Ondanks de goede naam in professionele kringen is het voor de patiënten meestal niet de beste keuze; ze komen er nooit meer uit en veranderen ongecontroleerd in proefkonijnen die alleen nog de eer en glorie van Jans geleerde collega's dienen.

Om de periode tot de zomer te breken biedt Jan aan dat Jetta in de maand februari bij hem en zijn gezin in Utrecht komt wonen. Zij hebben de ruimte en Roos zal graag een liefhebbend oogje in het zeil houden. Jetta kan zo tot rust komen. Zonder de dagelijkse druk dat zij gezond moet zijn voor George en Arthur zal zij minder het gevoel hebben te falen als vrouw en moeder. Zonder het diepe dal van Château-d'Oex zal zij wellicht sneller haar lieve zelf hervinden. Bovendien zal hij na een maand een betere diagnose kunnen stellen en Mauk beter van raad kunnen dienen. Zij zien haar graag komen.

*

Als Jetta al een paar weken weg is, komt George zijn werkkamer binnenlopen.

'Waarom maak je eigenlijk al die rare tekeningetjes, Papá?' George pakt een velletje papier met mannetjes van tafel. Er liggen nog een paar half afgemaakte tekeningen met andere figuren. De spichtige schouders van zijn oudste zoon komen nu boven de tafelrand uit. Hij legt zijn hand even op het kinderhoofdje.

'Zie je wat ik probeer te doen?'

George trekt een moeilijk gezicht. Hij bekijkt de patronen op het papier nog eens. Hij draait het vel een kwartslag. Daarna houdt hij het op z'n kop.

'Een gewichtheffertje met vrouwenhaar?' vraagt hij.

'Of een mannetje dat op zijn hoofd staat?' probeert hij nog eens.

'Het zijn gekke poppetjes, Papá. Als mijn knipslingermannetjes.'

'Mmm, ja, als een geknipte slinger? Ik probeer ze in elkaar te laten passen.'

'Puzzelpoppetjes.'

'Ja, of mannetjes, dat maakt niet zoveel uit.'

'Poppetjes,' zegt George. 'Van hout?'

'Vind je ze niet mooi?'

'Maar je kunt toch heel mooie tekeningen maken, Papá? Ik vind die hoge brug mooi. Of dat straatje daar.' Mauk kijkt even naar de tekening van Savona die achter een ladekast met boeken is opgeprikt.

'En nu vraag jij je af: waarom teken ik van die figuurtjes?'

George tuit zijn mond.

'Volgens mij kan je wel beter.'

'Je hebt gelijk: ik kan er nog niet veel van.'

'Nee Papá, het zijn rare mannetjes. Wanneer komt Mamá terug? Ze kan hier toch ook uitrusten?'

Hij is even van zijn stuk gebracht.

'Ik weet het niet zeker, Jojo. Over drie weken. Hoop ik. Ga maar alvast naar beneden, kijken wat Eva in de oven heeft gezet.'

Hij weet niet wat zijn zoon minder gelooft: dat Jetta over drie weken terugkomt of dat hij het hoopt. De vorige avond had hij de brief van Jan ontvangen met zijn observaties en raad. Tijdens het lezen had hij met schaamte bemerkt dat hij al een tijdje hoopte dat zij wat langer in Nederland zou blijven. Hij moet het voor zichzelf toegeven: hij mist haar weinig; met de huishoudster redden hij en de jongens zich prima.

Jan schrijft in zijn brief dat Jetta niet alleen Mauks liefde nodig heeft, maar, boven alles, een eigen levensinvulling. Zij is geen mysterie en zij wenst niet als een mysterie behandeld te worden, dat moet Mauk zo langzamerhand toch begrijpen. Zij is een vrouw van vlees en bloed; ze heeft geen aanbidding, bescherming of verzorging nodig, maar een man die ziet wie ze is en haar bijstaat. Ze wil een innerlijke gedrevenheid ontdekken in zichzelf, zich leren uitdrukken. Ze moet een bezigheid of taak krijgen, eigen werk desnoods, hoe moeilijk dat ook voor haar is. Jetta zegt vaak tegen Jan en Roos dat zij zo neerslachtig is omdat Mauk alleen nog maar aan het werk is. Jan vraagt zich af of het niet andersom is: dat Mauk nu altijd maar aan het werk is om Jetta's zwaarmoedigheid te ontvluchten. Hoeveel houdt hij nog van haar? Jan eindigt de brief pijnlijk omslachtig. Hij kan als psychiater niets meer voor haar doen, behalve kalmerende medicijnen voorschrijven, maar dat is op de lange termijn onwenselijk. Over een paar weken stuurt hij Jetta terug naar Zwitserland.

*

In de tweede helft van mei zijn de nachten nog koud, maar de dagen al zacht in Château-d'Oex. Als hij uit de wind in de zon zit, kan het zelfs lekker warm worden. Het hele dorp komt langzaam uit zijn winterslaap. De sleeën en ski's zijn opgeborgen, de voorjaarsschoonmaak is achter de rug. De buren zijn bezig met hun tuinen en bloembakken. De jongens kunnen na het eten nog met hun vriendjes buitenspelen. Maar vanavond niet.

Na het eten willen Jetta en hij met z'n viertjes een spelletje spelen. George en Arthur houden pas op met nukken als Jetta belooft dat ze morgenavond een halfuurtje langer naar buiten mogen. Ze spelen Stap-Op, 'Het nieuwe fietsspel', dat Mauk heeft meegenomen uit Holland. Na één spelletje waarin Arthur almaar geen WIND MEE-kaart kreeg om de acht kilometer naar de zee te kunnen fietsen en waarin Mauk voortdurend een lekke band had, zegt Jetta opeens: 'Jongens, wij moeten jullie wat vertellen.'

De twee jongens kijken elkaar aan. Arthur wiebelt op zijn stoel en legt zijn handjes op tafel. Hij kijkt van zijn vader naar zijn moeder. George doet zijn armen over elkaar en steekt zijn kin in de lucht.

'Zijn jullie niet benieuwd?'

Geen antwoord.

'Goed dan!' zegt Mauk. Hij roffelt met zijn vingers op de tafel en laat een stilte vallen. 'We gaan verhuizen!'

De jongens zitten stokstijf op hun stoel.

'We gaan naar Brussel!' zegt Jetta, terwijl ze naar Mauk kijkt omdat de jongens elkaar vasthouden met hun ogen. 'Een prachtige grote stad, zoals Rome... waar altijd dingen gebeuren, waar mensen uit de hele wereld wonen.'

Jetta ziet niet dat de tranen in Arthurs ogen staan. Dan ziet Mauk dat de tranen ook bij George opkomen. Beide jongens durven niets te zeggen. Ze zien hoe blij hun moeder doet. Mauk denkt hard na om iets te kunnen zeggen, maar George verbreekt de stilte, zonder iemand aan te kijken.

'Waarom?' De tranen rollen nu over zijn wangen.

'We blijven hier toch wel naar school gaan?' snottert Arthur.

'Nee, Toto,' zegt Mauk, 'vanaf volgend jaar gaan jullie in Brussel naar school. Brussel is de plek waar oom Eddy en tante Irma wonen.'

George kijkt nog steeds naar het tafelblad.

'Is het omdat Mamá het hier niet leuk vindt?' vraagt George.

Arthur staat op van tafel en loopt naar zijn slaapkamer.

'Toto, je mag straks van tafel,' zegt hij te hard. Zijn jongste zoon loopt mokkend terug naar zijn stoel. 'Het komt niet door Mamá. Het is voor mijn werk. En voor het nieuwe kindje. Als jullie broertje of zusje wordt geboren, willen we dicht bij een goed ziekenhuis zitten.'

De jongens hadden nogal geïrriteerd gereageerd toen Jetta en hij een maand geleden aan dezelfde keukentafel vrolijk, in net zo'n plechtig gesprek, hadden verteld dat ze nog een broertje of een zusje zouden krijgen. Toen moesten ze ook al blij zijn.

'Dus toch voor mama?' vraagt Arthur.

'Nee, lieverd,' zegt Jetta. 'We doen het ook voor George. Volgend jaar zou George de hele week naar de middelbare school in Lausanne moeten. Hij zou alleen het weekend hier zijn.'

Daar hadden ze nog niet over nagedacht.

'Hebben we een huis daar?' vraagt Arthur.

'Volgende maand gaan wij een huis vinden en jullie gaan naar Steckborn.'

'Mag ik nu naar m'n kamer?' vraagt Arthur.

Ook George glijdt van zijn stoel.

'Goed dan, jongens, dan zal ik jullie voorlezen.'

'Laat maar, Papá,' zegt George.

'Als ik groot ben, ga ik in Zwitserland wonen,' zegt Arthur boos.

*

In Ukkel, een dorpje in de bossen vlak bij Brussel, heerst een andere sfeer in huis. Jetta is gelukkiger en hoopvol in haar zwangerschap. Mauk voelt zich ook lichter. Het plan lijkt te werken; een paar oude vrienden, onder wie Otto en Hans, wonen in de buurt; ze maken, ook via Eddy en Irma, snel nieuwe vrienden, de jongens zijn gelukkig op hun nieuwe school, het bos is om de hoek; in Brussel is altijd wat te doen.

Het huis staat in de Avenue de Saturne, een rustige straat die niet de indruk geeft ooit het toneel te zijn geweest van iets opmerkelijks. Mauk versiert de muren met tekeningen van de beringde planeet Saturnus en zijn geheimzinnige maan Titan. Op de wc tekent hij grappige mannetjes en gezichten op de muur om Jetta en zijn zonen aan het lachen te maken.

Hij gaat door met zijn gepuzzel. Hij heeft zijn werkplaats in de kelder onder het huis, maar dat geeft niet; het is een prettige plek met voldoende licht. Hij kan het er goed warm maken. Nu zit hij onder iedereen te werken als een molletje in plaats van als een vogel boven op het nest zoals in Rome en Château-d'Oex. Het lukt steeds beter om mooie figuren te maken die in elkaar passen.

*

Vanuit Brussel is het maar drie uur reizen naar Den Haag. Mauk is blij dat hij zijn ouders vaker kan opzoeken, al hoort Vader weinig meer. Op Sociëteit De Witte laat hij zich nog zelden zien. Hij trekt zich steeds vaker en langer terug in zijn werkkamer. Een schuine blik op het open schrift met memoires van zijn vader (deel LIX) doet Mauk beseffen dat de jaarringen van de Oude Es bijna geteld zijn. Het ooit zo serene handschrift is bibberig en onleesbaar geworden.

Toch zijn ze met z'n drieën, met Moeder, naar Scheveningen geweest. Een kort wandelingetje op de pier kan hij nog wel maken. Een kopje thee, genieten van de najaarsstorm, misschien wel zijn laatste, voordat hij omvalt.

's Avonds komen Beer en Emmy op bezoek in Den Haag. Vooral aan Beer wil hij zijn nieuwe werk laten zien. Na het eten legt hij zijn gekleurde tekeningen naast elkaar op de grote tafel in de zitkamer, een voor een. Het zijn de eerste patroonfiguren die hij buiten zijn atelier laat zien. De werkjes zijn op ruitjespapier in folioformaat. Emmy, Beer en Vader zijn stil als ze de tekeningen bekijken.

'Je wilt weer doorgaan met stofversiering?' vraagt Emmy na een tijdje.

'Kijk, daar heb je dat hondenpatroon. En die leeuwachtige figuur ken ik ook,' zegt Beer welwillend. 'Waarom heb je dit weer opgepakt, Mauk? Wat wil je ermee?'

De afbeeldingen liggen op volgorde van ontstaan op tafel. Het begint met de gewichtheffer. Dan een soort Japanse of Chinese poppetjes met typische punthoed die als sneeuwvlokken door het vlak dwarrelen, een groep karateachtige mannetjes en hun broers die op hun hoofd staan, veel dieren: kamelen, eekhoorns, paarden, vogels, vissen, vlinders, libellen. Vader zegt niets. Hij bekijkt de tekeningen afzonderlijk. Neemt ze in zijn hand. Draait ze steeds een halve of een kwartslag en bromt iets.

'Merkwaardig,' denkt hij te horen.

'Kijk nou eerst maar even goed.'

'Verdomd knap, Mauk,' zegt Beer. 'Vooral die circusacrobaten en die Chinees op dat driehoeksraster. Het figuurtje kan draaien om elk kruispunt in het raster. Buitengewoon ingenieus, ongelooflijk,' zegt Beer nu met zijn hand voor zijn mond. 'Hoe doe je het?'

Zijn geleerde broer lijkt werkelijk geïnteresseerd. Mauk pakt gehaast zijn schrift met de mozaïektekeningen erbij.

'Jetta en ik verzonnen steeds namen voor de tegeltjes van het Alhambra,' zegt hij tegen allen. Ze kijken hem verwonderd aan.

'Kalm aan, jongen, we hebben alle tijd,' zegt Vader.

'Kijk maar, dit zijn de oorspronkelijke Moorse patronen.' Bij elk motief zegt hij de naam die hij of Jetta in het Alhambra verzon.

'Als ik zo'n abstract Moors tegeltje zie, wil ik er een levende figuur van maken.'

Mauk laat in zijn schrift het raster van vierkanten zien dat hij over de hoedjes van papier heen heeft getekend.

'Ik hoopte eerst een soort mannetjes te maken die aan het mijmeren waren in kleermakerszit,' zegt hij over de gewichtheffer, 'maar het lukte niet. Tijdens het tekenen zie ik in de abstracte veelhoeken steeds weer nieuwe figuren.'

'Aha, pareidolie,' zegt Beer vrolijk. 'Je ziet figuren die er niet zijn, zoals in de wolken of in een afgebrokkelde muur. Een bekend verschijnsel voor ons kristallografen.'

Als Beer het ontstemde gezicht van zijn vrouw ziet, zegt hij: 'Het is heel simpel; de hersenen zijn zó goed in patronen herkennen dat ze het ook doen als er niets te herkennen valt.'

'Ik zie een organische figuur die lijkt op de geometrische vorm en die probeer ik te tekenen,' zegt Mauk. 'Maar zodra ik een lijn trek, verandert de aanliggende figuur ook. Ik moet steeds met één lijn twee vormen tekenen en dat kan niet. Niemand kan dat. Ik ben blij wanneer ik iets goeds vind.

Ik bedoel, ik vind de figuren, ik zie het vaak pas als ik het heb getekend.'

'Die mensfiguren vind ik minder geslaagd,' zegt Vader. 'De mannetjes zijn harkerig. En die dieren die op hun kop staan, zijn evenmin gemakkelijk te waarderen. Ze zouden misschien kunnen dienen als vloermozaïek.'

'Maar die vlinders en die libellen zijn goed,' zegt Moeder, die binnen is gewandeld met een blad in haar handen. Ze staat al een tijdje mee te kijken. 'Die heb je van boven afgebeeld. Je kunt ze goed zien zo. Willen jullie thee?'

Mauk kijkt verbaasd naar zijn moeder.

'En de kleuren?' vraagt Beer.

'Wat is er met de kleuren?'

'Ben je op de hoogte van de regels van de kleursymmetrie?'

'Twee figuren die aan elkaar grenzen mogen van mij niet dezelfde kleur hebben, dat is alles.'

'Nou ja, dondert niet, je probeersels zijn verdomd interessant. Ik zie rotaties, verschuivingen, spiegelingen – alle basisstructuren van kristallen.'

Beer bekijkt de tekeningen op tafel nog eens goed.

'Het zou je misschien helpen de regels van de kristallografie te kennen.'

Mauk ziet in zijn broer een nieuw enthousiasme. Emmy, Vader en Moeder hebben het ook opgemerkt en spitsen hun oren.

'Ik heb een paar collega's die zich bezighouden met de kristallografie in het platte vlak. Stel, je hebt een materiaal dat één molecuul dik is; hoe kunnen die deeltjes dan geordend worden? Daar houden wij ons sinds kort mee bezig. En jij ook, Mauk! Mijn collega's noemen het *regelmässigen Planteilungen*. De regelmatige verdeling van het vlak, zou je kunnen zeggen.'

'De regelmatige verdeling van het vlak.' Mauk test het ritme en de klank van de woorden. 'Ken jij die mannen, Beer?'

'Pólya, Niggli, Haag en ik, we waren allemaal studenten van Einstein. Ik zal een paar artikelen opzoeken, daar heb je misschien wat aan. En ik kan je met hen in contact brengen. Hoewel, Paul Niggli zou ik maar even niet lastigvallen, die heeft het nu veel te druk. Maar ik vermoed dat Pólya en Haag aangenaam verrast zullen zijn door jouw onderzoek.'

Mauk kan het moeilijk geloven.

'Doe je niets meer met je muzieknotaties?' vraagt Emmy.

'Daar zat niemand op te wachten.'

'Allemaal leuk en aardig,' zegt Vader, 'maar word je nu illustrator van kristallografische artikelen? Wat is je idee? Tien jaar geleden wilde toch niemand je stofpatronen?'

'De motieven zijn niet interessant voor een publiek, Vader. U heeft gelijk. Hoe mooi ík ze ook vind, niemand wil eraan. Mesquita heeft zijn stoffen nooit kunnen verkopen; Oskar, mijn zwager, blijkt ook niet bijzonder happig om mijn figuurtjes te gebruiken. Maar ik houd van ze. Ik wil iets bijzonders met ze doen, ze tot leven wekken. Elk motief heeft een verhaal nodig om aantrekkelijk te worden. Wacht.'

'Toch hebben kristallen volgens sommigen, vooral architecten, ook een kunstzinnige waarde,' zegt Beer. 'Ik heb jaren geleden een nummer van het architectentijdschrift *Wendingen* over kristallen mogen samenstellen.'

Mauk trekt een lang, smal vel uit zijn tekenmap en legt het op tafel naast de motieftekeningen. Weer valt er een ongemakkelijke stilte, ze weten vast niet goed waarnaar ze kijken, wat ze moeten vinden. Linksonder op de prent ligt het dorpje Atrani aan de Amalfikust; dat herkennen ze wel. De gebouwen van het dorpje veranderen langzaam in kubussen. De driedimensionale kubussen bestaan elk uit drie ruiten als de kerkvloeren in Siena. Ze veranderen in tweedimensionale zeshoeken. De zeshoeken worden de Chinese mannetjes, die ze al in een kleurenschets hebben gezien. De plaat eindigt met één Chinees mannetje op een zwart vlak aan de rechterzijde.

'Bijzonder,' zegt Moeder eindelijk.

Ze bedoelt natuurlijk: wat is dit nou weer?

'Dank u, Moeder. Maar ik ben niet tevreden. Ik heb figuren nodig die een verhaal vertellen. De Chinees is niet goed genoeg, maar hij was de beste die ik had.'

'De prent vertelt toch een verhaal?' vraagt Moeder.

Mauk schudt zijn hoofd.

'Hij komt niet tot leven. Ik ben al een tijd aan het proberen om hagedissen te maken die elkaar in de staart bijten. Zo kan ik uit het platte vlak bezielde dieren halen. Dat zou ik willen.'

'Ga nou maar eerst de regels van het spel leren! Daar zal je plezier van hebben. Ik zal je een lijst artikelen sturen,' zegt zijn broer.

'Wat wil je nou zeggen met dat werk, Mauk?' vraagt Vader. Hij had al een tijdje niets gezegd. 'Waarom gebruik je een Japans mannetje?'

'Iedereen mag het begrijpen zoals hij wil, Vader. Japans, Chinees, het is mij hetzelfde. Ik houd van het spel, een verhaal maken en passende vormen vinden uit het niets... parei?' Mauk kijkt Beer aan.

'Pareidolie,' zegt Beer. '*Para* naast, *eidolon* beeld.'

*

Beer heeft hem op het goede spoor gezet. Een opwindend gevoel neemt bezit van hem, alsof hij in het diepe is gegooid en wordt meegesleurd in een stroomversnelling. Hij bestudeert de publicaties van Pólya en Haag in de Geografische Bibliotheek van de Vrije Universiteit van Brussel. Hij begint eindelijk een beetje te begrijpen wat hij al die tijd aan het doen was. Hij is niet de enige die betoverd is door de schoonheid van patronen, door de puzzels. Hij is niet gek, niet alleen.

Hij gaat nu systematisch aan het werk; hij deelt zijn werkdagen in drieën. Vroeg in de ochtend wandelt hij door het Terkamerenbos naar de bibliotheek, waar hij de geschriften en tekeningen van Pólya en Haag probeert te begrijpen. Met maar drie à vier uur wiskundeconcentratie voelt hij zich aan het einde van de ochtend uitgeput. De wandeling terug naar huis laadt hem weer op voor de rest van de dag. In de middag in zijn werkplaats probeert hij nieuwe motieffiguren te verzinnen; 's avonds werkt hij aan zijn nieuwe prenten.

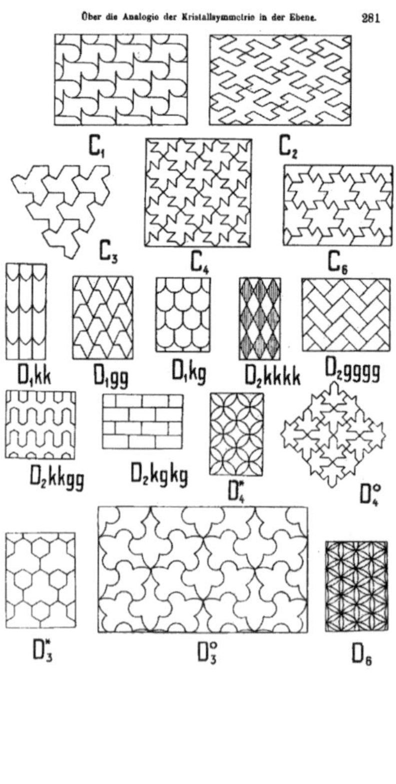

Hij begint met Pólya en zijn artikel 'Über die Analogie der Kristallsymmetrie in der Ebene'. De man heeft zeventien manieren beschreven om een vlak regelmatig te vullen met traliefiguren die op en in elkaar passen. Op een eenvoudig schemaatje van de figuren herkent hij bijna alle motieven uit het Alhambra. Hij denkt zelfs een driehoeksmotief van vogelachtigen te herkennen uit de benedenkerk in Assisi.

Pólya geeft taal aan wat hij doet; hij leert Mauk de eerste regels van de kristallografie in het platte vlak: verschuiving, rotatie en glijspiegeling. Daarmee kan hij inderdaad álle motieven vangen. Nu begrijpt hij pas wat Beer hem in Den Haag had willen zeggen. Hij moet het zien voordat hij het begrijpt. Hij had de principes zelfs al in 1926 toegepast: verschuiving met de vleermuizen, glijspiegeling met de leeuwtjes en de laatste maanden ook rotatie met zijn gewichtheffertjes en Chinese poppetjes. Hij spelt Pólya's artikel, tekent al zijn patronen na in een schrift. Hij ziet eindelijk hoe de systemen hun oervorm vinden in vierkanten, rechthoeken, parallellogrammen, driehoeken en zeshoeken. Als hij nu een idee heeft voor een figuur, hoeft hij niet meer op de bonnefooi te gaan knoeien, maar kiest hij bewust een aanpak, een basisvorm. Wil hij de vorm schuiven, spiegelen of draaien? Hij begint een voorkeur te ontwikkelen voor driehoeks- en ruitsystemen, omdat die speelse en ongedwongen schepsels opleveren, in plaats van die stramme poppetjes. De driehoekvarianten vindt hij zo mooi omdat de tweezijdige symmetrie wegvalt. Kennelijk willen we de harmonie van symmetrie, maar wel met een verstoring, zo licht dat zij alleen een gevoel van speelsheid oproept.

Wanneer hij Pólya eenmaal in de vingers heeft, krijgt hij ruimte voor professor Haag. Gaf Pólya hem inzicht, Haag geeft hem uitzicht. Door hem weet Mauk dat hij nog lang niet klaar is met dit spel. Door Haag gaat het hem lukken de schoonheid van de motieven eindelijk goed te laten zien. Hij vindt zijn geluk in *regelmässigen Planteilungen und Punktsysteme.* Haag beschrijft meesterlijk zijn werkwijze om met zijn 'Punktsysteme' een vorm te transformeren naar een andere vorm zodat de figuren in elkaar blijven passen. Hij kan van een vierkantsysteem, via een tussenstap, naar een parallellogramsysteem springen; van weilanden vogels maken, van vogels vissen!

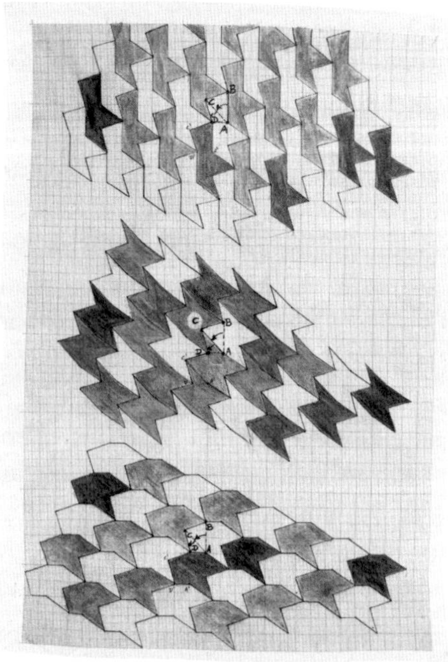

Na het systeem van Haag nagetekend te hebben, lukt het hem om het zichzelf in woorden uit te leggen. Door punt B via C naar D te verplaatsen met A als vast draaipunt, komt in de plaats van de lijn AB (fig. 1) eerst AC (fig. 2) en daarna AD (fig. 3). Figuur 2 geeft het 'overgangssysteem'. Omdat in figuur 2 in het punt C drie congruente veelhoeken elkaar raken, wordt het minimale aantal kleuren drie. In de figuren kan hij de vogels al zien vliegen.

Nu kan hij zijn figuurtjes laten doen wat hij wil! Hij kan ze misschien ooit in cinematografische stappen laten bewegen als in een zoötroop, verhalen verzinnen, tegenstellingen scheppen. Hij kan een dynamische actie laten zien, waarbij je de momenten ervoor en erna kunt verzinnen. Dit is waarnaar hij op zoek was. Hij hoopt vurig dat hij door Haag een manier heeft gevonden om zijn gepuzzel eindelijk voor andere mensen aantrekkelijk te maken! Haag heeft hem hoop gegeven.

Hij gaat vooruit. Het lukt hem eindelijk om vanuit vierkanten langzaam hagedissen te laten verschijnen. Hij laat ze ontstaan uit het grijs, de oersoep van de graficus, en langzaam ontwikkelen ze zich van platte figuren naar twee zwarte en twee witte levende wezens. Ze komen welhaast uit het papier gekropen, ze proberen elkaar te bijten.

Haag brengt hem nog meer, minstens zo veelbelovend. Hij kan zijn figuren splitsen, splijten, breken en zo weer nieuwe maken. Hij kan de delen weer anders aan elkaar plakken. Elke keer ontstaat een nieuw patroon waarvan hij de eigenschappen opnieuw kan gaan ontleden, als een nieuwe kever in Darwins verzameling. Soms voelt hij zich een goudzoeker die stenen aan het breken is. In elke steen kan een klomp verborgen zitten. Uit zijn veelhoekige figuren komen zoveel nieuwe schepsels tevoorschijn. Met Beers pareidolie, zijn eigen verbeelding, brengt hij ze tot leven. Hij heeft karrenvrachten werk voor de boeg.

Hij noemt de hagedissen *Ontwikkeling* en stuurt een afdruk naar Beer. Als er iemand in de wereld is die hem nu kan begrijpen, is het zijn geleerde broer. In het bijgaande briefje vraagt hij de adressen van Pólya en Haag om aan hen ook een afdruk te kunnen sturen als dankbetuiging. Maar nu de hagedissen de wereld in worden gezonden, bekruipt hem de angst: hoelang, in hoeverre is het voorstellingsvermogen van de kijker nog soepel genoeg om hem te volgen? Zal hij zijn schaarse publiek niet volledig verliezen?

*

Wanneer Mauk en zijn collega's van de Vereniging tot bevordering der Grafische Kunst – de Grafische – elkaar spreken, stellen zij elkaar soms de venijnige vraag: 'Wie volgt jouw werk?' Nu heeft de pers hem nooit links laten liggen, maar bij die vraag denkt Mauk altijd meteen aan Hein 's-Gravesande, de kunstredacteur van *Het Vaderland*. Deze criticus volgt zijn werk al sinds het verschijnen van het boekje *De vreselijke avonturen van Scholastica*. De man had hem een paar jaar eerder om een vraaggesprek verzocht en het eruit voortvloeiende artikel was niet onaardig geweest. Zijn kritieken sindsdien zijn eerlijk; ze getuigen van een goed begrip en waardering van zijn werk.

Nu, in mei van het jaar 1938, heeft Mauk besloten de kunstredacteur uit te nodigen om zijn nieuwe werk te komen bekijken in zijn atelier in Ukkel. In een brief legt hij uit dat zijn laatste prenten zodanig afwijken van zijn eerdere werk, eigenlijk van wat ooit is gemaakt, dat hij heeft gemerkt dat zijn nieuwe beelden vragen om een verklaring. Zonder uitleg blijven zij voor de onwetende kijker vermoedelijk te gesloten, te veel formule. Om het publiek op de exposities in Rotterdam, Den Haag en Amsterdam niet al te veel te laten schrikken moet een heraut de komst van zijn nieuwe werk aankondigen.

Mauk heeft 's-Gravesande meegenomen naar de tuin achter het huis. De criticus lijkt werkelijk blij met de gelegenheid. Mauk prijst het boek dat zijn gast net heeft gepubliceerd. Het bevat interviews met Greshoff, Elsschot en Ter Braak, schrijvers die Mauk bewondert. Hij mag de man.

Na een halfuurtje neemt hij hem mee naar het atelier. Als hij het licht aandoet, ziet hij 's-Gravesande gretig alle objecten in zich opnemen. Hij bekijkt zijn eigen werkplaats door de ogen van de bezoeker. Reproducties van Memling, Barna, de Lorenzetti's, tekeningen van mozaïeken van de Amalfikust, kleurenlitho's van het Alhambra van Owen Jones, kindertekeningen. Niets van nu, geen enkel werk van de modernen. De werkplaats ruikt waarschijnlijk naar oude sigarettenrook. Hij zet een raampje open. De gast staat stil bij de buste van Bernardino en wijst verbaasd op de ingelijste prenten die op de grond tegen elkaar aan staan. Critici zien alleen tentoonstellingen en denken dat alle kunst altijd maar wordt verkocht. Ze hebben geen idee van het gesjouw. 'Winkeldochters,' mompelt hij. Als wasgoed aan de lijn hangen zijn laatste prenten te drogen. Hij heeft er een laken voor gespannen want hij wil zijn gast eerst het een en ander uitleggen over de nieuwe richting van zijn werk.

Ze gaan aan de werktafel zitten. Mauk pakt de schriftjes die hij voor de komst van zijn gast had klaargelegd. Eerst vertelt hij over de sierkunstpatronen van Mesquita, over het grote verband tussen het Alhambra, Owen Jones en zijn *Grammar of Ornaments*, de arts-and-craftsbeweging en onze eigen kunstnijverheidsbeweging. Dan pakt hij het Pólya-schriftje en probeert 's-Gravesande in te leiden in de verschillende patroonsystemen. De journalist reageert mat.

Al iets sneller dan hij zelf had bedacht, laat hij het artikel van Haag zien. Hij stelt zijn gast gerust dat hij snel zal tonen waartoe zijn uitleg leidt. Waarschijnlijk vraagt de man zich af waarom een kunstenaar die bij een groeiend publiek steeds meer bekendstaat om zijn ruimtelijke landschappen en zijn wonderlijke spiegelprenten opeens in een garage in Ukkel zit te puzzelen met behangontwerpen. Misschien zit hij in z'n gedachten al achter een kreeft en een glaasje wit op de Grote Markt.

Dan pakt hij zijn 'Overzicht van 10 asymmetrische veelhoeksystemen, gebaseerd op 5 groepen van vierhoeken in minimaal 2 contrasterende kleuren in 1 motief'. Het is een lange lap papier van aan elkaar geplakte foliovellen.

'Godallejezus,' zegt 's-Gravesande.

Mauk vreest dat het schema voor zijn gast een onzinnige wirwar is van kolommen en rijen met balletjes, streepjes, verwijzingen, teksten en cijfers. Misschien denkt 's-Gravesande dat hij gek is geworden. Het moet hem toch lukken de tabel uit te leggen. 'Kijk, let op. Het is niet moeilijk. Je hebt vijf basisvormen: parallellogrammen, ruiten, rechthoeken...' Dan ziet hij de glazige, teleurgestelde blik van de kunstredacteur. 's-Gravesande had waarschijnlijk gehoopt dat hij expressiever was gaan werken, dat hij een nieuwe spectaculaire kunstenaar had kunnen presenteren aan zijn lezers, in plaats van deze puzzelende droogkloot, voor wie hij tevergeefs naar Brussel is gereisd.

'Ach, laat maar. Ik zal je niet veel langer kwellen, maar ik moet je toch eerst laten zien waarvoor ik deze abracadabra gebruik.' Nu pakt Mauk zijn map en haalt er de stapel ontwerpen voor regelmatige vlakverdelingen uit. 's-Gravesande bekijkt de tekeningen. Mauk denkt nu een beginnende ergernis te zien in de ogen van zijn gast.

'Wat een knappe dessins. Hoe krijg je het voor elkaar? Nog nooit zoiets gezien, inderdaad, wat je schreef. Die honden zijn goed gelukt, en die vogels! Ganzen en aalscholvers toch?' 's-Gravesande lijkt zo snel mogelijk weg te willen.

'Je kunt er mooie stoffen mee laten bedrukken. Of intarsia-inlegwerk. Vloeren zouden prachtig zijn met verschillende soorten marmer, of plafonds. Wat dacht je van tapijten? Kijk, deze vogels en vissen. Erg knap, Escher, verdomd knap.'

Hij heeft er nu spijt van dat hij zijn tekeningen heeft laten zien.

'Het zijn halffabricaten, 's-Gravesande. Ik weet dat niemand zo betoverd is door patronen als ik. Ik hou van die figuren; ik vind ze allemaal wonderlijk mooi. Sommige kan je draaien, andere spiegelen, andere verschuiven op manieren die ik zelf niet heb bedacht toen ik de figuren verzon. Het is alsof ik word geholpen door een geheimzinnige kracht, de geometrie van de natuur. Maar er is meer nodig om de aandacht van een publiek te vangen, ik weet het. Ik beoordeel elke vondst op wat ik ermee kan.' Hij staat op van tafel en haalt voorzichtig het laken weg. Daar hangen zijn laatste drie houtsnedes en er ligt een stapeltje litho's.

'Godallejezus,' zegt 's-Gravesande weer. Hij ziet de verbijsterde uitdrukking op het gezicht van de kunstcriticus. Zorgvuldig legt hij de vier prenten naast elkaar op tafel in volgorde van ontstaan. Ze heten *Dag en nacht, Ontwikkeling, Kringloop* en *Lucht en Water.* Mauk kijkt nauwlettend naar de criticus.

Zijn blik gaat meteen naar *Dag en nacht.* Hij lijkt zich te verliezen in de verdubbeling van het Hollandse vergezicht. 'Ongelooflijk,' denkt Mauk te horen. 'En een tweede blok voor de grijzen,' zegt de journalist. Daarna verschuift zijn blik naar *Kringloop.*

'Kostelijk hoe dat clowntje van de trap af dendert!' en hij volgt met zijn wijsvinger boven het papier het mannetje dat valt in een poel van klonen, die in elkaar passen als vreemd gevormde raderen. 'De litho voor de grijstinten,' mompelt hij. Mauk zegt dat hij boven iets te eten voor hen gaat maken. Dan kan 's-Gravesande even rustig kijken.

Als hij tien minuten later terugkomt, lijkt er iets veranderd in de man. Hij staat nog steeds stil en zwijgend met zijn blik op de vier prenten, alsof hij zijn blik niet los kan trekken. Hij lijkt iets te willen gaan zeggen, maar de woorden niet te kunnen vinden. 's-Gravesande begrijpt het. Mauk ziet het aan hem.

'Ga toch rustig zitten. Hier heb je een boterham en een kopje thee om bij te komen,' zegt Mauk.

'Hulde!' zegt 's-Gravesande ten slotte. 'Je hebt me behoorlijk op het verkeerde been gezet, Escher.'

'Pardon?'

'Ik dacht je in een hok te kunnen plaatsen, in de gesloten inrichting van de toegepaste kunst. Excuses daarvoor. Duizendmaal excuus, dat was grof en tactloos. Ik had niet door wat voor een bron jouw motieven zijn, al heb je me met die rare krabbels laten zien waar ze vandaan komen. Ik begreep niet wat ik zag. Vergeef een oude, starre man.'

'Excuses aanvaard.'

'Zoals je de figuren laat transformeren is tovenarij. Nu begrijp ik waarom je me de schriftjes liet zien. Van weilanden naar vogels, van vierkanten naar hagedissen, van drie mannetjes naar één kubus.'

Dan zwijgt 's-Gravesande lang. Mauk verbreekt de stilte niet.

'Wat vind je zelf nog meer zo mooi aan die patronen, behalve dat je bijgestaan wordt door een geheimzinnige kracht, of hoe zei je het?' zegt de journalist op formelere toon. Hij pakt een opschrijfboekje uit zijn binnenzak.

'Gebruik dat alsjeblieft niet, 's-Gravesande, ik geloof niet in geheimzinnige krachten. Ik doe iets wat wordt bevestigd door de wetten van de natuur. Zo zei ik het. Het is magisch om een lijn te tekenen waardoor twee vormen ontstaan. Dat is de kern van dit werk. Echt vreemd, tegelijkertijd griezelig en fantastisch, wordt het wanneer als vanzelf de gespiegelde figuur ontstaat, hier een vogel die in tegenovergestelde richting vliegt. Ik ben er nu bijna een jaar dagelijks mee bezig en ben steeds weer verrast wat er voor mijn ogen verschijnt. Ik ben steeds meer verslingerd geraakt. Ik teken met één lijn twee figuren. Het vergt een totaal ander ruimtelijk inzicht. En ik begin pas. Ik ben als een dirigent die met één handbeweging twee muziekstukken leidt. Nee, ik kan het met niets vergelijken.'

's-Gravesande maakt nu driftig aantekeningen, terwijl hij beurtelings naar Mauk en naar de werken kijkt. 'Mooi, eigenaardig, een dirigent. Er zit toch een verhaal in.'

'In wezen wil ik dat m'n publiek ook van de patronen gaat houden. Ik kan de elegante dynamiek ervan, meen ik, op meerdere manieren aan de man brengen.' Hij houdt in en overdenkt zijn woorden. 's-Gravesande moet dit goed begrijpen en opschrijven. 'Een mogelijke keuze is om het contrast te benadrukken in eenvoudige oerconcepten, zoals dag en nacht. Soms wil ik de figuren kwiek door elkaar heen laten bewegen, laten vliegen, zwemmen, rennen, kruipen, spartelen, zoals de vissen en de vogels. Ik kan een patroon verlevendigen door de figuren op elkaar te laten reageren, zoals de hagedissen. Ik wil door transformatie een nieuwe dynamiek laten ontstaan. En ten slotte, door een kringloop, zoals bij die mannetjes, zet ik het oog van de kijker eindeloos in beweging. Dat is mijn arsenaal om mijn kijkers te engageren.'

's-Gravesande krabbelt in zijn opschrijfboekje. Dan kijkt hij op en zegt: '*Tous les êtres circulent les uns dans les autres, par conséquent toutes les espèces... Tout est un flux perpétuel... Tout animal est plus ou moins homme; tout minéral est plus ou moins plante; toute plante est plus ou moins animale. Il n'y rien de précis dans la nature.*'

Mauk is een paar tellen stil. 'Zeg nog eens?' Opnieuw declameert 's-Gravesande de tekst.

'*Le rêve d'Alembert* van Diderot.'

'Prachtig! Wat een citaat. Mijn broer Beer zal het ook prachtig vinden.'

Dan ziet hij het voor zich.

'*Tout est un flux perpétuel*; een grote gedaanteverandering van dieren, planten, mineralen, mensen. *Toutes les espèces circulent les uns dans les autres,*' herhaalt hij.

*

De dagen na de opening van de tentoonstelling in Rotterdam logeert Mauk in Den Haag. De recensies zijn talrijk en veelal gunstig. 's-Gravesande heeft zijn werk goed gedaan. Dat Mauks architectonische talent meermalig wordt geprezen, is Vader niet ontgaan. Ze lachen er samen om.

'Helaas zonder de wens om Bouwkunde te studeren,' kan Vader niet nalaten te zeggen.

Moeder blijft de kritieken maar voorlezen uit het plakboek. Al storen de opgeblazen woorden Vader, de meeste besprekingen vervullen hem zichtbaar met trots. Een schrijver noemt Mauks werk een beeldmagie die de westerse beschaving nog maar zelden heeft opgeleverd. Een ander noemt hem een der sterkste en gaafste grafici van zijn tijd. Een derde noemt zijn schier maniakale onderzoekslust, alsof hij Mauk kent, zegt Vader. 'De mooiste recensie vond ik die waarin de schrijver stelt dat jij schoonheid ziet die voor anderen niet waarneembaar is. Dat heb ik ook altijd gevonden.'

Mauk kijkt hem verbaasd aan.

'Dat heeft u mij nooit verteld.'

'Wat zeg je?'

'Houd je hoorn in je oor,' schreeuwt Moeder.

'Dank u wel, Vader. Dat heeft u mij nooit zo gezegd,' herhaalt Mauk in de hoorn.

Vader knikt tevreden.

'De verkopen zijn nog steeds zo goed als nihil,' zegt Mauk. 'Alleen het Boijmans heeft een *Dag en nacht* aangekocht.'

Vader kijkt bedenkelijk. 'De prijs van vijftig gulden is wellicht te hoog gesteld,' zegt hij. 'Je zult daarvoor niet vlot een koper vinden, al is de moeite die je aan dit werk hebt besteed daarmee niet te hoog getaxeerd.'

'We zullen zien, we zullen zien. Hij is van twee blokken gedrukt, hè?'

'Ach dat zien de mensen toch niet, jongen. Ik had mijn goede vriend Lindo hier en liet hem de vogels zien. Hij kon er niets van zeggen. Hij heeft er lang naar gekeken. "Interessant," zei hij ten slotte.'

'Niets nieuws. Ik ben blij met de lovende besprekingen, dat wel, maar wat ik mooi vind, laat de meeste mensen koud, dat weet u nu toch wel. Toch zullen er ook mensen zijn die net als ik de schoonheid zien van mijn baksels. Ik probeer ze zo eenvoudig en aantrekkelijk mogelijk op te dienen. Als de mensen er niet van willen eten, is dat onfortuinlijk, meer niet. Daarom doe ik nu opdrachten als die in Delft.'

Als ze buiten een ommetje lopen, pakt Vader Mauks arm.

'Ik hoop dat het applaus toch gaat bijdragen aan je inkomsten, jongen. Gelukkig heb ik met de krach niet al te veel verloren. Ik kan jullie voldoende nalaten om eenvoudig te kunnen leven. En voor de effecten die ik je nalaat, raad ik je dringend huizen te kopen.'

'U gaat nog lang niet dood, beste Vader.'

'Huizen, begrijp je? Blijf je morgen ook?'

Als ze thuis zijn, druppelt hij de ogen van zijn vader.

'Niemand druppelt mijn ogen zoals jij,' zegt de oude man voordat hij zich terugtrekt in zijn slaapkamer.

*

Op een vrijdagmiddag in de laatste maand van het jaar 1938 staat Mauk voor het huis van Samuel Jessurun de Mesquita op de Linnaeuskade in Amsterdam. Een paar weken geleden hadden ze met de collega's van de Grafische Mesquita's zeventigste verjaardag gevierd. Ze hadden elkaar nauwelijks kunnen spreken. Zijn oude leermeester had nog niets over zijn nieuwe werk gezegd.

Hij is graag bij de Mesquita's. Daar op de tweede etage is het een kleine, gezellige boel. Betsie, Mesquita's vrouw, heeft haar verzameling cactussen in de serre, het huis hangt vol met werk van bevriende kunstenaars. Zij trouwden meer dan vijfendertig jaar geleden en bijna even zo lang wonen ze op die luttele vierkante meters. Niet heel veel korter woont hun zoon Jaap bij hen. De eettafel, het middelpunt van het huishouden, ligt altijd vol met boeken. Mesquita zelf is sinds zijn pensionering meestal in zijn werkplaats op de eerste verdieping.

Midden op de muur van de zitkamer ziet Mauk *Dag en nacht* hangen, met punaises opgeprikt. Blij omhelst hij Betsie. Zoon Jaap komt uit zijn kamer en geeft hem glimlachend een hand.

'Jaap vindt je prent totaal geslaagd en wil hem niet weghalen,' zegt Mesquita terwijl hij Mauks jas aanneemt. 'Ik heb er ook dagen naar zitten kijken.' Mauk maakt een buiging en gaat op uitnodiging van Betsie zitten aan de keukentafel.

'Ik ben tot de conclusie gekomen dat je dit werk als een mijlpaal moet beschouwen, Escher. Je hebt het in je brief zo afgekamd dat ik vanzelf lust kreeg om het weer op te kammen.'

'Een grotere ereplaats kan ik me niet voorstellen,' zegt Mauk lachend.

'Ik had gehoopt dat hij u zou bevallen. Toen 's-Gravesande de prent een ode aan de grafiek noemde, wist ik dat ik een exemplaar voor mijn leermeester moest drukken.'

'Zeer gewaardeerd!' zegt Jaap. 'Wil je thee?'

Betsie legt haar hand op Mauks arm.

'We zijn je werk in het Stedelijk Museum gaan bekijken. Helaas konden we niet bij de opening zijn. Wonderbaarlijk, Mauk! Wat een merkwaardige werkstukken!'

'Je bent een vernieuwer geworden,' zegt Mesquita. 'Je hebt de weg naar meesterschap gevonden, Mauk Escher. Je werk is een logische volgende stap voor de grafiek. De laatste stap. Je hebt het ongelofelijke gedaan, je hebt de perfecte eenwording van vorm en techniek gevonden. De vormen bepalen elkaar, bespelen elkaar, veranderen elkaar. Ze zijn tegelijkertijd voorgrond en achtergrond, tegelijkertijd object en subject. Het is je gelukt.'

Hij weet niets te zeggen. De laatste stap van het grafische ambacht. Uit de mond van Sam Jessurun de Mesquita.

'Je zult veel navolging krijgen. Ik snap alleen niet dat ik niet zelf op het idee gekomen ben.'

'Je bent niet pienter genoeg, Sam,' zegt Jaap.

'Nouou, nouou,' zegt Mesquita lachend, 'weet je die prent nog van mij, *Moeder en kind*?'

'Die heeft u me laten zien,' zegt Mauk.

'Eigenlijk al een Mauk-prent,' zegt Betsie, 'een beetje.'

Betsie zoekt in de secretaire. Ze kan erbij vanaf haar keukenstoel. 'Ah, hier. Ik denk dat ik ook anders keek naar jouw vogels en vissen door het geboortekaartje van Jan Christoffel. Die vissen en vogels op de kaart zijn benieuwd naar dat nieuwe Eschertje. Waarom staan die drie bomen in de vlag van het bootje?'

'Het familiewapen. Essen. Eschers verbouwen essen.'

'En? Hoe is het met je vrouw en de baby Jan Christoffel?'

'Jan, gewoon Jan, naar een oude vriend. Goed, goed, beiden gezond en goedgemutst.'

'Of snijden hout,' zegt Mesquita. 'Eschers snijden hout. Ik denk dat natuurliefhebbers en wetenschappers misschien meer voor je nieuwe werk zullen vallen dan de gebruikelijke kunstkliek. Voor cultuurmensen zijn vissen en vogels maar onpersoonlijke beesten. Voor natuurmensen als wij is het anders.'

'Wij hebben altijd de dromedaris, de bizon en de leeuw meer verkocht dan de vogels, of niet Pap?'

Mesquita schudt zijn hoofd. 'Nee, dat valt wel mee. Je hebt het altijd in je gehad, dat spelen, Escher, maar je hebt er nu echt voor gekozen. Gefeliciteerd, dat moet moed gevergd hebben.'

'Die u mij heeft gegeven.'

'Ik ben vooral blij dat we geen stront hebben gehad, dat je je niet tegen je meester hebt moeten afzetten. Ik ben dankbaar dat dát ons bespaard is gebleven,' zegt Mesquita.

'Ik was u niet dankbaar voor die trap ná, bij mijn examenuitreiking.'

'Maar hij heeft wel gewerkt!' schatert Mesquita. 'Kom, dan gaan we nog even naar de werkplaats.'

In het atelier staan twee drukpersen. Er slingeren allerlei verschillende materialen, celluloid, marmer, koperplaten op de tekentafel. De burijnen staan mooi recht opgeprikt in de kurken wand. Een wetsteen op de werktafel. Stapels, nieuw papier, oude prenten, tijdschriften op de grond. De witte uil op het tijdschrift *Wendingen* uit 1931 kijkt streng neer op het atelier.

Mauk heeft van Mesquita geleerd om alles van iedereen goed te vinden, mits het met aandacht is gemaakt. Al houdt hij niet echt van de stijl van de sensitivistische tekeningen van zijn leermeester, ze zijn vaak grappig en scherp. Hij bekijkt een poosje aandachtig de tekeningen die Mesquita hem toeschuift. Bij één blad blijft hij hangen. *Zalige onwetendheid* staat eronder.

'Over de Nederlandse bourgeois?'

'*Peace for our time.* Hoe kunnen jullie die Hitler vertrouwen? Zo'n vrede bestaat niet. Het kan niemand iets schelen.'

Mauk kijkt naar de Oostergasfabriek aan de overkant van de kade. 'Jullie?'

'Mijn schoonzuster heeft een comité opgericht om Duitse Joodse emigrés te helpen. Ze hebben al een aantal wetenschappers ondergebracht,' zegt hij alsof hij zich moet verontschuldigen.

'Ik zie niks gebeuren,' zegt Mesquita. 'Onze Duitse vrienden worden hier allang geweigerd en teruggestuurd. Niemand zegt wat.'

'Zalige onwetendheid,' zegt Mauk. 'Merken jullie iets?'

'Ja natuurlijk, Escher. Altijd. Wij kunnen er altijd, overal, uit gedonderd worden. Niemand die er iets over zal zeggen als er een Jood wordt ontslagen. Mijn aanstellingen in Haarlem en aan de Rijksacademie waren de uitzonderingen. We hebben er nooit over gesproken, hè?'

Is Mesquita boos op hem?

'Uw sensitivistische stijl is geschikt voor het onderwerp. U zou er meer mee kunnen doen.'

'Misschien,' zegt Mesquita en hij kijkt hem een paar seconden twijfelend aan, 'maar ik kan het tij er niet mee keren. Ik moet je helaas nu al op straat zetten, Escher. Ik heb andere verplichtingen. Kom snel weer.' Binnen een paar minuten staat hij buiten. Afscheid gaat altijd snel bij Mesquita.

*

Vader ligt al dagen in bed en heeft even zo lang niets gegeten. Nu en dan fluistert hij iets vanuit zijn halfslaap.

'Kijk die vliegmachines wervelen door de lucht met verticale lussen en draaiingen om de eigen as. De piloot zwaait naar ons.'

Mauk denkt dat Vader niet meer weet wie er naast zijn bed zit.

'Wat een humeur. Wij hebben het toch goed gehad, samen? Ook voor Eddy en Beer ben je altijd een goede moeder geweest.'

'Je vindt toch je weg, Maukie. Je lijkt op mij. Trekt je terug in je puzzelarij, alleen, in je werkplaats, net als ik. Je houdt van je werk. Wij hoeven niet naar onszelf te kijken. Ik ben ook nooit goed geweest met mensen.'

Misschien herkent Vader hem toch? Mauk legt zijn hand op het koele oude voorhoofd.

De volgende dag komt iedereen naar Den Haag. Jetta is met Eddy en Irma meegekomen. Beer en Emmy zijn er eerst. Vader ontvangt verbaasd en enigszins geërgerd de omhelzingen. Ze zitten met z'n allen rond het bed. Het lukt Mauk maar net hem een slokje water te laten nemen. Soms vertrekt Vaders gezicht van de pijn, soms probeert hij te lachen als om iedereen gerust te stellen. Mauk kan steeds moeilijker het onderscheid maken tussen lach en grimas. Vader ontspant als hij over zijn haren strijkt en zijn ogen nog eens druppelt. Soms zetten ze een grammofoonplaat op. Vader wil Buss en Reu horen; hij wil het ook op zijn crematieplechtigheid laten horen.

'Nol, na George komt Nol, arme lieve kerel, in zijn eentje in de donkere bergen,' hoort hij Vader fluisteren. Gelukkig heeft Emmy wat jazzplaten meegenomen. Irma vertelt het verhaal dat ze met z'n vieren in Brussel in het verkeerde vaudevillestuk terechtkwamen. Dat Vader zo hard moest lachen dat Moeder boos werd. Nu moet Moeder zelfs lachen. Jetta vertelt dat haar eigen vader in Zürich zo onder de indruk was geweest van die zachtmoedige Hollander die zo hard onderhandelde voor het geluk van zijn zoon.

De dokter gaat Vader een injectie tegen de pijn geven. Ze moeten de kamer uit. Vader schudt traag zijn hoofd. 'Ga niet weg,' denkt Mauk op zijn gezicht te lezen. Mauk blijft in de kamer totdat Moeder hem zachtjes de gang op trekt.

Na een halfuur mogen ze terug. Ze kussen hem vaarwel.

'Vaarwel?' fluistert Vader verbaasd tegen Mauk.

Mauk zit aan het bed en drukt zijn mond op zijn vaders hand.

'Mijn lieve oude man,' zegt Moeder zachtjes in Vaders oor terwijl ze nu zijn haren streelt. Vaders ogen zijn gesloten, zijn gezicht is kalm.

'Ja lieve Saar, je hand, je hand... streel me met je lieve, warme hand, kijk de zon, het is een mooie dag, misschien wel achttien graden, wat denk je, Saar, je hand, je lieve hand... je hand...'

*

Kort na het overlijden pakt hij zijn tekenblok. Vaders gezicht was veel zachter toen hij nog leefde. De pijn is er nog steeds op te lezen, al lijkt de grimas iets weggezakt. Hij is nu zo fragiel; gisteren nog leek hij steviger. Hoe diep valt de huid boven zijn adamsappel, hoe strak gespannen over de boog van zijn neus. Vader zit er niet meer in, in dit oude, dode, magere lichaam onder het witte nachtkleed. Geen gedachteflarden, geen beelden verschijnen meer achter zijn gesloten ogen. Alle herinneringen van zesennegentig jaren uitgewist. Dit is Vader niet meer. En toch ziet hij nog de pijn.

Af en toe komt een van de familieleden bij hem zitten. Na verloop van tijd komen ze allemaal: Moeder, Jetta, Eddy en Irma, Beer en Emmy, George en zijn vrouw Milie. Niemand zegt wat; ze luisteren naar het zachte gekras van zijn potlood, kijken naar hun dode vader. Waarschijnlijk denken ze allemaal ook aan Nol. Vader noemde hem. Hoe kan een man verder leven na zo'n gruwelijk verlies? En Eddy en Beer denken waarschijnlijk aan hun moeder, Charlotte, dood vlak na Beers geboorte. Vader was weduwnaar op zijn tweeënveertigste en heeft zeven jaren gerouwd. Elke keer heeft hij werkelijk het leven weer opgepakt, zijn tegenslagen meer dan waardig gedragen. Zou hij zijn hele leven zo hebben terugverlangd naar Japan als hijzelf nu naar Italië? Vader is tot het allerlaatst belangstellend geweest in alles en iedereen, in alle kleinkinderen, hoe eigenwijs of modern ze ook waren. Zij hebben samen, ook na Nols dood, nog veel goede momenten gehad. Hij is dankbaar dat Vader zijn nieuwe werkwijze en het bescheiden succes nog heeft meegemaakt. Al noemde hij het nieuwe werk steevast 'puzzelprenten', hij sprak erover met ontzag en trots.

Hoelang geleden maakte hij het laatste portret van zijn vader? Hoeveel portretten heeft hij niet van hem gemaakt? Vooral toen hij nog jong was, was Vader altijd bereid om geduldig model te zitten en hem tegelijkertijd scherp te bevragen over zijn ijdele plannen. Zijn eerste portret was in linoleum, in 1916. Daarop staat een boze oude man. Als Mesquita niet had gezegd dat hij wat zag in zijn linoleumsnedes, had Vader nooit ingestemd met zijn keuze voor de grafische kunsten. Wat was er dan gebeurd? Had hij zich gevoegd naar de wensen van die man op het portret? Was hij een middelmatige assistent van een academisch gevormde architect geworden?

Het portret uit 1920 maakte hij tijdens de vakantie, aangezet door een van Mesquita's beroemde 'eindejaarscolleges'. Op alle getekende en gedrukte portretten daarna staat Vader met zijn loep; hij heeft altijd, ook als klein jongetje, het vergrootglas van zijn vader om zich heen gehad. Als hij zich de andere portretten voor ogen haalt, ziet hij Vader langzaam dunner worden, leeglopen, alsof met de jaren al het overbodige uit hem verdwijnt totdat alleen zijn ware aard van nuchtere mildheid overblijft.

Hij zou niet beter afscheid hebben kunnen nemen, hem niet beter hebben kunnen eren. Vader geloofde niet in het overgaan van de ziel naar een andere wereld. Het beeld van zijn dode vader is nu langzaam overgegaan;

op het papier ligt het overblijfsel van een zeer oude man, met de datum van zijn laatste dag: 14 juni 1939.

Hij wist dat het zou gaan gebeuren, dat Vaders leven eindig was, maar de kloof tussen zijn leven en niet-leven is ontzagwekkend groot.

*

Om zijn gedachten af te leiden begint hij eindelijk met het experiment waarover hij al sinds zijn eerste gesprek met 's-Gravesande aan het denken is: een lange stroom van in elkaar vloeiende dieren en dingen. Hij kan niet ophouden. Na vijf maanden beslaat het ding een lengte van bijna vier meter bij een hoogte van twintig centimeter. Gedrukt in drie kleuren van twintig blokken. Een onmogelijk werkstuk.

Alles lijkt rustig in Brussel, totdat ze begin december gasmaskers krijgen uitgereikt. Ze maken zich op voor het ergste. Mauk begint met het verstevigen van de kelder. Hij laat *Metamorphose II* eindigen in een schaakbord met de stukken in een angstaanjagend stikmat.

*

Wanneer de Duitsers optrekken naar Brussel en de explosies hoorbaar worden, gaan ze met z'n vijven in de kelder zitten. Ze houden de moed erin door spelletjes te spelen. George en Arthur doen stoer, vooral tegenover elkaar, Jantje is nog te klein om er iets van te begrijpen. Mauk is bang dat de bominslagen de slechtste herinneringen in Jetta oproepen, maar ook zij houdt zich kranig. Na twee dagen houdt het geknal eindelijk op en lopen ze naar buiten. 'Waar de vogeltjes fluiten,' merkt Arthur op, twaalf jaar oud. Het is doodstil in de buitenwijk Ukkel. De meeste buren waren met hun waardevolle bezittingen gevlucht voor de Duitsers. Velen van hen komen nu berooid terug. Godzijdank had hij deze keer de goede beslissing genomen.

Had hij maar bij Moeder kunnen zijn; hij had misschien haar laatste momenten kunnen verzachten. Hij moest het via via horen van een kennis in Brussel. Ze is al begraven. Ze wilde werkelijk Vader niet overleven. Arme Moeder, zo alleen. Hij is wees; hij voelt zich losgesneden.

Hij vertrekt onmiddellijk naar Nederland, liftend en lopend. Alle spoorlijnen kapot, wegen half vernield, Rotterdam verwoest. In Mukashi treft hij in rouw en verslagen Beer en Emmy, Ruut en zijn vriendin. George is gekomen, Eddy heeft de reis niet kunnen maken.

'Ze heeft niet meer beseft dat de oorlog uitbrak,' zegt Beer gelaten. 'Ze is alleen gestorven. Ik had haar de vorige avond nog gezien.'

Het was nog veel sneller gegaan dan ze hadden gevreesd. Moeder had de laatste maanden na Vaders dood onwillig in een nieuw huis in Scheveningen gewoond, in de buurt van oude vriendinnen. Beer had het voor haar gekocht in de hoop dat een nieuwe omgeving haar nieuwe zin zou geven, maar haar ziekte was te vergevorderd geweest; ze was bijna voortdurend somber en soms opvliegend, de dagen zat.

De rouw gaat gepaard met de verbijstering van de oorlog die nu zijn ware gezicht heeft laten zien. Ruuts huis in Rotterdam Leuvehaven bestaat niet meer. Alle composities en teksten, de vleugel die hij van Vader en Moeder had gekregen: alles verdwenen in de vlammenzee. Ruut is wisselend woedend en terneergeslagen.

'In een kwartier het leven van honderdduizenden vermorzeld. Als dát mogelijk is, wat staat ons dan te wachten?'

Al is het meer dan een week geleden, zijn neef trekt steeds wit weg als hij erover probeert te vertellen.

'Misschien staat het gebouw van de Rotterdamse Kunstkring nog overeind,' zegt Ruut. Misschien hebben Mauks prenten het bombardement overleefd. Hij kan blijven in Mukashi, bij zijn broers, maar hij moet terug naar Jetta en de jongens, via Rotterdam.

Hij heeft zich laten afzetten aan de Westersingel, kruispunt Witte de Withstraat. Gewone vrachtauto's kunnen daar nog rijden. Vanaf Delft is hij naar Rotterdam gelift; de stations Delftse Poort en Hofplein zijn te ernstig beschadigd om nog treinen te kunnen ontvangen.

Het Museum Boijmans staat nog helemaal overeind met zijn toren. In die richting, zuidwest ongeveer, kijkt hij naar een ongeschonden deel van Rotterdam in de lentezon. Naar de andere kant ziet hij in stoffig tegenlicht dat het eerste stuk van de Witte de Withstraat nog overeind staat. Daarachter een gapend melkwit gat: het einde van de bewoonde wereld. Hij hoort de vogels aan de Westersingel en blijft een paar minuten stilstaan. In de verte valt een muur. De grond trilt onder zijn voeten. Dan zet hij zich in beweging richting de Kunstkring.

Links ziet hij een briefje wapperen naast een koperen naamplaatje: DR. J.B. VAN DEN BORG, OOGARTS. Hij leest: 'In nauw verband met de recente ontwikkelingen verloren wij onze geachte collega Dr. Jacques Benjamin van den Borg, Rotterdam, 4 mei 1876-Rotterdam, 14 mei 1940. Zijn praktijk wordt voortgezet in het Gemeenteziekenhuis aan de Bergweg.' Een oude vrouw ziet hem naar het briefje staren.

'Onze dokter heeft het niet willen meemaken. Meteen in de middag heeft hij het gedaan.' Mauk voelt de misselijkheid opkomen. Zou Moeder werkelijk niet beseft hebben dat de oorlog echt was geworden? Of juist wel? Hij moet zich vasthouden aan de muur.

Hij haalt diep adem en vervolgt zijn weg; de Witte de Withstraat omhoog richting Leuvehaven, richting puinhopen. Net wel of net niet? Net wel vernietigd. Het volledige gebouw van de Rotterdamse Kunstkring is weg. Precies aan de verkeerde kant van de vuurgrens. Vanaf hier begint de woestenij; hoge eenzame muren staan her en der door elkaar als zerken op een chaotische begraafplaats voor reuzen. Hij ruikt de geur van verbrande steen met af en toe de dikke walm van de dood. Verdoofd loopt hij verder. Waarom was hij hier? Op een berg bakstenen heeft iemand het straatbordje van de Schiedamse Vest recht gelegd. Hij stopt voor een groep mannen die met een touw een muur neerhalen. Een groepje Duitsers staat erbij te kijken. Een soldaat biedt aan om mee te helpen, maar de mannen in hemdsmouwen moeten er niets van hebben.

Nu komt een man naast hem staan. 'Een hele familie bekneld en verbrand. Ze wilden niet weg vanonder de trap. We hebben het nog geprobeerd.' Het had hem ook kunnen overkomen. Bij hen in Ukkel had het goed uitgepakt. Ze waren ook blijven zitten. Het is mazzel of pech. Het lijkt net of je een goede of een slechte beslissing hebt genomen. Ruut had gedacht dat ze nog zouden onderhandelen met de Duitsers en dat Nederland zich dan zou overgeven. Fout. Toen hij het aanzwellende geluid van de bommenwerpers hoorde, was hij als een dolle met zijn vriendin naar het open veld van het landgoed Hoboken gerend. Goed. Ons voorstellingsvermogen is net genoeg om ons te motiveren íets te doen. Of dat 'iets' een voldoende voorbereiding is op de werkelijkheid? Vaker niet dan wel, denkt hij.

Hij kan zijn gezin niet beschermen in Ukkel; het gevaar is te groot, te dicht bij Brussel. Wat gaat hun nog meer overkomen? Hij is daar afgesloten van de gelden van de erfenis. Ze zullen misschien alles nodig hebben. Ze zijn te kwetsbaar; ze moeten weg. Of voelt hij nu toch een verbondenheid met dit land, in zijn ellende? Hoe moet hij het uitleggen aan Jojo en Toto? Aan George en Arthur? Zij zijn geen jochies meer. Hoe krijgt hij Jetta mee, die eindelijk weer zichzelf had teruggevonden?

De mannen rennen weg wanneer de muur eenmaal meegeeft. Met een enorme klap valt het ding, langzaam als een boom. Als de kolos de grond raakt, hoort Mauk de stenen breken. Door de stofwolk loopt hij verder. Hij trapt zijn pas opgestoken sigaret weer uit. Zijn schoenen en broekspijpen zijn nu grijs. Bij elke stap over de stenen hoort hij het gruis kraken. Hij ruikt het riool. Pas bovenaan, aan het einde van de rivier van stenen, aan het water van Leuvehaven, kan hij de uitgestrektheid van de verwoestingen overzien. De oude Van Nellefabriek, het nieuwe warenhuis Gerzon, de huizen op de kade, Ruuts huis: allemaal kapot. Naar het oosten: bijna alles ingestort. Hij ziet in de verte het Witte Huis nog onbeschadigd overeind staan, eenzaam, als met stomheid geslagen. 'De eerste wolkenkrabber ter wereld,' had Vader trots gezegd toen ze erlangs spoorden in 1913. Nu ligt het verhoogde spoor als een verraderlijke slang door de stad, vanaf het Hofplein slingerend naar de Willemsbrug; het bewijs dat de verwoesting precisiewerk is geweest.

Elke steen beschermde het thuis van iemand. Bloot liggen de kinderkamers, keukens, zitkamers, badkamers, wc's. Een stad binnenstebuiten gekeerd. Zouden de piloten hebben geweten wat ze deden? Wat denk je als je een bom laat vallen? '*Der Deutsche Luftwaffe spricht: Eine Hölle für 600000 Menschen.*' 'Gelukkig kan je zijn gelaat niet zien,' zei Vader altijd als iemand een vlieg doodsloeg.

Ook de door Vader geprezen hefbrug over de Koningshaven hangt nog fier in de lucht. De Laurenskerk staat nog, zwaar beschadigd. Zij kijkt als een gewond dier lijdzaam neer op de verwoeste stad.

Hij dwingt zich koers te zetten naar de Coolsingel. Overal op straat staan hoopjes huisraad, netjes opgestapeld, bewaakt door vrouwen of kinderen, hopend dat de mannen komen met de handkar. God weet wat hun te wachten staat. De Duitsers kijken alsof ze zorgen voor orde in de chaos, maar de mensen zijn te murw om iets uit te halen. Hij ziet het bijna onbeschadigde Schielandhuis, een kitscherige juwelendoos tussen het puin. Zouden ze het met opzet hebben overgeslagen? Café Modern is weggevaagd, het Erasmiaans Gymnasium staat nog. Zo precies kunnen ze toch niet bombarderen? De Passage? Weg. Het Vrouwengesticht? Weg. Het stadhuis? Staat er nog. Hij loopt de Binnenweg in. Aan het einde, in de verte, ziet hij weer het groen van de Westersingel. Hij was er een uur of wat geleden, hoelang? Vlak voor café Melief Bender begint de bewoonde wereld weer. Van de hel naar de normale wereld. Het café staat op tien meter van de grens. Net wel, net niet. Stom geluk. Stom ongeluk. Hij stapt naar binnen en bestelt een borrel aan de toog. Na de eerste nog een. Hij is niet de enige die zwijgend een jenever staat te drinken. Ook aan de tafeltjes wordt niet veel gezegd.

Na de tweede borrel staat Mauk op en loopt richting Schiedam, op zoek naar een rit naar het zuiden. Hoe zal het met hen zijn in Brussel? Hij had hen niet alleen mogen laten, ze moeten vanaf nu bij elkaar blijven; alleen zo kunnen ze veilig zijn. Hij zal Jetta en de jongens weer moeten vertellen dat ze gaan verhuizen.

*

Hij heeft een paar maanden op en neer gereisd en zijn keuze is uiteindelijk gevallen op een dorpje dat rustig en onopvallend ligt tussen bossen en weilanden: Baarn. Het heeft een station en geeft geen enkele aanleiding om te worden aangevallen. Binnen een uur kan hij overal zijn, bij Beer of George of in Amsterdam, tenminste, als de treinen rijden.

De meeste Nederlanders lijken te doen alsof er weinig is veranderd. De bakker bakt zijn brood, de leraar geeft les op school, zelfs de Nederlandse politieman schrijft een bon uit aan een landgenoot. Hij kan de mensen in Baarn moeilijk peilen; onder de schijn van gewoonheid denkt hij bij zijn buren afwisselend enthousiasme, woede en schaamte te zien.

Ze hebben een halve villa gehuurd met weer een garage als atelier, maar prenten ontstromen zijn ooit zo nijvere handen niet meer. De lust is hem ontgaan. Alles is onzeker bovendien. Broer George is de 'administrateur' van de erfenis van Moeder. Maar hoeveel is het geld straks nog waard? Zij zijn nog de gelukkigen; Moeder heeft aan George en hem een boerderij in Zoetermeer nagelaten. Met de pacht van boer Van Dorp, in natura, zullen ze wel een eindje komen. Ze hebben nog effecten die misschien verkocht kunnen worden. Als Van Gogh schrijft hij zijn broer regelmatig: 'Geldgier doet mij naar de pen grijpen...'

Jetta gaat nu echt Nederlands leren. Ze geeft met plezier Russische les aan een paar Baarnse dames en ze is weer gaan borduren. 's Avonds werkt ze tot haar vingers pijn doen. Eigenlijk zijn ze al vijf jaar op de vlucht. Is Nederland ook een tussenstation?

*

Op een donkere decemberavond is hij na het eten naar Villa Ekeby gefietst voor z'n tweewekelijkse potje schaak met meneer Patijn, de broer van de gezant in Rome. Het grote huis staat aan de rand van het dorp, omringd door een tuin met hoge eiken en beuken. De haard is al aan wanneer Mauk de zitkamer binnenloopt.

'Ik ben je tentoonstelling in het Baarns lyceum gaan bekijken,' zegt meneer Patijn terwijl hij in de loop zijn hand op Mauks arm legt. Beide bebaarde mannen dragen een driedelig tweed.

'O, werkelijk? Wat prentjes in de gangen en in de aula.'

'Ik vond het heel aardig,' zegt meneer Patijn. 'Het gaf me een idee van je laatste werk.'

'Kopje thee?'

'Mevrouw Patijn! Wat ziet u er weer prachtig uit!' Mauk staat op en kust haar, net als hij als klein jongetje al deed. Zij is een oude vriendin van Moeder.

'Dank je wel, lieve jongen, wat een onzin kraam je uit! Hoe is het met jullie?'

'Goed, goed. Jetta ligt te bed. Alweer niet heel ernstig ziek, maar ze is er toch weer anderhalf à twee weken mooi mee. Ze houdt zich flink. De jongens hebben hun schaatsen al uit het vet gehaald. Ze staan te popelen.' Mauk wrijft de kou uit zijn handen.

In de zitkamer is voor de haard een schaakhoek ingericht. Twee hoge, rechte armstoelen met dikke gedraaide poten staan aan weerszijden van een vierkant tafeltje. Elke stoel heeft een bijzettafeltje. Het bord staat al klaar, ernaast een open doos met de stukken. Meneer Patijn pakt twee pionnen en laat ze onder tafel een paar keer tegen elkaar aan tikken. Dan laat hij twee vuisten zien. Mauk kiest links. Langzaam gaat de bevlekte hand open: wit.

'Die hand met die spiegelende bol, die vond ik prachtig. En die boeken voor dat straatje. Je vakjesprenten vind ik toch ook mooi. Wat was de laatste die je maakte?'

'De laatste? Met die kleine visjes die achter elkaar en door elkaar zwemmen. Waarom?' Mauk opent met de witte pion naar e4.

Meneer Patijn kijkt naar het bord. Alsof hij moet nadenken over zijn eerste zet.

'Hij is anders dan de eerdere vakjesprenten. Alsof er iets verdwenen is. Het spijt me.'

'Nee, het is juist gezegd. Ik ben er zelf niet tevreden over. Maken we er weer een slecht praatpotje van? Of bent u mij expres aan het afleiden?' vraagt hij.

'Laten we praten en schaken tegelijk. Dat lukt toch wel?'

'We praten over mijn werk, dat dwingt mij in de verdediging.'

'Belangrijk voor jou is belangrijk voor mij,' pareert Patijn en hij slaat een pion. 'Bovendien heb jij het voordeel van de jeugd.'

'Allee, we proberen het, waar was ik?'

'Je bent niet tevreden over je labyrint van vissen.'

'Ja, nee, het was bedoeld als een puzzel, een soort herhaling van wat ik ooit met tegels in mijn huis in Rome heb gedaan; dat het oog een stroom vissen volgt. Het werkstuk is mislukt. Wat je ziet, is een prent met veel vissen en een paar incoherente witte, grijze en zwarte gaten erin. Leegtes. Teleurstellend. Ik spring in het gat.' Mauk brengt zijn loper naar het middenveld.

'Je maakt toch eerst een tekening, dan zie je dat toch?'

'Het maakt nu toch niks meer uit? Ik kan in een oorlog geen prentjes gaan zitten peuteren. En ik ben te moe.'

'Te moe? Onzin, jongen, niet zo slap, je bent jong! Je krachten komen heus terug. Een man moet werken.'

'Ik heb hem wel verkocht in Pulchri.' Patijn parkeert zijn loper voor zijn koning. 'Ik trek het open, u gooit het dicht.'

Mauk zwijgt even.

'Je doet nog mee aan openbare exposities?' vraagt Patijn.

'Pulchri was de laatste, nee, hier in Baarn was de laatste. Vanaf twee weken geleden moet ik ingeschreven staan in de Kulturkammer om te mogen exposeren.'

'En?' vraagt Patijn. 'Ga je dat doen?'

'Nu heeft u geen paarden meer. Nee,' zegt Mauk, 'ik doe niet mee.' Hij schudt langzaam zijn hoofd. 'Ik heb het met geen enkele collega kunnen bespreken. Het heeft alleen zin als we het met z'n allen weigeren. Maar ik weiger, ongeacht. Hoe zou ik mijn zonen onder ogen moeten komen?'

'Waarom? Je moet toch leven, je moet je familie toch voeden?'

'Zo gaat het snel,' zegt Mauk als meneer Patijn zijn loper pakt. Hij denkt een tijd na.

'Je trekt je terug,' zegt meneer Patijn als Mauk zijn andere loper terug in de luwte brengt.

'Ik heb me nooit willen aansluiten. Bij niemand. Ik heb het niet erg op mensen die bij elkaar klonteren. Daar komt meestal weinig moois van.

Die grafische clubs vond ik al niet gemakkelijk, een professionele plicht. U rokeert?'

'Er zijn andere manieren om aan geld te komen,' vervolgt Mauk. 'Je zult weinig goede kunstenaars in een Kulturkammer vinden.' Dan rokeert hij ook.

Meneer Patijn kijkt zwijgend naar het bord. Hij lijkt een plan uit te broeden.

'Ik begrijp het net, pas vanaf de opening bij Pulchri,' zegt Mauk. 'Ik had het waarachtig niet verwacht van Pulchri. Ik ben al jaren lid. Op de tentoonstelling zag ik het ineens; er hing geen enkel werk van Joodse collega's. Ik had nooit gedacht dat Nederlandse kunstenaars dit zouden kunnen laten gebeuren.'

'O?' vraagt meneer Patijn.

'Noem me naïef. Ik woon te kort in Nederland. Ik ken hen nog niet, mijn Nederlandse collega's. Het was alsof het ze niets kon schelen. De gesprekken gingen er gewoonweg niet over. Blablabla, mooi contrast, mooie lijn, expositie hier, blablabla, lach lach lach, nog een glaasje wijn? Gerd Arntz was er, een voortreffelijk collega met wie ik al jaren samen exposeer. Zijn werk hing er voor het eerst niet bij. Gevlucht voor de nazi's, in '34 al. Ik vroeg hem of hij het normaal vond, die onverschilligheid. Hij peilde me en nam me mee naar een rustige hoek. Hij zei dat in ditzelfde Pulchri, vorig jaar al, een document is opgesteld door de top van de Nederlandse Kultuurkring: Seyss-Inquart, Hannema van het Boijmans, Goedewagen, de huidige secretaris-generaal van Voorlichting & Kunsten en nog wat van die mannen. Gerd weet dat soort dingen.'

'En?' vraagt meneer Patijn. 'Wat stond erin? In dat stuk?'

'Dat de Nederlandse cultuur verbasterd is en ontaard door overdreven individualisme en vreemde invloeden.'

'Niet van vreemde smetten vrij,' zegt Patijn. 'Wat deed hij daar dan?'

'Wie?'

'Jouw Arntz! Hij is toch Joods? Of communist? Of socialist, waarom was hij gevlucht?'

'Lid van een groepje kritische kunstenaars in Keulen, "*genauer hinsehen was los ist*," zei hij.'

'En?'

'Daar sprak hij zich niet over uit. Ikzelf kreeg door de tentoonstelling een onaangenaam gevoel. Als van een profiteur.'

'Een profiteursgevoel?'

Mauk blijft even stil. Zijn paard wordt aangevallen. Hij wil er niet nog een verliezen.

'Ik heb me altijd afgevraagd of ik wel kunstenaar mocht zijn. Of ik niet iets nuttigers moest doen. U heeft mijn ouders gekend. Het enige dat mij helpt, is de vage notie dat ik met mijn kunst iets goeds in de wereld breng, iets menselijks, heilzaams, positiefs, hoe je het noemen wilt. Een goede energie zou mijn broer George waarschijnlijk zeggen. Het was daar in Pulchri of mijn werk zijn onschuld verloor. Het is iets als gestolen goed; het gedijt niet.'

'Spreuken, Salomon, een wijze koning.'

'Ik had eigenlijk m'n prenten van de muur moeten halen.'

'Daarmee had je je familie in gevaar gebracht.'

'Schaak. Daar heb ik aan gedacht.'

'Hop, het hoekje in,' zegt meneer Patijn als hij zijn koning verzet.

'Ik wilde inderdaad niet de aandacht op me vestigen.'

'Het was dom geweest.'

'Dat is wat Gerd zei.'

'Elke liberaal vindt dat kunst geen regeringszaak is,' zegt Patijn. 'Nationaalsocialisme is ook socialisme. Schaak.'

'Nee.' Mauk zet zijn koning ook in de hoek. 'De nazi's beschuldigen de Joden ervan door middel van de kunsten de morele kracht van het Duitse volk te ondermijnen. Ze gebruiken de afkeer van het volk tegen de moderne kunst om het tegen de Joden op te zetten. *Entartete Kunst*. Dat doen onze socialisten niet.'

'Allemaal Gobineau. Horreur.'

'Om kort te gaan: geen Kulturkammer voor mij dus.'

Mauk valt aan met zijn loper. Patijn kijkt op van het schaakbord.

'Slimme zet.'

'Daar komen de zwarte pionnen,' zegt Mauk in gedachten verzonken.

'Hoe verkoop je je prenten dan?'

Mauk schudt zijn hoofd. 'Ik krijg soms brieven van mensen die vooroorlogse tentoonstellingen hebben gezien. Sommigen hebben het boekje van Hein 's-Gravesande gelezen. Er liggen een paar prenten onder de toonbank bij bevriende boekhandels: Balkema in Amsterdam, Dijkhoffz in Den Haag. Ik stuur de brievenschrijvers naar hen door.'

'Ben je niet bang voor je familie?'

'Nee, ik ben te onbelangrijk. Niemand kent mij in Nederland, in Baarn al helemaal niet. In ieder geval: ik heb geen deel uitgemaakt van de kunstenaarsprotesten, zoals mijn neefje Rudolf. Ik heb me niet verbonden aan tijdschriften, noch aan politieke partijen. Anderen zijn veel dapperder dan ik. Mijn collega Johannes Proost, communist. Meteen aan het begin opgepakt en verdwenen. Gerd Arntz. Mijn vriend Jobs Wertheim. De voortreffelijke houtsnijder Masereel, militant pacifist. Nu maakt hij anti-nazipamfletten vanuit Frankrijk; voor de Duitsers ben ik een onbeduidende figuur.'

'Als het verzet je iets zou vragen, zou je het dan doen?' vraagt meneer Patijn.

'Mijn eerste opdracht is om mijn gezin te beschermen.'

'Dan zou ik niet meer van die sinterklaasversjes aan je vrienden rondsturen. Hoe ging het rijmpje? Ons land is als dit kabinet: het was eerst vrij, 't is nu bezet?'

'Maar onder 't zuchten dat wij horen, wordt ons een schoone hoop geboren. Hoe opgelucht zullen we ons voelen, als wij het vuil weer weg zien spoelen?' vult Mauk aan.

'Stop maar. Houd je kruit maar droog voor belangrijkere zaken. Het is dom om bij de moffen in de gaten te lopen door zo'n grapje. Heb je het aan veel mensen gestuurd?'

'Nee, alleen aan u en m'n broers. En nog wat goede vrienden. Niet meer dan tien man.'

'Goed zo. Je bent veel meer waard voor het verzet als niemand je kent. Die tentoonstelling in het Baarns lyceum was geen slimme zet, als je het zo bekijkt.'

Meneer Patijn kijkt even vanonder zijn wenkbrauwen naar Mauk.

'En als je helemaal geen geld zou hebben, zou je dan ook geen lid worden van de Kulturkammer?' Het spel nadert zijn einde.

'Nee. Dat zei ik al.'

'Vanachter de open haard met een kopje thee kun je alles beweren,' zegt meneer Patijn, lachend om Mauks geërgerde toon. 'Het gaat erom wat je doet als het erop aankomt.'

Hoppakee dan maar, denkt Mauk. Hij slaat de koningin van meneer Patijn. 'Jaja,' zegt hij tevreden.

'Het maakt niet uit of mensen twijfelen aan je woorden, Mauk. Als jij jezelf maar gelooft.'

'U doet me denken aan mijn vader, die probeerde mij ook zo te testen.'

'Het spijt me.'

'Ik denk graag aan hem. Wat?'

Dan kijkt Mauk ongelovig naar het bord.

'Mat?'

'Nog niet. De volgende zet sta je mat, stikmat. Wat je ook doet.'

Mauk zit met zijn hoofd in zijn handen.

'Ongelooflijk. En ik was er zo dichtbij!'

'Omdat ik je dat wilde doen geloven, jongen. Je liet je afleiden. Gewoon elke dag goed blijven ademen, en blijven denken beste kerel, wat er ook gebeurt.'

'Stikmat! Wat een rund ben ik. Ik dacht dat ik u had! Zit u nou met mijn werkelijkheid te spelen?'

'Overmoed, beste kerel. Nog een kopje thee? Ursule? Ursule?'

'Nee, nee, ik ga naar huis.'

'Het was een goed potje.'

'Jullie komen met kerst bij ons eten, toch, Mauk?' vraagt mevrouw Patijn. Lachend geeft mevrouw Patijn hem een zoen.

'Heb je gewonnen van de oude vos?'

'Hij is te sluw. Volgend jaar, ergens in het volgende jaar zal ik hem misschien verslaan.' Mauk heeft zijn dikke winterjas al aan en slaat zijn wollen das om zijn hals. Muts op, handschoenen aan. Een minuut of tien later is hij thuis, waar iedereen al slaapt.

*

In de winter van 1941-'42 is de tuin vol vogels die, al naar hun vernuft, broodkruimels van de grond komen pikken of geregen nootjes van het snoer. Een prachtige Vlaamse gaai komt zo nu en dan als een dikke rover langs. Op een tak gezeten rukt hij het hele snoer naar zich toe. Vinken en zelfs spechten zijn gasten. Alleen de mezen kunnen hangend aan een draad de apennootjes openen en de eetbare kern eruit halen. Ook snipachtige weidevogels komen wat halen. Het is een dagelijks wederkerende theatervoorstelling voor het raam van zijn werkkamer. Hij kijkt urenlang naar buiten. Aan werken komt hij weinig toe. Waarom zou hij nog? Zelfs Bach krijgt zijn motor niet meer aangezwengeld.

In juli wordt Beer opgepakt. Hij wordt samen met een aantal prominente Nederlanders in gijzeling genomen in Kamp Haaren. Als het verzet in Nederland in actie mocht komen, zal steeds een aantal gegijzelde politici of wetenschappers door de Duitsers worden gefusilleerd. Beers levensdraad kan ieder moment worden doorgeknipt. Elk krantenbericht, elk telefoongerinkel kan een aankondiging zijn van Beers dood, als het telegram dat hij kreeg over Nol. Beer stuurt zo vaak als hem wordt toegelaten optimistische berichten naar Emmy. De gijzelaars lijken de angst niet toe te laten in hun gelederen.

Om zijn broer afleiding te bezorgen stuurt Mauk hem een brief over het schamele werk dat hij wel verricht. Het is het enige dat hij voor zijn broer kan doen. Geen namen, geen politiek, geen meningen. Hij schrijft over zijn voortgang in de studie van de regelmatige vlakverdeling, de transformatie van veelhoekige figuren, het vinden van nieuwe figuren die hij voor prenten zou kunnen gebruiken. Als hij die ooit weer gaat maken.

'Kleurenvoorstellingen hebben mij geleid naar gebieden waar wetenschappers opgehouden zijn te kijken. Ik ben met veel moeite over de muur van de wilde tuinen der regelmatige vlakverdeling geklommen. Eenmaal binnen, via het Alhambra, heb ik mij een klein gebiedje weggesnoeid. Totdat ik bij toeval, dankzij jou, bij de poort kwam die door jouw collega's was opengezet. Zij lieten mij een plattegrond zien met prachtige grote grindpaden waarvan ik er één al een beetje beter kende; de verschuiving. Op de twee andere paden, de glijspiegeling en de rotatie, had ik al mijn eerste stappen gezet maar hun chicanes waren mij nog onbekend. Maar wat bleek? Na het maken van de kaart hadden de wetenschappers de tuin verlaten. Ze waren als trekvogels weer ergens anders heen gevlogen en hadden niet eens goed om zich heen gekeken. En er was nog zoveel meer te ontdekken! De poorten staan wagenwijd open, maar niemand anders wil binnenkomen; ik ben er moederziel alleen. En ik schrijf aan mijn broer die zich als een van de weinigen in deze wereld een voorstelling kan maken van de schoonheid van de plek.

Om de tijd te doden een vraag voor jou en je geleerde vrienden daar in Haaren: als een punt de doorsnede is van een lijn, een lijn de doorsnede van een vlak, een vlak de doorsnede van een bol, waar is een bol dan de doorsnede van?'

Tussen augustus en oktober bereiken Mauk gestaag de berichten van fusillades in Haaren. In totaal worden vijfentachtig gijzelaars gedood. In december '42 wordt Beer met koorts in het ziekenhuis opgenomen. De Duitsers vrezen tbc, maar die blijkt volkomen afwezig. De koorts werd vermoedelijk veroorzaakt door het breken van zijn rib na een val van de trap. Beer mag terug naar Mukashi.

*

Op de deurmat valt een uitnodiging voor het koperen huwelijksgedenkfeest van Otto en Hans. De brief voelt aan als een onverwachte inbreuk op de beslotenheid van het gezin. In eerste instantie, zo schrijft hij terug, wilden hij en Jetta komen en zelfs 'iets zots presteren', maar hij heeft zich bedacht. Jetta en hij kunnen niet vrolijk genoeg zijn om acte de présence te geven. Het gaat niet. Hoezeer zij ook snakken naar warmte en plezier, wat zouden Otto en Hans eraan hebben een paar teruggetrokken heremieten te moeten verduren? Ze zouden zich onbeleefd en slechtgemanierd voelen. Ze zijn al tijden in slechte staat; hun zwaarmoedigheid zou ook niets dan ergernis en scherts onder de gasten oproepen. Hij hoopt dat Otto en Hans het hun niet zullen aanrekenen. Zij zullen het koperen huwelijkspaar nooit voor de voeten werpen vrolijk te zijn geweest in deze zwarte tijden. Het is heus geen calvinistische nijd. Ze misprijzen de feestelijkheden allerminst, maar ze kunnen er met de beste wil van de wereld niet aan meedoen.

Juist nu moeten wij elkaar blijven vinden, schrijft Otto terug. Mauk blijft volhouden dat hun zwaar-op-de-handse houding niets dan verwondering, verveling of spot onder de verdere aanwezigen teweeg zou brengen.

Hij schrijft Otto ook over zijn bezoeken aan Mesquita. Hij ziet er opgezwollen uit, vermoedelijk heeft hij waterzucht. Hij schuifelt wat op de tweede verdieping. Hij heeft waarschijnlijk al lange tijd zijn werkplaats niet gezien. Na enkele stappen is hij zwaar buiten adem. Zijn stoel staat voor het raam in de woonkamer. Daar maakt hij nu zijn tekeningen. Wil Otto hem niet ook weer eens bezoeken?

*

Steeds vaker doen de geallieerden van zich horen. Uit het geblaf van Hitler over de radio blijkt hoezeer hij in de knoei zit. Vrede wordt denkbaar, hoop maakt hun dagen verdraaglijk.

Steeds weer is hij gedwongen zijn broer George om geld te vragen. Begin '43 fietst hij voor het eerst met zijn zoon George de tachtig kilometer van Baarn naar Zoetermeer; naar de boerderij van pachter Van Dorp voor tarwe, gerst, haver, aardappelen, worst, suiker; zoveel als zij op de fietsen kunnen laden. Zijn broer verkoopt de eerste sieraden van Moeder aan een juwelier in Amsterdam.

Af en toe, als ze van ouders van school horen dat er weer een represaille dreigt, ontvlucht Mauk het huis. Hij duikt onder bij meneer Patijn in de grote Villa Ekeby. Hij slaapt in een zolderkamertje waarvandaan hij gemakkelijk het dak op kan en weg kan komen. 's Ochtends komt hij verkleumd thuis, waar Jetta hem warm wrijft voor de kachel. Ze neemt nu een belangrijke plaats in binnen het gezin. Het lukt haar steevast om van het schaarse voedsel nog eetbare maaltijden in elkaar te flansen. 's Avonds neemt ze met een glimlach de complimenten van haar mannen in ontvangst.

Baarn blijkt een geschikte plek om Engelse vliegtuigen op weg naar Duitsland uit de lucht te schieten. Daar had hij niet op gerekend. Afweergeschut wordt geïnstalleerd aan de rand van het dorp. Er komen steeds meer Duitsers in het dorp. Ze hebben drie dagen om hun huis te verlaten; het wordt gevorderd. In Villa Ekeby is ruimte voor het hele gezin. Zij hebben geluk dat ze bij elkaar kunnen blijven. De hele verhuizing moet zo snel gebeuren dat er geen tijd is voor woede of treurnis. Mauk, George en Arthur duwen samen de handkar door de glibberige straten, ze moeten hun spullen op meerdere plekken stallen. Alleen het hoogstnodige kan mee naar hun nieuwe verblijf. De jongens laten zien wat ze waard zijn, ze laten zich niet klein krijgen. Ze zingen stoer het 'Zuiderzeelied' en andere Hollandse liederen die ze op school hebben geleerd. Op Ekeby slapen Mauk, Jetta en Jantje in dezelfde kamer. Het dienstkeukentje dient als zitkamer voor de familie; George en Arthur hebben samen een kamer op zolder.

Mauk vraagt zijn broer George of hij Vaders toverdoos met de ivoren sterpuzzel ergens heeft gezien – de moeilijkere puzzels zoals de ringenpuzzel of de trappuzzel zouden nu afleiding kunnen brengen voor Arthur, George en hem – maar zijn broer weet nergens van. Hij vraagt het Beer, maar die weet ook niet waar de lakdoos is gebleven. Die moet kwijtgeraakt zijn bij de verhuizing van Moeder na Vaders dood.

Als alternatieve bezigheid om de verveling te lijf te gaan snijdt hij samen met George een kruispuzzel uit een gevelde beuk uit de tuin van Ekeby. Hij vindt zelf een manier om de zes staafjes perfect in elkaar te passen. Bij gebrek aan geschikt hout en lithostenen moet hij weer een krabtekening maken. Hij krabt een stilleven voor zijn gezin, een compositie van de zelf gesneden Lu Ban Suo, de Smurgh en een beeldje van Sint George, die eigenlijk Sint Michael blijkt te zijn. Het werkje hangt hij midden in hun kleine leefruimte.

Hij tekent een zelfportret, waarop hij door een rond raampje, gevangen in een toverlantaarnplaatje, schuchter wacht tot hij weer naar buiten mag.

In dat jaar heeft hij één litho gepland. Hij heeft de tekening van de reptielen bijna goed opgezet. Binnenkort zal hij naar de drukker gaan.

Een groot geluk is de sterrenkijker van meneer Patijn. Bij heldere lucht en met de maan in een gunstige positie richt hij met zijn zoons het oog van de kijker op de nachtelijke hemel, net als hij vroeger met Vader deed. Bij het zien van het koude en gipsachtige oppervlak van de maan vaart er soms een weldadige rust in hem.

*

Hij mag dit jaar weer een lithosteen lenen van Herman Dieperink. Mauk kent de meester-steendrukker nog uit Haarlem, waar hij lesgaf. De werkplaats van Dieperink op het Prinseneiland in Amsterdam is de plek waar Mauk ooit zijn allereerste litho drukte en vorig jaar nog maakte hij er zijn enige prent: *Verbum*. Dieperink was zichtbaar blij geweest weer eens iets anders te kunnen drukken, al had hij wel laten merken het plaatje nogal saai te vinden.

'En Mesquita?' vraagt de drukker bezorgd als Mauk aan de werktafel is gaan zitten.

'Mesquita...' zegt Mauk. De gedachte aan zijn leermeester ligt al maanden als een steen op zijn maag. Hij gaat er zo vaak mogelijk langs. Mesquita is ziek. Betsie en Jaap moeten de ster dragen. Hij komt zelf de deur niet meer uit. Nicht Anna en haar man David da Silva, hun beste vrienden, zijn een paar weken geleden weggevoerd.

'Nog altijd hartelijk,' zegt Mauk met een droeve glimlach. Ze kijken elkaar een paar tellen aan, dan wendt Dieperink zijn gezicht af.

'Aan de slag... zou hij ons gebieden,' zegt de drukker. Mauk kan de stem van zijn leermeester horen.

Hij werkt goed in de stille drukkerij met het hoge plafond. De binnenkant van het pakhuis doet hem denken aan de romp van een schip. Dieperink is een vakman naar zijn hart, een echte drukker, een vindingrijke pietje-precies. De man is zelf ook tekenaar en graficus; ze hebben weinig woorden nodig.

Hij heeft de lithosteen bij zich waarop hij de tekening met reptielen heeft overgezet. Het bevalt hem niks om op een geleende steen te werken. Hij heeft maar veertig vellen weten te bemachtigen; meer zal hij nooit van deze prent kunnen drukken. Een paar proefdrukken, een paar bladen voor Dieperink. Op z'n best haalt hij een oplage van dertig prenten.

De drukker vindt de steen goed betekend; ze gaan meteen een proefdruk maken. Hij staat net niet te dichtbij als de drukker de steen bevochtigt en ininkt. Het duurt even om de pers in te stellen. Dan draait Dieperink het werk langzaam door het apparaat. Ze zijn allebei opgewonden als de drukker voorzichtig het papier van de steen trekt.

'Allemachtig,' zegt Dieperink.

Mauk is opgelucht. Soms kan lithografie zo mooi zijn. De helderheid van de proefdruk is voldoende en de overgangen in het grijs zijn zo zacht als hij had gehoopt. Dit werk gaat lukken.

'Die krokodilletjes komen zo het papier uit gekropen. Meesterlijk,' zegt Dieperink.

'Ik dacht eerst dat het hagedissen zouden worden, maar toen ze het papier uit kwamen kruipen, bleken het inderdaad minikrokodillen. Ik noem de prent *Reptielen*, want dat zijn ze zeker.'

De drukker neemt de tijd om het werk te bekijken.

'Is het een ode aan het roken? Met dat doosje sigaretten, die lucifers en vloeitjes? Die blazende krokodil?'

'Het gaat over een bezoek van het platte reptiel aan onze driedimensionale wereld. Hij maakt een uitstapje en komt alle elementen van ónze wereld tegen; eerst aarde in het bakje met de cactussen, die ik van Betsie kreeg. Dan water in het kruikje, vervolgens lucht die hij inademt en uitbriest, misschien is het inderdaad rook, misschien stoom. Dan vuur in de vorm van lucifers. Op het hoogste punt echter staat hij op Plato's dodecaëder...'

'Pardon?'

'Het vijfde lichaam, de kwintessens, het vijfde element, de ether, waarvan de kosmos is gemaakt, de oneindige ruimte.'

'Je hebt het goed doordacht, hè? Je vorige prent ging toch ook over de elementen?'

'Nee, kul, ik zeg maar wat. Iedereen mag erin zien wat hij wil. Er moet nog wel veel gebeuren aan de steen.'

'En dat boekje rechtsboven?'

'De Timaeus van Plato.' Hij bekijkt nieuwsgierig het gezicht van de drukker. 'Nee joh, Dieperink. Ik had iets nodig voor de compositie. Aan dat boekje moet ik nog wat detail aanbrengen.'

Hij inspecteert de proefdruk met een vergrootglas. Dieperink zegt nog wat, maar hij hoort het niet meer.

'Dat koperen potje met lucifers en sigaretten: meer contrast. De inkt doet het godzijdank goed op dit papier.'

Hij legt de loep weg en beoordeelt het blad van afstand.

'De vlakken van de dodecaëder: ook iets meer contrast. Dat beestje op m'n tekendriehoek moet lichter. Op het boek: ook lichter. De cactussen zijn goed.'

Hij kijkt op van het papier. 'Kunnen de platte hagedissen minder korrelig?'

Dieperink maakt een half-half gebaar. 'Volgende keer fijner zand gebruiken. Maar ik weet wel wat. We kunnen in de hagedissen wat bewegingsrichting in de vlakken brengen, als nauwelijks zichtbare arceringen, dan fop je het oog. Lijkt het fijner gedrukt.'

Een drukker met zulke ideeën is goud waard. De hersenen maken het beeld, niet de ogen.

De rest van de middag maakt hij, met de spiegel in de hand, correcties op de steen. Dieperink merkt op dat de tekendriehoek nu ook een uitstapje naar de echte wereld aan het maken is. Of andersom.

Aan het begin van de avond maken ze nog een proefdruk.

'Nog een dag, dan moet het gepiept zijn,' besluit Mauk.

Even later loopt hij over de enige straat van Prinseneiland terug naar het Centraal Station. In de weerspiegeling van een winkelruit ziet hij een kromme, vroeg oud wordende man. Hij recht zijn schouders. Het wordt een goede prent.

*

Ruut schreef dat hij bij Balkema was geweest. Ze hadden even gepraat in het kantoortje van de boekhandel. Vanzelf was het gesprek op Mauk gekomen. Balkema wilde een boek maken over Mauks nieuwe manier van werken. Het enige dat ontbrak, was een goede tekst om de prenten te 'illustreren'. Ruut had gezegd dat hij zich er wel aan wilde wagen. Mauk was verbaasd en aanvankelijk nog blij toen hij de brief van zijn neef ontving. Het lukte hem zelf niet de tekst te schrijven en hij wist niemand die het wel kon. Bestaande passende teksten kende hij niet. Het liefst zou hij willen dat een schrijver taal vond voor de verwantschap van zijn werk met de muziek. Ruut was daarvoor niet de geschikte persoon, dat wist hij wel. Misschien kon zijn briljante neef, de inmiddels beroemde componist-dichter, een andere invalshoek vinden. Ruut eindigde zijn brief met de pedante mededeling dat ze het allereerst eens moesten worden over de uitgangspunten.

Op Mukashi vindt hij alleen Emmy in de keuken. Sinds Beers gijzeling is ze iets van haar zwierigheid kwijt. Hij merkt het meteen, hoe lief ze hem ook begroet. Ze voelt serieuzer in de omhelzing, fragieler. Toch praat ze vrolijk over de tuin en andere onbelangrijkheden. Pas na Mauks eerste kop thee komt Ruut de keuken binnen. Hij schenkt zichzelf een kop in, geeft Mauk kort een hand en gaat zijwaarts op een kruk zitten. Dan slaat hij zijn benen over elkaar en pakt een pijp uit de zak van zijn jasje.

'Goed dat je er bent, oom. Ik had te veel te doen om naar Baarn te komen.' Hij kijkt Mauk nu voor het eerst aan. Hij krijgt alleen een knikje terug.

'Eerlijk gezegd heb ik nog weinig idee waar het naartoe moet gaan met die tekst over je puzzelprenten. Ik zeg het maar meteen, ik zie vooral nevelvlekken. Maar ik zie ze tenminste.' Mauk probeert te lachen. Zijn neef verbaast hem elke keer. 'Geeft niet. Ik heb zelf ook geen idee.' Hij had op meer gehoopt. Terwijl ze een stilte laten aanhouden, klopt Ruut zijn pijp uit in de asbak en begint hem geconcentreerd te stoppen.

'Ik heb de brieven gelezen die je aan Vader hebt gestuurd en ik ben erachter gekomen dat het wezen van jouw kunst ligt in het begrip "ontwikkeling". Daar moeten we iets mee doen.'

'Ja?' zegt Mauk. Hij leunt achterover in zijn keukenstoel.

'Dus ik zou een ontwikkeling centraal willen stellen, een maatschappelijke of filosofische. Of een ontplooiing van een psychische emotie...'

'Dat klinkt behoorlijk vaag, Rudi!' roept Emmy lachend vanuit de deuropening. Ze geeft Mauk een knipoog en steekt haar duim omhoog. Emmy zou het prachtig vinden als ze samen een boekje zouden maken. Het boek van Mauk en Beer over kristalsymmetrie in het platte vlak is er nog steeds niet. Beer maakt er geen tijd voor. Mauk begint er niet meer over.

Ruut reageert serieus op de woorden van zijn moeder. Hij kijkt strak naar het tafelblad.

'Dus ik denk dat we vandaag de uitgangspunten zuiver moeten stellen.'

'Dat schreef je al.'

'Ik bedoel, laten we eerst vaststellen wat jouw kunst niet is.'

Mauk steekt een sigaret op.

'Om maar te beginnen met je stokpaardje: de verwantschap van jouw werk met de muziek en sommige muziekstructuren als de canon en de fuga. Bij nadere beschouwing is er alleen een oppervlakkige overeenkomst. De vergelijking houdt geen stand.' Hij heeft het van tevoren goed bedacht. 'Het probleem zit hem in het concept beweging. De beeldende kunst kan alleen beweging suggeréren.' Ruut articuleert het laatste woord ergerlijk duidelijk, alsof hij iets nieuws zegt. 'De enige kunst die beweging tot wezenlijk onderdeel van haar kunst-zijn maakt, is de muziek.' Mauk inhaleert diep en bekijkt de lange kegel van zijn sigaret.

'En film.'

'Precies, film,' zegt Ruut. 'Jouw lange houtsnede *Metamorphose* had eigenlijk een film moeten zijn. Daarom is hij in deze vorm, ondanks het bewonderenswaardige van de poging, als kunstwerk mislukt.' Ruut legt zijn handen op tafel, alsof hij met dat gebaar de onomstotelijkheid van zijn conclusie wil bezegelen. Mauk staart zijn neef verbaasd aan. Hij heeft de laatste jaren veel positieve kritieken gekregen op zijn grote *Metamorphose*. En niet van de minsten.

'Toen ik eraan begon, wist ik al dat het eigenlijk een film had moeten worden,' zegt Mauk. 'Niettemin moest ik hem in deze vorm maken. Als er een denkbeeld in mijn hoofd zit, wil ik het met mijn eigen ogen zien. Ik heb meer aan een mislukte verwerkelijking dan aan een onverwerkelijkt idee.'

'Ja...' zegt Ruut en hij laat een stilte vallen. 'Nu heb je er, letterlijk, een afgewikkelde rolprent van gemaakt. Je suggereert niet alleen beweging, je eist die. De beschouwer moet de ontwikkeling zelf creëren door zijn blik te bewegen langs het statische beeld.'

'Ja.'

'Nee! Dat is een averechtse gang van zaken. In jouw werk mag beweging niets anders zijn dan suggestie. Kijk, bij die prent met die ruit van vissen en vogels klopt het geheel wel omdat de bewegingssuggestie het decoratieve van de prent versterkt. *Dag en nacht* is minder goed gelukt omdat de rust van het landschap en de beweging van de eenden niet goed in elkaar overlopen. Ze vormen geen harmonieus geheel. Dus als we een boekje gaan maken, moeten we dit uitgangspunt handhaven. We kunnen in de vorm nergens extra beweging suggereren. Dan ontstaat weer dat averechts effect.'

Misschien is het door de manier waarop hij het woord 'decoratieve' uitspreekt, alsof Ruut hem een gunst verleent. Hij kapt het samenzijn snel af. Gelukkig heeft hij Emmy kunnen zien; anders had hij voor niets de drie uur durende reis naar Oegstgeest gemaakt.

Twee weken later in Baarn ontvangt hij van Ruut een tekst. Het is een politiek gedicht in twaalf strofes waarin een nieuwe naoorlogse maatschappij wordt voorgespiegeld. De woorden worden, volgens de schrijver, 'voortgestuwd door het veroordelen van de kapitalistische moraal'. Na Ruut complimenten gemaakt te hebben over de vorm en inhoud van het epistel schrijft hij dat het gedicht weliswaar zeer geschikt is om geïllustreerd te worden, maar dat Balkema's en zijn eigen wens andersom was: woorden vinden om zijn eigen nieuwe manier van werken te illustreren. 'Zulk een tekst te vinden lijkt mij een hele toer – de jouwe beantwoordt er niet aan. Schrijf of vind mij een tekst over "de magische lijn": de lijn die niet, als tot dusverre, enkel dient ter begrenzing van één enkel beeld, van één voorstelling, maar de lijn die twee evenwaardige beelden scheidt, de magische lijn met de dubbele betekenis, zoiets als Janus.'

Hij krijgt geen reactie meer van zijn neef.

*

Drie weken geleden, vlak na nieuwjaar 1944, had hij zijn leermeester nog opgezocht. Hij had appels uit de tuin meegebracht. Ze hadden geprobeerd wat te spreken over Mauks werkplannen, maar na een halfuur had hij een teken van Betsie gekregen dat hij weg moest. Mesquita was te zwak. Ze hadden elkaar zwijgend de hand gedrukt.

Tussen het Centraal Station en de Watergraafsmeer zijn er nu nog minder mensen op straat, nog meer uniformen. Voor de dieren in Artis is het te koud om zich te laten horen. Of ze zijn dood. Mauk loopt met lood in de schoenen door de sneeuw. Voorbij het Koloniaal Museum is het ook rustig. De trams rijden minder en blijven leger. Weinig beweging voor bureau Linnaeusstraat. Hij loopt over het bruggetje links de Linnaeuskade op. Hij vertrouwt zijn ogen niet en begint sneller te lopen. Hij gaat rennen. Dan ziet hij het duidelijk. De ruiten van de eerste en tweede verdieping zijn gebroken. De ramen grijnzen naar de straat als donkere monden met scheve tanden.

Hij weet niet hoelang hij er al staat als hij een stem hoort:

'Weet u het niet? De Mesquita's zijn weggehaald.'

Het is de buurvrouw van de begane grond. Ze pakt hem bij de arm en zet hem voorzichtig neer op de treden van het portaaltje. Weggehaald. Toch. Even later is de buurvrouw terug met een glas water. Hij kijkt haar aan. Ze heeft een vragende blik, schudt even met het glas. Spetters op de neuzen van z'n schoenen. De druppels bevriezen meteen op het grijze graniet van de treden. Hij pakt het glas aan en neemt wat slokjes. Voor zich ziet hij de schoorstenen van de Oostergasfabriek. Weggehaald. Alle drie.

Wind in z'n nek. De buurvrouw pakt voorzichtig het glas uit zijn handen en gaat snel terug naar binnen. Mesquita, waar ben je?

Hij schrikt. De voordeur slaat achter hem dicht en waait weer open. Hij draait zich om en kijkt omhoog door het donkere trappenhuis. Op het plateautje van de eerste verdieping ziet hij een paar bladen. Z'n werk. Z'n prenten. Wat ligt er nog? Hij loopt de trap op. Er ligt een ets, een sensitivistische prent van een oud krom mannetje. Op de prent staat de afdruk van een laars. Hij pakt hem op en probeert de afdruk van het papier te vegen. Het vuil is in de vezels gedrongen. Het zand gaat er nog af, de laars blijft staan.

De deur op de eerste verdieping klappert ook, de wind waait door de werkplaats. De vloer ligt vol met prenten. Soms buigen de hoeken van de vellen omhoog en gaan weer liggen. Dan waait een blad los. Een drukpers verschoven. Het draaiwiel staat scheef, de as verbogen. Iemand heeft geprobeerd het kolossale gevaarte aan het wiel te verslepen. De slede glijdt niet meer. Lithostenen gebroken; houtblokken op de grond; ladekasten open; papieren half eruit getrokken. Ze hebben niets gevonden. Wat zochten ze? Wat wilden ze? Wie slaat de ruiten in? Wie durft hier binnen te komen?

Het blad met de laars trilt in z'n hand. Een map, een map, hij moet een map hebben. Karton. Een groot stuk karton op de werktafel en iets zwaars. Een stuk van een lithosteen. Die was van een van zijn duiven. Het blad op het karton, de steen erop. Al dat werk op de grond! Wie heeft die laden geopend? Hier de houtsnedes van dieren. Zijn handen zijn te koud, ze kunnen niet bladeren, ze mogen geen fouten maken, de goede prenten, hij moet de goede prenten pakken. Weg van hier. Hij mag niet gesnapt worden. Ze moeten weg. De koeien, waterbokken, die geit, het hertje, de leeuw, een zebra. Een zebra? Mesquita, Mesquita, waar ben je nu? Wat wil je dat ik pak? Duiven, ah de zeehonden, de kameel, de zebu, de dromedaris, ooh de dromedaris, zo dun je papier, al die soorten Japans papier, op de stapel, snel. De dunste, neem de dunste. Volgende lade; vogels, die moeten hier zijn, die moeten mee; ringuil, parkiet, kraanvogel, kaketoe, nog een uil, paradijsvogel, twee duiven, hoornuil, de zilverreiger; allemaal mee, mee, op de stapel, mee. De gier, de condor, de sneeuwuil. Al die tijd in Artis. We zouden samen nog gaan. Wat meer, Mesquita?

'U bent toch een vriend van de Mesquita's?'

Zijn nekharen springen overeind. De buurvrouw staat in de deuropening met een kamerjas omgeslagen. Ze leunt met een schouder tegen de deurpost. Hoelang staat ze daar al?

'Ik heb u toch eerder gezien?'

Misschien is ze niks slechts van plan.

'Ik heb de Mesquita's vaak opgezocht de laatste jaren. We hebben elkaar wel eens gezien op straat. Hij was mijn leermeester op de grafische school in Haarlem.'

Hij denkt dat ze hem gelooft.

'Ik dacht eerst dat het bij ons was toen ze de deur inschopten,' begint de buurvrouw, nog steeds in de deuropening. 'Het was midden in de nacht. Ik was op slag wakker. Ik durfde eerst m'n bed niet uit, weet u. Toen keek ik toch uit het raam... Meneer Mesquita leunde zwaar op de soldaten toen hij naar beneden liep. Hij hijgde verschrikkelijk. Voetje voor voetje en weer stilstaan. De arme man was al bijna dood. Ze waren ook zacht voor hem, die jongens. Ik kan niets anders zeggen. Ze moesten wel. Zo breekbaar. Mevrouw had nog een dekentje om hem heen geslagen. Ze kwam er zelf achteraan. Ze hoefden haar niet eens vast te houden. Jaap kwam verbaasd tussen de soldaten de trap af en praatte en praatte; dat het niet klopte, dat ze zich vergisten, dat ze Portugese Joden waren, dat het goed was. Ze zeiden niets terug. Ze hielpen de familie de vrachtauto in en weg waren ze.'

En weg waren ze. Mesquita, Betsie, Jaap, net wakker, midden in de nacht, een deken om hem heen geslagen. In de donkere vrachtauto. Weg waren ze.

'Wat gaat u eigenlijk doen met al die schilderijen?'

'Het moet gered. Iemand moet ervoor zorgen.'

De andere kast, de portretten. Portret van Betsie? Dat portretje van Jaap, in potlood! O, die van Mendes da Costa, Vorkink, al die zelfportretten.

'Hij heeft veel gemaakt hè?'

'Zijn hele leven; alles ligt hier,' zegt hij.

'Gaat u dat allemaal wel kunnen sjouwen, meneer? Dat wordt toch veel te zwaar? Waar moet u naartoe?'

'Weg van hier!' fluistert hij hard. Ze heeft gelijk. Het wordt te zwaar. Hij kan het niet meer tillen en hij moet snel zijn. Dan kijkt hij naar de buurvrouw. Zou hij haar vragen om... Nee, dat kan hij niet doen. Ze zou worden verraden. Hij moet morgen terugkomen. Nog een stevig karton over de stapel heen. En nog een voor de stijfheid. Touw, daar touw, goed dichtbinden. Eerst extra papier eromheen. Hij moet liften. Via Diemen. Kan hij het dragen? Het moet. Hij heeft handschoenen. Het touw snijdt niet te veel in z'n handen.

'Zal ik kijken of de kust veilig is?'

Hij moet haar vertrouwen.

'Ja, maar pas op,' zegt Mauk zo rustig mogelijk. 'Niemand mag zien wat u doet. U loopt de straat op, kijkt onopvallend om u heen, als het veilig is, trekt u twee keer de voordeur hard dicht. Hij valt toch niet meer in het slot. Als het niet veilig is, gaat u naar huis en probeert het tien minuten later weer. Goed?' Hij verbaast zichzelf.

Ze haalt haar schouders op. 'Goed. Wel thuis,' zegt ze zacht en gaat naar beneden. Het pakket is goed vastgesnoerd. Nog een keer controleren. Houdt het? Hij heeft alles bij zich. Geen sporen achterlaten. Handschoenen weer aan, muts op, das om. Onherkenbaar. Zo snel mogelijk naar de Middenweg.

De voordeur slaat twee keer. Hij draagt het pakket aan de touwen de trap af. Hij laat het bij elke trede steunen op z'n bovenbeen. Hij stapt het huis uit, in de sneeuw. Niets bijzonders, een man met een dik plat pakket. Oud papier. Het gaat goed, er is niemand, tien meter gelopen, hoort hij stemmen achter zich? Niet omkijken, niet omkijken, wie was het ook alweer? Lot, Lot, niet omkijken. Doorlopen, nog twintig meter tot de hoek, rustig, normaal doen. Het pak is te zwaar. Nog tien, niets geks doen tot de hoek. En de hoek om. De Middenweg. Nu al veiliger. Mesquita, o god, Mesquita. Betsie. Jaap. Een auto, een vrachtwagen. Hij moet het pak neerzetten. Op de punten van z'n schoenen. Pas op, langs de kant van de weg. Niet natspatten. Daar komt een vrachtauto. Wehrmacht. Alsof hij gaat oversteken. Nog een stuk verder, anders loopt hij in de gaten. Daar komt een andere wagen. Hij steekt kort z'n hand op. De wagen stopt.

Hij heeft het pak prenten kunnen meeslepen naar Baarn. Met de vrachtauto kwam hij van de Watergraafsmeer tot Hilversum. Toen een lift naar Laren. 's Avonds laat, nog net voor spertijd, was hij thuis. Jetta had doodsangsten uitgestaan omdat hij niet thuis was gekomen. Hij had niet kunnen slapen, stijf van de spanning; hij moest nog terug.

De volgende dag ziet hij vanaf de hoek van de Middenweg dat er een verhuiswagen voor de deur staat. Iemand moet hem 's nachts hebben gezien en de politie hebben gebeld. Hij kan niets meer redden. De verhuizers halen alles weg. Mauk ziet de hele kapotgeslagen huisraad van de Mesquita's op straat staan. Betsies cactussen liggen verweesd op de stoep.

*

Als kort na de verdwijning van Mesquita meneer Patijn overlijdt, betrekt Mauk de kamer met grote ramen op het noorden. In de lente van 1944 werkt hij aan een prent die hij nog aan Mesquita had beschreven, *Ontmoeting*. De prent lukt en herinnert hem steeds aan Mesquita's einde. Zwart de waarschuwer, wit de naïeveling, wankelend op het randje van de afgrond. Vader, Mesquita, meneer Patijn. Hij moet verder, zijn gezin moet voedsel en warmte hebben. Mauk probeert de levenskracht van de lente in zich op te zuigen. Zij speelt zich weer af voor zijn ogen, zichtbaar in flora en fauna door de wijde hoge ruiten van zijn kamer. Een wilde eend loopt met veertien kinderen in optocht over het grasveld. Merels en vinken broeden op manshoogte in de tuin, de ooievaar, niet ver van het raam, zit hoger. Lelietjes-van-dalen geuren en laten zich plukken. Zij weten niets van de mensen. De eksters wel; ze zijn verzot op de zilverpapiertjes die de Engelsen, speciaal voor hun genoegen, uit de vliegtuigen gooien. De kastanje vlak voor het raam is al bijna zover als de Ukkelse waren in 1940 op 10 mei. De Beetslaan en de andere lanen rond hun eigen huis zijn herschapen in prikkeldraadvelden met gaten en bunkers. De bomen in het bos vallen een voor een. Niemand komt Mauk lastigvallen in Baarn. Het lijkt of hij dood is voor de Nieuwe Orde. Jetta en de jongens houden moedig vol. Alleen begint langzamerhand de rats voor George. In juli wordt hij achttien.

*

In zijn gedachten was de oorlog al ontelbare keren voorbij. Sinds de vorige winter worden ze door de Engelse radio voorbereid op de invasie. De hoop groeit gestaag. Op de onvergetelijke ochtend van 6 juni is het zover. De geweldige stormloop van de Britten en Yankees blijkt niet te stuiten. Zij gaan Europa nemen, dat, in de brallende taal van Hitler, onneembaar werd genoemd.

Tot september komt het licht der bevrijding steeds nader. Zijn ze in Holland? Den Bosch al genomen? Maar op 5 september komt de ontgoocheling. Het zijn geen Engelse tanks maar een Duitse colonne vrachtauto's die op hun ijzeren rupsbanden oorverdovend ratelend langstrekken over het beton van de Amsterdamsestraatweg. Het lijkt eerst een heerlijk tafereel, die vluchtende moffen. Verblind door ijdele hoop zijn ze. Mauk en andere Baarnaars, wel vijftig man, staan daar als kinderen de Duitsers naar huis te joelen, ondanks het verbod samen te drommen met meer dan vijf man. Na de vrachtauto's komt een motor met zijspan. Het duivelse ding zwenkt plotseling en stopt. Drie mannen springen ervan af, pakken hun automatische geweren en leggen aan. Plotseling beseft Mauk wat er aan de hand is; de kogels fluiten hun om de oren. De mannen stuiven uit elkaar. Sommigen vinden dekking achter de bomen, anderen werpen zich plat met hun neus in de aarde. Hijzelf rent als een bezetene naar huis.

De hoop op een snelle bevrijding vervliegt volledig wanneer het de luchtlandingstroepen niet lukt om Arnhem te nemen. Gas en elektriciteit ontnomen, de winter op komst, voedseltoevoer versperd.

*

Eind oktober waagt Mauk weer de sprong en fietst op houten banden opnieuw de tachtig kilometer naar Zoetermeer. Hij volgt de angstige waarschuwingen van de stuurlui aan wal. Deze raden hem aan zo veel mogelijk over de binnenwegen te fietsen. Hij heeft er later spijt van. Een mooie natuur, dat wel, maar dikwijls slechte wegen: Baarn (vertrek zes uur), Maartensdijk, Tienhoven, Zuilen (pont over de Vecht), Vleuten, Harmelen, Woerden, Bodegraven, Reeuwijk, Waddinxveen, Moerkapelle, Zoetermeer. De hele route heeft hij tegenwind. Aankomst halfvier 's middags.

'Ach, heer Escher, bent u daar alweer?' zegt boer Van Dorp als hij Mauk herkent. Hij staat met zijn zonen aardappels te verkopen. De rij is tientallen meters lang.

'Veel is er niet meer over. Veertigduizend kilo in de laatste vier dagen. Lui uit Den Haag en Rotterdam, tot uit Dordrecht komen ze aan.'

Van Dorp is een van de goeden, hij verkoopt zijn waar tegen rechtschapen prijzen.

'Kaas kan ik u niet meer geven, zelfs de buren hebben niets meer. Olie ook bijna op. Gaat u maar even rusten in de koffiekamer, om halfzes gaan we eten. Daarvoor wil ik een zaak met u bespreken.'

Als Van Dorp eindelijk naar de kamer komt, is de stijfheid van het fietsen in zijn lichaam opgetrokken. De boerin komt er nu ook bij zitten. Van Dorp kijkt zijn vrouw even aan voordat hij begint te praten.

'Het staat zo. Onze zoon Wim heeft verkering. En het is niet goed voor een jongen van zijn leeftijd om lang met trouwen te wachten, dat begrijpt u,' zegt de boer terwijl hij zijn vrouw aankijkt. Ze beaamt de woorden van haar man met een ernstige knik. 'Ik kan Wim op het bedrijf niet missen. Hij moet een eigen ruimte hebben met zijn vrouw. Deze kamer moet afgescheiden worden, een raam in de muur gehakt, een erkertje bijgebouwd, misschien een keukentje en een kelder erbij. De eigenaar moet betalen,' zegt Van Dorp. Dan zwijgt hij.

Mauk is opgelucht dat hij niet zonder eten wordt teruggestuurd. De pachter denkt vermoedelijk dat dit een welkome aangelegenheid is voor hem als eigenaar om zijn miljoenen, die hij vast nog ergens in een koffer heeft liggen, te beleggen.

'Hoeveel zou dat kosten?' vraagt Mauk, ook niet gek.

Van Dorp en zijn vrouw trekken allebei een moeilijk gezicht.

'Dat weet ik nog niet. M'n zwager is architect en heeft een huisje gebouwd voor z'n dochter. Hij denkt zesduizend gulden voor alles.'

Mauk kijkt even door een klein raam naar de uitgestrekte kale akkers.

'Dat moet ik met m'n broer bespreken. We hebben het geld niet vrij liggen. Ik weet niet wat hij erover denkt, maar het kost niets om de zaak van alle kanten te bekijken. Wij ontvangen graag een plan, nee, twee plannen van u. Een voor een voorlopige scheiding en een voor een definitieve verbouwing. Met tekening en prijsberaming. Zijn er wel duurzame bouwmaterialen voorhanden?'

Van Dorp en zijn vrouw kunnen niets inbrengen tegen de redelijkheid van Mauks verzoek.

'Aan tafel dan maar,' zegt de boer, duidelijk teleurgesteld over de uitkomst van het gesprek.

De eettafel telt veertien mensen. Hoewel niet zo geweldig meer als vorige keren krijgt hij flink te eten: twee plakken ham, Brussels lof, verse rauwe sla en gekookte aardappelen met jus (niet zeer vet), één ei en overheerlijke biest toe.

De volgende dag vult hij zijn koffertje en zijtassen met drie flessen olie, acht kilo tarwemeel, elf kilo groene erwten en toch zes pond kaas. Kennelijk worden er nog voorraden achtergehouden. Hij weet heus dat hij zich regelmatig laat nemen, maar nu heeft hij goed onderhandeld.

De bagage op de terugweg weegt tweeëndertig kilo. Hij vertrekt om kwart over zeven 's ochtends. Met de zware last fietst hij de gehele rijksautoweg tot Utrecht en vandaar de grote weg over Bilthoven naar Baarn. Op de houten banden rammelt het beton van de weg hem iets minder door elkaar dan de straatstenen op de heenweg. Voor het eerst in zijn leven is hij blij dat hij in een plat land woont. De autoweg is bezaaid met Duitse autokarkassen en wordt druk door fietsers bereden. Soms lijkt de weg een maanlandschap van kraters. Auto's rijden er nauwelijks meer.

Om vijf uur komt hij behouden thuis. Hij is van plan om, als de toestand gaat nijpen, nog eens te gaan. Van Dorp zal voor hem en zijn broer wel wat overhouden.

*

Vanaf november vult hij zijn dagen alleen nog met het vinden van hout en eten. De Duitsers hebben hun huis op de Beetslaan weer verlaten. Mauk en Jetta besluiten, na lang en rijp beraad, om niet terug te verhuizen maar om in Villa Ekeby te blijven wonen. Ze kunnen mevrouw Patijn niet achterlaten. Voermannen durven al niet meer over straat uit angst voor inbeslagname van hun paarden. Een andere reden is de onderduikmogelijkheid in Ekeby. George moet zich melden voor de Arbeitseinsatz. Arthur is met zijn zestien jaren ook niet meer veilig. Wekelijks zijn er razzia's. George moet van de dokter rust nemen vanwege hartkloppingen en te erge vermagering. Hijzelf wordt er ook niet dikker op. Jetta vecht moedig en standvastig met de toenemende moeilijkheden om eten op tafel te zetten. Hoe het moet als de toestand niet gauw verbetert, is hem een raadsel. Redt hij het wel nog een keer naar Zoetermeer?

Hoe onuitsprekelijk gelukkig maakte zijn werk hem ooit. Hij voelt zich niet meer dan een omhulsel van zichzelf, als de schil van een appel die je, bij wijze van spelletje, in één lange spiraal van de vrucht haalt. De binnenkant verschrompelt, bruint, begint te gisten, te rotten, te verdwijnen; de harde schil blijft over.

Op een zaterdag eind januari krijgen ze via de school een waarschuwing dat er een razzia aankomt. Ze hebben geoefend. George, Arthur en Mauk houden vanaf zonsopkomst het begin van de oprit in de gaten. Afwisselend zitten ze op een krukje en turen door de kier van het gordijn voor het kleine raampje aan de zijkant van het huis. Het is er ijskoud. Om het halfuur mag de wacht terug naar de kachel en neemt de ander het over. Jantje en Jetta zijn vrijgesteld.

Op maandag is het raak. Om kwart voor acht 's ochtends gilt Arthur dat ze eraan komen. Binnen een mum zitten de jongens onder de vloer van de tussenkamer. Met een stoffig tapijt over het luik lijkt er niets aan de hand. Jantje zit bij de kachel op de vloer te spelen met zijn autootje. Op tafel staat achteloos het ganzenbordspel met drie houten gansjes. Jetta ligt nog in bed. Vier soldaten staan aan de deur. Ze bellen hard aan en rukken aan het handvat. Mauk is nog snel genoeg bij de gesloten voordeur. Goddank voor de oprit! Hij ontvangt de mannen beleefd en voorkomend, hetgeen onmiddellijk een gunstig effect heeft. Ze neuzen overal rond.

'*Und Ihre Söhne?*' Een van de soldaten, waarschijnlijk de *Hauptmann*, kijkt op een lijst. '*Georg Escher und Arthur Escher?*'

'*Nach Friesland gefahren. Hier gibt es nichts zu essen. Meine Weib, meine jüngste und ich, wir sind zu schwach, zu kraftlos für die Reise.*'

'*Ach ja, dass ist schwer.*'

De soldaten betreuren het maar weinig. Hij had de technische tekenspullen van George niet meer kunnen weghalen. '*Sind Sie Zeichner?*' vraagt er één. Als ze te kennen geven zijn werk te willen bekijken, neemt hij hen mee naar de werkkamer aan de andere kant van de villa. Daar blijven ze een lange tijd, hoogst geïnteresseerd in de prenten. Hij moet omstandig een verklaring geven van de regelmatige vlakverdeling. Ze zijn zo belangstellend dat Mauk even denkt dat ze een prent willen kopen. Ondertussen doet Jetta, die eerst nog in bed lag, in paniek de deur van de tussenkamer van binnenuit op slot. Wanneer ze langs de deur komen, rammelt een soldaat aan de deur.

'*Hee, die Tür is abgeschlossen.*'

Mauk zegt luchtig dat ze er van de andere kant in kunnen.

'*Aber nein, lassen Sie mal,*' zegt de Hauptmann. Hij gelooft het wel.

Daarna raken ze de kluts kwijt in het labyrint van gangen, zalen en kamers van Villa Ekeby. Het lijkt een operette.

Als ze weg zijn, zitten de jongens nog een halfuur in hun schuilplaats. Ze kennen de truc van de Duitsers dat ze doen alsof ze weggaan en vervolgens via een omweg terug sluipen om de euforische onderduikers alsnog mee te voeren. De rest van de dag houden ze nog de wacht. De jongens hadden vanuit hun verborgen kelder een hevig gestommel gehoord en waren bang geweest dat hij was weggevoerd. Arthur houdt dit soort beproevingen beter uit dan George, wiens angst hem hartkloppingen bezorgt. Ze hebben het samen uitstekend gedaan. 's Avonds zijn ze allemaal doordrongen van een vrolijke, doch ernstige trots op elkaar. Jetta heeft schitterend gehandeld. Ook Jantje heeft zijn rol goed gespeeld en is daar behoorlijk trots op. Ze hebben het als familie geflikt. Bij het eten proosten ze met hun glazen water. Mauk houdt een speechje en looft de bewonderingswaardige acties van elk lid van de familie. 'We hebben elkaar en dat maakt ons opgewassen tegen alles wat nog komen gaat,' beëindigt hij zijn woorden plechtig.

*

Hij is wakker lang voor zonsopkomst, zoals alle dagen. De zorgen zoeken kruipend een weg in zijn maag. Onbeweeglijk ligt hij te wachten onder de dekens, nauwelijks voldoende dik, ondanks hun zwaarte, om hem warm te houden. De natte kou voelt hij pas als hij beweegt. Hij verandert zachtjes in een ijspegel. Het schijnt dat je van de kou in slaap kan vallen om nooit meer wakker te worden.

Eindelijk ziet hij een lichte gloed. Huiverig kruipt hij uit het vochtige bed en schuift het gordijndoek opzij; door de bevroren vensterruiten schijnt vaal het eerste daglicht, een ijskorst bedekt het water in de kan. Kleren over zijn pyjama. Extra trui, schoenen, jas aan, muts op. In de woonkamer is Arthur al de kachel aan het opstoken. Nu breekt het gezellige uurtje aan, met z'n vieren, vader met drie zonen, om het roodbuikige kacheltje. Ze gaan hun ontbijt verorberen. Ieder heeft zijn bord met een zorgvuldig afgemeten hoeveelheid sneetjes brood. Door de schaarste van boter gebruiken ze fantasiesmeersels naar ieders persoonlijke voorkeur. De vreemdsoortigste oorlogsproducten: heerlijke smeerkaas, geheel en ganselijk verstoken van kaas en vet, maar voorzien van komijnsmaak, goudgele slasaus – vetloze smurrie – smakelijk en pittig en zonder de minste voedingswaarde. Ze kauwen zorgvuldig en proeven verrukt ieder hapje. Dit schamele ontbijt smaakt beter dan vroeger het beste. Ze malen verlekkerd hun kaken, het voedsel, hun dagelijkse zorg en enige vreugde. Welke realiteit is nu machtiger, die van het heden, dadelijk door de zintuigen opgeslorpt en waarneembaar, of de herinnering van het vroeger door hen beleefde?

Bij het kacheltje putten ze graag en veel uit *Alice in Wonderland*. Hun ontbijt noemen ze hun halvegare thee-uurtje, waarin ze de Tijd niet durven te verspillen omdat ze hem niet kennen. Als de Tijd zou weten hoe aardig ze over hem spraken, zou hij hen misschien willen doorsturen naar een beter moment. De Tijd staat stil bij hun feestje. Ze haasten zich niet. Pas als het hout op is, komen ze in de benen, soms pas om twaalf uur. Arthur en George zorgen nu voor hout. Mauk gaat op eten uit. Jetta zorgt voor Jantje. Jantje speelt. 's Avonds, als Jantje slaapt, lezen ze bij de kachel vaak hele stukken uit *Alice*. Als hij met z'n ogen dicht naar de stem van Arthur luistert, ziet hij Moeder weer voor zich die Nol en hem voorlas uit het grote sprookjesboek. In wat voor wereld zal Jantje opgroeien?

Arthur en George proberen 's ochtends met Jantje dezelfde grappen uit te halen als waar Alice de vorige nacht aan werd blootgesteld. Jan doet er graag aan mee. 'Neem nog een boterham,' zegt George alias de Hoge Hoeder, terwijl er niets meer te eten is. 'Maar er is niets meer,' zegt Jantje klaaglijk. 'Nee, er is niets minder,' zegt Arthur dan, oftewel de Maartse Haas in januari, 'want alles is op.' De oudere broers vertalen steeds stukjes voor hun kleine broertje. Ze proberen het. Onmogelijk om onzin te vertalen, maar het is een redelijk werkend medicijn tegen de wanhoop.

De vliegtuigen brengen hem tot woede. Zouden we zo geëvolueerd zijn? Dat de agressieve razernij van de honger extra kracht geeft om eten te verzamelen? Of is het een tekort aan tabaksrook? De mens is een lelijk wezen. De geluiden dreunen door in zijn hoofd. Hij probeert goed gezelschap te zijn, maar het lukt slecht. Jetta en de jongens willen dat hij meer eet. Hij kan hen het brood niet uit de mond stoten. Toch vragen ze hem in godsnaam te eten. Ze hebben liever zelf nog meer honger dan dat ze het met zijn pesthumeur moeten uithouden in het keukentje. Als hij het voelt opkomen, gaat hij naar zijn werkkamer en spreekt zichzelf toe. 'Verdwijn maar weer,' roept Jetta dan. Soms klinkt het als een verzoek, soms als een verwijt. Het is te koud om te werken. Het lukt hem niet meer om een goede vader of een goede echtgenoot te zijn. George en Arthur verwijten hem steeds vaker dat hij gemeen is tegen Moeder. Als hij weg is, worden in het keukentje grote veldslagen georganiseerd door Jantje en Arthur: vliegtuigen laten bommen vallen, auto's rijden af en aan, alles met bijbehorende oorlogsgeluiden uit de rochelende, gorgelende en schreeuwende kelen van de jongens. 'Je maakt de lucht gespannen,' zegt Jetta hem. Hij moet weer op hongertocht, ze moeten zelf groente gaan verbouwen in de tuin. Het zal nog maanden duren voordat ze iets zullen kunnen oogsten. De jongens vervelen zich tot radeloosheid toe. Jetta beweert het ene moment met al haar overtuiging het ene en het volgende moment precies het tegenovergestelde. Iedereen is uitgeput, overgevoelig, niemand duldt tegenspraak. Ze discussiëren meer dan ze willen over wat meer waard is: vet of aardappelen. Ze zijn prikkelbaar en staan steeds op het punt de ander in de haren te vliegen. Tot het moment dat ze moeten stoppen omdat Jantje zijn voorhoofd op tafel legt met z'n handen over z'n oren. Zelfs dan wil vaak nog iemand het laatste woord. Dan hernemen ze zich en spreken over hoe lekker het eten is. Het is lekkerder dan ooit, hoe muf, beschimmeld, gerot of gegist het ook is.

*

Ze zien dagelijks wonderlijke specimens van soldaten voorbijtrekken, meestal zonder geweren, in allerlei fantastische uniformen, op fietsen en in boerenwagens, zowel naar als van het front. Soms ligt de tuin vol afgematte, slapende mensen, die zich zeer behoorlijk en beleefd gedragen. Een wonderlijke toestand, heel anders dan hij zich had voorgesteld. De bevrijding nadert, maar er kan nog van alles gebeuren.

In de moestuin doen de erwten en tuinbonen het goed. Weldra zullen ze witte en bruine bonen zaaien. Verder is er een groot stuk met maïs en hopen ze binnenkort spinazie en sla te eten.

Het nachtelijke gerommel aan de horizon komt steeds dichterbij. Omstreeks half april barricaderen Duitse troepen de ingang van de Heemstralaan met een tankgracht en -wal. Daarna beginnen zij de prachtige beuken in de straat voor hun huis een voor een om te zagen. Ze dringen de tuin van Villa Ekeby binnen en verrichten hetzelfde vandalenwerk. In twee dagen verandert de prachtige tuin in een kale vlakte vol kriskras door elkaar gevallen beuken en eiken. Het eikenbos dat Ekeby van de polder scheidde, was daarvoor al omgekapt. Ze kunnen de kerktoren van Eemnes zien. Daarna plaatsen ze weer nieuwe kanonnen niet ver van het huis, die vooral 's nachts de Canadezen bekogelen. Behalve oorverdovend lawaai is het gevolg dat de Tommies beginnen te antwoorden met granaten, waarvan de eerste vlakbij ontploffen. Op een nacht is het zo erg dat ze met z'n allen in de kelder slapen, samen met de andere gezinnen die inmiddels op Ekeby verblijven. Met z'n zestienen zitten en liggen ze in het souterrain. Een kind heeft dysenterie.

*

Doodmoe, als ontwaakt uit een diepe slaap, kijken ze vol ongeloof naar de Canadese troepen, die grotendeels bestaan uit Schotten en Engelsen. Arthur rijdt mee in tanks en fotografeert erop los met zijn zuinig opgespaarde films. George voert technische gesprekken met tankbestuurders en Jantje zwaait de hele dag op de barricade met een Engels vlaggetje naar de eindeloze rij gemotoriseerde troepen. Jetta en hij gaan het gehos in het dorp bekijken. Daar is dan eindelijk de bevrijding; het dringt maar half tot hen door. Van 's morgens vroeg tot 's avonds laat trekt een ononderbroken stoet van verslagen Duitsers op de Amsterdamsestraatweg voorbij:

motorvoertuigen, maar vooral ontelbaar veel boerenwagens, Van Gend & Loos-karren, lopende en fietsende infanteristen, het gaat allemaal voorbij in de richting van Amersfoort, het hazenpad terug naar Duitsland. Het lijkt of er nooit een einde aan zal komen. Dat verslagen leger met al die vervoersmiddelen maakt meer indruk op hem dan de geweldige geallieerde tanks en de andere gemotoriseerde strijdkrachten.

*

Jetta weegt nog tweeënveertig kilo, hijzelf achtenvijftig. Ze krijgen nu beiden extra Rode Kruisvoeding. De jongens zijn vermagerd, maar veerkrachtig. Langzaam komen de berichten binnen dat alle familieleden, ook Beer, de oorlog hebben overleefd. Ze zijn er net zo aan toe: afgepeigerd, verdoofd en met een vaag besef dat ze hun morele vrijheid terug hebben.

Van Hans en Otto krijgen ze een brief waarin vooral Hans haar ongerustheid uit. Waarom hebben ze nog niets laten horen? Mauk houdt de boot af door terug te schrijven dat er zoveel te doen is en de krachten zo gering zijn. Hij heeft al negen maanden niets gemaakt en snakt naar de tijd en de rust om aan het werk te gaan.

'Onzin,' schrijft Hans terug, ook namens Otto. Ze begrijpt niet waarom Mauk en Jetta hen uit de weg gaan; ze hadden zo graag samen de vrijheid gevierd. Mauk laat niets meer van zich horen. Pas maanden later schrijft hij eindelijk terug, met tegenzin, want zonder medeweten van Jetta. Zij is de werkelijke reden van hun stilzwijgen en afwezigheid bij het koperen huwelijksfeest. Misschien hebben Otto en Hans er eerder weinig van gemerkt – Jetta kan goed verhullen hoezeer zij lijdt – maar zij heeft al jaren last van haar zenuwen en aanvallen van jaloersheid. De reacties van een zenuwziek mens zijn voor zogenaamd normale mensen moeilijk te begrijpen en zelfs hij, die toch Jetta's levenskameraad is, heeft daar moeite mee. Het beste voor haar is dat zij teruggetrokken zullen leven en geen contact meer zullen hebben met hun vrienden. Hij heeft zelf aanvaard dat hun beider levensgeluk ervan afhangt. Het is zijn wens om haar geen verdriet te doen, ze heeft het al moeilijk genoeg; dat zullen Otto en Hans begrijpen. Met hem hoeven ze echt geen medelijden te hebben. De afzondering waarin zij leven, is een bron van geluk en het intieme familieleven biedt vele schoonheden. Mauk vraagt hun geen contact op te nemen en Jetta nooit van de brief te verwittigen.

*

Ze horen en lezen steeds meer verhalen over de moord op de weggevoerde Joodse mensen. Maar een enkeling, zijn oude vriend Jobs Wertheim godzijdank, heeft de kampen overleefd. Het is niet meer dezelfde wereld. Mensen die fout leken, blijken onderduikers te hebben geherbergd; anderen van wie hij zeker wist dat ze goed waren, blijken verraders. Hoe kan hij ooit nog iemand vertrouwen? Er is nu voedsel, er dreigt geen gevaar meer, voor het eerst denkt hij, bijna schuchter, weer aan nieuwe prenten; voor de rest is er nog weinig veranderd. Hij ziet bijna niemand, vindt verlichting van zijn gemoed in de bossen rond Baarn. George wil in Delft studeren, Arthur heeft het in zijn hoofd gezet dat hij terug wil naar Zwitserland. Mauk houdt de verantwoordelijkheid voor Jetta en Jan. Zij kan haar draai niet vinden en zit vaak achter het raam naar buiten te kijken.

*

Meer dan vijf maanden na de bevrijding is het welhaast zeker dat Mesquita, Betsie en Jaap in Duitsland zijn vermoord. Daar hij geen familieleden heeft kunnen opsporen, wil Mauk de directeur van het Stedelijk Museum in Amsterdam spreken over de overdracht van het bewaarde oeuvre. In de brief die voorafging aan hun ontmoeting, heeft Mauk voorzichtig de mogelijkheid van een overzichtstentoonstelling geopperd.

Directeur Willem Sandberg is het nieuwe gezicht van het Stedelijk Museum in Amsterdam, dat tot zijn komst een nogal lauwe reputatie had. Hij is grafisch vormgever en verzetsheld. Hij is betrokken geweest bij de beroemde overval op het Amsterdamse bevolkingsregister op de Plantage Kerklaan in 1943. Sandberg is een van de weinigen die de operatie overleefden. Voor de oorlog heeft hij, nog als adjunct-directeur, de belangrijkste stukken van het Stedelijk en de andere voornaamste Nederlandse musea ondergebracht in een door hem, naar Spaans voorbeeld, bedachte schuilkelder: de 'kunstbunker van Sandberg'. Hij had eigenhandig een lijst van sleutelwerken opgesteld en precies op tijd het vervoer geregeld. Een paar dagen voor de Slag om de Grebbeberg lag het belangrijkste Nederlands erfgoed veilig in de duinen bij Castricum, tien meter onder de grond, achter anderhalve meter beton. Sandberg is klein, kordaat, charismatisch en heeft een hekel aan musea. Mausolea of weeshuizen noemt hij ze, las Mauk in een interview in *Het Vaderland*. Toen in 1938 de toenmalige directeur vroeg of hij zijn adjunct wilde worden, was het antwoord desalniettemin 'ja'. Hij had eigen plannen voor de kunst. En voor het Stedelijk.

Behalve hun affiniteit met het grafische vak hebben Mauk en Sandberg meer gemeen. Ze zijn even oud. Hun families kennen elkaar uit Arnhem. Ze hebben allebei een kunstopleiding gevolgd, zijn naar Italië gegaan om rond te reizen en te tekenen; ze zijn getuige geweest van twee oorlogen. Ze roken allebei stevig en houden niet van franje.

In oktober 1945 ontmoeten ze elkaar op de zolder van het museum. Onder de hoge spanten van het dak heeft Sandberg een plek gevonden waar hij graag werkt. De ruimte is donker en koud; het licht komt van een klein raam in de dakkapel en een felle bureaulamp, de warmte van een straalkacheltje onder de tafel. Het lijkt meer zijn atelier dan zijn kantoor. Overal kokers, boeken, brieven, asbakken. Op de grote houten werktafel liggen knipsels voor een affiche. Sandberg is geconcentreerd aan het schuiven met letters wanneer Mauk binnenkomt – MATISSE PICASSO APRIL '46 STEDELIJK MUSEUM AMSTERDAM. De twee namen in grote letters. Picasso in vaalrood, de overige letters in groen, een lichtgroene, bijna witte achtergrond. Sandberg is nog aan het spelen om de juiste verhoudingen te vinden. Mooi en duidelijk, denkt Mauk.

De twee schudden de benige handen. Ze bekijken elkaars gezichten. Er wordt gezegd dat Sandbergs haar in een nacht wit is geworden toen hij hoorde dat zijn verzetsvrienden waren opgepakt. Mauk ziet er ook ouwelijk uit met zijn metalen bril en zijn grijze puntbaardje. Hun kleren zijn te groot, hun dunne nekken steken uit te wijde boorden. Sandberg draagt een vlinderdas zonder jasje, Mauk een gewone das, spencer over zijn overhemd, een tweed pak.

De directeur wijst hem een stoel aan de andere kant van de brede tafel. Dan pakt hij een paar andere ontwerpen erbij en legt ze met een zwaai op tafel. Misschien is het zijn manier om hem op zijn gemak te stellen.

'De ontwerpen voor de herdenkingstentoonstelling van Mondriaan. Hier de groepstentoonstelling van tien jonge schilders. Appel, Brands, Corneille, Rooskens. Er komen er nog meer aan. Een frisse wind.'

Mauk had nog willen zeggen dat hij vroeger in Arnhem gespeeld had met Sandbergs neefje Ruud, dat zijn vader en Sandbergs oom vrienden waren, maar de gelegenheid is al voorbij.

'Mijn complimenten voor uw affiches, Sandberg.'

De directeur blijft nog even kijken naar het ontwerp waar hij mee bezig was.

'Een frisse wind?' vraagt Mauk.

Dan kijkt Sandberg weer op en lijkt zich zijn gast te herinneren.

'Maar u komt voor Jessurun de Mesquita,' zegt hij met een verontschuldigende lach. 'Hij was uw leermeester, niet? Mijn condoleances, Escher. Ik heb hem niet gekend. Hij stond bekend als een aimabel mens, neemt u mij niet kwalijk. En een voortreffelijk graficus. Wat een onrecht.'

Mauk twijfelt niet aan de oprechtheid van Sandbergs woorden.

'U schreef, als ik het wel heb, dat u zijn hele oeuvre aan het Stedelijk wilde overdragen?'

Mauk schudt zijn hoofd. Zo had hij het niet geschreven.

'Ik wilde u erover spreken. Ik heb nog geen levende neven of nichten kunnen vinden. Die zouden de eerste rechten hebben. Het is niet zijn hele oeuvre, het is wat ik heb kunnen redden.'

Sandberg gaat even verzitten.

'Wat u heeft kunnen redden? Ja, dat schreef u. Hoe heeft u dat voor elkaar gekregen?'

Mauk vertelt zo feitelijk mogelijk het hele relaas van de gebroken ruiten, de open voordeur, de overhoop gehaalde werkplaats. Dan vertelt hij toch ook van de buurvrouw, de sneeuw, de map, de tocht terug, de volgende dag.

'Ik heb een prent met een duidelijke afdruk van een Duitse laars erop. Die hangt nu in mijn werkplaats. Misschien kunnen we die ook tentoonstellen?'

'Dus u heeft het werk dat u nu in bewaring heeft toen zomaar meegenomen?'

Mauk denkt ontzag te horen in Sandbergs stem.

'Dat heeft u flink gedaan, Escher. Een geluk dat u niet gepakt bent.'

'Ik heb een inventarisatie gemaakt van de prenten. Ze zijn allemaal gesigneerd en uit alle perioden van zijn leven. Ik heb zelfs een paar van zijn marmerdrukken.'

Sandberg zwijgt en fronst zijn wenkbrauwen.

'Een begaafd ambachtsman.'

Sandberg pakt een sigaret.

'Niet precies wat we nu willen, Escher,' zegt hij, wijzend naar zijn affiches.

Mauk grijpt naar de zak van zijn jasje voor een sigaret, maar zijn zakken zijn leeg.

Sandberg kijkt naar alle bladen die op zijn werktafel liggen. 'Appel lijkt de geest van Picasso op te pakken. Hij grijpt je bij de keel. We kunnen toch niet doen alsof er geen oorlog is geweest? Geen kunstenaarsverenigingen meer in het museum! Hun tijd is voorbij. Geen traditie meer, geen ambachtelijkheid. De kunst is geen métier!' Hij knijpt met zijn ogen bij het noemen van de kunstenaarsverenigingen.

'Mesquita kon alleen een voortreffelijk kunstenaar zijn omdat hij zijn vak zo goed verstond,' zegt Mauk, harder dan hij wil.

Sandberg lacht nu, hartelijk, tot Mauks verbazing.

'Kijk, nu kunnen we ergens over praten.'

Dan valt er weer een stilte tussen de mannen. Sandberg steekt zijn sigaret op, inhaleert diep en biedt Mauk er dan een aan. Hij accepteert zwijgend.

'Wat heeft u nog meer gedaan in de oorlog?' vraagt Sandberg. Hij neemt een diepe haal van zijn sigaret.

Mauk voelt zich een schooljongen die zich moet verantwoorden.

'Ik heb voor m'n familie gezorgd. In Baarn.'

Sandberg kijkt hem een moment aan. Hij laat zijn sigaret tussen zijn lippen hangen.

'Ik vind die laatste werken van u – met die puzzelfiguurtjes – merkwaardig, moet ik zeggen. Waar heb ik die nou gezien?' Sandberg denkt even na, maar kan het zich niet herinneren. Hij is verrast dat Sandberg zijn werk kent.

'Terug naar Jessurun de Mesquita: waarom wilt u deze tentoonstelling?'

Mauk inhaleert diep.

'Zijn werk is het eerlijkste, mooiste, zuiverste, misschien wel het beste dat ik ken. De dieren, de lijnen, de vlakken, de kwetsbaarheid, de onschuld.' Hij twijfelt. Hij prijst Mesquita de grond in.

'Zijn prenten laten de weerloze schoonheid zien die we zouden moeten beschermen. Ik zou willen dat we de bescheiden Mesquita konden eren met een tentoonstelling. Juist om te laten zien dat in ieder geval zijn kunst de beestachtigheid heeft overleefd.'

'Sentimenteel, maar begrijpelijk. We zijn het weer allemaal met elkaar eens. Daar wil ik vanaf, Escher, die beklemmende eensgezindheid.'

Mauk gaat met een ruk achterover zitten.

'Maar wat wilt u dan, Sandberg?' Hij kan zijn ontzetting niet verbergen.

Sandberg kijkt hem aan, wil iets gaan zeggen, maar houdt zich in, alsof hij een eerder gevormde gedachte opnieuw moet formuleren.

'Een schone lei. Kunstenaars die aanvoelen wat er nu gebeurt, die vooruitkijken. Zij die verbeelden wat nog geen woorden heeft en ik, wij, het museum, wij brengen hun werk naar de mensen.'

'De mensen? Nee, nee, de mensen, wij, ik bedoel wij allemaal, wij bewonderen vakmanschap.'

'Ongetwijfeld,' zegt Sandberg. 'Dat heb ik zo vaak gehoord. En voor u? Hoe belangrijk is dat vakmanschap voor uw werk?'

'Ik? Ik wil mijn denkbeelden zo duidelijk mogelijk vormgeven, dat is alles. Ik kies het procedé dat het best past bij het idee dat ik probeer te verbeelden.'

'Techniek is onbelangrijk! We zijn het eens.'

Hij schudt van nee. Dat zei hij niet. Nu biedt hij Sandberg een sigaret aan uit het blauwe pakje dat hij in zijn binnenzak vindt. De directeur kijkt op zijn horloge en steekt op. Als hij inhaleert, kijkt hij waarderend naar de Gauloise tussen zijn vingers.

'Met uw minachting voor ambachtelijkheid jaagt u de mensen juist het museum uit. Of wilt u van dit museum een opvoedingsgesticht maken? U maakt beeldende kunst per definitie elitair.' Dan zwijgt hij even. 'Verdorie, nu klink ik zelf als een nazi.'

Sandberg schiet in de lach. Mauk kijkt peinzend naar buiten. Door het raam ziet hij een duif op de vensterbank zitten.

'Ik zeg niet dat u de vernieuwers buiten moet houden, juist niet, alleen dat u het vakmanschap niet moet schofferen.'

'Kom aan, Escher, we leven niet meer in de negentiende eeuw. De bezoekers van het Stedelijk hoeven niet te vinden dat iets knap gemaakt is. Dan gaan ze maar naar het Rijks. Ja, daar heb ik uw werk gezien! Enfin, zo scheiden we de zekerheidszoekers van de mensen met voorstellingsvermogen. En zij, degenen met verbeeldingskracht, moeten de nieuwe wereld gaan scheppen. Voor hén maken we de tentoonstellingen. Via hén kan de kunst invloed uitoefenen.'

Degenen met verbeeldingskracht? Hij schudt zijn hoofd. De duif is verdwenen. Hij hoort nog wel het getik van de pootjes op de zinken dakgoot. Sandbergs dédain doet hem denken aan zijn neef Ruut.

'Waarvoor ik kwam,' zegt hij na een tijdje, 'de tentoonstelling van Mesquita.'

'Ja,' Sandberg slaat een andere toon aan. 'Ik kan in maart volgend jaar twee zaaltjes vrijmaken. Zijn zwager Mendes da Costa met zijn dierensculpturen wil ik erbij hebben. Hij was gewaagder dan Mesquita, neem dat van mij aan. Het is inderdaad de plicht van de stad om deze twee Amsterdamse mannen te eren. We zijn niet voor niets een stedelijk museum.'

Mauk kijkt Sandberg ontdaan aan. 'Mooi, dan zijn we eruit,' zegt hij ten slotte. Heeft de man vanaf het begin een spel met hem gespeeld? Hij wil opstaan om zijn jas te pakken.

'Nog even. Over uw werk, Escher. Wat vraagt u nou voor zo'n prent met die vogels en die weilanden?'

'*Dag en nacht*? Vijftig gulden,' zegt hij aarzelend.

'Vijftig gulden! Werkelijk! Dat is toch veel te weinig? Hoe denkt u serieus genomen te worden? Hoe kan uw werk goed zijn als het zo goedkoop is? Dat kunt u toch niet uitleggen?'

'Ik vind het duur genoeg. Ik wil dat een liefhebber, als die er al is, zich mijn werk kan veroorloven.'

'Een bescheiden salonsocialist, Escher, dat bent u! Hulde! Maar u heeft de verkeerde strategie gekozen. Bescheidenheid wordt niet beloond in de kunst. Denkt u dat Mondriaan zo groot was geworden als hij altijd maar braaf binnen was gebleven? Hij zag de nieuwe spirit op straat, het elan van een nieuwe wereld. Hij liet zien dat alles met elkaar verbonden is en maakte een nieuwe taal. Hij probeerde een nieuwe ruimte uit te beelden, de ruimte voor ons te zuiveren, zou ik zeggen. Hij bracht het bruisende New York, niet de modderplassen in de bossen.'

Hij weet niet meer wat hij moet zeggen. Ruimte? Weer Mondriaan. Hij schudt moedeloos het hoofd. 'U heeft gelijk, ik snap er maar weinig van. Ik trek me terug in de bossen. Ik heb nog veel prenten te maken. Het spijt me.'

'Jammer. Luister, mijn tijd is op. We gaan die tentoonstelling maken. Ik zal introductiebrieven laten maken voor de musea die werk van Mesquita in de collectie hebben dat wij nog niet bezitten. U maakt een voorselectie en legt het aan mij voor, akkoord?' Sandberg is gaan staan en steekt zijn hand uit.

Even later, wanneer hij weer buiten staat, vindt hij dat hij tevreden moet zijn over de uitkomst van het onderhoud. Tegelijkertijd bekruipt hem het gevoel dat hij bij de neus is genomen. Wat begreep Mondriaan wel en hij niet?

Op de weg terug naar huis ziet hij vanuit het treinraam de hemel met donkere en lichte herfstwolken dichttrekken. Hij denkt aan het moment dat hij boven op de toren van San Gimignano stond; alles was nog mogelijk. God, wat mist hij Italië! Wat heeft hij hier? Zijn werk hoort nergens bij, hijzelf net zomin. Vader dood, Mesquita, Betsie, Jaap vermoord, de mens heeft zijn ware aard laten zien, Jetta ziek – wanneer zou zij ooit beter worden? – en z'n vrienden op afstand. George en Arthur gaan nu snel het huis uit. De enige plek waar hij werkelijk wil zijn, is in de stille tuin van de regelmatige vlakverdeling. Daar komt hij niemand tegen, daar kan hij steeds verder zoeken naar de diepte van het mysterie.

Toen kwam de maker, zijn gezicht was wijs
Zijn blikken straalden, maar zijn stappen draalden even
Dan schreed hij zeer beheerst zijn landschap in
En is daarin gebleven.

Epiloog

Hoe interessant de rest van Mauks leven ook is geweest, het biedt bijna geen nieuwe inzichten voor de beantwoording van mijn belangrijkste vraag: hoe is hij de Escher geworden die wij kennen? De rest van zijn leven zou kunnen worden beschouwd – vanuit het oogpunt van zijn ontwikkeling als kunstenaar – als 'Escher zijn' (de bovenste spiraal van de tijdlijn, p. 367). Desondanks kan ik me voorstellen dat bij de lezer de wens bestaat om te begrijpen hoe hij, ondanks dat hij door de Nederlandse kunstwereld stevig op een zijspoor was gerangeerd, toch zo beroemd is geworden en of hij altijd alleen is gebleven in de stille tuin van de regelmatige vlakverdeling.

Net als Anne Frank moest M.C. Escher eerst bekend worden in Amerika om in eigen land door een breed publiek geaccepteerd te worden. In 1951 wordt een artikel gepubliceerd in Engeland, dat wordt opgepikt in de Verenigde Staten en leidt tot korte stukken in *Time* en *Life*:

> *Escher seldom has a chance to show his prints, but last week the Baarn High School had 30 of them on display. The reaction was slight, as Escher has learned to expect. 'It is interesting,' people said, 'but is it art?' His pictures are unbeautiful, tricky and cold. What makes them interesting is that they are the product of an adventurous mind.*
> ('Prying Dutchman', *Time magazine*, maandag 2 april 1951)

In september 1954 verschijnen opnieuw kleine artikelen in genoemde tijdschriften en krijgt hij een tentoonstelling in een belangrijke galerie in Washington. In datzelfde jaar stelt Sandberg een 'zaaltje' ter beschikking in het Stedelijk Museum voor een expositie, op verzoek van de organisatie van het Internationaal Mathematisch Congres, in dat jaar in Amsterdam gehouden.

In die ruimte van het Stedelijk wordt het werk van Escher voor het eerst opgemerkt door de tweeëntwintigjarige Engelse wis- en natuurkundestudent Roger Penrose. Dezelfde die 65 jaar later de Nobelprijs zal ontvangen voor het aantonen dat zwarte gaten direct verklaarbaar zijn met Einsteins relativiteitstheorie. In het zaaltje hangt een aantal naoorlogse prenten waarin Escher de eigenschappen van de ruimte onderzoekt, zoals *Balkon*, *Prententententoonstelling* en *Relativiteit*. Vier jaar later, in 1958, schrijft de veelzijdige en aanstekelijk enthousiaste Penrose samen met zijn vader Lionel (psychiater, hoogleraar genetica, wiskundige en schaaktheoreticus) het artikel 'Impossible Objects: A Special Type of Visual Illusion', waarin zij refereren aan het werk van M.C. Escher. In het stuk, dat Roger later aan Escher toestuurt, hebben zij naast de onmogelijke driehoek (toegeschreven aan Roger) ook de onmogelijke trap (bedacht door Lionel) opgenomen. Deze onmogelijke figuren zetten Escher aan tot het maken van *Klimmen en dalen* (1960) en *Waterval* (1961). Op deze laatste prent staan, net zoals op vele andere in zijn latere leven gemaakte prenten, Mauks jeugdliefdes afgebeeld: Chinese puzzels (regelmatige veelvlakken) en een Italiaans landschap. In 1962 brengt Roger Penrose met zijn vrouw een bezoek aan Escher in Baarn. Hij neemt een houten puzzel mee en daagt Escher uit om die op te lossen. Dat lukt hem weer, vijftig jaar na het oplossen van de Lu Ban Suo. Tot het einde van Eschers leven onderhouden zij een levendige correspondentie. Zij delen de hartstocht voor de vlakverdeling. Mauk is na zoveel jaren niet meer alleen in zijn tuin. Hij raakt bevriend met meer wetenschappers, zoals de Nederlandse hoogleraar in de scheikunde en kristallografie Caroline MacGillavry. Zij publiceert een boek getiteld *Symmetry Aspects of M.C. Eschers Periodic Drawings*. Hij voelt zich gesteund door wetenschappers als Penrose en MacGillavry met hun speelsheid en hun verbeeldingskracht.

In de jaren zestig wordt Eschers werk steeds populairder. Er verschijnen artikelen van de befaamde kunsthistoricus E.H. Gombrich in de *Saturday Evening Post* en van de wetenschapsjournalist en 'meesterpuzzelaar' Martin Gardner in *The Scientific American*. Wanneer in de Verenigde Staten, na de enorme lobby-inspanningen van de onvermoeibare journalist Charles Alldredge, ook Cornelius Roosevelt, kleinzoon van Theodore, zijn werk begint te kopen en te promoten, stromen de bestellingen uit de Verenigde Staten binnen. Mauk krijgt steeds minder tijd om nieuwe prenten te maken. Hij weigert het verzoek van Stanley Kubrick om mee te werken aan *2001: A Space Odyssey*, evenals het verzoek van Mick Jagger om een beeld te maken voor het album *Let It Bleed*. ('*By the way, please tell Mr. Jagger*

I am not Maurits to him, but Very sincerely, M.C. Escher.'). Hippies in Californië en New York maken clandestien fluorescerende blacklightversies van zijn werk. *('I feel more or less flattered and I am glad that they can afford them.'*). De prenten worden gebruikt voor albumhoezen van veel, vooral Amerikaanse, bands.

Tien jaar nadat in 1958 voor zijn zestigste verjaardag geen ruimte was voor een overzichtstentoonstelling in het Stedelijk Museum van Sandberg, biedt Hans Locher van het Haags Gemeentemuseum (nu Kunstmuseum Den Haag) Escher de mogelijkheid van een jubileumexpositie voor zijn zeventigste verjaardag. Escher bedingt dat zijn tentoonstelling zal worden voorafgegaan door een overzichtsexpositie van het werk van Jessurun de Mesquita. De faam van zijn leermeester was sinds de expositie in het Stedelijk Museum in 1946 getaand en door deze tentoonstelling ontrukt Escher het werk van Mesquita voor de tweede keer aan de vergetelheid en nu, naar het lijkt, voorgoed.

De geestelijke toestand van Jetta kent relatieve pieken en dalen, maar verandert in grote lijnen niet meer na de oorlog. Tot eind 1968 houdt Jetta het uit in Baarn. Dan verhuist zij naar haar zoon Jan in Lausanne, Zwitserland. Mauk en Jetta zullen elkaar niet meer zien. Jetta wordt de eerste drie jaar verzorgd thuis bij Jan en zijn vrouw Liesbeth. Daarna nemen Arthur en zijn vrouw Marjolein de zorg voor haar over. Arthur schrijft: 'De vlucht van Ma uit Baarn werd inderdaad veroorzaakt door haar isolement. Dit niet alleen omdat Pa geen tijd voor haar had (dat was al heel lang zo), maar omdat de drie zonen uit huis en Holland waren. [...] Het is zeker dat deze vlucht uit Holland een relatief succes was, want Ma hervond, voor zover mogelijk, een zekere levensvreugde.'

De Haagse overzichtstentoonstelling in 1968 met de naam *De werelden van M.C. Escher* is een groot succes. In 1971 verschijnt, onder dezelfde titel, een succesvol boek onder redactie van genoemde Hans Locher. In december van dat jaar, drie maanden voor zijn overlijden, krijgt Mauk in het Rosa Spierhuis het eerste exemplaar uitgereikt. Locher is ook de redacteur en medeauteur van *Leven en werk van M.C. Escher* (1981), de erkende *catalogue raisonné* van het oeuvre.

Sinds zijn dood in 1972 is M.C. Escher uitgegroeid tot een van de meest gereproduceerde kunstenaars ter wereld. De term 'Escherachtig' (of 'escheriaans') is deel geworden van onze taal. Zijn werk wordt op alle continenten gebruikt voor boeken, films, songteksten, videoclips, computergames en apps. In de toekomst zal elk nieuw medium een nieuw gebruik van Eschers beeldenwereld ontketenen. Ik kan niet wachten op alle toepassingen van zijn werk in virtual reality en augmented reality. En in alle media die erna komen die we ons nog niet kunnen voorstellen.

Verantwoording

Escher worden is in de eerste plaats een product van mijn verbeelding. Met de gekozen onderzoeks- en vertelvorm heb ik geprobeerd de kloof van de geschiedenis te overbruggen door een historische sensatie op te roepen, ingegeven door onder anderen Johan Huizinga en zijn *Herfsttij der Middeleeuwen* (1919). Door de taal, de situering en het bij elkaar brengen van personen heb ik getracht een sprong in de tijd te maken. Hierbij had ik steeds de hoop dat er verbanden in het leven van M.C. Escher zichtbaar en voelbaar werden, die met een wetenschappelijke, objectievere vorm verborgen zouden zijn gebleven. Ik heb hierbij zo trouw mogelijk de, uit de bronnen bekende, werkelijkheid gevolgd. Al heb ik soms gebeurtenissen gegroepeerd, dus in de tijd naar voren gehaald of naar achteren geplaatst in dienst van de leesbaarheid. Er gebeurt in dit boek niets wat aantoonbaar onwaar is; althans, dat is mijn intentie geweest. Om voor onderzoekers transparant te maken wat ik heb gedaan en om verdere verdieping voor geïnteresseerden mogelijk te maken heb ik een bronvermelding opgenomen. Per hoofdstuk heb ik aangegeven in welk jaar ik het beschrevene heb gesitueerd en welke bronnen zijn gebruikt. Voor de duidelijkheid hebben de hoofdstukjes (de stukjes in de hoofdtekst tussen de sterretjes) een titel gekregen. Ook worden de archieven en naslagwerken genoemd die ik heb geraadpleegd.

De enorme rijkdom aan gesprekken, dagboeken, reisdagboeken, brieven en foto's waaruit ik heb kunnen putten, hebben het goed mogelijk gemaakt om een gevoel te ontwikkelen voor hoe de hoofdpersonen, met name Mauk en Vader in bepaalde situaties waarin ik hen graag wilde horen, gereageerd zouden hebben. Ik heb niemand mooier of lelijker willen afbeelden dan uit de bronnen blijkt, ook niet om spanning te creëren of een verhaal te maken. De opdracht die ik mij gesteld had, was om terug te gaan naar de oorsprong van de fascinaties van oom Mauk. In die zoektocht hoorde het niet om de waarheid te verdraaien. Desalniettemin kan ik me goed voorstellen dat personen die M.C. Escher hebben gekend of grondig hebben bestudeerd, een ander beeld van hem hebben dan uit dit boek naar voren komt. De interpretatie van de werkelijkheid hangt af van de waarnemer. Dit geldt ook, en waarschijnlijk nog meer, voor andere hoofdpersonen zoals Jetta, Mesquita, Hoogewerff, Sandberg, Rudolf Escher en Mauks zonen George, Arthur en Jan. Dat is de onvermijdelijke consequentie van de gekozen onderzoeks- en vertelvorm.

Bronvermelding

Proloog

M.C. Escher, 1954, inleiding in de catalogus bij de tentoonstelling in het Stedelijk Museum Amsterdam

Bibeb, 20 april 1968, 'M.C. Escher: Ik vind wat ik zelf maak het mooiste en ook het lelijkste', *Vrij Nederland*

Escher, G.A., 1981, *Eschers in Japan*, een reisverslag, eigen beheer

Smit, B. de & Lenstra Jr., H.W., 2003, 'Artful Mathematics, The Heritage of M.C. Escher, The Mathematical Structure of Escher's Print Gallery', Notices of the AMS, vol. 50, nr. 4

Ankersmit, F., 2007, *De sublieme historische ervaring*, Historische Uitgeverij

Janssen, H., 2016, *Piet Mondriaan, Een nieuwe kunst voor een ongekend leven, een biografie*, Hollands Diep

Bool, F.H., Kist, J.R., Locher, J.J. & Wierda, F., 1981, *Leven en werk van M.C. Escher*, Meulenhoff

Brief van M.C. Escher aan mej. C.A. Elink Schuurman, Baarn 15 juni 1969

www.ryusyokan.jp/escher/

Gasteren, L. van, 2003, *Die eeuwige rijst met Japanse thee, brieven uit Japan van de Nederlandse watermannen, 1872-1903*, Bas Lubberhuizen

Deel 1

1.1 Als hij zijn ogen dichtdoet, kan hij alles zien; Zandvoort (1905)

Escher, G.A., 14 april 1898, brief aan zijn vrouw Sara Escher-Gleichman vanaf Ameland

Escher, G.A., 24 mei 1905, brief aan zijn vrouw Sara Escher-Gleichman vanuit Arnhem

Escher, G.A., 27 mei 1905, brief aan zijn vrouw Sara Escher-Gleichman vanuit Arnhem

Escher, G.A., 27 juli 1905, brief aan zijn vrouw Sara Escher-Gleichman vanuit Arnhem

Levensschets van G.A. Escher, vol. v (1892-1901), p. 89

Levensschets van G.A. Escher, vol. vi (1902-1908), pp. 28; 64; p. 81a-82; 90; 104A

Escher, M.C., 7 juni 1909, brief aan Vader en Moeder uit Zandvoort
Escher, M.C., 17 juni 1909, brief aan Vader en Moeder uit Zandvoort
Escher, J.G., 14 aug. 1901, brief aan Moeder uit Wijhe
Escher, M.C., 16 juli 1909, brief aan Moeder uit Zandvoort
Kuyper, A.C., 1898, *Om aan de kleintjes voor te lezen*, 'De verloren Prinses' (of 'De Groene Tovenaar'), De erven Loosjes
www.zandvoortvroeger.nl
Netscher, F., 1889, 'Mr J.G. Gleichman', *In en om de Tweede Kamer. Parlementaire portretten en schetsen*

1.2 'Kom, we gaan naar de plek,' zegt Nol (1906-1907)

Escher, G.A., 24 mei 1905, brief aan zijn vrouw Sara Escher-Gleichman uit Arnhem
Levensschets van G.A. Escher, vol. VI (1902-1908) pp. 112, 121
Gasteren, L. van, 2000, *In een Japanse stroomversnelling*, Walburg Pers

1.3 Ze mogen niet meer zoveel lummelen; de timmerkamer (1907-1908)

Levensschets van G.A. Escher, vol. VI (1902-1908), pp. 115, 121-122
www.baptist.nl
Escher, G.A., 19 juni 1908, brief aan zijn vrouw Sara Escher-Gleichman
Escher, G.A., 22 juni 1908, brief aan zijn vrouw Sara Escher-Gleichman
Escher, G.A., 26 okt. 1910, brief aan zijn vrouw Sara Escher-Gleichman

1.4 Vader is met pensioen; in de studeerkamer (1908)

Levensschets van G.A. Escher, vol. VII (1902-1908), pp. 12, 13, 24, 26 (en over linkshandigheid)
Levensschets van G.A. Escher, vol. XII (1917-1919), p. 127
Levensschets van G.A. Escher, vol. XV (1921-1922), pp. 180, 182
Kist, J.R., 18 april 1973, herinneringen van B. Kist (Bas) aan M.C. Escher (Mauk)
Escher, G.A., 1873-1878, brieven uit Japan aan zijn moeder Johanna Cornelia Escher-Pit
G.A. Escher, brief aan (zoon) George vanuit ziekenhuis in Delft
Escher, G.A., 3, 19, 22, 23, 27, 28 juni, 14 juli 1908, brief aan zijn vrouw Sara Escher-Gleichman in Berlijn
Escher-Gleichman, S., 26, 27 mei, 12, 19, 26, 29, 30 juni, 3, 10 juli 1908, brief aan haar man George Escher uit Hotel Adlon, Berlijn

1.5 Moeder en Nol zijn blij dat ze terug zijn (uit Duitsland) (1908)

Escher, G.A., 3 juli 1908, brief aan zijn vrouw Sara Escher-Gleichman
Escher-Gleichman, S., 12 juni 1908, brief aan haar man George Escher uit Hotel Adlon, Berlijn
Levensschets van G.A. Escher, vol. VII (1902-1908), p. 17

1.6 Wanneer Vader begint te vertellen; de toverdoos (1909)

Escher, G.A., 7 juni 1908, brief aan zijn vrouw Sara Escher-Gleichman
Escher, G.A., 26 okt. 1910, brief aan zijn vrouw Sara Escher-Gleichman
Escher, G.A., 27 okt. 1910, briefkaart aan zijn vrouw Sara Escher-Gleichman
'Classical Chinese Puzzles Project (C2P2)', chinesepuzzles.org, puzzlemuseum.com
Kist, J.R., 18 april 1973, herinneringen van B. Kist (Bas) aan M.C. Escher (Mauk)
Escher, G.A., 1873-1878, brieven uit Japan aan zijn moeder Johanna Cornelia Escher-Pit
Levensschets van G.A. Escher, vol. II (1873-1878), pp. 15, 16, 17, 63,64, 65
Kamibayashi, Y., 1999, *Johannis de Rijke, de ingenieur die de Japanse rivieren weer tot leven bracht*, Walburg Pers

1.7 Emmy ruikt altijd lekker fris; in de duinen (1910)

Levensschets van G.A. Escher, vol. VII, pp. 19, 20,21, 42, 52, 53

1.8 Honderden kinderen schreeuwen op de trappen; school en Jan (1912)

Kist, J.R., 18 april 1973, herinneringen van B. Kist (Bas) aan M.C. Escher (Mauk)
Escher, G.A., 22 okt. 1912, briefkaart aan zijn vrouw Sara Escher-Gleichman
Escher, G.A., 25 okt. 1912, brief aan zijn vrouw Sara Escher-Gleichman
Levensschets van G.A. Escher, vol. IX, p. 96

1.9 Memling is er wel en is er niet; Brugge, Parijs, Dinard (1913)

Provinciaal en Stedelijk Dagblad, 10 okt. 1915, 'Parijse brieven door Doyen' (Parijs, Dinard)
Depoorter, M., 2016, *Het Hospitaalmuseum*, Ludion, Antwerpen
Haveman, M. e.a., 2016, *Openbaar Kunstbezit*, 2, 'Hans Memling'
Kuyper, A.C., 1898, *Om aan de kleintjes voor te lezen*, 'De verloren Prinses', De erven Loosjes
Escher, G.A., 9 jan. 1912, brief aan zijn vrouw Sara Escher-Gleichman

Levensschets van G.A. Escher, vol. IX, pp. 51-70
Briefkaart van George en Nol uit Zwitserland aan Mauk
Levensschets van G.A. Escher, vol. IV (1883-1892), passages Parijs
Levensschets van G.A. Escher, vol. IX (1912), passages New York
www.beauxarts.com, 'Sur la vol de la Joconde'

1.10 Lu Ban Suo leefde ongeveer in de vijfde eeuw voor Christus (1913-1914)

Levensschets van G.A. Escher, vol. IX (1912), p. 74
Levensschets van G.A. Escher, vol. X (1914-1915), p. 4
Yunzo, T., 1889, *Compilation of Magic*
'Classical Chinese Puzzles Project (C2P2)', chinesepuzzles.org, puzzlemuseum.com

1.11 'Auf dem Dach der Welt!' – Mayrhofen (1914)

Levensschets van G.A. Escher, vol. X (1914-1915), pp. 7-36 (Mayrhofen en terugreis na uitbreken WO I)

1.12 Activiteiten van menslievendheid; Remonstrantse broodjes (1915)

Levensschets van G.A. Escher, vol. X (1914-1915), pp. 46-50, 58-60, 78
Escher, G.A., 3 juli 1908, brief aan zijn vrouw Sara Escher-Gleichman
Monchy, S.J.R. de, 21 dec. 1933, toespraak van de burgemeester bij de opening van de tentoonstelling in Artibus Sacrum ter ere van de vijfenzeventigste verjaardag van de schilder Gert Stegeman, afgedrukt in de *Arnhemse Courant*

1.13 Tolstoj, Freud of het wetboek; in de zevenhoekige kamer (1916)

Levensschets van G.A. Escher, vol. IX (1912-1914), p. 44
Levensschets van G.A. Escher, vol. XI (1915-1917), p. 10
Levensschets van G.A. Escher, vol. XII (1917-1919), pp. 10-20, 24, 127
Levensschets van G.A. Escher, vol. XIII (1919-1920), p. 80
Levensschets van G.A. Escher, vol. XIV (1920-1921), p. 56
Levensschets van G.A. Escher, vol. XV (1921-1922), p. 56
Kist, J.R., 18 april 1973, herinneringen van B. Kist (Bas) aan M.C. Escher (Mauk)
Escher, M.C. 1917, niet-verzonden brief aan Roosje Ingen Housz
Tolstoj, L.N., 1897, *Wat is Kunst?*, vertaald door Hans Boland, voorwoord Arnon Grunberg

1.14 'Het portret van uw zoon is ook uitstekend'; tekenwedstrijd en Stegeman (1917)
Kist, J.R., 18 april 1973, herinneringen van B. Kist (Bas) aan M.C. Escher (Mauk)
Levensschets van G.A. Escher, vol. XI (1915-1917), pp. 48-49
Stegeman: zie 1.12
Escher, M.C., 18 nov. 1917, brief aan R. Roland Holst

1.15 'Wie zegt dat ik architect wil worden, Vader?' (1918)
Levensschets van G.A. Escher, vol. XI (1915-1917), p. 118
Levensschets van G.A. Escher, vol. XII (1917-1919), pp. 3, 66, 70

1.16 'Je moet je meer laten zien op de sociëteit,' zegt Nol; Delft (1918-1919)
Levensschets van G.A. Escher, vol. XII (1917-1919), pp. 74, 86, 89, 93-94, 96, 98, 113, 121
Delftsche Studenten Almanak voor het jaar 1919, Waltman

1.17 De geheime genoegens van de grafische kunst; Roland Holst (1919)
Levensschets van G.A. Escher, vol. XII (1917-1919), p. 118
Levensschets van G.A. Escher, vol. XIII (1919-1920), pp. 4-6, 18, 20, 29, 30
Escher, M.C., 18 nov. 1917, brief aan R. Roland Holst
Etty, Elsbeth, 1996, *Liefde is heel het leven niet, Henriette Roland Holst, 1869-1952*, Balans
Tibbe, L., 1994, *R.N. Roland Holst – Arbeid en schoonheid vereend. Opvattingen over gemeenschapskunst*, Architectura & Natura
Roland Holst, R.N., 1920, *Wendingen*, Maskernummer (o.a.), Architectura & Amicitia
Burcht van Berlage, website van de burcht, wetenschappelijk bureau van de vakbeweging
Huizinga, J., 1919, *Herfsttij der Middeleeuwen*, Tjeenk Willink
Tolstoj, L.N., 1897, *Wat is Kunst?*, vertaald door Hans Boland, voorwoord Arnon Grunberg

Rimpelingen 1
Linden, F. van der, 1979, *De grafische technieken*, Cantecleer.
Locher, J.L., e.a., 2003, *De Magie van M.C. Escher*, Taschen

Deel 2

Geraadpleegde literatuur over Samuel Jessurun de Mesquita:

Es, J. van, 2005, *Samuel Jessurun de Mesquita 1868-1944, tekenaar, graficus, sierkunstenaar,* Waanders (prachtige monografie)

Ariëns Kappens, A.H., 1984, *S. Jessurun de Mesquita,* Meulenhoff/Landshoff

Escher, M.C., maart-april 1946, *Samuel Jessurun de Mesquita,* catalogus tentoonstelling S. Jessurun de Mesquita en dr. J. Mendes da Costa, Stedelijk Museum Amsterdam, pp. 6-9

Boom, A. van der, 1928, S. *Jessurun de Mesquita,* J.A.A.M. van Es

Miranda, F. de, 1978, *Mendes da Costa, Jessurun de Mesquita, Nederlandse beeldende kunstenaars, Joden in de verstrooiing,* Milinda Uitgevers

Elseviers, 25 mei 1968, artikel over Jessurun de Mesquita bij tentoonstelling Haags Gemeentemuseum

Redeker, H., 1979, 'S. Jessurun de Mesquita, Grafisch Pionier', *Kunstbeeld* 4, 2

Bibeb, 20 april 1968, 'M.C. Escher: Ik vind wat ik zelf maak het mooiste en ook het lelijkste', *Vrij Nederland*

Kaspar Niehaus, K., 4 maart 1930, 'Dieren uit Artis, In de houtsnede bereikte Jessurun de Mesquita's kunst haar hoogtepunt', *Telegraaf*

2.1 'Ik wil mijn wens om Grafische Technieken te studeren niet langer uitstellen' (1919)

Levensschets van G.A. Escher, vol. XIII (1919-1920), pp. 50, 53, 64

Kist, J.R., 18 april 1973, herinneringen van B. Kist (Bas) aan M.C. Escher (Mauk)

Verkruysen, H.C., 1927, *De geschiedenis van het Museum van Kunstnijverheid en de School voor Bouwkunde, Versierende Kunsten en Kunstambachten te Haarlem der Nederlandsche Maatschappij voor Nijverheid en Handel, 1877-1927,* Ruygrok & Co.

2.2 'Vader!' zegt hij buiten adem in de hoorn (1919)

Levensschets van G.A. Escher, vol. XIII (1919-1920), p. 53

2.3 'Kies een schelp uit. Volgende week een afdruk'; in de klas bij Mesquita (1919)

Escher, M.C., 1959, inleiding *Grafiek en tekeningen,* J.J. Tijl

Escher, M.C., maart-april 1946, *Samuel Jessurun de Mesquita,* catalogus tentoonstelling S. Jessurun de Mesquita en dr. J. Mendes da Costa, Stedelijk Museum Amsterdam, pp. 6-9

2.4 Juffrouw De Wit; Mauks kamer (1919)
Van der Does de Willebois, J.J.M., 29 aug. 1919, brief aan Mauk

2.5 Zijn ogen blijven hangen in het netwerk van holle geometrie, St-Bavo (1919)
Escher, M.C., 1920, schrift over symboliek
Brock, M. e.a., 2003, *De Grote of Sint-Bavokerk, een wandeling door gebouw en geschiedenis*, Vereniging vrienden van de Grote of Sint-Bavokerk
Duby, G., 1975, *De Kathedralenbouwers, Portret van de middeleeuwse maatschappij*, Olympus
Voragine, J. de, ca. 1260, *The Golden Legend*, Engelse tekst 1993 door W.G. Ryan, Princeton en Oxford, Princeton University Press
Levensschets van G.A. Escher, vol. XIV (1920-1921), p. 58

2.6 Het seksuele vraagstuk (1919)
Levensschets van G.A. Escher, vol. XIV (1920-1921), p. 56
Levensschets van G.A. Escher, vol. XV (1921-1922), p. 112
Van der Does de Willebois, J.J.M., 31 mei 1920, brief aan M.C. Escher
Van der Does de Willebois, J.J.M., 24 sep. 1920, brief aan M.C. Escher
Van der Does de Willebois, J.J.M., 27 mei 1921, brief aan M.C. Escher
Escher, M.C., 1919-1920, 'Pornografie in de kinderkamer', kort verhaal
Escher, M.C., 26 april 1923, aan J.G. Escher (broer George)
Escher, M.C., 1920, schrift over symboliek

2.7 'Het is staren in een wereld die tot voor kort een andere wereld was' – Verwondering; het Van Stolk Museum (1919)
Escher, M.C., 29 mei 1919, dagboekaantekeningen
Escher, M.C., 1920, schrift over symboliek
Stolk, J.B. van, 1910, 1911, 1912, 'Eene collectie middeleeuwse plastiek (in drie delen)', *Elseviers geïllustreerd Maandschrift*, jaargangen 19, 20 en 21
Huizinga, J., 1919, *Herfsttij der Middeleeuwen*, Tjeenk Willink
Verhoeven, C., 1967, *Inleiding tot de verwondering*, Ambo
Duby, G., 1975, *De Kathedralenbouwers, Portret van de middeleeuwse maatschappij*, Olympus
Voragine, J. de, ca. 1260, *The Golden Legend*, Engelse tekst 1993 door W.G. Ryan, Princeton en Oxford, Princeton University Press
Levensschets van G.A. Escher, vol. XII (1917-1919), p. 127
Levensschets van G.A. Escher, vol. XIV (1920-1921), p. 56
Archief Van Stolkmuseum, RKD

2.8 'Dus ze moet in d'r blootje?' – Auditie (1919)

Levensschets van G.A. Escher, vol. XIII (1919-1920), p. 109

2.9 'Papier is plat' – Eerste gesprek met Mesquita (1919)

Escher, M.C., 1959, inleiding *Grafiek en tekeningen*, J.J. Tijl

Viollet-le-Duc, E., 1879, *Geschiedenis van een tekenaar*, met een voorwoord van S. Jessurun de Mesquita

Levensschets van G.A. Escher, vol. XII (1917-1919), p. 98

2.10 'Hand zonder hoofd is gevaarlijk, maar hoofd zonder hand...' – College van Mesquita (1920)

Sennet, R., 2008, *The Craftsman*, Yale University Press; voor dit hoofdstuk ben ik grote dank verschuldigd aan de schrijver van dit fantastische boek

Levensschets van G.A. Escher, vol. XV (1921-1922), pp. 180, 182

Kist, J.R., 18 april 1973, herinneringen van B. Kist (Bas) aan M.C. Escher (Mauk)

Hibbert, C., 1993, *Florence, The Biography of a City*, Penguin Books

2.11 Annie (1920)

Escher, M.C., 2 feb. 1921, brief aan zijn broer George Escher vanuit Haarlem

2.12 Geschiedenis van een tekenaar – Leren werken (1920)

Escher, M.C., 2 feb. 1921, brief aan zijn broer George Escher vanuit Haarlem

Escher, M.C., 14 feb. 1921, dagboekaantekeningen

Levensschets van G.A. Escher, vol. XIV (1920-1921), p. 58

Viollet-le-Duc, E., 1879, *Geschiedenis van een tekenaar*, met een voorwoord van S. Jessurun de Mesquita

Ball, P., 2017, *Patterns in Nature*, The University of Chicago Press

Verkruysen, H.C., 1923, *China en Japan, Leidraad bij een cursus over de beeldende kunsten in Oost-Azië*, School voor Bouwkunde, Versierende Kunsten en kunstambachten

2.13 'Ik schets je een jongeman in Haarlem' – Tweede gesprek Mesquita (1920)

Niehaus, K., 4 maart 1930, 'Dieren uit Artis, In de houtsnede bereikte Jessurun de Mesquita's kunst haar hoogtepunt', *Telegraaf*

Escher, M.C., 1959, inleiding *Grafiek en tekeningen*, J.J. Tijl

Viollet-le-Duc, E., 1879, *Geschiedenis van een tekenaar*, met een voorwoord van S. Jessurun de Mesquita

2.14 Hij denkt in de ogen van zijn vader iets van ontzag te zien – Bezoek aan ouders (1920)

Levensschets van G.A. Escher, vol. XIII (1919-1920), p. 118
Levensschets van G.A. Escher, vol. XIV (1920-1921), pp. 20, 77

2.15 Op het wad (1920)

Levensschets van G.A. Escher, vol. XIII, pp. 80, 172

2.16 Lili Green en Flor de Pascua (1920)

Stolk, A. van, houtsnedes van M.C. Escher, 1921 *Flor de Pascua*, Hollandia drukkerij (o.a. p. 146: *De bol*, p. 156: *Bezint nooit eer gij begint*)
Levensschets van G.A. Escher, vol. XV (1921-1922), pp. 90 e.v.
Brummelen, Y. van, 1995, *Lili Green (1885-1977)*, International Theater Bookshop
Loohuis, S., 'Green, Alice Sally Mary', *Digitaal Vrouwenlexicon van Nederland*
Escher, M.C., voorjaar 1921, uitgeschreven voordracht *Dodendans*
Seipel, W. e.a. 1987, *Alfred Kubin, 1877-1959*, Musée des Beaux Arts de Mons

2.17 Dodendans (1920)

Escher, M.C., voorjaar 1921, uitgeschreven voordracht *Dodendans*
Levensschets van G.A. Escher, vol. XIV (1920-1921), pp. 31, 33, 86, 87
Levensschets van G.A. Escher, vol. XV (1921-1922), pp. 10, 54

2.18 Is dit Mesquita's vrijheid? Frankrijk, Florence, Venetië (1921)

Escher, M.C. 2 feb. 1921, brief aan zijn broer George Escher vanuit Haarlem
Levensschets van G.A. Escher, vol. XIV (1920-1921), p. 96-168
Viollet-le-Duc, E., 1879, *Geschiedenis van een tekenaar*, met een voorwoord van S. Jessurun de Mesquita

2.19 'Jullie gaan met mij op reis naar Florence' – Terug in de zevenhoekige kamer (1921)

Levensschets van G.A. Escher, vol. XV (1921-1922), p. 196

2.20 Je bent mijn leerling niet meer, Mauk Escher – Laatste gesprek met Mesquita (1922)

Escher, M.C., 1959, inleiding *Grafiek en tekeningen*, J.J. Tijl
Escher, M.C, 1921, essay over sprookjes
Escher, M.C., voorjaar 1921, uitgeschreven voordracht *Dodendans*

Stolk, A. van, houtsnedes van M.C. Escher, 1921, *Flor de Pascua*, Hollandia drukkerij
Marsman, H., 1922, recensie van Flor de Pascua, *Den Gulden Winckel*, Jaargang 21, p. 28
Levensschets van G.A. Escher, vol. xv (1921-1922), pp. 90 e.v., pp. 112 e.v.
's-Gravesande, G.H., 20 aug. 1932, 'Een Nederlands graficus in Italië', *Het Vaderland*

Rimpeling II

Escher, M.C., 23 april 1932, 'Palizzi', *De Groene Amsterdammer*
Escher, A.G., 7/2004, 'Arnold Escher – Nipote di M.C. Escher' in *Identity and Difference* 22/25, pp. 30-35
Escher, M.C., 24 okt. 1963, brief aan zoon Jan Escher

Deel 3

3.1 Eenvoudig en ongekunsteld – Arcetri (1922)

Levensschets van G.A. Escher, vol. XIV (1920-1921), p. 148
Kist, J.R., 18 april 1973, herinneringen van B. Kist (Bas) aan M.C. Escher (Mauk)
Hoving, T.P.F., 1961, 'A long-lost Romanesque Annunciation', *The Metropolitan Museum of Art Bulletin*, vol. 20, nr. 4
Lamberini, D., 1996, *Pulpiti Medievali Toscani*, Accademia Toscana di Scienze e Lettere 'La Colombaria'
Hibbert, C., 1993, *Florence, The Biography of a City*, Penguin Books
Levensschets van G.A. Escher, vol. XVI (maart-okt. 1922) pp. 22, 25
Escher, M.C., reisdagboek 1922-1923, pp. 1-8
Sheppard, D.C. Jr., 1949, 'Iconography of the Cloister of Mon Reale', *The Art Bulletin*
Botteri Landucci, L. & Dorini, G., 1996, *La Chiesa di San Leonardo in Arcetri*, Becocci Editore
Voragine, J. de, ca. 1260, *The Golden Legend*, Engelse tekst 1993 door W.G. Ryan, Princeton en Oxford, Princeton University Press

3.2 'Ik wil hier nooit meer weg' – De kaarsvlam (1922)

Levensschets van G.A. Escher, vol. XVI (maart-okt. 1922), p. 34
Lagerlöf, S., 1904, *De Kaarsvlam*, Christuslegenden, H.W.J. Becht, pp. 165-198

3.3 'Leerlingen van de laatste duizend jaar rennen over de gang' – Gesprek met Jan (1922)
Escher, M.C., reisdagboek 1922-1923, pp. 1-8

3.4 Het is een droom! – Met Lex in San Gimignano (1922)
Escher, M.C., reisdagboek 1922-1923, pp. 8-19
Escher, M.C., begin mei 1923, dagboekaantekeningen, 'prozagedicht' San Gimignano
Vichi Imberciadori, J. & Torriti, M., *The Collegiata Church of San Gimignano*
Levensschets van G.A. Escher, vol. XVI (maart-okt. 1922), p. 48

3.5 Alleen in Siena (1922)
Escher, M.C., reisdagboek 1922-1923, pp. 18-25
Escher, M.C., 19 okt. 1923, brief aan B. Kist uit Siena
Escher, M.C., 8 nov. 1923, brief aan B. Kist uit Siena
Wilde, M., 2004, *Das unbekannte Schlüsselwerk: Die Madonna del Bordone des Coppo di Marcovaldo in Siena*, VDG
Enzo, C., 1947, *I fratelli Lorenzetti nel VI centenario della peste di Siena*

3.6 Der dingen ziel (1922)
Escher, M.C., reisdagboek 1922-1923, pp. 18-25

3.7 Het woud houdt haar adem in – Brief van Vader (1922)
Escher, G.A., 1910, 'Een kijkje in de Japanse Provincie', *De Ingenieur*, jaargang 25, nr. 11, Orgaan van het Koninklijk Instituut van Ingenieurs (ter inspiratie: het Kimano Kodo-verhaal is gebaseerd op eigen ervaring van de schrijver)

3.8 De schrijnen van de Europese kunst – Assisi, Ravenna, Venetië (1922)
Escher, M.C., reisdagboek 1922-1923, pp. 29-34, 38-42
Lunghi, E., 2018, *The Basilica of St Francis of Assisi*, Scala
G.A. Escher aan zijn vrouw Sara Escher-Gleichman, 6 juli 1908
Egeraat, L. van, 1955, *Ravenna, Stad van verborgen schoonheid*, Servire

3.9 Eerst is iedereen nog enthousiast – Weer thuis (1922)
Levensschets van G.A. Escher, vol. XVI (maart-okt. 1922), pp. 72, 78, 86, 89
Levensschets van G.A. Escher, vol. I (1846-1870), passages over vader B.G. Escher

3.10 Zijn leraar behandelt hem als een vriend – Bij Mesquita in Amsterdam (1922)

Es, J. van, 2005, *Samuel Jessurun de Mesquita 1868-1944, tekenaar, graficus, sierkunstenaar*, Waanders

3.11 Een enkele reis naar een nieuw leven (1922)

Escher, M.C., reisdagboek 1922-1923, pp. 45-75
Levensschets van G.A. Escher, vol. XVI (maart-okt. 1922), pp. 170, 188, 189, 192, 195
Levensschets van G.A. Escher, vol. XVII (okt. 1922-maart 1923), pp. 16, 22, 34
Irving, W., 1832, *Tales of the Alhambra*, Henry Colburn and Richard Bentley
Jacobs, M., 2000, *Alhambra*, Francis Lincoln
Calvert, A.F., 1904, *The Alhambra*, George Philip & Son/Philip, Son & Nephew

3.12 De mars op Rome is net achter de rug – Aankomst in Italië (1922)

Levensschets van G.A. Escher, vol. XVII (okt. 1922-maart 1923), pp. 94, 96, 116, 124, 152, 160
Escher, M.C., reisdagboek 1922-1923, pp. 79-85

3.13 Jetta (1923)

Levensschets van G.A. Escher, vol. XVII (okt. 1922-maart 1923), p. 160
Levensschets van G.A. Escher, vol. XVIII (april 1923-jan. 1924), p. 20
Escher, M.C., reisdagboek 1922-1923, pp. 29-34, 85
Escher, M.C., 26 april 1923, aan J.G. Escher (broer George)
Levensschets van G.A. Escher, vol. XXX (mei-sep. 1929), p. 129
Van der Does de Willebois, J.J.M., 30 juni-10 juli 1923, brief aan M.C. Escher
Escher, M.C., 5 juni 1923, brief aan J.J.M. van der Does de Willebois uit Ravello
Escher, M.C., 21 juni 1923, brief aan J.J.M. van der Does de Willebois uit Ravello
Escher, M.C., 19 okt. 1923, brief aan B. Kist uit Siena
Escher, M.C., 8 nov. 1923, brief aan B. Kist uit Siena
Escher, M.C., 1-2 juli 1923, brief aan Jetta uit Siena
G. Umiker (Jetta), 8 juli 1923, brief aan M.C. Escher uit Castiel (Zwitserland)
Escher, M.C., 12 juli 1923, brief aan Jetta uit Siena
G. Umiker (Jetta), 18 juli 1923, brief aan M.C. Escher uit Castiel
Escher, M.C., 27 juli 1923, brief aan Jetta uit Siena
Escher, M.C., 18 jan. 1924, dagboekaantekening in Rome

3.14 Huwelijksonderhandelingen (1923)

Levensschets van G.A. Escher, vol. XVIII (april 1923-jan. 1924), pp. 100, 184
Levensschets van G.A. Escher, vol. XIX (dagboek aug.-okt. 1923, Zürich)
G. Umiker (Jetta), 8 juli 1923, brief aan M.C. Escher uit Castiel (Zwitserland)
Escher, M.C., 12 juli 1923, brief aan Jetta uit Siena
Escher, M.C., 19 dec. 1924, briefkaart aan J.G. Escher (broer George) uit Frascati (afbeelding: Jetta in Siena)
Escher, M.C. (en Jetta), 23 juli 1925, aan J.G. Escher (broer George)
Escher, M.C. (en Jetta), 5 dec. 1926, aan J.G. Escher (broer George)
G. Umiker (Jetta), 18 juli 1923, brief aan M.C. Escher uit Castiel
Escher, M.C., 27 juli 1923, brief aan Jetta uit Siena
Escher, M.C., 18 jan. 1924, dagboekaantekening in Rome

3.15 Speak now or... (1924)

Levensschets van G.A. Escher, vol. XIX, dagboek (dagboek aug.-okt. 1923, Zürich)
Escher, M.C. (en Jetta), 23 juli 1925, aan J.G. Escher (broer George)

3.16 Ze is prachtig in haar bohemien trouwjurk – Huwelijk (1924)

Levensschets van G.A. Escher, vol. XX (feb.-aug. 1924), pp. 15, 60, 68, 100-117, 126, 134, 156
Levensschets van G.A. Escher, vol. XXI (aug. 1924-april 1925), pp. 2, 4, 6, 21, 22, 37, 40, 41, 60, 68, 78, 84, 194

3.17 Nols dood (1925)

Levensschets van G.A. Escher, vol. XXII (mei 1924-nov. 1925), pp. 139-180 (Merano)
Arnhemse Courant, 25 okt. 1925, overlijdensadvertentie A.A. Escher
S. Escher-Gleichman (Moeder), 19 okt. 1925, brief aan B.G. Escher (Beer)
Badon Ghijben, W., 1925, *Necrologie Ir A.A. Escher*, De Ingenieur
Stolk, A. van, houtsnedes van M.C. Escher, 1921, *Flor de Pascua*, Hollandia drukkerij
Escher, M.C., 15 april 1926, aan J.G. Escher (broer George)

3.18 'Een familie van oesters' (1925)

Levensschets van G.A. Escher, vol. XXII (mei 1924-nov. 1925), pp. 184-198 (Rome)
Levensschets van G.A. Escher, vol. XXIII (nov. 1925-mei 1926), pp. 2-24 (Rome)

Bruinsma, H.C., 1951, *Grafologisch profiel Mr J.G. Escher*
Levensschets van G.A. Escher, vol. XV (1921-1922), pp. 102 e.v.

3.19 'De paus beveelt aan... Mauk Escher' – Eerste gesprek met Hoogewerff (1926)

Nuovo Giornale, augustus 1923, *Mostra d'arte Bianco-Nero*
Levensschets van G.A. Escher, vol. XXIII (nov. 1925-mei 1926), pp. 74, 88, 146, 178
Levensschets van G.A. Escher, vol. XXIV (mei-nov. 1926), pp. 4, 30, 40, 69, 73, 85, 116
Midlarz, A.G., 2021, *Borghi a due passi da Roma*, Edizioni del Capricornio
Hoogewerff, G.J., 1912, *Nederlandsche schilders in Italië in de XVIe eeuw (de geschiedenis van het romanisme)*, dissertatie Utrecht.
Hoogewerff, G.J., 1912, *Nederlandsche kunstenaars te Rome 1600-1725*, uittreksels uit de parochiale archieven (Studiën van het Nederlandsch Historisch Instituut te Rome: 3)
Hekscher, W.S., 1963, 'De betekenis van G.J. Hoogewerff', *Hollands Maandblad* 4
's-Gravesande, G.H., 1940, *M.C. Escher en zijn experimenten, een uitzonderlijk graphicus*, H.P. Leopolds Uitgevers-mij
Schattschneider, D., 1990, *M.C. Escher, Visions of Symmetry*, Thames & Hudson

3.20 'Pak de inktpot en de pennen!' – Tekenen met Vader (1927)

Levensschets van G.A. Escher, vol. III (1878, terugreis), pp. 122-125
Levensschets van G.A. Escher, vol. XXV (nov. 1926-juni 1927), p. 290
Levensschets van G.A. Escher, vol. XXIX (jan.-mei 1929), pp. 167, 276
Levensschets van G.A. Escher, vol. XXX (mei-sep. 1929), pp. 107, 189
Levensschets van G.A. Escher, vol. XXXII (okt. 1929-jan. 1930), p. 152 (eerbetoon in Tottori)
www.shoga.info, 2020, 'Morikawa Sobun: A Talented Artist of the Shijō School Who Lived from the End of the Edo to the Meiji Period'
'Classical Chinese Puzzles Project (C2P2)', chinesepuzzles.org, puzzlemuseum.com
Coffin, S., 2007, *Geometric Puzzle Design*, 1990
Tang Yunzhou, 1889, *Chinese and Foreign Magic with Diagrams: Compilation of Magic*

3.21 De diepte trekt aan hem – Via Nol terug naar de bergen (1927)

Levensschets van G.A. Escher, vol. XXVI (dec. 1927-april 1928), pp. 1, 25, 77
Levensschets van G.A. Escher, vol. XXVIII (aug.-nov. 1928), pp. 87, 126 (Mauk terug in Merano)
Levensschets van G.A. Escher, vol. XXXIV (mei-aug. 1930), p. 63 (Calabrië)
Escher, M.C., 4 mei 1929, brief aan B. Kist uit Rome
Escher-Umiker, J., 17 juni 1926, brief aan J.G. Escher en zijn vrouw Milie Escher-Nemitz

3.22 Niets anders dan ruimte – Castrovalva (1929)

Escher, M.C., 1959, inleiding *Grafiek en tekeningen*, J.J. Tijl
Escher, M.C., 4 mei 1929, brief aan B. Kist uit Rome
Escher, M.C., 23 april 1932, 'Palizzi', *De Groene Amsterdammer*
Levensschets van G.A. Escher, vol. XXX (mei-sep. 1929), pp. 19, 69, 125 (Abruzzen)
Reinhard, M., 2013, '...Und Blaulich der Schatten, Die Malerei des Xylografen Haas-Triverio (1889-1963)', tekst bij de tentoonstelling in het Tal Museum in Engelberg, 25 mei-25 aug. 2013
Calahan, J.J., 1976, 'The Curvature of Space in a Finite Universe', *The Scientific American*

3.23 'Wat een onzin!' – Tweede gesprek met Hoogewerff (1930)

Escher, M.C., 4 mei 1929, brief aan B. Kist uit Rome
Escher, M.C., 19 okt. 1933, brief aan B. Kist uit Rome
Hoogewerff, G.J., 1931, 'M.C. Escher, Grafisch kunstenaar', *Elseviers geïllustreerd Maandschrift*, jaargang 41, deel LXXXII
Levensschets van G.A. Escher, vol. XXX (mei-sep. 1929), pp. 121, 122, 123, 140, 149, 156, 183, 188, 265, 275
Levensschets van G.A. Escher, vol. XXXIII (jan.-mei 1930), p. 40
Levensschets van G.A. Escher, vol. XXXIV (mei-aug. 1930), p. 2
Levensschets van G.A. Escher, vol. XXXVI (jan.-juni 1931) pp. 119-120
Levensschets van G.A. Escher, vol. XXXVII (juni-okt. 1931) pp. 42, 47, 102, 107, 169
Levensschets van G.A. Escher, vol. XXXVIII (okt. 1931-jan. 1932), p. 50
Levensschets van G.A. Escher, vol. XXXIX (jan.-mei 1932), pp. 86, 150
Hoogewerff, G.J., 1932, *Emblemata*, geïllustreerd door M.C. Escher, C.A.J. van Dishoeck

3.24 'Das war ein Vorspiel' – Gesprek met Vader (1933)

Levensschets van G.A. Escher, vol. XXXV (aug.-dec. 1930), p. 210

Levensschets van G.A. Escher, vol. XXXVI (jan.-juni 1931) p. 52

Levensschets van G.A. Escher, vol. XXXVII (juni-okt. 1931) pp. 42, 47, 102

Levensschets van G.A. Escher, vol. XXXVII (juni-okt. 1931) pp. 170, 187-193 (Jan Walch, Oudewater)

Levensschets van G.A. Escher, vol. XXXVIII (okt. 1931-jan. 1932), p. 86 (heks van Oudewater)

Levensschets van G.A. Escher, vol. XLII (dec. 1932-maart 1933), p. 98 (verkoop aan Rijksprentenkabinet, fl. 275,-)

Escher, M.C., 4 mei 1929, brief aan B. Kist uit Rome

Escher, M.C., 19 okt. 1933, brief aan B. Kist uit Rome

3.25 Rome bij nacht zonder Jetta (1934)

Escher, M.C., 17 maart 1940, brief aan G.H. 's-Gravesande

Levensschets van G.A. Escher, vol. XXXIX (jan.-mei 1932), p. 222 (huis verhuren Jetta naar Rapallo)

Levensschets van G.A. Escher, vol. XLVI (dec. 1933-maart 1934), p. 226 (Rome bij nacht)

Levensschets van G.A. Escher, vol. XLVII (maart-juli 1934), p. 34 (Rome bij nacht)

Levensschets van G.A. Escher, vol. LII (juli-nov. 1935), p. 16 (ongezond klimaat in Rome)

3.26 'Een stoffige wandeling vanuit je ligstoel' – Brief aan Otto de Kat (1934)

Broekhuizen, D. van, 2002, *Otto B. de Kat. Leven en werk*, Thoth

Archivio LUCE, aug. 2018, *Cinecittà*, tentoonstelling Padua

Alberti, L., e.a., 1972, *Guida ai Misteri e Segreti di Roma*, Sugar Editore

3.27 Voorgrond en achtergrond – Met Otto in het atelier (1934)

Escher, G.A. (zoon), 10 juni 1978, herinneringen aan zijn vader, brief aan J.R. Kist

Levensschets van G.A. Escher, vol. XXII (mei 1924-nov. 1925), p. 52 (aardewerk)

Levensschets van G.A. Escher, vol. XLVI (dec. 1933-maart 1934), p. 40 (poppenkast)

Broekhuizen, D. van, 2002, *Otto B. de Kat. Leven en werk*, Thoth

Gordon Craig, E., 1913, *Towards a New Theatre, Forty Designs for Stage Scenes with critical Notes by the Inventor*, Dent & Sons

Kandinsky, W., 1912, *Über das Geistige in der Kunst*, Piper

3.28 'Als ik het af heb, krijg je een afdruk van me, lieve Hans' – Wu Tao-Tze (1934)

Broekhuizen, D. van, 2002, *Otto B. de Kat. Leven en werk,* Thoth

Zijl, H. van, 1939, *Wu Tao-Tze,* in *Zelfportret,* J.H. De Bois

Zijl, H. van, 1939, *Asta Nielsen,* in *Zelfportret,* J.H. De Bois

3.29 'Il mio uniforme' (1934)

Escher, G.A. (zoon), 10 juni 1978, herinneringen aan zijn vader, brief aan J.R. Kist

Interviews met George Escher, o.a. www.cbc.ca, stittsvillecentral.ca

3.30 Opening en sluiting (1934)

Broekhuizen, D. van, 2002, *Otto B. de Kat. Leven en werk,* Thoth

'The Indo-Iranian origins of the Torii gate as a perch for the Simorghian-Phoenix', japanesemythology.wordpress.com

Escher-Umiker, J., 24 feb. 1934, brief aan Milie Escher-Nemitz

Levensschets van G.A. Escher, vol. XXXIV (mei-aug. 1930), p. 170 (Ellen Forest)

Levensschets van G.A. Escher, vol. XXXVI (jan.-juni 1931) p. 238

Levensschets van G.A. Escher, vol. XXXIX (mei-okt. 1932), pp. 156, 174

Levensschets van G.A. Escher, vol. XLI (sep.-dec. 1932), p. 17

Levensschets van G.A. Escher, vol. LI (mei-juli 1935), p. 214

Levensschets van G.A. Escher, vol. LII (juli-nov. 1935), p. 16

Rimpeling III

Escher, G.A. (zoon), 10 juni 1978, herinneringen aan zijn vader, brief aan J.R. Kist

Langdon, D., 7 okt. 2018, 'AD Classics: Montreal Biosphere/Buckminster Fuller', *ArchDaily*

Mady, J., april 2015, 'George Escher donates famous father's art to National Gallery', Stittsvillecentral.ca

Pacioli, Luca & Da Vinci, Leonardo, 1519, *Divina Proportione,* Paganino Paganini

Hoorn, M.C. van, 2007, *De formule van Euler voor veelvlakken*

Plato, omstreeks 360 v.C., Timaeus in de vertaling van Xaveer de Win, *Verzamelde werken,* uitgave 1978, De Nederlandsche Boekhandel/Ambo

Deel 4

4.1 Niet meer in Italië – Portret van Vader I (1935)

Levensschets van G.A. Escher, vol. XXXVIII (okt. 1931-jan. 1932), p. 34
Levensschets van G.A. Escher, vol. XXXIX (mei-okt. 1932), p. 165
Levensschets van G.A. Escher, vol. LI (mei-juli 1935), p. 214

4.2 Stereografische projectie – Bij Beer en Emmy (1935)

Levensschets van G.A. Escher, vol. XXXIX (mei-okt. 1932), pp. 156, 174
Levensschets van G.A. Escher, vol. LII (juli-nov. 1935), p. 76
Escher, M.C, 1936, *Aanschouwelijke weergave van muziek*
Escher, B.G., 1924, *De methodes der grafische voorstelling*, Wereldbibliotheek, Maatschappij voor goede en goedkope lectuur
Escher, B.G., 1935, *Algemene Mineralogie en Kristallographie*, Wereldbibliotheek, Maatschappij voor goede en goedkope lectuur
Escher, B.G., 1920, 2e druk, *De gedaanteverwisseling onzer Aarde*, Wereldbibliotheek, Maatschappij voor goede en goedkope lectuur

4.3 'Val niemand ermee lastig tijdens het luisteren' – Met Ruut over muziek (1935)

Escher, M.C., 1936, Aanschouwelijke weergave van muziek
Escher, R.G., 1938, Toscanini en Debussy, magie der werkelijkheid, D. van Seijn & Zonen
Escher, B.G., 1935, 'The Man who kept his Form (Galsworthy)', Forum, jaargang 4, nr. 8
Levensschets van G.A. Escher, vol. XXXVI (jan.-juni 1931) p. 287
Levensschets van G.A. Escher, vol. XXXVII (juni-okt. 1931) pp. 127, 128
Levensschets van G.A. Escher, vol. XLVI (dec. 1933-maart 1934), p. 117
Levensschets van G.A. Escher, vol. LII (juli-nov. 1935), pp. 21, 43, 45, 82, 84, 94
Levensschets van G.A. Escher, vol. LV (juni-sep. 1936), p. 146

4.4 'Je beroep dwingt maar weinig respect af' – Portret van Vader II (1935)

B. Merema, VAEVO, 1939 (?), 4e druk, *Beeldende kunst*, C.A.J. van Dishoeck
Levensschets van G.A. Escher, vol. XXV (nov. 1926-juni 1927), p. 125
Levensschets van G.A. Escher, vol. XXXII (okt. 1929-jan. 1930), p. 152
Levensschets van G.A. Escher, vol. XXXIV (mei-aug. 1930), p. 210
Levensschets van G.A. Escher, vol. XLIII (maart-sep. 1933), pp. 28, 32, 35, 47, 55, 62, 170, 172
Levensschets van G.A. Escher, vol. L (jan.-april 1935), p. 34

Levensschets van G.A. Escher, vol. LI (mei-juli 1935), pp. 92, 214
Levensschets van G.A. Escher, vol. LII (juli-nov. 1935), pp. 4, 5, 16, 22, 23, 25, 30, 148
Levensschets van G.A. Escher, vol. LIV (feb.-juni 1936), p. 24
Escher, M.C., 1959, inleiding *Grafiek en tekeningen*, J.J. Tijl

4.5 Hij moet daar wandelen met zijn zonen – Brief van Jetta (1935)

Levensschets van G.A. Escher, vol. LII (juli-nov. 1935), p. 54 (brief van Jetta uit Silvaplana)

4.6 'De jongens zijn blij dat je er bent' – Aankomst in Zwitserland (1935)

Levensschets van G.A. Escher, vol. LII (juli-nov. 1935), pp. 56, 63, 77, 78

4.7 Niet veel om over naar huis te schrijven (1935)

Escher, M.C., 14 maart 1940, brief aan G.H. 's-Gravesande
Levensschets van G.A. Escher, vol. LII (juli-nov. 1935), p. 138
Levensschets van G.A. Escher, vol. LIII (nov. 1935-feb. 1936), p. 94

4.8 Schuurtje in de sneeuw (1936)

Escher, G.A. (zoon), 1975, herinneringen aan zijn vader, brief aan C.V.S. Roosevelt
Escher, M.C., 20 feb. 1940, brief aan G.H. 's-Gravesande

4.9 'Droom maar door' – Voorstel aan de Adria (1936)

Escher, M.C., 14 maart 1940, M.C., brief aan G.H. 's-Gravesande
Levensschets van G.A. Escher, vol. LIV (feb.-juni 1936), pp. 26, 152, 186
Levensschets van G.A. Escher, vol. LVIII (juni-nov. 1937), p. 112
Escher, M.C., 1 feb. 1936, brief 'Alla Direzione Generale della Compagnia di Navigazione Adria'
Adria, Società Anonima di Navigazione Marittima, 5 feb. 1936, brief aan M.C. Escher
Adria, Società Anonima di Navigazione Marittima, 1935, brochure Viaggi Turistici

4.10 Terug in Italië – Op reis met de Adria (1936)

Escher M.C., reisdagboek 1936
Escher, M.C., 11 juli 1936, brief 'Alla Direzione Generale della Compagnia di Navigazione Adria'

Adria, Società Anonima di Navigazione Marittima, 1935, brochure Viaggi Turistici
Levensschets van G.A. Escher, vol. XIV (1920-1921), p. 96
Levensschets van G.A. Escher, vol. LV (juni-sep. 1936), pp. 132, 134, 141

4.11 Maurice komt van Moors – Met Jetta in het Alhambra (1936)

Escher M.C., reisdagboek 1936
Levensschets van G.A. Escher, vol. LIV (feb.-juni 1936), p. 186 (Mauks werk in Venetië)
Levensschets van G.A. Escher, vol. LV (juni-sep. 1936), p. 5, brief uit Córdoba
www.universolorca.com/lugar/taberna-el-polinario
Jones, O., 1856, *The Grammar of Ornaments*
Auteur onbekend, 5 juni 2019, 'A Journey in Pattern & Colour: The Grand Tour of Owen Jones', *Papier*
Irving, W., 1832, *Tales of the Alhambra*, Henry Colburn and Richard Bentley
Jacobs, M. 2000, *Alhambra*, Francis Lincoln
Calvert, A.F., 1904, *The Alhambra*, George Philip & Son/Philip, Son & Nephew
Alders, H., 2004, *In het spoor van de Moor, een reis door het Spanje van de islam*, Uitgeverij Conserve
Kolkman, A. & Pijls, M., 1998, *Zelf Escher-achtige vlakvullingen ontwerpen*, Stichting Vierkant voor Wiskunde
Ros, F., e.a. 1973, *Islamathematica*, Museum voor land en volkenkunde
Piller, M., e.a., 2013, *Escher & de schatten uit de islam*, Thoth

4.12 Terug in Château-d'Oex – Jetta ziek (1936)

Levensschets van G.A. Escher, vol. LVI (sep. 1936-jan. 1937), pp. 95, 148

4.13 'Waarom maak je eigenlijk al die rare tekeningetjes' – Met George in het atelier (1936)

Levensschets van G.A. Escher, vol. LVII (jan.-juni 1937), pp. 45, 120
Levensschets van G.A. Escher, vol. LVII (jan.-juni 1937), 31 mei 1937
Levensschets van G.A. Escher, vol. LVIII (juni-nov. 1937), p. 70
Escher, G.A. (zoon), 10 juni 1978, herinneringen aan zijn vader, in een brief aan J.R. Kist
Escher, G.A. (zoon), 1975, herinneringen aan zijn vader, brief aan C.V.S. Roosevelt
Schattschneider, D., 1990, *M.C. Escher, Visions of Symmetry*, Thames & Hudson

4.15 Het lukt steeds beter om mooie figuren te maken – Brussel, Ukkel (1937)
Levensschets van G.A. Escher, vol. LVIII (juni-nov. 1937), p. 80
Escher M.C., 1958, *Regelmatige vlakverdeling*, De Roos
's-Gravesande, G.H., 1940, *M.C. Escher en zijn experimenten, een uitzonderlijk graphicus*, H.P. Leopolds Uitgevers-mij

4.16 Kristallografie in het platte vlak – Met Beer en Emmy, Vader en Moeder (1937)
Levensschets van G.A. Escher, vol. LVII (jan.-juni 1937), 31 mei 1937 (p. onleesbaar), pp. 213, 214
Levensschets van G.A. Escher, vol. LVIII (jan.-juni 1937), p. 6 (*Metamorphose*), 52
Levensschets van G.A. Escher, vol. LIX (nov. 1937-juni 1938), p. 14
Escher, M.C., 1954, inleiding *Catalogus M.C. Escher*, Stedelijk Museum nr. 118, Amsterdam
Escher M.C., 1958, *Regelmatige vlakverdeling*, De Roos
Escher, M.C., 1959, inleiding *Grafiek en tekeningen*, J.J. Tijl
Haag, F., 1911, 'Die regelmässigen Planteilungen', *Zeitschrift für Kristallographie* 49, pp. 360-369
Haag, F., 1923, 'Die regelmässigen Planteilungen und Punktsysteme', *Zeitschrift für Kristallographie* 58, pp. 478-488
Pólya, G., 1924, 'Über die Analogie der Kristallsysteme in der Ebene', *Zeitschrift für Kristallographie* 60, pp. 278-282
Niggli, P., 'Die Flächensymmetrien homogener Diskontinuen', *Zeitschrift für Kristallographie* 60, pp. 283-298
Escher, B.G., 1924, 'Kristalvorming, -vorm en -groepering', *Wendingen*, nrs. 11 en 12 van de zesde serie
Schattschneider, D., 1990, M.C. Escher, *Visions of Symmetry*, Thames & Hudson

4.17 Pólya geeft inzicht, Haag geeft uitzicht (1937)
Escher, M.C., 1954, inleiding *Catalogus M.C. Escher*, Stedelijk Museum nr. 118, Amsterdam
Escher, M.C., 1958, *Regelmatige vlakverdeling*, De Roos
Escher, B.G., 1 feb. 1937, brief aan M.C. Escher
Escher, B.G., 25 nov. 1937, brief aan M.C. Escher
Haag, F., 1923, 'Die regelmässigen Planteilungen und Punktsysteme', *Zeitschrift für Kristallographie* 58, pp. 478-488

Pólya, G., 1924, 'Über die Analogie der Kristallsysteme in der Ebene', *Zeitschrift für Kristallographie* 60, pp. 278-282
Schattschneider, D., 1990, *M.C. Escher, Visions of Symmetry*, Thames & Hudson

4.18 De Heraut – Met 's-Gravesande (1938)

Walch, J., geïllustreerd door M.C. Escher, 1933, *De vreeselijke avonturen van Scholastica*, A.J. van Dishoeck
's-Gravesande, G.H., 1935, *Sprekende schrijvers*, J.M. Meulenhoff
Levensschets van G.A. Escher, vol. XL (mei-sep. 1932), p. 183
Escher, M.C., 1941, 'Regelmatige vlakverdeling in asymmetrische congruente veelhoeken', werkschrift
Escher, M.C., 1958, *Regelmatige vlakverdeling*, De Roos
's-Gravesande, G.H., 1940, *M.C. Escher en zijn experimenten, een uitzonderlijk graphicus*, H.P. Leopolds Uitgevers-mij
Haag, F., 1923, 'Die regelmässigen Planteilungen und Punktsysteme', *Zeitschrift für Kristallographie* 58, pp. 478-488
Pólya, G., 1924, 'Über die Analogie der Kristallsysteme in der Ebene', *Zeitschrift für Kristallographie* 60, pp. 278-282

4.19 Loftrompetten – De kranten met Vader en Moeder (1938)

Levensschets van G.A. Escher, vol. LII (juli-nov. 1935), p. 94 (Mauk druppelt mijn ogen)
Levensschets van G.A. Escher, vol. LIX (nov. 1937-juni 1938), p. 218
Levensschets van G.A. Escher, vol. LX (juni-dec. 1938), pp. 24, 202, 204
Levensschets van G.A. Escher, vol. LXI (dec. 1938-juni 1939), pp. 2, 16, 17
's-Gravesande, nov. 1938, 'Lucht en water', *Elseviers Geïllustreerd Maandblad*
Begeer, P.A. de, dec. 1938, 'Esser (sic, JE), sterk en gaaf graficus', in *Voorwaarts*
Rotterdamse Courant, 5 dec. 1938, 'Graphiek van M.C. Escher'
NRC, 7 dec. 1938, 'M.C. Escher in de Rotterdamse Kunstkring'

4.20 Zalige onwetendheid – Bij Mesquita in Amsterdam (1938)

Jessurun de Mesquita, S., 17 nov. 1941, brief aan M.C. Escher
Jessurun de Mesquita, S., 11 jan. 1944, brief aan M.C. Escher
Levensschets van G.A. Escher, vol. LIX (nov. 1937-juni 1938), p. 126
Levensschets van G.A. Escher, vol. LX (juni-dec. 1938), p. 204
Bibeb, 20 april 1968, 'M.C. Escher: Ik vind wat ik zelf maak het mooiste en ook het lelijkste', *Vrij Nederland*

Escher, B.G., 1924, 'Kristalvorming, -vorm en -groepering', *Wendingen*, nr. 11 en 12 van de zesde serie
Es, J. van, 2005, *Samuel Jessurun de Mesquita 1868-1944, tekenaar, graficus, sierkunstenaar*, Waanders
Wendingen, beeldend werk van S. Jessurun de Mesquita, omslagontwerp S. Jessurun de Mesquita, 1931, nummer 1

4.21 De dood van Vader (1939)

Escher, G.A. (zoon), 1975, herinneringen aan zijn vader, brief aan C.V.S. Roosevelt
Levensschets van G.A. Escher, vol. XIII (1919-1920), p. 118
Escher, B.G., 17 juni 1939, grafrede voor G.A. Escher
Escher, M.C., 18 juni 1939, brief aan G.H. 's-Gravesande
Bibeb, 20 april 1968, 'M.C. Escher: Ik vind wat ik zelf maak het mooiste en ook het lelijkste', *Vrij Nederland*

4.22 Kort na het overlijden pakt hij zijn tekenblok (1939)

Levensschets van G.A. Escher, vol. I (1846-1870)
Levensschets van G.A. Escher, vol. II (1870-1878)
Levensschets van G.A. Escher, vol. III (1878-1883)
Escher, B.G., 17 juni 1939, grafrede voor G.A. Escher
Wortman, H., 14 juli 1939, ter herdenking aan ir. G.A. Escher in *De Ingenieur*, 54e jaargang

4.23 Een lange stroom van in elkaar vloeiende dieren en dingen en gasmaskers (1940)

Escher, G.A. (zoon), 10 juni 1978, herinneringen aan zijn vader, in een brief aan J.R. Kist
Escher, M.C., 20 feb. 1940, brief aan G.H. 's-Gravesande
Escher, M.C., 2 maart 1940, brief aan G.H. 's-Gravesande
Escher, M.C., 17 maart 1940, brief aan G.H. 's-Gravesande

4.24 Moeder overleden, Rotterdam verwoest (1940)

Escher, M.C., 15 feb. 1940, briefkaart aan J.G. Escher (broer George)
Escher, M.C., 11 mei 1940, briefkaart aan J.G. Escher (broer George)
Escher, B.G., 27 mei 1940, brief aan M.C. Escher
Escher, G.A. (zoon), 1975, brief aan C.V.S. Roosevelt
Baarda, F., 2015, *Rotterdam, 14 mei 1940, De ooggetuigen, de foto's*, Thoth
Escher, M.C., 11 mei 1940, briefkaart aan J.G. Escher (broer George)

Joodserfgoedrotterdam.nl; Witte de Withstraat 85, dr. Jacob Benjamin (Jacques) van den Borg (Rotterdam, 4 mei 1876-Rotterdam, 14 mei 1940), oogarts (mijn overgrootvader van moederszijde)

4.25 Baarn – een tussenstation? (1941)

Escher, M.C., 10 jan. 1942, brief aan J.G. Escher (broer George)
Escher, M.C., 21 jan. 1942, brief aan J.G. Escher (broer George)
Escher, M.C., 18 mei 1942, brief in vers aan J.G. Escher (broer George)
Escher, M.C., 1 juni 1940, briefkaart aan J.G. Escher (broer George)

4.26 Schaken met meneer Patijn (1941)

Escher, M.C., 26 sep. 1942, brief aan J.G. Escher (broer George)
Escher, M.C., 24 okt. 1942, brief aan J.G. Escher (broer George)
Escher, M.C., 2 nov. 1942, brief aan J.G. Escher (broer George)
Escher, M.C., 1 dec. 1941, brief aan G.H. 's-Gravesande
Escher, M.C., 11 jan. 1942, brief aan G.H. 's-Gravesande
www.historiek.net, 2020, Kultuurkamer – Kunst en cultuur in de Tweede Wereldoorlog, Nederlandse Kultuurkamer
Mak, G., 15 feb. 2017, 'Het concertgebouw in oorlogstijd'
De Jong, L., *Het Koninkrijk der Nederlanden in de Tweede Wereldoorlog*, Deel 4, Mei '40-maart '41 (1e band), Deel 5, Maart '41-juli '42 (1e band)
Arntz, G., memoires, geciteerd op Escherinhetpaleis.nl
Gerd Arntz Webarchive: gerdarntz.org
Escher, M.C., 1 feb. 1954, brief aan Gerd Arntz
Euwe, M., 1939, *De beginselen van alle schaakspel*, W.P van Stockum & zoon

4.27 Brief aan Beer gijzelaar (1942)

Escher, M.C., 10 jan. 1942, brief aan J.G. Escher (broer George)
Escher, M.C., 29 aug. 1942, brief aan J.G. Escher (broer George)
Höweler, C., 1958, *Bach's Matthäuspassion, als belijdend geestelijk drama*, Uitgeversmaatschappij W. de Haan
Escher, M.C., 1941, 'Regelmatige vlakverdeling in asymmetrische congruente veelhoeken', werkschrift
Escher, M.C., ca. 1944, 'Regelmatige vlakverdeling – abstracte motieven', werkschrift (tegels in appartement Rome!)
Escher, M.C., 1942-1943, 'Poging tot systematisering en bepaling van het aantal mogelijkheden in schikking van twee types van vierkante tegels, de ene het spiegelbeeld van de andere', ordner

Callahan, J.J., 1976, 'The Curvature of Space in a Finite Universe', *The Scientific American*

4.28 Uitnodiging van Otto en Hans (1943)

Escher, M.C., 5 okt. 1942, brief aan Otto B. de Kat en Hans van Zijl
Escher, M.C., 10 okt. 1942, brief aan Otto B. de Kat en Hans van Zijl
Es, J. van, 2005, *Samuel Jessurun de Mesquita 1868-1944, tekenaar, graficus, sierkunstenaar*, Waanders
Escher, M.C., 20 aug. 1945, brief aan J.M. Prange

4.29 Naar Villa Ekeby (1943)

Escher, M.C., 9 nov. 1942, brief aan J.G. Escher (broer George)
Escher, M.C., 9 feb. 1943, brief aan J.G. Escher (broer George)
Escher, M.C., 16 maart 1943, brief aan J.G. Escher (broer George)

4.30 Een uitstapje naar de driedimensionale wereld – Reptielen (1943)

Pacioli, Luca & Da Vinci, Leonardo, 1519, *Divina Proportione*, Paganino Paganini
Hazeu, W., 1998, *M.C. Escher, een biografie*, referentie naar een brief aan Bas Kist, p. 283
www.RKD.nl, H.B. Dieperink Jzn.

4.31 Wie illustreert wie? (1943)

Escher, R.G., 1938, Toscanini en Debussy, magie der werkelijkheid, D. van Seijn & Zonen
Escher, R. & Escher, M.C. (red. L.D. Couprie), 1985, Beweging en metamorfosen, een briefwisseling, Meulenhoff/Landshoff
Escher, B.G., 1 jan. 1948, brief aan M.C. Escher

4.32 Mesquita weggevoerd (1944)

Willem Keizer, 2015, Eschers Redding van Samuel Jessurun de Mesquita's prentenschat, Avalon Pers en Graphis Books
Escher, M.C., Samuel Jessurun de Mesquita, Catalogus tentoonstelling S. Jessurun de Mesquita en dr. J. Mendes da Costa, Stedelijk Museum Amsterdam, maart-april 1946, pp. 6-9
Bibeb, 20 april 1968, 'M.C. Escher: Ik vind wat ik zelf maak het mooiste en ook het lelijkste', *Vrij Nederland*
Brief van David. J. Da Silva aan M.C. Escher, Amstelveen 22 april 1968

Escher, M.C., 20 feb. 1940, brief aan G.H. 's-Gravesande
Jessurun de Mesquita, S., 11 jan. 1944, Brief aan M.C. Escher
Escher, M.C., 10 juli 1945, lijst van grafisch werk en enige tekeningen van S. Jessurun de Mesquita
Escher, M.C., 20 aug. 1945, brief aan J.M. Prange
Es, J. van, 2005, *Samuel Jessurun de Mesquita 1868-1944, tekenaar, graficus, sierkunstenaar*, Waanders

4.33 Voedsel en warmte (1944)

Escher, M.C., 16 april 1945, brief aan J.G. Escher (broer George)

4.34 In zijn gedachte was de oorlog al ontelbare keren voorbij – Winter op komst (1944)

Escher, M.C., 15 april 1942, brief aan J.G. Escher (broer George)
Escher, M.C., 23 okt. 1944, brief aan J.G. Escher (broer George)

4.35 'Aan tafel dan maar' – Bij Van Dorp in Zoetermeer (1944)

Escher, M.C., 27 feb. 1942, brief aan J.G. Escher (broer George)
Escher, M.C., 21 nov. 1942, brief aan J.G. Escher (broer George)
Escher, M.C., 11 juli 1943, brief aan J.G. Escher (broer George)
Escher, M.C., 23 okt. 1943, brief aan J.G. Escher (broer George)
Escher, M.C., 8 feb. 1945, brief aan J.G. Escher (broer George)
Escher, M.C., 6 maart 1945, brief aan J.G. Escher (broer George)
Escher, M.C., 16 april 1945, brief aan J.G. Escher (broer George)
Levensschets van G.A. Escher, vol. VI (1902-1908), p. 105

4.36 Razzia (1944)

Escher, M.C., 6 nov. 1944, brief aan J.G. Escher (broer George)
Escher, M.C., 8 feb. 1945, brief aan J.G. Escher (broer George)

4.37 Hongerwinter (1944/1945)

Escher, M.C., 14 jan.-20 feb. 1945, hexametrische dagboekontboezemingen over het heden en verleden in zwart en wit
Escher, M.C., 6 en 7 (PS) nov. 1944, brief aan J.G. Escher (broer George)
Escher, M.C., 6 maart 1945, brief aan J.G. Escher (broer George)
Escher, M.C., 16 april 1945, brief aan J.G. Escher (broer George)
Escher, M.C., 19 juni 1947, brief aan J.G. Escher (broer George)

4.38 Ze zien dagelijks wonderlijke specimens van soldaten voorbijtrekken – De laatste dagen (1945)

Escher, M.C., 14 jan.-20 feb. 1945, hexametrische dagboekontboezemingen over het heden en verleden in zwart en wit
Escher, M.C., 16 april 1945, brief aan J.G. Escher (broer George)
Escher, M.C., 8 mei 1945, brief aan J.G. Escher (broer George)

4.39 Bevrijding (1945)

Escher, M.C., 8 mei 1945, brief aan J.G. Escher (broer George)
E. Escher-Brosy, 10 mei 1945, briefkaart aan J.G. Escher (broer George)

4.40 Otto en Hans vragen waarom (1945)

Escher, M.C., 17 okt. 1945, brief aan Otto B. de Kat en Hans van Zijl uit Baarn

4.41 Steeds meer verhalen – Niet meer dezelfde wereld (1945)

Escher, M.C., 10 juli 1945, lijst van grafisch werk en enige tekeningen van S. Jessurun de Mesquita
Escher, M.C., 20 aug. 1945, brief aan J.M. Prange

4.42 Met Sandberg – Dan schreed hij zeer beheerst zijn landschap in (1945)

Levensschets van G.A. Escher, vol. xxv (nov. 1926-juni 1927), pp. 65, 105
Bibeb, 20 april 1968, 'M.C. Escher: Ik vind wat ik zelf maak het mooiste en ook het lelijkste', *Vrij Nederland*
Brief van David. J. Da Silva, 22 april 1968, aan M.C. Escher, Amstelveen
Escher, M.C., 1959, inleiding *Grafiek en tekeningen*, J.J. Tijl
Escher, M.C., 1954, inleiding in de catalogus bij tentoonstelling, Stedelijk Museum Amsterdam
Escher, M.C., 27 sep. 1945, brief aan Willem Sandberg uit Baarn
Escher, M.C., 26 feb. 1946, brief aan Willem Sandberg uit Baarn
Escher, M.C., 25 feb. 1946, brief aan Willem Sandberg uit Baarn
Dienst voor Schone Kunsten, gemeente Den Haag, 19 feb. 1946, brief aan de Directeur van het Stedelijk Museum aangaande de ter beschikking stelling van werken van Jessurun de Mesquita
Boymans, 9 maart 1946, brief aangaande de ter beschikking stelling van werken van Jessurun de Mesquita
Escher, M.C., 30 sep. 1945, brief aan Willem Sandberg uit Baarn
Leeuw Marcar, A., 2004, *Willem Sandberg. Portret van een kunstenaar*, Valiz

Janssen, H., 2016, *Piet Mondriaan, Een nieuwe kunst voor een ongekend leven, een biografie*, Hollands Diep
Escher, M.C., 10 juli 1945, lijst van grafisch werk en enige tekeningen van S. Jessurun de Mesquita
Escher, M.C., 20 aug. 1945, brief aan J.M. Prange

Epiloog

Goodrich, F. & Hackett, A., 1955, *The Diary of Anne Frank*, première Broadway 1955, première Nederland (Nieuwe de la Mar) 1956
Time magazine, 2 april 1951, 'Prying Dutchman'
Time magazine, 25 okt. 1954, 'The Gamesman' ('I had to have all that Nature first')
Sandberg, W.J.H.B., 17 mei 1954, brief aan M.C. Escher
Sandberg, W.J.H.B., 7 juli 1954, brief aan M.C. Escher
Gombrich, E.H., 29 juli 1961, 'Adventures of the mind, How to read a painting', *Saturday Evening Post*
Penrose, L.S & Penrose, R., feb. 1958, 'Impossible Objects: A Special Type of Visual Illusion', *British Journal of Psychology*
MacGillavry, C.H., 1965, *Symmetry Aspects of M.C. Escher's Periodic Drawings*, A. Oosthoeks Uitgeversmaatschappij
Gardner, M., april 1966, 'Mathematical Games, The Eerie Mathematical Art of Maurits C. Escher', *The Scientific American*
Escher, M.C., 1954-1957, brieven aan Charles H. Alldredge
Roosevelt, C.V.S., 26 jan. 1957, brief aan M.C. Escher
Escher, M.C., 13 juni 1965, brief van M.C. Escher aan George en Corrie, Baarn (over Kubrick)
Escher, A.E. (Arthur), ca. 1996, brief aan Wim Hazeu.
Jagger, M.P., 1 jan. 1969, brief aan M.C. Escher
Escher, M.C., jan. 1969, brief aan Peter Swales (Rolling Stones Ltd.)
Locher, J.L. e.a., 1971, *De werelden van M.C. Escher*, Meulenhoff
Bool, F.H., Kist, J.R., Locher, J.J., Wierda, F., 1981, *Leven en werk van M.C. Escher*, Meulenhoff

Naslagwerken

Escher, M.C., 1959, *Grafiek en tekeningen*, J.J. Tijl

Locher, J.L., e.a., 1971, *De werelden van M.C. Escher*, Meulenhoff

Bool, F.H., Kist, J.R., Locher, J.J. & Wierda, F., 1981, *Leven en werk van M.C. Escher*, Meulenhoff

Escher, M.C., 1986, *Het oneindige. M.C. Escher over eigen werk*

Schattschneider, D., 1990, *M.C. Escher, Visions of Symmetry*, Thames & Hudson

Hazeu, W, 1998, *M.C. Escher, een biografie*, Meulenhoff

Locher, J.L., e.a., 2003, *De magie van M.C. Escher*, Taschen

Es, J. van, 2005, *Samuel Jessurun de Mesquita 1868-1944, tekenaar, graficus, sierkunstenaar*, Waanders

Broekhuizen, D. van, 2002, *Otto B. de Kat. Leven en werk*, Thoth

Archieven

Escherarchief, Nationaal Archief Den Haag

Archief A.G. (Nol) Escher

Kunstmuseum Den Haag, Archief M.C. Escher & Tentoonstellingsdocumentatie

Archief Stedelijk Museum, Amsterdam

RKD, Archief Otto B. de Kat en Museum van Stolk

Prentenkabinet Rijksmuseum

Archivio LUCE, Cinecittá

Verwijzingen naar prenten van M.C. Escher

Hier staan de prenten genoemd waarnaar, expliciet of impliciet, wordt verwezen in de tekst.

Voor elke prent worden de titel, de maand (indien bekend) en het jaar van het eerste gedrukte blad, de techniek, de maat (hoogte × breedte) in millimeters en als laatste de code van de *catalogue raisonné* (*Leven en werk van M.C. Escher*) door F.H. Bool, J.R. Kist, J.L. Locher en F. Wierda gegeven. De manier van identificatie van elke prent gebeurt in de praktijk van musea door het aanduiden van de eerste schrijver van de *catalogue raisonné* en het nummer dat de prent in die catalogus heeft gekregen. De technische gegevens over elke prent zijn overgenomen uit *Leven en werk.*

Door op internet '**Escher – titel van het werk – identificatiecode**' in te tikken is een afbeelding van de prent te vinden; meestal is de identificatiecode niet eens nodig.

p. 13 *Sint Franciscus (den vogelen predikend)*, jan. 1922, Houtsnede, 509×307, Bool 89

Pineta van Calvi, Corsica, juni 1933, houtsnede in lichtgrijs, donkergrijs en zwart, gedrukt van drie blokken, 357×468, Bool 230

Portret G. Escher-Umiker (Jetta), feb. 1925, houtsnede, 492×278, Bool 101

Drie bollen 1, sep. 1945, houtgravure, 279×169, Bool 336

Dag en nacht, feb. 1938, Houtsnede in zwart en grijs, gedrukt van twee blokken, 391×677, Bool 303

p. 14 *Portret van G.A. Escher*, aug. 1935, litho (tegendruk), 262×208, Bool 274

Prentententoonstelling, mei 1956, litho, 319×317, Bool 410

p. 16 *Kubische ruimteverdeling (Kubische ruimtevulling)*, dec. 1952, litho, 266×266, Bool 386

p. 38 *Luchtkasteel*, jan. 1928, houtsnede, 624×388, Bool 117

p. 47 *Spoorbrug over de Rijn bij Oosterbeek*, jan. 1917, ets, 86×123, Bool 6

p. 52 *Zonnebloemen*, aug. 1918, linoleumsnede, 165×151, Bool 20

p. 54 *Hand met dennenappel*, 1921, houtsnede, 278×166, Bool 88
Scarabeeën, april 1935, houtgravure, 180×240, Bool 273
p. 59 *Oude olijf, Corsica*, dec. 1933, houtgravure, 320×240, Bool 243
Boven en onder, juli 1947, litho in bruin, 503×205, Bool 352
Rimpeling, maart 1950, linoleumsnede in zwart en grijsbruin, gedrukt van twee platen, 260×320, Bool 367
p. 63 *Modderplas*, feb. 1952, houtsnede in zwart, groen en bruin, gedrukt van drie blokken, 240×319, Bool 378
p. 71 *Schelp*, 1919 of 1920, houtsnede, 165×251, Bool 42
p. 72 *Witte poes I*, okt. of nov. 1919, houtsnede, 166×166, Bool 28
p. 73 *Interieur St Bavo*, 1920, inkt op papier, 1190×990
p. 85 *Witte poes*, Bool 28
Papegaai, 1919, linoleumsnede, 275×166, Bool 37
Zelfportret, 1919, houtsnede, 175×131, Bool, 36
Levenkracht, 1919, linoleumsnede, 428×426, Bool 35
Zittend vrouwelijk naakt, 1920 of 1921, houtsnede, 186×74, Bool 56
Zittend vrouwelijk naakt, 1920 of 1921, houtsnede, 340×204, Bool 59
p. 86 *Portret van man met baard*, 1919, houtsnede, ca. 120×90, Bool 31
Witte poes II, 1919, houtsnede, 163×251, Bool 38
Zittende man met poes op schoot, 1919, houtsnede, 117×90, Bool 32
Zelfportret, 1919, houtsnede, 175×131, Bool 36
Portret, 1919, linoleumsnede, 243×161, Bool 30
Basaltblokken langs de zee, 1919, houtsnede, 165×165, Bool 33 (vergelijk met Bool 84)
Levenkracht, 1919, linoleumsnede, 428×426, Bool 35
Groentijd, 1918 of 1919, houtsnede 72×62
De Borger Eik, Oosterbeek, 1919, linoleumsnede, 98×83, Bool 27
Holunderbaum, 1919, houtsnede, 1392×313, Bool 34
p. 97 *Ex Libris B.G. Escher*, 1922, houtsnede, 50×50, Bool 91
De zondeval, 1920, houtsnede, tegendruk, 347×347, Bool 49
p. 99 *Schelp*, Bool 42
Wolken boven de kust, 1919 of 1920, houtsnede, 180×140, Bool 41
Sprookje, 1920, houtsnede, 462×369, Bool 47
Zelfportret in stoel, feb. 1920, houtsnede, 195×168, Bool 44
Wild West, 1920, houtsnede, 195×168, Bool 44
Vrouwelijk naakt in landschap, 1920, houtsnede, tegendruk, 180×265, Bool 46
p. 100 *Klimmen en dalen*, maart 1960, litho, 355×285, Bool 435

p. 103 *Doodskop*, 1919 of 1920, houtsnede, tweede staat, tegendruk, 199×172, Bool 39

Het aangezicht des doods (affiche), 1920 of 1921, litho in oranje, paars, geel en groen, gedrukt in vier kleurgangen, Bool 64

p. 104 *Staande man*, 1920, houtsnede, 366×179, Bool 52

Zittende oude vrouw, 1920, houtsnede, 250×180, Bool 53

Midsland, Terschelling, sep. 1922, inkt op papier

p. 110 *Bos bij Menton*, 1921, houtsnede, 283×353, postume druk, datering gebaseerd op gedateerde tekening, Bool 87

p. 113 *Flor de Pascua*, 1921, houtsnede, (4×) 18×18, Bool 68 A-D, (15×) ca. 120×90, Bool 69-83

p. 115 *Vlakvullingsmotief met mannetjes en vrouwtjes*, 1920 of 1921, houtsnede, 370×427, Bool 65

Vlakvullingsmotief met mannetjes en vrouwtjes, 1920 of 1921, litho in blauw, groen en rood, gedrukt in drie kleurgangen, 432×312, Bool 66

Zittend vrouwelijk naakt, 1921, linoleumsnede, 236×351, Bool 86

Acht koppen, jan., feb. of maart 1922, houtsnede van een blok, dat eenmaal geheel en achtmaal gedeeltelijk is afgedrukt, 325×340, Bool 90

Bos bij Menton, Bool 87

Sint Franciscus (den vogelen predikend), Bool 89, jan. 1922, Houtsnede, 509×307, Bool 89

Bij Mesquita in de klas, 1920 of 1921, houtsnede, 310×232, Bool 60

p. 119 *Castrovalva (Abruzzi)*, feb. 1930, litho, 530×421, Bool 132

Dag en nacht, Bool 303

p. 123 *Straatje in Scanno, Abruzzi*, jan. 1930, litho, 627×431, Bool 131

Goriano Sicoli, Abruzzi, juli 1929, litho, 238×287, Bool 126

p. 124 *Pentedattilo, Calabria*, okt. 1930, litho, 197×255, Bool 137

Pentedattilo, Calabria, dec. 1930, houtsnede, 323×236, Bool 140

Pentedattilo, Calabria, jan. 1931, houtsnede, 321×232, Bool 141

p. 126 *Scilla, Calabria*, feb. 1931, houtsnede, 240×308, Bool 147, 147A

p. 127 *Scilla, Calabria*, jan. 1931, litho, 297×226, Bool 142

p. 141 *Emblemata XXI, Waterput*, tussen maart en juni 1931, houtsnede, 180×140, Bool 182

p. 144 *San Gimignano*, jan. of feb. 1923, houtsnede, 289×493, Bool 96

p. 148 *San Gimignano*, juli 1922, houtsnede, 247×321, Bool 93 1922

p. 149 *(Daken van) Siena*, dec. 1922, houtsnede, 323×219, Bool 94

p. 150 *Hol en bol*, maart 1955, litho, 275×335, Bool 399
p. 154 *Belvédère*, mei 1958, litho, 462×295, Bool 426
p. 158 *Dolfijnen*, feb. 1923, houtsnede, 291×492, Bool 97
p. 164 *Atrani, Amalfitaanse kust*, aug. 1931, litho, 275, 379, Bool 148
p. 166 *(Oude) huisjes in Positano*, aug. 1934, litho, 245×286, Bool 263
p. 176 *Flor de Pascua, Bezint nooit eer ge begint*, 1921, houtsnede 120×90, Bool 81
p. 177 *Portret G. Escher-Umiker (Jetta)*, Bool 101
St Vincent martelaar, juli 1925, houtsnede, 209×283, Bool 103
St-Pieter van binnen, maart 1935, houtgravure, 237×316, Bool 270
p. 182 *De zes scheppingsdagen* (zes bladen en een voorblad), dec.-maart 1925-1926, ca. 280×374, Bool 104-109 en Bool 113
Golven, 1918, linoleumsnede en aquarel in grijs en rood, 71×172, Bool 22
p. 183 *Vitorchiano nel Cimino*, feb. 1925, houtsnede, 390×570, Bool 102
p. 186 *Toren van Babel*, feb. 1928, houtsnede, 621×386, Bool 118
p. 187 *Rossano, Calabria*, feb. 1931, houtsnede, 240×309, Bool 146
Klooster van Monreale, Sicilië, maart 1933, houtgravure, 320×241, Bool 226
Kubische ruimteverdeling (Kubische ruimtevulling), dec. 1952, litho, 266×266, Bool 386
p. 195 *Straatje in Scanno, Abruzzi*, Bool 131
Castrovalva (Abruzzi), Bool 132
p. 196 *Vitorchiano nel Cimino*, Bool 102
p. 198 *Droom (Mantis Religiosa)*, april 1935, houtgravure, 322×241, Bool 272
p. 199 *Emblemata*, tussen maart en juni 1931, houtsnede, (32×) ca. 180×140, Bool 155-186
p. 201 *San Michele dei Frisoni*, juni 1932, litho, 435×491, Bool 216
p. 202 *Scholastica*, 1932, (12×) 80×60 cm (initialen) en (7×) 229×168, Bool 187-205
p. 203 *Ontwerp voor pakpapier De Bijenkorf*, sep. 1933, houtsnede, 156×146, Bool 232
Ontwerp voor pakpapier Gerzon, 1933, houtsnede in groen, 157×119, Bool 233, Bool 232
Nachtelijk Rome, maart-mei 1934, verschillende maten ca. 320×210, Bool 249-260
p. 207 *Waterval*, okt. 1961, litho, 380×300, Bool 439
p. 209 *Stilleven met bolspiegel*, nov. 1934, litho, 286×326, Bool 267

Verantwoording van afbeeldingen

p. 12 Portret van M.C. Escher door Ina Hooft (1894-1994), 1971, © Erven Ina Hooft

p. 24 Kraanvogels; deel van kamerscherm door de vader van Mauk meegenomen uit Japan

p. 28 *Drijvende bok voor het plaatsen der groote stenen*, ontwerptekening G.A. Escher, Japan, ca. 1875

p. 30 De lakdoos, geopend, foto Joost Maaskant

p. 35 Hans Memling (ca. 1433-1494), *Diptiek van Maarten van Nieuwenhove*, 1487, olieverf op eikenhouten paneel, 520×415 mm

p. 44 Mauks kamer op Villa Rosande, ca. 1917 (zie reproducties van o.a. Memling en Holbein)

p. 60 Chemografie *Rimpeling* (ondersteboven afgebeeld, zie Rimpeling III)

p. 73 P.J. Saenredam (1597-1665), interieur St-Bavo, 1628, olie op paneel, 387×476

p. 74 Interieur St-Bavo, foto van de auteur (vergelijk tekening genoemd op p. 74)

p. 82 Jan Mostaert, (ca. 1474-ca. 1552), *Landschap met een episode uit de verovering van Amerika*, ca. 1535, olieverf op paneel, 865×1525 mm

p. 96 Histoire d'un Dessinateur, *Perspective et Géométrie*

p. 96 Histoire d'un Dessinateur, *Les Falaises*

p. 106 Lili Green, fotograaf onbekend, ca. 1920

p. 109 Histoire d'un Dessinateur, *Genua*

p. 122 Kaartje om en rond Castrovalva, tekening van de auteur

p. 124 Vanessa Hudig, *Pentedattilo*, 2019, grafiet op papier, 200×300 mm, gemaakt vanaf de plek waar M.C. Escher de tekening heeft gemaakt voor *Pentedattilo, Calabria*, Bool 137

p. 133 Preekstoel van de San Leonardo in Arcetri (tot 1782 van de San Piero Scheraggio), tussen ca. 1193 en 1250, Carrara marmer, ingelegd met Serpentino (Verde di Prato), beeldhouwer onbekend

Tijdlijn

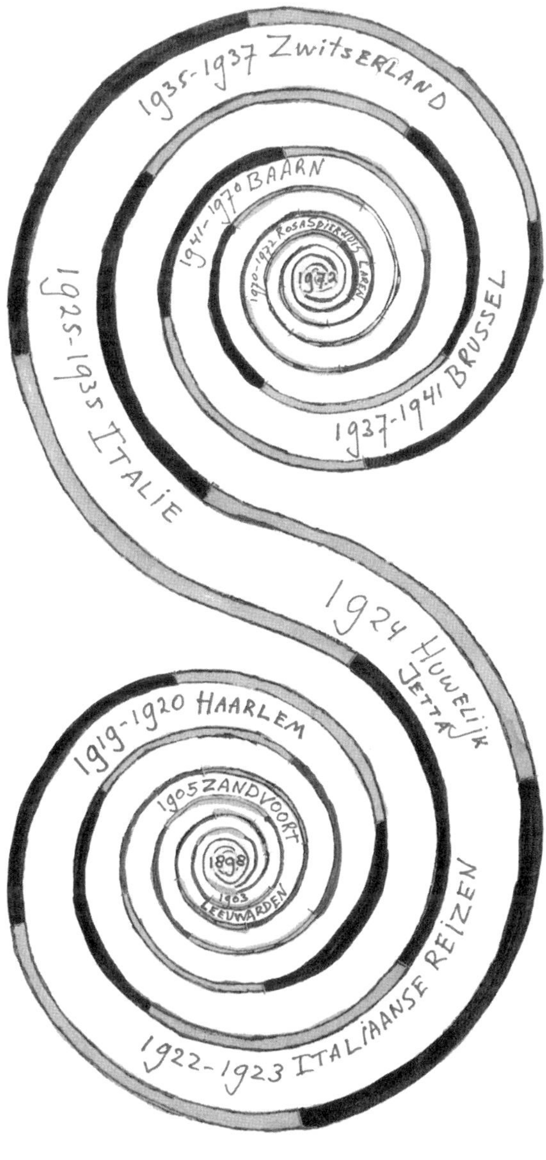
1935-1937 ZwitsERLAND
1941-1970 BAARN
1970-1972 RosaSpierhuis LAREN
1972
1937-1941 BRUSSEL
1925-1935 ITALIE
1924 HUWELIJK JETTA
1919-1920 HAARLEM
1905 ZANDVOORT
1898
1903 LEEUWARDEN
1922-1923 ITALIAANSE REIZEN

Dankwoord

Voor de hulp bij het opsporen van bronnen, het commentaar op de verschillende versies van het manuscript, de adviezen, de ideeën, het delen van kennis of andere aanmoedigingen wil ik in het bijzonder mijn hartelijke dank uitspreken aan: Don Leonardo Altobelli, Letizia Ambesi, Saverio Ambesi, Willem Bisseling, Kees Bitter, Carla Bitter, Sander Blom, Kajsa Blomberg, Elisabeth Bogaard, Carla van den Borg, Wim te Brake, Antonio Carella, Giorgetta Carella, Ricardo Cuadros, Renée Deurloo, Simon Dikker Hupkes, Vivien Entius, Nol Escher, Juul Escher, Siep Escher, Emilie Escher, Hankje Escher, George Escher, Jan Escher, Liesbeth Escher-Schoenmaker, Ana Maria Fernández Parodi, Sabine Gieben, Federico Giudiceandrea, Frank Govaert, Dunja Hak, Barend van der Have, Janine Hendriks, Paul van den Hoek, Hilarius Hofstede, Ben Hudig, Welmet Hudig-Semeijns de Vries van Doesburgh, Fleur Hudig, Huib Hudig, Dirk Hudig, Kazuwasa Imamoto, Voluspa Jarpa, Alle Jong, Haico Kaashoek, Judith Kadee, Yoshiyuki Kamibayashi, Martijn Kielstra, Bas Kist, Gijsje Kooter, Zev Leeuwin, Iza Leeuwin, Hans Locher, Pieter Paul Los, Janneke Louman, Ton van Luin, Joost Maaskant, Fortunella Manna, Maurizio Martini, Jelte Nieuwenhuis, Elenio Pico, Micky Piller, Piet Oomes, Karin Overmars, Fleur Overmars, Renske Rademaker, Caroline Reeders, Aliet Rogaar, Jacques Schalken, Paul Sebes, Benno Tempel, Phil van Tongeren, Chris Uhlenbeck, Jan Vantoortelboom, IJsbrand van Veelen, Yep Wiersma en Bob Witman.

Vanessa Hudig heeft mij aangezet tot het schrijven van dit boek. Talloos veel ideeën voor de inhoud en de compositie komen voort uit haar sprankelende geest. Wij hebben samen dit boek gemaakt. Mijn dankbaarheid voor alles wat we hebben meegemaakt, en hopelijk nog gaan meemaken, is onuitsprekelijk groot.